L'AMIRAL
DE COLIGNY

ET LES GUERRES DE RELIGION AU XVIe SIÈCLE

PAR

CHARLES BUET

PARIS

SOCIÉTÉ GÉNÉRALE DE LIBRAIRIE CATHOLIQUE

VICTOR PALMÉ, DIRECTEUR GÉNÉRAL

76, rue des Saints-Pères, 76

BRUXELLES	GENÈVE
J. ALBANEL, DIRECT. DE LA SUCCURS.	R. TREMBLEY, DIRECT. DE LA SUCCURS.
12, rue des Paroissions, 12	4, rué Corraterie, 4

1884

L'AMIRAL DE COLIGNY

PARIS. — E. DE SOYE ET FILS, IMPRIMEURS, 18, RUE DES FOSSÉS-SAINT-JACQUES.

CE LIVRE EST DÉDIÉ

A

MONSIEUR CHARLES-MARIE DE FAUCIGNY

PRINCE DE LUCINGE ET DE CYSTRIA

HÉRITIER DU NOM DE COLIGNY

PAR SON TRÈS DÉVOUÉ SERVITEUR ET COMPATRIOTE

CHARLES BUET

PARIS, JANVIER-FÉVRIER 1883.

INTRODUCTION

Le seizième siècle, si fertile en événements, si remarquable par son influence sur les destinées du monde, est assurément une mine inépuisable de recherches historiques. Après avoir d'abord séduit mon imagination, puis passionné mon esprit, cette époque brillante qui sert de transition entre le moyen âge et les temps modernes, est devenue l'objet constant de mes préoccupations et de mes études. Je me suis peu à peu familiarisé avec les personnages de ce drame, qui a tous les peuples pour comparses, et tout l'univers alors connu pour théâtre. C'est le siècle de la Renaissance, renaissance d'un paganisme artistique et plein de sophistes, qui prépare les voies à la Réforme, et sert, pour ainsi dire, de préface à la Révolution. C'est le siècle où l'hérésie, révolte perpétuelle de l'orgueil humain contre l'impérissable vérité, s'élève contre l'autel qu'elle blasphème, contre les trônes qu'elle sape, contre l'ordre social qu'elle décompose et qu'elle commence à dissoudre non seulement par la discussion opiniâtrement audacieuse, par la négation farouche et obstinée, mais encore par la violence criminelle, par la rébellion à main armée, par le sang répandu à flots de ses propres fanatiques et des martyrs, sacrifiés les uns et les autres à l'ambition, aux intérêts, aux perversités de quelques hommes dignes d'être appelés, après Attila, des fléaux de Dieu.

Il n'est pas de siècle, peut-être, qui offre un plus grand nombre de ces hautes figures que l'annaliste observe avec une si ardente curiosité, et dont il cherche si patiemment le secret. A Rome, ce sont les grands papes, Léon X et ses successeurs, avec leur cortège d'artistes, de poètes, de savants, de théologiens et de saints; en Italie, les Médicis, couvée de héros et de monstres, des Atrides, qu'un Machiavel seul pouvait attaquer ou servir; — en France, le Roi-Chevalier, Henri II, la grande Catherine, les derniers Valois, Calvin, les Guises, Coligny; — en Allemagne, Charles-Quint et Maximilien, Luther et sa nuée de séides et de rivaux; — en Espagne, Philippe II, le duc d'Albe; — en Angleterre, Henri VIII, les Tudor, les Stuart, Elisabeth...

Chacun de ces êtres représente une énigme, et les événements multiples qui se déroulent sous leur impulsion, dans un tourbillon de guerres, de révoltes, de meurtres, de catastrophes, d'actes héroïques, de splendeurs et de misères, voudraient, pour historiographe, un poète de génie, comme Dante, et qui pût, comme Dante, poète inspiré et presque prophète, franchir les neuf cercles de cet enfer!

Il est à peu près impossible d'écrire d'un seul jet, dans un ouvrage unique, si volumineux et compacte qu'il pût être, l'histoire du seizième siècle en France. Les faits sont trop enchevêtrés, les caractères trop complexes, et peut-être serait-il difficile de remonter le courant d'opinions que notre légèreté d'appréciation en matière historique a formé d'après les chroniqueurs badins, les conteurs familiers, les satiriques de cour, imposés à notre goût du frivole, du romanesque, à notre amour du paradoxe élégant et de l'érudition superficielle, par l'école dont feu Michelet fut le protagoniste.

Mais s'il est redoutable d'aborder la discussion générale de la philosophie de l'histoire, quand on est contraint de résumer toutes les péripéties d'un siècle en un seul volume, il ne l'est point d'examiner une individualité dans le cadre des événements où elle se mouvait : il est, au contraire, commode et facile, en pareil cas, d'appliquer rigoureusement ce que nos contemporains appellent volontiers la méthode scientifique, le procédé anatomique; on étudie son personnage, comme le médecin armé du scalpel et du bistouri dissèque un cadavre.

C'est ce que MM. Urbain Legeay, Siméon Luce,

G. de Beaucourt ont fait assez récemment dans leurs très belles et très savantes monographies de Louis XI, de Duguesclin, de Charles VII : c'est ce que j'ai voulu faire pour l'amiral de Coligny, le plus acharné et peut-être le plus convaincu des révolutionnaires de son temps, celui dont on peut dire, pour le peindre en un seul trait, qu'il est le *Tartufe* du seizième siècle.

On a prodigieusement écrit sur Coligny, bien que la *Bibliographie biographique universelle* d'Edouard-Marie-OEttinger (édition 1854) ne cite que le pamphlet huguenot anonyme de 1573, et les médiocres biographies de Jean de Serres (1575), de Courtilz (1686), de Dufey (1824), de la Ponneroye (1830). Depuis lors, outre les ouvrages de M. Jules Tessier, qui écrit dans le sens protestant, et du prince de Caraman-Chimay, inspiré par un catholicisme très libéral, un grand nombre d'écrivains ont mis au jour une foule de renseignements et de documents sur l'amiral. C'est de ces documents et de ces renseignements, cherchés et trouvés un peu partout, que je me suis servi.

J'ai eu garde d'interroger un seul parti, encore que je sois de ceux qui n'admettent point l'impartialité de l'historien, — d'abord parce qu'elle est inutile, — ensuite parce qu'elle est dangereuse, — surtout parce qu'elle est impossible. J'ai puisé dans tous les auteurs qu'il m'a été permis de consulter, et je leur ai, le plus souvent, laissé la parole, estimant que je ne dirais pas, certes, aussi bien, ce qu'ils disent sous l'inspiration qui me l'aurait fait dire à moi-même.

Je n'ai d'autre prétention que d'avoir composé une mosaïque parfaitement complète, où tout ce qui touche au rôle religieux et politique joué par l'amiral a trouvé sa place. Les faits importants de sa carrière, son abjuration, les trois guerres civiles qu'il fit naître et dirigea, ses complots contre la sûreté de l'Etat, ses alliances avec l'étranger contre la patrie, l'assassinat du duc de Guise, dont il fut certainement l'inspirateur et le complice, enfin le coup d'Etat si tragique de la Saint-Barthélemy qui lui ôta la vie en lui épargnant l'échafaud, sont présentés et discutés dans ce livre de bonne foi, qui est aussi, — je ne songe nullement à m'en défendre, — un livre de combat.

Ces principales étapes de la carrière de Coligny sont reliées l'une à l'autre par une série de faits moins importants qu'il a suffi de résumer. Autour de mon personnage, en pleine lumière, j'ai mis les figures qui lui donnent du relief et qui l'expliquent : la reine mère, les deux Guise, Charles IX, Condé, l'Hôpital, Jeanne d'Albret, le Béarnais. — Puis, pour accentuer plus encore la vigueur de mon tableau, j'ai groupé, au second plan des témoins, les annalistes du grand drame, sujet de tant de controverses passionnées, qui se dénoua dans la nuit du 23 août 1572, les ambassadeurs de Rome, de Venise, d'Angleterre, d'Espagne, de Savoie, et c'est à leurs dépêches, aux lettres des souverains, aux mémoires secrets mis au jour avant la fin du siècle, que j'ai emprunté les éléments d'une description dont aucun critique ne pourra discuter l'exactitude.

J'ai tenu à citer les textes, en indiquant avec une minutie extrême la source d'où ils viennent, afin d'être plus facilement contrôlé, et la plupart du temps j'ai vérifié la fidélité de ces textes, remontant aux auteurs originaux, annotant mes trouvailles, et précisant chaque point avec la patience d'un archéologue chargé d'étiqueter les cent mille pièces d'un musée.

Le résultat de ce travail, assez considérable, est le livre que voici, qui ne me donnera aucune gloire, car je n'y mets rien de personnel; cependant je revendique le mérite de l'ouvrier mosaïste, qui ne fabrique point, assurément, ses petits cubes de lapis, d'aventurine, de jaspe et d'agate, mais qui les juxtapose d'après le carton du peintre, les assortit, les cimente et met en harmonie leurs brillantes couleurs. En supposant même que ce livre ne porte pas un jugement définitif, il n'en sera pas moins utile, étant l'œuvre collective des cinquante ou soixante érudits, d'opinions différentes, de styles divers, auxquels j'ai emprunté les matériaux de mon édicule,

On le lira avec attrait, parce qu'il est fidèle; on le consultera avec fruit, parce qu'il est complet.

Il me reste simplement à dire que cette longue étude sur les origines de la Révolution, qui procède de la Réforme, m'a été inspirée par la singulière idée qu'on a eue d'élever une statue à Coligny !... Une statue à cet homme, traître à son Dieu, à son roi, à sa patrie ! Une statue à ce général français qui appela l'étranger en France, à ce rebelle, à cet hypocrite d'austérité, à ce politique sans scrupule !... C'est, pour parler le langage du jour, le comble de l'aberration.

Mais rien ne saurait étonner en ce temps où nous vivons, lancés que nous sommes sur la pente fatale que les peuples insoumis ne remontent jamais, et privés, avec le sens moral, de l'égide tutélaire de la Foi, bannie de nos cœurs par le pire fléau des sociétés modernes : l'irréligion.

Charles BUET.

29 janvier 1883.

L'AMIRAL DE COLIGNY

CHAPITRE PREMIER

Coligny, François de Guise et Catherine de Médicis : parallèle de ces trois figures historiques. — L'Eglise et la civilisation. — Luther et Calvin. — L'idée républicaine au seizième siècle. — Les sires de Coligny, en Bresse. — Généalogie, alliances et blasons. — Naissance de Gaspard de Coligny. — Sa famille. — Ses deux mariages : Charlotte de Laval et Jacqueline de Montbel. — Ses enfants. — Le cardinal de Châtillon et le sieur Dandelot. — Débuts à la cour. — Le prince de Joinville. — Fraternité d'armes de François de Lorraine et de Gaspard de Coligny. — Leur rupture après la bataille de Renty. — Apostasie de l'amiral.

De toutes les victimes de la Saint-Barthélemy, aucune n'a été plus glorifiée que Coligny, en prose et en vers. On ne compterait pas les couronnes que la passion, la prévention, le mensonge, ont déposées sur ce front de rebelle. Son orgueil le perdit. Est-ce une raison pour en faire un martyr? Etrange martyr, en vérité! S'il eut des qualités domestiques, des mœurs réglées, comme homme public, il fut le plus coupable des huguenots. Traître à son pays, qu'il ravagea par les guerres civiles et désola par des hordes d'étrangers, payés ou enrichis avec les biens des églises, avec les objets sacrés du culte catholique; traître au roi, contre lequel il conspira sous le couvert de ses promesses fallacieuses de fidélité; l'ambition et le fanatisme oblitéraient en lui la conscience.

Diplomate habile autant qu'homme de guerre, il sanctifiait tous les moyens par la grandeur du succès. C'était lui, qui, sous François II, au moment de la réunion des princes, avait remis une supplique factieuse qui consacrait un parti dans l'État; c'était lui qui avait soulevé, en 1569, les premiers troubles, lui encore qui avait conçu le projet de Meaux. Coligny, dit un historien protestant, Mackintosh, fut « un fanatique vraiment barbare (1) ».

Sujet rebelle, il avait mis en danger le pouvoir du roi, et il osa s'agenouiller à Blois devant le souverain contre lequel il s'était trois fois révolté (2).

Mais le plus grand crime de l'homme dont nous entreprenons d'écrire l'histoire, ne fut pas d'avoir mis en péril la monarchie française à laquelle il devait l'élévation de sa famille et la sienne propre, non plus que d'avoir trahi les rois auxquels il prêtait serment de fidélité. Son crime, qui serait irrémissible, si ce n'était pas blasphémer que de préjuger de la justice et de la miséricorde de Dieu, fut de lutter contre Dieu sa vie entière, et de cacher ses desseins politiques, ses ambitions personnelles, sous une vaine ferveur de rénovation religieuse. Il renia la foi de ses pères, les enseignements de sa mère. Il fut à la fois impie, apostat et parjure. Il déclara la guerre à l'Église catholique

(1) *Histoire d'Angleterre*, t. IV, p. 380.
(2) Georges GANDY : *la Saint-Barthélemy*, Revue des Questions Historiques.

au sein de laquelle il était né, à cette Église, dont le grand Léon XIII, successeur du grand Pie IX, disait, dans la dernière Lettre Pastorale (1) qu'il adressait aux fidèles de son diocèse, avant de s'asseoir sur le siège de Pierre :

« Si l'Église possède une doctrine qui, observée et pratiquée dans la vie, doit infailliblement conduire ses enfants à un merveilleux perfectionnement moral, et leur procurer la douceur, la pureté des mœurs, la cordialité et l'agrément des relations ; si elle possède ce que les sages du paganisme avaient souhaité en vain, l'Exemplaire suprême, parfait, absolu de toute vertu et de tout sentiment généreux ; si elle n'a jamais permis que sa doctrine fût altérée, ni que cet Exemplaire divin fût déshonoré par les négations blasphématoires et les attaques aveugles de ses ennemis ; si enfin les doctrines prêchées par elle et l'Exemplaire qu'elle propose à notre imitation ont suffi dans le passé à produire des effets merveilleux, manifestement surhumains, il est clair qu'il faut être dénué de raison pour bouleverser le monde en arrachant la civilisation aux influences bienfaisantes de l'Église et en la confiant à des mains barbares qui ne peuvent que préparer les plus sanglantes ruines. »

Tel fut donc le crime de Gaspard de Coligny, qui transforma, en effet, par haine de l'Église, le beau royaume de France, jadis sauvé par Jeanne d'Arc, — l'envoyée providentielle, — en un champ de carnage où coula un Océan de sang.

Il se fit le champion de l'hérésie dont Calvin s'était

---

(1) *L'Eglise et la Civilisation*, par le cardinal Pecci, archevêque-évêque de Pérouse.

fait le chef, de par son génie ; il fut en quelque sorte l'exécuteur des hautes œuvres de cet hérésiarque, d'un si étonnant caractère, qui demeure, à côté de Luther, — si ce n'est au-dessus même du moine saxon, — la plus éclatante personnification de l'orgueil et de l'ambition sacrilège servis par une vaste intelligence.

« Calvin et Luther sont l'antithèse la plus complète qui puisse exister dans le tempérament des hommes. Ils sont si opposés de tout, qu'ils semblent opposés encore dans l'identité de leur crime. L'un est le feu, l'autre est la glace ; mais comme le froid, à force d'être intense, finit par brûler comme la flamme, suivant la loi qui veut que les extrêmes se touchent et confluent, il s'est trouvé que Luther et Calvin, avec leurs organisations contraires, ont développé un mal confluent dans l'intelligence humaine, et dépravé, à la même profondeur, les générations. Luther et Calvin, ces deux forces du monde bicéphale de la Réforme, — car Henri VIII, le cuistre sanglant, n'est qu'un Luther portant couronne, — c'est la pléthore de Luther, la pléthore de sa chair, de son orgueil, de sa lubricité, de tout son être, excepté de son génie ; — Luther et Calvin, l'Homme rouge et l'Homme pâle, pour emprunter à l'Apocalypse, en parlant de ces deux fléaux, le saisissant de ses images, sont les derniers jumeaux de cette ventrée de rebelles que l'humanité portait depuis tant de siècles, et mettait bas, à certains jours.

. . . .

« Des deux géants que le seizième siècle jeta au monde, assurément, le moins colossal, le plus cruel, le plus odieux, le plus anti-homme, est Calvin ; mais, malgré les dons surnaturels que Dieu avait versés, comme à plaisir, sur la tête de Luther et dans sa poitrine, le plus abject, c'est Luther! Car chez Luther, le sycophante et le menteur ont également dégradé l'homme de cœur et l'homme de génie (1). »

Les circonstances où se produisit en France l'action terriblement dissolvante de Calvin, qui s'inspira d'abord de Luther, rendaient plus facile et plus perfide le rôle que Coligny s'était réservé dans la tragédie.

Væ tibi, terra, cujus est rex puer! « Malheur à toi, royaume dont le roi est un enfant! » est une sentence infaillible. Et c'est l'amère parole que prononça le vénitien Michel Suriano dans les considérations qu'il a écrites sur l'état de la France pendant la minorité de Charles IX, dont il ne vit, toutefois, que le commencement; si, comme ses successeurs, Marc-Antoine Barbaro et Giovanni Correr, il avait vu, dans les villes, les désordres et les séditions, chez les hommes, les passions soulevées, et les tumultes des ambitions, à quels autres termes de détresse eût-il eu recours? Il a, du reste, résumé avec assez d'éloquence la tristesse des temps, lorsqu'il dit :

« Tel est donc l'état actuel de la France : un Roi très jeune, sans expérience, sans autorité; un Conseil plein de discordes; le pouvoir aux mains de la Reine, femme sage mais timide, irrésolue et toujours femme; le roi de Navarre, prince très noble et très courtois, mais inconstant et peu exercé aux affaires; le peuple divisé par des factions... »

Il n'est donc pas étonnant que, dans ces conjonctures, les huguenots, dont le nom signifie « fédérés » eussent pensé à substituer violemment à la monarchie de l'antique dynastie des Capet la forme républicaine.

---

(1) J. Barbey d'Aurevilly. *Les Œuvres et les Hommes.*

Qu'on ne se récrie pas à ce mot. Montaigne, Charron et La Boétie, parmi les philosophes et les écrivains, ne célaient nullement leurs aspirations. Ce dernier, ami de cœur de Montaigne qui disait de lui « qu'il eût mieux aimé naître à Venise qu'à Sarlat », proclamait hautement ses opinions, toutes contraires aux institutions de la France. « Son ouvrage, intitulé le *Contre un* ou la *Servitude volontaire*, est tel qu'auraient pu l'écrire Machiavel, aux jours de Florence républicaine, ou Rienzi, pendant son consulat... L'application en est dangereuse aux lieux où le peuple n'est pas maître...

« Ainsi fermentaient dans la société du seizième siècle ces idées de révolution et de liberté, que Bodin, Hubert Languet et La Boétie ne craignaient pas de répandre, et qui devaient, deux cents ans plus tard, bouleverser les institutions de la vieille France. L'autre ami de Montaigne, Charron, héritier des armoiries et des doctrines de son maître, se contenta de reproduire systématiquement et d'exagérer avec méthode les pensées que Montaigne avait émises sous la forme plus habilement modeste du soupçon et du doute... Charron dogmatisa le scepticisme. L'un disait en riant : *Que sais-je?* L'autre affirmait qu'il ne savait rien. La vérité des religions, l'autorité de l'Église, la certitude de la morale même, furent attaquées par Charron ; il poussa jusqu'à l'abnégation de toute règle l'indépendance des idées que lui avait enseignée Montaigne; l'Université, le Châtelet, le Parlement se soulevèrent à la fois contre l'audacieux théologal (1). »

Mais à côté des écrivains adonnés aux spéculations

---

(1) Philarète Chasles : *Etudes sur le seizième siècle*, p. 185 et suivantes.

philosophiques, il y avait des politiciens et des hommes d'action prêts à transformer ces rêves en réalités. La preuve en est dans un fait assez curieux et qui mérite d'être rapporté.

Le 9 thermidor an IV — (2 août 1796), — à la séance des Cinq-Cents, il fut lu une pétition de Benjamin Constant de Rebecque, qui, réclamant le bénéfice des lois précédemment rendues relativement aux religionnaires français, demandait à jouir des droits de citoyen. Le *Moniteur* a reproduit la pétition tout entière.

« Je viens, disait le pétitionnaire, réclamer le bénéfice d'une loi si juste, qu'elle a traversé les révolutions de six années, sans qu'aucun parti l'attaquât. Mon père en a déjà profité. Le 9 novembre 1791, il s'est présenté à la municipalité de Dôle, département du Jura; il a justifié de son origine comme descendant de cet Augustin Constant Rebecque qui, ayant servi le parti protestant et *formé avec les chefs du protestantisme le projet hardi de fonder une République en France, fut obligé de quitter sa patrie pour les persécutions de religion. Sur ce fait prouvé par mon père, il a été admis à prêter le serment civique et reconnu Français.* »

Benjamin Constant renvoyait à titre de *preuve* de ce qu'il affirmait, aux *Mémoires de Sully* (1). En effet, Sully rapporte que, dans une conférence tenue par les chefs calvinistes à Montauban en 1595, et puis dans une autre conférence qui suivit celle-là de très près, à Saint-Paul de La Miatte, diocèse de Castres, on accorda audience à un ministre-docteur, envoyé par l'électeur palatin, nommé Butrick. Le vicomte de Turenne y

(1) *Mémoires* de Maximilien de Béthune, duc de Sully, recueillis et mis en ordre par M. D. L. (M. de l'Ecluse. Londres, 1745. 3 volumes in-4º.)

donna les premières marques de cet esprit double, inquiet et ambitieux qui formait son caractère. Il avait proposé, de concert avec Butrick, un nouveau système de gouvernement, dans lequel il avait entraîné d'Aubigné, Saint-Germain, Beaupré, Brezolles, Clam, et bien d'autres encore. *Ils voulaient faire de la France calviniste une espèce d'État républicain, sous la protection de l'électeur palatin, qui tiendrait en son nom cinq ou six lieutenants dans les différentes provinces.* Ce fut le duc de Montmorency qui déjoua les menées des principaux chefs du parti réformé français.

En présence des dangers qui se présentaient, il opina pour qu'on se tînt uni et qu'on restât sur la défensive.

Au tome II des *Mémoires de Sully*, il est de nouveau question de l'idée de *République*, qui avait germé dans les cerveaux calvinistes, et au profit de ceux qui la proposaient. Car, on n'en saurait douter, c'était à une République féodale que visaient quelques grands seigneurs ; c'était sous une forme nouvelle le maintien de la vieille féodalité qu'ils voulaient avant tout.

« A mesure que je vis mon parti se former, dit Sully, j'élevai la voix, et je coupai court à toutes les questions captieuses ; je voulus que l'on avançât chemin, et, par-dessus toutes choses, que l'on regardât comme sacré tout ce qui touchait à l'autorité royale. *C'est ce que Henry avait toujours le plus appréhendé, et la vérité m'oblige à dire que ses craintes n'étaient point mal fondées.* Ce sera une honte éternelle pour le duc de Bouillon, d'Aubigné, Constant, Saint-Germain et quelques autres, d'avoir souscrit à un mémoire dont l'existence n'a été que trop bien prouvée, dans lequel on jetait les fondements d'une République calviniste au milieu de la France libre, absolument indépendante du souverain, etc. »

Enfin au tome III de ces mêmes *Mémoires de Sully*, il est rapporté que le duc de Bouillon avait fait solliciter le roi Jacques d'Angleterre, dès qu'il fut monté sur le trône, par les envoyés de l'électeur palatin, afin qu'il consentît à agréer des propositions que ce duc lui adressait au nom des calvinistes de France. Jacques avait répondu à ces ouvertures par un refus très net de s'entremettre en faveur de sujets rebelles.

« Je ne sais, continue l'auteur des *Mémoires*, ce que pensa après cela Bouillon d'une idée que lui, La Trémoille et d'Entragues avaient trouvée *heureuse* : c'était de faire le roi d'Angleterre protecteur du parti calviniste en France, et l'électeur palatin son lieutenant. »

Les mêmes faits, racontés par les *Mémoires de Sully* ou dans les *Économies royales*, se trouvent exposés de nouveau par Mauvillon, réfugié protestant, dans ses *Lettres Germaniques et Françaises*, publiées au dix-huitième siècle. On les y lit à peu près textuellement.

Nous verrons plus tard que l'amiral de Coligny avait prévu et préparé la tentative de 1595, et que dès la première guerre civile, il songeait, en haine des Valois et de la maison de Guise, à établir en France un gouvernement analogue à celui des Pays-Bas. Ce n'était point encore la démocratie, mais plutôt une oligarchie dirigée par un protecteur *à la Cromwell*.

Son antagoniste le plus énergique, celui dont l'influence, continuée après sa mort par le souvenir de ses vertus, contrecarra sans cesse les projets de l'amiral, était précisément ce duc de Guise, qui avait été son ami, et qu'il s'était pris à haïr par jalousie d'homme de guerre et jalousie d'homme de cour.

François de Lorraine réellement « fut, de l'aveu

même de ses ennemis, le plus grand homme de son siècle, digne de toutes sortes de louanges, de quelque côté qu'on l'envisage. Son habileté consommée dans la guerre, jointe à un extrême bonheur, et sa rare prudence dans le maniement des affaires, l'auraient fait regarder comme né pour le bonheur et l'ornement de la France, s'il eût vécu dans des temps moins orageux et dans des conjonctures où l'Etat aurait été mieux gouverné (1) ».

Balzac enchérit sur cet éloge : « La France, dit-il, estoit folle de cest homme-là, car c'estoit trop peu de dire amoureuse... Une telle passion alloit bien près de l'idolâtrie. Il y avoient des gens qui l'invoquoient dans leurs prières, d'autres qui mettoient sa taille-douce dans leurs livres. Pour son portrait, il estoit partout. Quelques-uns couroient après lui dans les rues pour faire toucher leur chapelet à son manteau, et un jour qu'il revenoit d'un voyage en Champagne, entrant à Paris par la porte Saint-Antoine, non seulement on lui cria : Vive Guise! mais plusieurs personnes lui chantèrent : *Hosanna filio David*. On a veu des assemblées qui n'estoient pas petites se rendre en un instant à sa bonne mine. Il n'y avoit point de cœur qui peust tenir contre ce visage; il persuadoit avant que d'ouvrir la bouche, il estoit impossible que lui vouloir mal en sa présence... et les huguenots estoient de la ligue quand ils regardoient le duc de Guise (2). »

Et puisque ce nom de Balzac est venu sous notre plume à propos du Balafré, et qu'il est nécessaire

---

(1) DE THOU : *Histoire universelle*, l. XXXIV.
(2) BALZAC : (*l'Epistolier.*)

d'esquisser ici, même à grands traits, la figure de Catherine de Médicis dont la politique visait à tenir égale la balance entre ces deux ennemis, il nous sera bien permis d'emprunter au Balzac du dix-neuvième siècle, le portrait ou plutôt l'apologie qui sert de préface à ses *Études analytiques*, et dont l'éloquence véhémente charme plus encore que la naïveté de son homonyme :

« En France et dans la partie la plus grave de l'histoire moderne, dit-il, aucune femme, si ce n'est Brunehaut et Frédégonde, n'a plus souffert des erreurs populaires que Catherine de Médicis ; tandis que Marie de Médicis, dont toutes les actions ont été préjudiciables à la France, échappe à la honte qui devrait couvrir son nom. Marie a dissipé les trésors amassés par Henri IV ; elle ne s'est jamais lavé du reproche d'avoir connu l'assassinat du roi ; elle a eu pour *intime* d'Epernon qui n'a point paré le coup de Ravaillac, et qui connaissait cet homme de longue main ; elle a forcé son fils de la bannir de France, où elle encourageait les révoltes de son autre fils Gaston ; enfin la victoire de Richelieu sur elle, à la Journée des Dupes, ne fut due qu'à la découverte que le cardinal fit à Louis XIII des documents tenus secrets sur la mort de Henri IV. Catherine de Médicis, au contraire, a sauvé la couronne de France ; elle a maintenu l'autorité royale dans des circonstances au milieu desquelles plus d'un grand prince aurait succombé. Ayant en tête des factieux et des ambitions comme celles de Guise et de la maison de Bourbon, des hommes comme les deux cardinaux de Lorraine et comme les deux Balafré, les deux princes de Condé, la reine Jeanne d'Albret, Henri IV, le connétable de Montmorency, Calvin, les Coligny, Théodore de Bèze, il lui a fallu déployer les plus rares qualités, les plus précieux dons de l'homme d'Etat, sous le feu des railleries de la presse calviniste.

« Voilà des faits qui, certes, sont incontestables. Aussi pour qui creuse l'histoire du seizième siècle en France, la figure de Catherine de Médicis apparaît-elle comme celle d'un grand roi. Les calomnies une fois dissipées par les faits péniblement retrouvés à travers les contradictions des pamphlets et les fausses anecdotes, tout s'explique à la gloire de cette femme extraordinaire, qui n'eut aucune des faiblesses de son sexe, qui vécut chaste au milieu des amours de la cour la plus galante de l'Europe, et qui sut, malgré sa pénurie d'argent, bâtir d'admirables monuments, comme pour réparer les pertes que causaient les démolitions des calvinistes, qui firent à l'art autant de blessures qu'au corps politique. Serrée entre des princes qui se disaient des héritiers de Charlemagne et une factieuse branche cadette qui voulait enterrer la trahison du connétable de Bourbon sous le trône, Catherine, obligée de combattre une hérésie près de dévorer la monarchie, sans amis, apercevant la trahison dans les chefs du parti catholique et la république dans le parti calviniste, a employé l'arme la plus dangereuse, mais la plus certaine en politique : l'adresse! Elle résolut de jouer successivement le parti qui voulait la ruine de de la maison de Valois : les Bourbons qui voulaient la couronne, et les réformés, les radicaux de ce temps-là, qui rêvaient une république impossible, comme ceux de ce temps-ci, qui cependant n'ont rien à réformer. Aussi, tant qu'elle a vécu, les Valois ont-ils gardé le trône. Il comprenait bien la valeur de cette femme, le grand de Thou, quand, en apprenant sa mort, il s'écria :

« — Ce n'est pas une femme, c'est la royauté qui vient de mourir ! »

« Catherine avait, en effet, au plus haut degré le sentiment de la royauté ; aussi la défendit-elle avec un courage et une persistance admirables. Les reproches que les écrivains calvinistes lui ont faits sont évidemment sa gloire ; elle ne les encourut qu'à cause de ses triomphes. Peut-on triompher autrement que par la ruse ? Toute la question est là. Quant à la violence, ce moyen touche à l'un des points les plus controversés de la politique et qui, de notre temps, a été résolu sur la place où l'on a mis un gros caillou d'Egypte, pour faire oublier le régicide et offrir l'emblème du système actuel de la politique matérialiste qui nous gouverne ; il a été résolu aux Carmes et à l'Abbaye ; il a été résolu sur les marches de Saint-Roch ; il a été résolu devant le Louvre, en 1830, encore une fois par le peuple contre le roi, comme depuis il a été résolu par la meilleure des républiques de La Fayette contre l'insurrection républicaine à Saint-Merri et rue Transnonnain. Tout pouvoir légitime ou illégitime doit se défendre quand il est attaqué ; mais chose étrange : là où le peuple est héroïque dans sa victoire sur la noblesse, le pouvoir passe pour assassin dans son duel avec le peuple. »

C'est donc entre ces trois personnages, Catherine, tutrice d'un roi mineur ou régente d'un roi incapable, François de Guise, chef déclaré du parti catholique, c'est-à-dire de l'immense majorité des Français, et Coligny, chef suprême de la coalition protestante formée contre la France, que se débattent durant un quart de siècle les destinées du royaume de saint Louis.

Il était nécessaire, au début de cette étude, d'esquisser ces trois physionomies afin que le lecteur ne pût s'égarer ; mais il est peut-être aussi nécessaire d'entrer dans quelques détails sur l'origine, les ancêtres, la famille et les proches de l'amiral Gaspard.

Les meilleures maisons de la province de Bresse étaient les Baugé, les Coligny, les Luyrieux, qui avaient pour devise : *Belle sans blasme !* les Villars, qui inscrivaient dans la leur : *Point de plus, peu de pairs, prou de pires !* Les Coligny venaient des premiers, pour la puissance et l'illustration. Le savant Dubouchet, qui a écrit l'histoire généalogique de ces seigneurs, les fait remonter jusqu'à un Manassès qui, vers l'an 863, aida Richard, duc de Bourgogne, à repousser les Normands. Les principales terres des sires de Coligny étaient : Coligny, Pont d'Ain, Treffort, Jasseron, Marboz, Saint-André, Port, Isernore, Cerdon, Châtillon de Corneille, Izenave, Saint-Germain d'Ambérieux, Saint-Sorlin et Lagneux (1).

Jusqu'au seizième siècle, les Coligny s'allièrent aux maisons souveraines de Vienne, de la Tour-du-Pin, de Genève ; aux Sabran, aux Joinville, Vergy, Chabannes, aux Chalant et aux Menthon de Savoie. La devise de ces derniers disait : *Antequam Abraham fieret, ego sum !*

Un Coligny suivit l'empereur Conrad au voyage qu'il fit en Terre Sainte l'an 1147 ; un autre, Amé, se trouva à la prise de Constantinople. Ils fournirent un grand nombre de prélats à l'Eglise, d'abbesses et de prieurés aux monastères de l'ancien duché de Bourgogne. Ils portaient en leur blason : *de gueules, à l'aigle éployée d'argent, armée, lampassée et couronnée d'azur*, avec

---

(1) Léon MÉNABREA : *Des origines féodales dans les Alpes occidentales.*

deux lévriers pour support, et l'aigle de l'écu pour cimier, et la devise : *Je les éprouve tous* (IE LES ESPREUVES TOUS.)

Gaspard de Coligny, premier du nom, seigneur de Coligny, d'Andelot, de Châtillon-sur-Loing, de Dannemarie, etc., chevalier de l'ordre du roi, servit sous Charles VIII, Louis XII et François Ier, qui le fit maréchal de France en 1516. Il assista à l'entrevue du camp du Drap d'or, et mourut à Acqs, en conduisant une armée au secours de Fontarabie. Il avait épousé Louise de Montmorency, sœur du fameux connétable Anne, veuve du baron de Conti, dont il eut quatre fils : Pierre, mort enfant d'honneur du roi François Ier ; Odet, qui fut le cardinal de Châtillon ; Gaspard ; François, seigneur d'Andelot.

Gaspard naquit au château de Châtillon-sur-Loing, le 16 février 1516.

« Quelque temps avant que Mme de Châtillon accouchât de ce troisième garçon, dit M. Dargaud (1), le maréchal eut un songe. Ses armoiries lui apparurent sous un aspect qu'elles n'avaient jamais eu. Elles s'étaient accrues d'une tête de lionceau, dont la face calme et la belle crinière le ravirent. Cette vision ne quitta plus le maréchal de Châtillon. Il en tira sur l'avenir de son fils les plus magnifiques augures.

« Il lui consacra des soins plus assidus qu'à ses autres enfants. Il le traitait comme son fils aîné, et il lui témoignait autant d'estime que de tendresse. Cette préoccupation du maréchal de Châtillon ne l'abandonna pas même au lit de mort. Il recommanda par son testa-

---

(1) DARGAUD : *Histoire de la liberté religieuse*, t. Ier, l. III, p. 81 et 82.

ment sa femme et ses enfants au roi et à son beau-frère Anne de Montmorency. Il suppliait Montmorency de veiller avec une sollicitude particulière sur celui qu'il appelait *son Gaspard* et qu'il regardait dès lors comme la principale espérance de sa race.

« Anne de Montmorency accepta d'un grand cœur l'héritage d'une nouvelle famille. Quand ses neveux n'eurent plus de père, il en devint un pour eux. Bien secondé par Mme de Châtillon, sa sœur, il ne négligea rien pour leur éducation. Il leur choisit des guides sûrs et habiles. Ils eurent pour précepteur le célèbre Bérauld, et pour gouverneur M. de Prunelé, un gentilhomme dont Montmorency connaissait la valeur et le mérite.

« Des quatre seigneurs de Coligny, Pierre, le premier-né, étant mort en bas âge, Odet le remplaça comme chef de cette illustre famille. Gaspard et François qu'on appelait Dandelot, ne furent que des cadets. Mais Anne de Montmorency intervertit cet ordre et accomplit ainsi, sans le savoir, le mystérieux désir de son beau-frère. Pouvant disposer d'un chapeau de cardinal, et aucun de ses propres enfants ne voulant être d'Eglise, il offrit ce chapeau à Gaspard, qui le repoussa. Odet, dont le caractère était moins fortement trempé, heureux, d'ailleurs, d'être à seize ans revêtu de la pourpre, se garda bien de refuser le chapeau. Montmorency le passa sur cette tête adolescente, et par là il fit de Gaspard, malgré la nature, l'aîné des Châtillon. »

Avant de suivre Coligny à la Cour et d'y assister à ses débuts, il est utile de donner ici quelques notes généalogiques, afin de n'y plus revenir.

L'amiral fut marié deux fois. En premières noces, il épousa, en 1547, Charlotte, fille de Guy XV, comte de

Laval et d'Antoinette de Daillon, qui mourut devant Orléans en 1568, et dont les dernières paroles furent celles-ci :

« Seigneur, je vous remercie de deux choses : l'une, que vous me permettiez de mourir pour vous, pour votre nom, après avoir assisté les soldats de votre droite ; l'autre que vous m'accordiez cette douceur de voir encore M. l'Amiral à ce moment suprême. »

Cette femme, vraiment vertueuse, intrépide et charitable, laissait plusieurs enfants, dont une fille mariée d'abord à Téligny, puis au prince d'Orange, et un fils qui continua la maison de Coligny jusqu'à la Fronde, où le dernier de la branche aînée, titré duc de Châtillon, fut tué à l'attaque du pont de Charenton.

Le second mariage de l'amiral est un véritable roman assez peu connu.

Jacqueline de Montbel, comtesse d'Entremont, marquise de Moutelier et de Saint-André, était une des plus grandes dames de la cour de Savoie, l'une des plus brillantes de ce siècle. Elle avait épousé, à vingt ans, — malgré le duc de Savoie, — un capitaine français, Bastarnay du Bouchage, baron d'Anton, qui servait la maison de Guise et qui fut tué à la bataille de Saint-Denis.

« Retirée au château de Saint-André de Briord, en Bugey, près du Rhône, de 1567 à 1571, Jacqueline se trouvait sur la route des messagers qui, de Bourges, de la Rochelle, du Midi, gagnaient Genève et l'Allemagne, se glissant entre la Franche-Comté et la Savoie pour échapper aux agents des Guises et recruter les soldats, les diplomates et les banquiers des protestants. Son manoir devint une étape.

« Les récits de ces partisans, jeunes souvent, enthousiastes toujours, la passionnèrent à son tour.

« Jeune, charmante, poursuivie d'hommages, regrettée à la cour du Louvre, recherchée à celle de Turin, élevée dans un milieu tout catholique, cette femme à l'esprit viril ambitionna de remplir sa vie autrement que par la dissipation et les élégances, et se fit *la servante* d'un héros. Sans doute, elle ne prévoyait pas qu'elle dût payer ce bonheur par vingt-six années d'angoisses et de captivité; mais elle les subit avec une sérénité qui rend le sacrifice complet, qu'on le juge en philosophe, en curieux ou en chrétien (1). »

Le chroniqueur de cette intrigue ajoute :

« Jacqueline eut cette ambition; elle résolut de remplir auprès du *Roi des Huguenots* la mission que son amie, la duchesse Marguerite, s'était donnée auprès d'un prince catholique. Souffrant de voir Coligny frappé coup sur coup dans ses plus chères affections, saisie d'admiration pour son héroïsme et ses malheurs, *elle brusla, comme elle disoit, de désir et d'impatience d'estre la nouvelle Marcie de ce nouveau Caton.* »

Mais ce projet offrait des difficultés, car le duc Emmanuel-Philibert n'était pas sans se préoccuper de la situation d'une châtelaine qui pouvait, par le hasard d'un mariage, mettre aux mains d'un vassal dangereux le tiers de sa frontière française, et peu rassuré par ce qu'il savait du caractère entreprenant de la jeune comtesse, il songeait à prendre ses précautions contre toute éventualité.

« Tellement que le duc l'avoit souvent voulu marier à quelque Italien, dit Davila, et que, ayant appris ses menées avec ceux de la religion, il appréhendoit fort

(1) Victor de Saint-Genis : *les Femmes d'autrefois.*

que l'admiral, estant si grand et si puissant en ses intrigues, ne se servît du voisinage de Genève comme d'une favorable occasion d'allumer en son pays ce mesme feu qu'il avoit allumé par toute la France. »

Le duc rendit à Turin, le 31 janvier 1569, un édit fort longuement et curieusement motivé, par lequel toute fille ou femme, héritière de fiefs, qui épouserait un étranger sans l'exprès consentement du prince, serait, par le fait seul du mariage, à l'instant privée de tous ses droits civils, *de telle sorte que sa succession s'ouvrît aussitôt non pas au profit de ses enfants, mais au profit de ceux qui auroient eu droit à ses biens, si cette fille ou femme n'eût jamais existé.*

« Mme d'Entremont, dit M. de Saint-Genis, sentit le coup dirigé contre elle. Elle s'opiniâtra dans son projet, et y apporta, comme c'est le penchant ordinaire des femmes, d'autant plus d'énergie qu'on avait pris de plus sérieuses précautions pour en empêcher l'exécution.

« Aux dernières semaines de 1570, Mme d'Entremont écrit à l'amiral *qu'elle veut épouser un saint et un héros, que ce héros c'est lui*. Coligny refuse : *Je ne suis qu'un tombeau*, disait-il. Mais tous ses amis de batailles, ses amis de l'étranger, les chefs des religionnaires, tous exigèrent qu'il se remariât ; cette veuve enthousiaste apportait en dot des positions formidables qui pouvaient servir le parti, ses seigneuries étaient une porte ouverte sur Genève. *Coligny*, remarque Michelet, *était trop honnête homme pour n'épouser que ses fiefs ; il aima fortement celle qui adoptait ses enfants.*

« En février 1571, Mme d'Entremont quitte furtivement Saint-André de Briord où le duc de Savoie la faisait surveiller, descend le Rhône jusqu'à Lyon sur une frêle barque, monte à cheval et gagne la Rochelle à travers mille périls, escortée de cinq amis dévoués. Le 24 mars, elle épouse Coligny ; elle avait trente ans.

« Elle portoit à ceste occasion, dit un chroniqueur (1), une robe à l'espagnole de toile d'or, noire avec des bandes de broderie de canetille d'or et d'argent et par dessus un pourpoint de toile d'argent blanches en broderie d'or avec de gros boutons de diamant (2). »

Dandelot, veuf de Claude de Rieux, avait contracté, quelques années avant son frère l'amiral, un second mariage, dans des circonstances tout aussi singulières.

Vers 1564, une grande dame de Lorraine, née princesse de Salm et veuve du seigneur d'Assenleville, jura qu'elle n'aurait d'autre époux que Dandelot. Tous les siens, fervents catholiques, s'y opposèrent en vain. En vain, on lui montra que, ses terres étant sous les murs de Nancy, c'est-à-dire dans les mains du duc de Lorraine et des Guises, elle ne pouvait même faire la noce qu'au hasard d'une bataille. Rien ne la détourna. Michelet conte ainsi le dénouement de cette intrigue.

« Dandelot, sommé de venir pour cette agréable aventure en pays ennemi, prit avec lui cent hommes déterminés, et, quoiqu'il sût que tous les Guises fussent justement alors chez le duc, il arriva à Nancy. On lui refuse l'entrée par trois fois. Il ne s'arrête pas moins dans le faubourg, y rafraîchit ses cavaliers. Puis, en plein jour et à grand bruit, la cavalcade s'en va au château de la dame. Au pont-levis, tous tirent leurs ar-

---

(1) Cité par DU BOUCHET : *Histoire de l'illustre maison de Coligny*, etc. (Edit. de Paris, 1662.)
(2) VICTOR DE SAINT-GENIS : *les Femmes d'autrefois*.

quebuses. De quoi tremblèrent les vitres des Guises, qui étaient en face, à peine séparés par une rivière. Et leurs cœurs en frémirent. Le cardinal gémit. Le petit Guise (il avait quatorze ans) dit : « Si j'avais une arquebuse, « pour tirer ces vilains !.. » Cependant, trois jours et trois nuits, on fit la fête, bruyante et gaie, plus que le temps ne le voulait pour faire rage aux voisins. Puis Mme Dandelot, montant en croupe derrière son héros, *et disant adieu à ses biens*, le suivit fière et pauvre, aux hasards de la guerre civile (1). »

Dans un rapport adressé de France au duc de Toscane, le 13 mai 1563, liasse 4012, on lit :

« Le cardinal de Châtillon, déchu de la pourpre, avait écrit à la reine qu'il serait allé bien vite trouver Sa Majesté, et qu'il y serait allé en costume de gentilhomme et de chevalier, puisqu'il avait abandonné le vêtement impur de la cour romaine, pour me servir des paroles qu'il emploie avec une témérité pareille à son insolence. »

C'est assez indiquer le caractère de ce frère aîné de l'amiral, Odet de Coligny, qui pourvu de grands bénéfices ecclésiastiques, tels que l'archevêché de Toulouse, l'évêché de Beauvais, les abbayes de Saint-Bénigne de Dijon, de Fleury, de Ferrières, de Vaux de Cernay, s'engagea scélératement dans l'hérésie. Ce fut Paul IV qui le priva de la pourpre, ce qui ne le toucha point, car d'après d'Aubigné, Sponde et Sainte-Marthe, il épousa Elisabeth d'Hauteville, dame de Loré, qu'il entretenait depuis quelque temps en secret. Lorsque

---

(1) *Histoire de France au seizième siècle* : les guerres de religion (édit. de 1856, 330).

ce malheureux eut été empoisonné par son valet de chambre, un an avant la Saint-Barthélemy, cette concubine eut l'audace de réclamer son douaire, et fut déboutée de ses prétentions par le Parlement de Paris.

Gaspard de Coligny prit les armes de très bonne heure, car nous le voyons, sous Landrecies, à Cérisoles, et il vint à la cour vers les dernières années du règne de François Ier.

Nous empruntons à l'*Histoire de la liberté religieuse* (1), de M. Dargaud, le récit de ce qu'on nommerait aujourd'hui ses débuts dans le monde.

« Dans les ombres que projetaient sur la cour les ennuis du roi vieillissant, Coligny ne distingua, parmi la troupe dorée de la noblesse et des seigneurs les plus aimables de cette fin de règne, que le fils aîné de Claude, duc de Guise. On l'appelait alors le prince de Joinville. Il était beau, d'une taille souple, d'une grâce mâle et d'un si grand air, que partout où il se trouvait, il était le premier.

« Gaspard de Coligny, si discret dans ses liaisons, fut entraîné vers lui par ce feu du cœur qui éclate si soudainement et si délicieusement dans la jeunesse. Entre de tels caractères, l'amitié est prompte. L'austérité de Coligny qui recouvrait une science si nette et un si vaste esprit, fut un attrait de plus pour le prince de Joinville. Ces deux brillants seigneurs, dont l'un appartenait à l'une des plus anciennes maisons du royaume et dont l'autre était de maison souveraine,

---

(1) DARGAUD : *Histoire de la liberté religieuse*, t. Ier, l. III, p. 83, etc.

s'unirent intimement.» La légère différence du rang du prince de Joinville ne déplut point à Coligny. A l'exemple de son oncle et de ses cousins de Montmorency, il s'était accoutumé à primer un peu même la plus illustre noblesse, et à ne voir, pour ainsi dire, des égaux que dans ses supérieurs. Dès l'adolescence, il allait presque de pair avec les Guises et avec les princes du sang.

« Quoi qu'il en soit, Coligny et le prince de Joinville se convinrent et s'aimèrent. Le goût de l'un pour l'autre était si vif, qu'ils ne se quittaient plus. Ils étudiaient ensemble la guerre en pleine paix. Ils approfondissaient la tactique et la stratégie d'alors, l'attaque et la défense des places; ils cherchaient à s'expliquer mutuellement les difficultés, les combinaisons, les ressources de cet art des combats dans lequel ils devaient être tous deux des maîtres. Leurs plaisirs aussi étaient communs. Ils faisaient des armes, ils nageaient, ils montaient à cheval, ils chassaient, ils allaient aux bals et aux fêtes de compagnie, portant les mêmes couleurs et vêtus selon les mêmes modes. »

Ils avaient parfois, néanmoins quelques dissentiments, mais point de disputes, et loin de les diviser, la discussion les rapprochait de plus en plus. Malgré des opinions contraires et des caractères opposés, la la sympathie de leurs cœurs et leur estime réciproque ne cessaient de croître.

« Ils vécurent donc dans le charme d'une amitié qui les honorait l'un et l'autre, reprend Dargaud, durant les années de paix qui suivirent la bataille de Pavie. Mais quand, après le meurtre ordonné par le marquis du Guast de deux ambassadeurs du roi, la guerre eut été déclarée à l'empereur, cette amitié de Coligny et du prince de Joinville s'éclaira d'une lueur d'héroïsme et devint une fraternité d'armes.

« Coligny, qui brûlait de se signaler sous les yeux de l'héritier du trône, fut sur le point de s'engager dans l'armée du Roussillon, commandée par le Dauphin en personne. Mais alors l'amitié était plus forte encore en lui que l'ambition. Au dernier moment, il se décida pour l'armée du Luxembourg, confiée au duc d'Orléans, sous la direction de Claude, duc de Guise, qui emmenait avec lui le prince de Joinville, son fils. Les deux amis, par ce sacrifice de Coligny, ne se quittèrent pas et se trouvèrent transportés ensemble, dans l'aventureuse vie des camps.

« Coligny et le prince de Joinville se distinguèrent dans toutes les occasions les plus périlleuses. Ils avaient une ardeur de gloire qui les emportait dans la mêlée comme des héros fabuleux, une émulation qui les exposait sans cesse et tous les jours à la mort. Leurs témérités enlevaient les applaudissements de l'armée et faisaient trembler le duc de Guise; lui, qui était le modèle accompli du véritable courage, blâmait ces jeunes gens de leur audace insensée et de l'ivresse continuelle où les jetait la guerre. Il leur déclara sévèrement que, s'ils n'y prenaient garde, ils seraient de bons soudards, et qu'ils ne seraient jamais des généraux. Car, pour être chef, ajouta-t-il, le bras prompt et le cœur chaud ne suffisent pas, sans la sagesse qui combine, prévoit et se dévoue à propos au service du roi et du royaume.

« Cette désapprobation du duc Claude, du capitaine et du père, retint un peu les deux amis et ne les corrigea pas. La circonspection leur pesa bientôt. L'impétuosité de leurs grands cœurs les entraînait.

« Au siège de Montmédy, Coligny ayant poussé son cheval à quelques pas de l'ennemi comme pour le braver, essuya une décharge. Il eut son chapeau percé en deux endroits, et la tête labourée d'une balle. On le crut perdu. Le prince de Joinville, qui était près de là, se précipita vers son ami, le fit transporter à l'écart, étancha lui-même le sang qui coulait, et appliqua sur la chair vive de la charpie et des bandages qu'il assujettit avec son écharpe. Jusqu'à ce qu'il eût été assuré du peu de gravité du mal, son anxiété fut si véhémente qu'elle attendrit tous ces rudes soldats dont il était entouré. La blessure de Coligny n'eut pas de suite et fut cicatrisée en quelques jours. Tout le camp s'y intéressa, en même temps qu'à la sensibilité du prince de Joinville, dont l'affection avait éclaté et qui avait été aussi troublé pour Coligny qu'il était impassible pour lui-même.

« Cette belle amitié n'eut qu'une durée éphémère. En 1551, François Dandelot ayant obtenu un commandement en Italie, fut pris par les Impériaux dans une embuscade, et enfermé au château de Milan, où il subit une captivité de cinq ans.

« Les premiers mois pesèrent comme des siècles à Dandelot. Cet homme, toujours à cheval pour des expéditions militaires, se dévorait dans son cachot de six pieds carrés. Le défaut d'exercice et l'ennui l'accablaient. Ne sachant comment tuer les heures lentes de la prison, il demanda les livres de Calvin qui avaient alors un grand attrait d'indépendance et de nouveauté. Les gardiens de Dandelot, uniquement occupés d'empêcher son évasion et très indifférents à son salut, lui accordèrent les volumes qu'il désirait. Le gentilhomme lut le docteur, il le lut avec zèle. Il se jeta dans le calvinisme comme il se serait jeté dans un champ de bataille, sans regarder en arrière.

« Dès qu'il eut une conviction, il voulut la faire partager à ses deux frères, le cardinal de Châtillon et Gaspard de Coligny. Il leur adressa d'étranges, d'éloquentes lettres. Cette fois, le théologien était un soldat qui écrivait de l'abondance du cœur, sous les voûtes pesantes d'un donjon et avec une pointe d'acier. Sa croyance était une guerre.

« Au reste, son âme était si bien possédée du dogme nouveau et son accent fut si fort, qu'il entraîna ses deux frères. Sous l'impression de cet apostolat d'un prisonnier et sous le coup de sa correspondance, ils lurent à leur tour les livres du docteur de Genève, et à leur tour ils se firent calvinistes (1). »

Bien que secrète, leur apostasie transpira. Le dernier câble se rompit alors entre François de Lorraine et Gaspard de Châtillon, pourvu de la charge d'amiral de France, après la mort du seigneur d'Annebaut, en 1552.

Après s'être peu à peu détaché l'un de l'autre, un lien religieux les retenait encore. Mais quand il se brisa, leur longue amitié se changea en une haine implacable.

« Cette haine, jusque-là comprimée, éclata le soir de la bataille de Renty. On se souvient comment le duc de Guise attira ses ennemis, et comment il permit au duc de Nemours de les charger. Ce qu'il avait fait par condescendance, par politesse d'un héros à un héros, on répandit qu'il l'avait fait par calcul de prudence per-

---

(1) DARGAUD : *Histoire de la liberté religieuse*, t. Ier, l. V, p. 146 et suiv.

sonnelle. Le connétable déclara que la bataille était perdue sans son neveu Coligny. L'amiral, qui avait la conscience d'avoir décidé la victoire, soutint les prétentions de son oncle. Il ajouta même que le duc de Guise ne s'était pas trouvé dans le combat là où il devait être. Ces bruits transpirèrent vite, et, le soir de la bataille, une discussion très vive s'engagea entre François de Lorraine et Coligny, sous la tente du roi. Le duc de Guise expliqua sa conduite en homme accoutumé aux hommages et aux réparations, tandis que l'amiral persista dans son blâme.

« — Ah! mort-Dieu, s'écria le duc avec colère, ne
« me veuillez point ôter mon honneur.

« — Je ne le veux point, répondit froidement Coligny.

« — Et vous ne le sçauriez », répliqua Guise hors de lui...

A ces mots, l'amiral, puis le duc, sans souci du lieu où ils étaient, portèrent la main sur la garde de leurs épées et les tiraient du fourreau, lorsque les courtisans se jetèrent entre eux. Le roi survenant ordonna aux adversaires, qui étaient ses deux favoris, de s'embrasser et de tout oublier. Ils hésitèrent et n'obéirent qu'à demi. Ils s'embrassèrent, mais ils n'oublièrent pas. Ce duel étouffé dans une étreinte officielle et dans une fausse réconciliation contient déjà la guerre civile. Il présage les luttes acharnées, les massacres, les horreurs qui ensanglantèrent la France dans la seconde moitié du seizième siècle, et, par là, il est plus mémorable que la bataille de Renty et que dix batailles (1). »

---

(1) DARGAUD, *Histoire de la liberté religieuse*, t. Ier, l. V, p. 146 et suiv.

Pour ne pas interrompre l'ordre des faits, j'ai passé un événement curieux, qui remonte à l'année 1555. L'amiral envoya au Brésil une colonie de protestants sous le commandement de Nicolas Durand de Villegagnon; ils partirent du Havre le 12 juillet 1555, ils bâtirent un fort qu'ils nommèrent le fort Coligny. Calvin, à la demande de l'Amiral, envoya au Brésil Pierre Richer, ex-carme apostat, Guillaume Chartier et Philippe Laguillerai, sieur du Port en qualité de missionnaires.

La discorde ne tarda pas à se mettre entre ces apôtres; Villegagnon les chassa, et quelque temps après les Portugais détruisirent cet essai de colonie. « Dieu veut que sa religion soit preschée par tout le monde. Il n'a permis que les infectez d'hérésie s'établissent aux Indes, ce seul sujet est cause que la France n'y a point de part (1). »

Il est donc certain que dès cette époque Coligny avait déjà commencé à nouer des intrigues avec le parti huguenot.

Le prince Eugène de Caraman-Chimay, qui n'est pas sans quelque tendresse pour son héros, étudie d'assez près son caractère, au point de vue religieux, et le fait de son apostasie.

« Coligny, dit-il, avait un penchant naturel pour la réforme, et si les circonstances contribuèrent à l'y jeter, il y avait chez lui une large et sérieuse part de *conviction*, plus encore sur le mal que prétendaient détruire les sectaires que sur l'efficacité de leurs remèdes. Maintenant il faut reconnaître que ses intérêts étaient d'accord avec ses sentiments; à la cour,

---

(1) Tavannes.

chez les catholiques, dans la vieille France enfin, la place que pouvait ambitionner un homme comme Coligny, avec la gloire, l'honneur, le commandement, la popularité, cette place était prise par le duc François de Guise et la maison de Lorraine ; et c'était la gloire, le commandement et la popularité que les huguenots pouvaient offrir à l'amiral, s'il consentait à se mettre à leur tête. On peut dire à ses apologistes protestants qu'il était bien ambitieux pour un apôtre, et à ses détracteurs, que c'était un ambitieux réellement convaincu.

« Coligny était moralement ennemi de la cour, du gouvernement, des mœurs et des dérèglements de tout genre de son temps ; il pouvait voir dans la religion nouvelle, avec laquelle d'ailleurs son caractère sympathisait, une tentative de réforme cruellement persécutée ; d'un autre côté, il haïssait les Guise et rêvait la puissance. N'était-il pas marqué d'avance pour servir de drapeau à la cause des huguenots ?

« Mais l'amiral avait une intelligence bien trop haute pour se compromettre seul et risquer de se perdre inutilement. Quand je dis qu'il rêvait la puissance, que pouvait-il espérer ? Se substituer lui et les siens au duc de Guise et à la maison de Lorraine. Les partisans des Guise ont accusé l'amiral d'avoir rêvé plus haut ; les huguenots ont jeté le même reproche aux Guise. Les Guise, et encore bien moins les Châtillon, n'ont jamais pu avoir une idée aussi impossible à réaliser alors que celle d'une usurpation de la couronne de France (1). Castelnau fait bonne justice de ces imputations :

(1) *Gaspard de Coligny*, par le prince Eugène de CARAMAN-CHIMAY.

2.

« Il n'y avait point apparence de dire, et aussi peu de publier par édict comme l'on fit alors, que ceux de Guise voulaient tuer le roy et usurper l'Estat, veu que le fondement de leur puissance n'avoit plus grand appuy que de la vie du roy, de leur niepce royne de France et d'Escosse, de laquelle sur toutes choses ils désiroient voir des enfants et successeurs pour continuer leur crédit; joint aussy que le roy avait encore trois frères et dix ou douze princes du sang de Bourbon, auxquels le naturel des Français, tant de l'un que de l'autre party, n'eust jamais enduré que l'on eust fait tort, et eussent empesché ceux de Guise d'aspirer à la couronne s'ils eussent eu ce désir, bien qu'ils n'en eussent d'autre que de se bien maintenir près du roy, tenir les premiers rangs et gouverner sous son autorité. »

Il n'en est pas moins vrai que l'amiral et les Châtillon luttèrent contre la prédominance des Guise, et qu'ils espérèrent un moment les renvoyer en Lorraine, à jamais déchus de leur prestige et de leur popularité. Sans doute Coligny ne rêvait point une usurpation impossible et ne prétendait ni se couronner du diadème de saint Louis, ni ceindre l'épée de Charlemagne. Si puissant que l'eussent fait son crédit auprès des souverains protestants, et ses victoires trop faciles à la tête de ses huguenots rebelles, il n'eût jamais osé escalader les marches du trône dont il voulait renverser les Valois. Mais il pouvait aspirer au pouvoir suprême, sans rechercher le titre de roi, fonder une république, devenir en France le précurseur de Cromwell, et ce fut, en réalité, le but secret de toutes ses machinations.

CHAPITRE II

La Réforme. — La religion catholique et la civilisation. — L'Eglise et la société. — La monarchie française. — Clergé, noblesse, peuple. — But de la royauté. — Le protestantisme d'après ses propres adeptes. — Calvin, sa tyrannie à Genève, ses crimes. — Sa mort. — Jugement porté contre lui par ses contemporains et par la postérité. — La Réforme livre la France à l'étranger. — La révolution religieuse en Béarn. — Intolérance et fanatisme de Jeanne d'Albret. — Massacres, assassinats, actes de vandalisme et de cruauté commis par les hérétiques. — Avenir du protestantisme.

« Ce qu'on appelle Réforme, dit Cobbett, fut enfanté par une incontinence brutale, nourri par l'hypocrisie et la perfidie, et cimenté par le pillage, par la dévastation et par des torrents de sang (1). »

Celui qui parle ainsi appartient au protestantisme.

Que voyons-nous, en effet, à l'origine de la Réforme, et quels sont les premiers réformateurs? Deux hommes : le premier, moine apostat, brûlant de convoitise et d'envie, qui sort du cloître pour satisfaire ses appétits et assouvir le plus grand orgueil qui se soit manifesté durant son siècle; le second, clerc apostat, avaricieux, ladre, jaloux, de mœurs plus que suspectes. Ils sont menacés d'être chassés du sanctuaire; et ils se révol-

---

(1) William Cobbett : *Histoire de la Réforme protestante en Angleterre et en Irlande*, lettre Ire, p. 2. Paris, 1826.

lent. La pensée dominante de ces deux réformateurs est de se soustraire aux vœux qui les enchaînent.

Sitôt qu'ils ont échangé la vie modeste, humble et laborieuse, contre la vie agitée et tumultueuse de l'aventurier, ils aspirent à leur tour à la puissance. Luther, qui proteste contre la suprématie du Pontife romain, se fait le chef infaillible, impeccable, d'une secte plus intolérante que la religion qu'il a trahie. Jean Calvin, en fondant à Genève une république, s'en déclare le consul. Et combien il est plus despote que les tyrans de Syracuse! Et combien il est plus féroce, dans ses proscriptions, que Sylla et Tibère!

La Réforme fut donc une révolution politique, abritée sous le voile d'un mouvement religieux; elle fut politique dans son origine, dans son but, dans ses conséquences. En Allemagne, elle est socialiste avec Luther; à Genève, républicaine avec Calvin.

La Réforme procède de la Renaissance.

Ce retour au culte de la forme, essentiellement païen, avait amené dans l'Eglise une sorte d'affaissement moral, qui se trahissait par la légèreté des mœurs et faisait dévoyer les plus belles intelligences. On a dit qu'elle produisit l'indépendance de l'esprit. C'est vrai; mais, suivant l'expression d'un grand écrivain, l'indépendance de l'esprit conduit au doute et à l'incrédulité.

L'art gagna peut-être à ce retour vers le sensualisme, l'intelligence y perdit. Ce fut peut-être un progrès matériel; ce fut, à coup sûr, une profonde décadence morale. La Renaissance aida l'avènement de la Réforme; celle-ci devait engendrer la Révolution. C'est qu'on ne touche pas impunément à la religion d'un peuple.

« La religion est le lien du rapport qui, en unissant

l'homme à Dieu, a pour objet de conduire le premier vers la fin suprême pour laquelle il a été créé. Aussi, de tous ces faits de l'histoire, il n'en est pas de plus général, de plus universel, qui tienne une place plus considérable dans la vie de l'humanité. De quelque côté qu'on tourne ses regards, on voit apparaître la religion comme base et consécration de l'état social. En Orient comme en Occident, dans l'ancien comme dans le nouveau monde, il n'est pas un peuple qui ne soit né et n'ait grandi sous l'inspiration du souffle religieux. Seule immuable, la religion préexiste à la grandeur des nations et survit à leur décadence.

« Ainsi la religion n'est pas une simple aspiration du fini vers l'infini, une poésie de l'âme qui s'élève vers Dieu : c'est un fait et le plus authentique, c'est un enseignement et le plus précis, celui dont l'autorité est la plus haute, l'action la plus universelle et la plus irrésistible. En vain, l'homme essaye de se soustraire à son empire, la religion le domine et le poursuit jusque dans ses égarements. L'homme a besoin d'adorer : telle est la loi de sa nature ; s'il n'adore pas le Créateur, il rend un culte à la créature, il s'adore lui-même, et il n'abat l'autel du vrai Dieu que pour en élever un autre à ses passions.

« Or, concilier la vraie religion avec la vraie civilisation, tel est au fond l'unique problème que toute société ait à résoudre. La religion et la civilisation ne sont, ni de même ordre, ni de même nature. La religion vient de Dieu, la civilisation vient de l'homme. La religion est la fin de la vie sociale, tandis que la civilisation n'en est que le moyen. Mais comme il y a action et réaction du moyen sur la fin et de la fin sur le moyen, la société doit s'efforcer sans cesse d'établir entre eux un rapport harmonique. De là il suit, entre autres conséquences, que toute perturbation dans l'ordre religieux entraîne avec elle une perturbation correspondante dans l'ordre social, qui se trouve dès lors menacé dans la fin même de son existence.

« Lors donc qu'au seizième siècle, Luther se mit à attaquer la religion catholique dans son principe et la plupart de ses dogmes, il ne porta pas atteinte seulement à l'ordre religieux, il ébranla l'ordre social tout entier, ainsi que l'expérience ne tarda pas à le montrer (1). »

Cette éloquente dissertation de M. de Chalembert, que la clarté dans les idées et le style met à la portée des plus jeunes intelligences, se trouverait incomplète si nous n'y ajoutions une page d'un autre philosophe qui détermine aussi nettement l'action de l'Église catholique.

« L'Église avait créé une société nouvelle sur les ruines de l'ancienne, dit M. Mahon de Monaghan, avec la foi, avec les mœurs, la science et la liberté ; elle lui avait donné des institutions, des droits, une morale ; elle lui ouvrait des voies inconnues jusqu'alors, des horizons lumineux, et préparait les éléments de bien-être matériel et intellectuel qui, en même temps qu'ils constituent les bases positives de toute civilisation, en représentent le terme le plus avancé.

« Ce seizième siècle s'ouvrait plein de promesses. Il y avait comme un apaisement des passions, besoin d'expansion, activité et mouvement progressif des esprits. L'humanité plus calme sentait des forces vives, refoulées jusque-là par le souci des grandes crises,

---

(1) CHALAMBERT : *Histoire de la Ligue*, t. Ier, Introduction.

s'agiter impatiemment dans son sein; déjà même elle entrait en travail au bruit des harmonies de la pensée se développant librement sous les formes les plus variées et les plus heureuses. Sans doute, les Turcs étaient menaçants encore, mais ils venaient d'être vaincus, et l'on goûtait les premières douceurs d'une paix chèrement acquise et succédant à de rudes calamités. Cette paix épanouissait les âmes, elle promettait de faire fructifier l'œuvre de l'Église et de remplir l'Europe régénérée de tous les rayonnements du triple soleil de la foi, de la science et de l'art.

« Le protestantisme allait naître et briser le lien à peine formé entre les nations chrétiennes; il allait les isoler, jeter entre elles l'abîme infranchissable de la diversité des croyances; il allait, non seulement les rendre étrangères, mais encore hostiles les unes aux autres; semer la division au sein des États et jusque dans les familles; déchaîner les passions mauvaises si naturelles au cœur de l'homme et que le catholicisme avait eu tant de peine à apaiser; armer les citoyens contre les princes, les multitudes contre les lois, les populaces avides contre les propriétés; sonner le tocsin des discordes; mêler le bruit des clairons militaires aux discours véhéments des temples; souffler l'incendie, faire couler le sang, violer les droits, déchaîner le plus terrible des arbitraires, l'arbitraire de la foule; en un mot, allumer tous les brandons d'une effroyable guerre civile qui n'est pas encore éteinte. Voilà ce que le schisme apportait au monde (1). »

Pour bien comprendre maintenant l'influence néfaste

---

(1) E. MAHON DE MONAGHAN : *l'Église, la Réforme, la philosophie et le socialisme au point de vue de la civilisation moderne;* p. 24, 25.

exercée par le protestantisme en Europe, et particulièrement en France, il faut examiner quelle était la situation politique de ce royaume, déjà déchiré, aux siècles précédents, par tant d'invasions étrangères, de factions et de luttes, épuisé par la guerre de Cent-Ans, sauvé par Jeanne d'Arc, reconstitué par la sagesse, la patience et l'inflexible volonté de Louis XI, qui mourut ayant la douleur de laisser son œuvre inachevée entre les mains d'une femme et d'un enfant.

C'est au livre trop peu connu de M. V. de Chalambert que nous emprunterons ce tableau, tracé d'une main ferme, et dont les idées larges et libérales ne sont point en retard sur les nôtres.

« La Monarchie française, dit-il, avait été sans cesse se modifiant et se transformant depuis son origine. Au commencement du seizième siècle, sous François Ier, elle était devenue presque absolue. Mais ce prince, si jaloux qu'il eût été d'accroître son autorité, n'avait pu détruire entièrement les anciennes institutions, et le clergé, la noblesse et la bourgeoisie jouissaient encore de nombreux privilèges.

« Le clergé avait perdu le droit d'élire aux évêchés et aux charges ecclésiastiques, mais il avait conservé d'autres immunités de diverses natures, qui suffisaient pour garantir l'indépendance de son ministère. De plus, son autorité spirituelle, un moment ébranlée par les attaques des prétendus réformateurs, s'était promptement raffermie, et avait même grandi dans l'épreuve.

« La noblesse n'avait plus la puissante organisation féodale des temps passés, mais il lui restait encore de hautes prérogatives; c'était entre ses mains que reposait la principale force militaire de la nation. Les rois, depuis Charles VII, soldaient, il est vrai, de leurs deniers une armée permanente dont ils disposaient à leur gré; mais cette armée était peu nombreuse, et ils avaient besoin de faire sans cesse appel aux gentilshommes, sans le concours desquels ils ne pouvaient rien entreprendre de considérable. Or, les seigneurs n'étaient assujettis qu'à un service de quelques mois chaque année, que dans les temps de trouble ils pouvaient facilement refuser, ou même tourner contre le pouvoir royal. La noblesse avait ainsi, outre les influences et les avantages honorifiques d'une classe privilégiée, la prépondérance politique dont jouissent toujours les dépositaires de la force publique.

« La bourgeoisie avait vu aussi quelques-unes de ses anciennes libertés municipales restreintes et amoindries, mais elle avait conservé les plus précieuses. La plupart des villes élisaient encore leurs magistrats, avaient une garde bourgeoise dont les officiers étaient nommés par élection, jouissaient du privilège de ne pas recevoir de garnison, en un mot s'administraient et se gardaient elles-mêmes.

« Ces franchises municipales de la bourgeoisie avaient assez d'importance pour exciter la sollicitude du pouvoir royal, qui se rappelait l'usage qu'elle en avait fait pendant les troubles du quatorzième et du quinzième siècle, et qui, n'osant les abolir, s'efforçait d'en atténuer du moins les effets, en influant sur l'élection des magistrats municipaux.

« Il est un autre point, disait Catherine de Médicis
« dans une de ses instructions à son fils Charles IX,
« il est un autre point qui est bien nécessaire, c'est
« qu'entre les principales villes de votre royaume, vous
« gagniez quatre des principaux bourgeois et qui ont
« le plus de pouvoir dans la ville, et autant des prin-

« cipaux marchands, pour, par là, vous rendre maître
« des élections. »

« La bourgeoisie prenait en outre une part considérable à l'administration des affaires de l'Etat par les fonctions qu'elle était appelée à remplir dans les conseils du roi et dans les cours de justice.

« A ces prérogatives spéciales, dont jouissaient à divers titres le clergé, la noblesse et la bourgeoisie, se joignait l'institution des Etats Généraux. Les attributions de ces grands conseils de la nation n'étaient pas sans doute nettement définies, on ne les convoquait pas à des époques déterminées, souvent même il se passait de longs intervalles sans qu'on songeât à les réunir; de plus, ils n'avaient donné jusque-là que peu de résultats. Cependant, ce n'était pas un fait sans importance que l'existence de ces assemblées dans lesquelles la nation discutait publiquement les affaires de l'Etat, faisait entendre ses doléances, exposait ses vœux, demandait la réforme des abus, préparait les lois qui devaient y porter remède, votait les impôts, et parfois ne craignait pas d'entrer ouvertement en lutte contre le pouvoir royal, ainsi qu'il était arrivé au quatorzième siècle, et dernièrement encore aux Etats de 1577.

« Ainsi la France était une monarchie, mais une monarchie tempérée par des institutions qui, malgré les récents accroissements du pouvoir royal, faisaient à l'action libre des diverses classes de la nation une part assez grande, pour que l'orateur du clergé, aux derniers Etats Généraux, ait pu la définir en ces termes :

« Notre royaume, Sire, avait-il dit en s'adres-
« sant au roi, notre royaume est certes monarchie,

« toutefois aucunement participant et tenant *de répu-*
« *blique* soit *aristocratique*, soit *démocratique*, qui est ce
« qui l'a fait et le fera, si à Dieu plaît, longuement
« durer et prospérer. »

« On voit quelles ressources l'ensemble de ces institutions offrait à la lutte des partis. Les privilèges du clergé, de la noblesse et de la bourgeoisie étaient autant de retranchements, derrière lesquels ils pouvaient organiser leurs moyens d'attaque et de défense, surtout lorsque le pouvoir royal tombait en des mains faibles et incapables (1) » comme il advint lors des minorités de François II et de Charles IX.

Ce n'est pas seulement l'ordre politique que le protestantisme venait troubler, il venait encore, selon l'expression d'un écrivain libre penseur (2), singulièrement retarder la marche de l'esprit humain, arrêter la révolution scientifique inaugurée sous l'influence d'idées dogmatiques, par Cusa, Copernic, Christophe Colomb, ces grands génies catholiques, et dont les progrès ne furent, à cette époque, nulle part plus évidents qu'en Italie, en Espagne et en France, où la Réforme fut combattue et vaincue.

« Il ne faut pas laisser dire qu'au seizième siècle le protestantisme servit la cause de la civilisation ; il ne faut pas laisser dire que le protestantisme favorisa la cause de la liberté et de la tolérance, car tout d'abord il proscrivait la liberté philosophique, en poursuivant la philosophie de ses anathèmes ; et, quant à la liberté politique, avec Luther, il conseillait le despotisme et le triomphe au prix de flots de sang ; avec Calvin, il

---

(1) CHALAMBERT : *Histoire de la Ligue.*
(2) Frédéric MORIN : *Dictionnaire de Scolastique*, t. Ier, p. 605.

disait : « Nous devons porter à un méchant tyran tel « honneur duquel Notre-Seigneur l'aura daigné ordon- « ner. » Et si, en fait, la Réforme servit, dans chaque pays, un parti différent, suivant la différence des passions soulevées, — et les passions de parti conduisent à la dictature ou à l'anarchie, deux états destructifs de la liberté, — en droit la théorie de Hobbes sur le pouvoir, comparée à celles de Suarez et de Bellarmin eux-mêmes, prouve que les doctrines protestantes sont beaucoup plus favorables à l'absolutisme que les doctrines catholiques. Il ne faut donc pas laisser attribuer à la Réforme, au seizième siècle, l'introduction de la tolérance religieuse dans la société, ni associer sa cause à celle de la liberté de conscience. Le protestantisme a rendu ensuite cette tolérance nécessaire, observe le P. Marquigny (1), mais il ne l'a jamais prêchée et surtout jamais pratiquée. Le mot seul soulevait l'indignation de Théodore de Bèze : *Libertas conscientiarum diabolicum dogma*, et il écrivait son traité *De hæreticis a civili magistratu puniendis*. Calvin disait qu'il fallait tuer les Jésuites, ou les accabler sous des masses de calomnies et de mensonges ; Calvin reprochait au comte Tarnowski de ne pas avoir extirpé par la force le catholicisme de la Pologne ; Calvin conseillait au duc de Somerset de dompter par la force les anciens catholiques et les nouveaux anabaptistes indépendants ; Calvin, enfin, persécutait le protestant Castalion, et faisait brûler le protestant Servet, avec

---

(1) *Etudes religieuses*, t. XII, p. 840. « L'opinion publique a été longtemps abusée sur l'intolérance de l'hérésie ; les réformés avaient tant célébré la liberté que beaucoup n'ont jamais regardé de près aux démentis que les actes infligeaient à la parole. » (Cf. Balmès, *le Protestantisme comparé*, etc.)

l'approbation de Mélanchton et des églises helvétiques consultées. Nulle part le luthéranisme, le calvinisme, l'anglicanisme, ne se sont présentés comme des doctrines admettant la discussion et ne demandant qu'à vivre en paix avec d'autres croyances; partout ils réclamaient la prépondérance politique, et pour l'établir, les docteurs de Berne, de Bâle, de Genève, de Londres ont été violents contre les dissidents; on sait à l'aide de quels supplices le protestantisme s'était déjà établi en Angleterre, en Suède, en Danemark, alors que les catholiques, en France, poursuivaient en justice les perturbateurs de leur religion.

Calvin, après avoir organisé activement en France les sociétés de colportage de livres protestants, vit ses opinions embrassées par des imaginations ardentes, disposées à traduire en actes, au milieu d'une société demeurée catholique, la doctrine qu'elles avaient reçue. Si la Sorbonne poursuivait les écrits peu orthodoxes, le gouvernement, lui, était en face non d'innocents penseurs, mais de perturbateurs du repos public. Les docteurs disaient: « la messe est une idolâtrie, » et les fidèles troublaient la célébration de la messe; les docteurs disaient: « les images sont des signes d'idolâtrie; » et les fidèles brisaient les croix et les statues, provoquant ainsi, par leurs outrages, la passion populaire contre le culte.

« En voyant les calvinistes, — remarque un écrivain consciencieux (1), exact observateur des faits, à moins que certains préjugés ne troublent sa vue et son jugement, — en voyant les calvinistes commencer une « guerre acharnée contre ce qu'ils nommaient l'Ante-

---

(1) M. Poirson : *Histoire d'Henri IV*, t. Ier, p. xviii, 2e édition.

« christ, les populations catholiques avaient redouté de
« se voir arracher la foi de leurs ancêtres. »

C'est bien là que l'on voulait en venir. C'est donc dans l'état de l'esprit public qu'on trouve l'explication de tout ce qui s'était passé en Europe jusqu'aux dernières années du seizième siècle, la cause dominante des maux qui pesaient alors sur l'humanité. M. Henri Martin le constate lui-même, mais en 1561 seulement, lorsqu'il dit :

« Les protestants, presque partout où ils étaient les
« plus forts, troublaient le culte catholique, insultaient
« les processions..., commençaient même à briser les
« autels (1). » Ce que M. Martin avoue des protestants en 1561, ceux-ci l'avaient fait dès le premier jour, en 1525, en 1534, etc., et c'est ce qui motiva les poursuites et les supplices. Le Parlement exerçant, dit M. Dareste, une sorte d'autorité supérieure sur l'administration religieuse et ayant mission d'appliquer les lois contre les actes coupables ou les opinions subversives, punit ces profanateurs par des supplices. Ce n'était pas de la liberté de conscience qu'il s'agissait, mais de la protection du culte et de la religion.

« Les protestants ne durent imputer qu'à eux-mêmes les mesures de rigueur dont ils furent l'objet, et François Ier, très enclin cependant aux séductions des novateurs, céda souvent de mauvaise grâce aux exigences du Parlement et de l'opinion (2). »

« La résistance de la royauté à la réformation religieuse devait être le principal obstacle aux progrès de celle-ci et à son établissement, dit M. Mignet. En effet,

---

(1) *Histoire de France*, t. IX, p. 80.
(2) H. DE L'EPINOIS : *M. Henri Martin et son Histoire de France*, p. 313 et suiv.

la Réformation ne s'était opérée nulle part, sans le concours ou tout au moins l'assentiment du pouvoir politique. Partout où ce pouvoir lui avait été contraire, elle avait échoué. L'opposition de l'autorité royale était d'autant plus redoutable, pour elle, en France, que cette autorité, sortie triomphante de toutes les luttes du moyen âge, s'était fortement organisée et avait acquis un ascendant irrésistible (1). » Les rois de France n'avaient rien à gagner à adopter la réforme de Luther.

« Ainsi la Réforme ne tentait pas leur ambition, mais, il y a plus, elle excitait leur crainte. Ils étaient parvenus à détruire le caractère féodal de la noblesse, la tendance ultramontaine du clergé, les constitutions républicaines des villes ; ils ne voulaient pas laisser pénétrer, dans leurs Etats, des idées d'indépendance et des causes de contestations qui pourraient aider la noblesse à reconstituer la féodalité, le clergé à reconnaître la suprématie romaine, les villes à rétablir la démocratie municipale. Aussi, François Ier, tout en se déclarant le protecteur des lettres, disait-il, en parlant du luthéranisme, *que cette secte et autres nouvelles sectes tendaient plus à la destruction des royaumes qu'à l'édification des âmes.* »

Le premier révolutionnaire, le pire ennemi des rois, le fondateur du culte nouveau, c'est Calvin, « figure glaciale, style d'acier, âme de bronze, vie froide, dont le résultat se concentre et se résume dans une législation durable et cruelle. Peu d'incidents, peu de fautes, seulement des crimes ; austérité sans enthousiasme ; point de passion, si ce n'est celle de la domination (2). »

---

(1) MIGNET : *Mémoires historiques.*
(2) PHILARÈTE CHASLES : *Etudes sur le seizième siècle.*

Calvin est l'homme bilieux, ne perdant jamais de vue son idée fixe, au milieu de ses emportements. C'est l'ambition froide, sèche, réfléchie ; c'est l'esprit révolutionnaire avec toutes ses exigences, mais réglé, méthodique, à l'état de fait positif et inflexible, même dans ses plus grands excès. Il y a toujours errement, mais non plus hésitation. Il sait ce qu'il veut, celui-là ; il sait qu'il lui faut, non seulement s'affranchir de toute autorité, mais encore dominer à son tour.

« Pour avoir une juste idée de l'aménité de son caractère, il n'est pas inutile de rappeler l'aveu qu'il a fait lui-même : « Je m'efforce, dit-il, de combattre « sans cesse mes défauts ; ils sont nombreux, je le « sais ; mais il en est un surtout contre lequel je lutte « inutilement : c'est la colère. Je n'ai jamais pu domp- « ter cette bête féroce (1). »

« Le mouvement de la Réforme, qui va se calmer, dit encore M. Philarète Chasles, — dont il est inutile de faire ressortir la partialité, — environne la grande et terrible figure de Calvin : c'est lui qui est l'organisateur, le pontife et qui arrête le flot dans sa course ; il bâtit avec des ruines ; il institue et crée une république religieuse et bourgeoise, fondée sur cette doctrine d'examen destinée à tout détruire. C'est précisément ce besoin que le génie de Calvin éprouve de contrarier le principe même de la Réforme, de tirer de ce qui est essentiellement désorganisateur un parti d'organisation, de faire servir le doute à la création, l'examen à la stabilité, le protestantisme à un nouveau catholicisme, un dogme destructeur à une fondation ;

---

(1) E. Mahon de Monaghan : *l'Eglise, la Réforme*, etc. etc.

c'est cette situation étrangère qui le rend féroce envers Servet, inexorable pour ceux qu'il croit opposés à son œuvre. Il est cruel dans le sens de Robespierre et de Marat, comme tous ceux qui appuient des rancunes sur des doctrines, et qui, en faisant une révolution, veulent l'arrêter. Un poignet d'airain est nécessaire à une telle œuvre; Calvin s'est montré de force à l'accomplir. »

Mais il est un fait irrécusable, c'est que l'apostolat de Calvin fut fatal aux mœurs de Genève. « Ah! sans doute, s'écrie M. Galiffe, les anciens Génevois n'étaient pas des anges de pureté céleste, mais au moins ils n'étaient pas hypocrites. Ils n'allaient pas profaner le temple des démonstrations d'une piété exaltée, en revenant d'exposer le fruit de leur libertinage. Ils étaient vifs dans leurs inimitiés, mais ils n'étaient pas faux témoins, espions et délateurs. Ils avaient besoin d'indulgence, mais ils n'en manquaient pas eux-mêmes, et ne cherchaient pas à cacher leur fragilité naturelle sous des jugements à mort d'une sévérité inhumaine. Ils étaient ce qu'ils redevinrent au dix-huitième siècle, lorsque le calviniste ne fut plus parmi nous qu'une ballade du temps passé, — des hommes fiers, hardis, indépendants, bons amis, ennemis irascibles, mais faciles à réconcilier, charitables et dévoués, bons patriotes par-dessus tout, parce qu'ils avaient une patrie qu'ils pouvaient aimer (1). »

« Au vieux sang génevois, resté pur si longtemps, ajoute M. Audin, — l'impitoyable biographe de l'hérésiarque (2) — Calvin mêla le sang des réfugiés, sa garde

---

(1) GALIFFE : *Notices génevoises*, t. III, Préface, p. XVI, XVII. Voyez aux PIÈCES JUSTIFICATIVES.

(2) J.-M. AUDIN : *Histoire de Calvin*.

prétorienne; escrocs, fripons, banqueroutiers, qui siègent au consistoire, qui entrent aux conseils, sont reçus bourgeois, et pour tant d'honneurs donnent, en échange, des souillures dont la ville avait à peine l'idée. Pendant toute la durée de la domination du théocrate, l'espionnage fut une dignité lucrative. Que le moraliste essaye de fouiller les archives du gouvernement, M. Galiffe l'accompagnera pour lui montrer des registres couverts d'inscriptions d'enfants illégitimes, qu'on exposait sur le pont de l'Arve; des testaments où la voix mourante d'un père accuse ses enfants de crimes abominables; des actes par-devant notaires, où une mère constitue une dot aux bâtards de sa fille; des mariages où l'époux passe de l'autel à la prison; des femmes de toute condition qui mettent leurs nouveau-nés à l'hôpital, pour vivre dans l'abondance avec un second mari (1). Attendons : le puritain réformé, qui a passé sa vie dans la poussière des archives, ouvrira bientôt la main, il le promet du moins, et alors il en tombera des feuilles écrites dans une langue morte, car il a peur de faire rougir la pudeur, et il racontera, dans l'idiome de Pétrone, les petits soupers des ministres génevois. »

Aussi Calvin pouvait-il écrire dans son *Livre des Scandales* :

« La plaie la plus déplorable, c'est que les pasteurs, oui, les pasteurs eux-mêmes, sont aujourd'hui les plus honteux exemples de la perversité et des autres vices. De là vient que leurs sermons n'obtiennent ni plus de crédit, ni plus d'autorité que les fables débitées sur la scène par un histrion. Et pourtant, ces messieurs ont

---

(1) GALIFFE : *Notices*, t. III, p. 15-16.

l'impudence de trouver étrange le mépris qu'on leur voue, et se plaignent de ce qu'on les montre au doigt et les livre à la risée ! Quant à moi, je suis plutôt surpris de la longanimité du peuple, des femmes et des enfants, qui ne les couvrent pas de boue. »

Calvin essayait de réagir par des ordonnances destinées à réprimer la licence, les désordres, le libertinage, et dans sa rage d'impuissant, condamné à la souffrance physique, il exagérait la rigueur. Ainsi un article de ses ordonnances défendait « la danse *en virollet* ou autrement » sous peine de trois jours de prison. — La défense paraissait dure et il arrivait parfois qu'en famille les jeunes garçons et les jeunes filles se laissaient entraîner à une ronde. Si l'Ancien d'un quartier s'en apercevait, il dénonçait tous ceux qui avaient succombé à la tentation, surtout celui qui, à l'aide d'une épinette, avait provoqué le scandale (1). On voit des personnages de toute espèce, condamnés à trois jours de prison, au pain et à l'eau, les uns pour avoir chanté, les autres pour avoir joué, quelques-uns pour avoir ri au sermon. Les plaisanteries les plus innocentes passaient pour blasphèmes. Ainsi un individu, entendant braire un âne, avait dit : « qu'il chantait un beau psaume ». Il fut banni pour trois mois. Humbert Tardy, étant allé à Divonne, avait chanté : « Je veux Robin. Robin est allé quérir aux enfers le dyable et Calvin. » On le renvoya à Messieurs, pour être puni de s'être moqué de Dieu et de ses ministres (2).

George de Cuzinens est invité à dîner à Carouge, le jour des Rois (c'était déjà la coutume de tirer un

---

(1) L'abbé FLEURY : *Histoire de l'Eglise de Genève*, t. II, p. 52, 53.
(2) *Registre du Conseil de Genève*, 2 novembre 1549.

royaume). La fève échoit en partage à sa femme. On crie : « Le roy boyt. » Pour *une telle insolence*, le consistoire les condamne à vingt-quatre heures de prison, au pain et à l'eau (1). C'était dur. Pour avoir mangé une douzaine de petits pâtés, trois ouvriers sont censés avoir dépassé la limite de la tempérance. Ils expient leur friandise par trois jours de prison, au pain et à l'eau.

Mais ces lois si terribles à la fois et si puériles n'étaient faites que pour les petites gens. Calvin ne les pratiquait guère, en ce qui le concernait. Nous voyons, dans l'*Histoire de la Réforme et des Réformateurs* de Charpenne, que le Conseil se montrait généreux envers Calvin. Il avait acheté et meublé pour lui sa maison de la rue des Chanoines ; élevé son traitement à mille francs environ par an, auquel il ajoutait douze setiers de blé et deux tonnes de vin, « gages considérables », disent les Registres de la ville.

Calvin avait souvent à sa table des étrangers de distinction, des ministres suisses et des réfugiés. « C'est chose certaine, dit Bolsec, que tous les gentilshommes français et tous les riches venant demeurer à Genève, à cause de leur religion, ne pouvaient lui faire plus grand plaisir, ni mieux acquérir sa faveur et amitié que de lui faire banquets et festins, tant au disner qu'au souper ; et chacun faisait à l'envi de le banqueter au mieux qu'il lui était possible, tant en abondance qu'en délicatesse de viande. De manière que le gibier et bon morceaux commencèrent à renchérir, ce qui causa un double murmure et scandale à Genève pour la gourmandise des étrangers, particulièrement des

---

(1) Registre du Conseil de Genève, 21 février 1572.

Français qui enlevaient tout ce qu'on apportait au Molard. »

La table de Calvin était donc fort bien servie, « car, ajoute le médecin lyonnais, les meilleurs et plus friands morceaux étaient réservés pour sa bouche. Pour des vins, il n'y avait pas de plus exquis dans toute la ville. Quand il faisait la faveur à quelque ami d'aller dîner ou souper avec lui, il lui fallait apporter de son vin dans une petite bouteille d'argent, et cela était pour la bouche de Monsieur. Il avait aussi son boulanger, qui le fournissait de pain fait expressément pour lui, de la plus fine fleur de froment, pestri avec eau rose sucrée, cannelle, anis; et après estre tiré du four biscoté, ce pain était si excellent qu'on l'appelait : *le pain de Monsieur!* »

« Cependant avec tous ces éléments du bien-être, malgré ces honneurs, cette vénération, cette espèce de culte que les Génevois rendaient à sa personne, Calvin ne devait pas être heureux, car il n'avait jamais aimé, et l'on ne l'aimait guère. On disait proverbialement à Genève : « Mieux vaut l'enfer avec Bèze que le paradis avec Calvin. » Tous ceux qui l'approchaient avaient à souffrir de sa parole arrogante, de ses emportements et de son intolérable orgueil. Mélanchton lui reproche une morosité que rien ne peut fléchir; Bucer, une maladie de médisance passée dans le sang, comme la rage dans le chien; Papire Masson, un insatiable appétit de vengeance et de sang sous un masque de modestie et de simplicité. Calvin avait besoin de haïr, et il se plaisait à exciter ce besoin chez les autres. Il écrivit un jour à la duchesse de Ferrare :

« ... Et sur ce que je vous avais allégué que David nous instruit par son exemple de haïr les ennemis de

Dieu, vous respondez que c'était pour ce temps-là duquel, sous la loy de rigueur, il était permis de hayr les ennemis (1). »

Les dernières heures de Calvin, sa longue agonie et sa mort, sont un des plus épouvantables spectacles que présente l'histoire, et pour en donner une idée quelconque, il faut rappeler la mort d'Antiochus ou celle de Voltaire.

« Il mourut, dit Bolsec, invoquant les diables, jurant, disputant et maugréant pour les très griesves douleurs et très aspres afflictions, lesquelles il ressentait de la sévère et très pesante main de Dieu sur sa personne. Ceux qui le servirent jusqu'à son dernier soupir ont tesmoigné de cela; que Bèze ou autre qui voudra, le nie; il est pourtant bien vérifié qu'il maudissait l'heure qu'il avait jamais estudié et escrit, sortant de ses ulcères et de tout son corps une puanteur exécrable, pour laquelle il estait fascheux à soy-mesme et à ses serviteurs domestiques, qui encore adjoustent qu'il ne voulait, pour ce sujet, qu'on l'allast voir (2). »

Le bruit courait que le corps du décédé était en décomposition, qu'il portait les signes visibles d'une lutte désepérée avec le trépas, et comme l'empreinte de la colère divine. Aussi ne laissait-on entrer personne dans la chambre du mort, sur la face duquel on avait jeté un drap noir, et qu'on s'était hâté d'ensevelir. Mais un jeune étudiant, venu à Genève pour suivre les leçons du réformateur, s'était glissé dans cette chambre lugubre. Il souleva curieusement les draps de lit qui cachaient le cadavre, et découvrit des

---

(1) P. Charpenne : *Histoire de la Réforme et des réformateurs de Genève.*
(1) Bolsec : *Histoire de Calvin*, p. 107.

mystères qu'on avait voulu tenir secrets. Harennius, c'est le nom du jeune étudiant, crut qu'il était de son devoir de les faire connaître au monde et voici ce qu'il écrivit :

« Calvin a fini sa vie dans le désespoir : il est mort d'une très horrible et très honteuse maladie dont Dieu menace les rebelles et les maudits, après en avoir été auparavant tourmentés et consumés : ce que j'ose attester, moi qui étais présent et qui ai vu, de mes yeux, son trépas affreux et tragique. »

Terminons ces quelques notes historiques par le jugement que porte contre Calvin un protestant, M. Galliffe :

« Calvin renversa tout ce qu'il y avait de bon et d'honorable pour l'humanité dans la réformation des Génevois, et établit le règne de l'intolérance la plus féroce, des superstitions les plus grossières, des dogmes les plus impies. Il en vint à bout d'abord par astuce, ensuite par force, menaçant le conseil lui-même d'une émeute et de la vengeance de tous les satellites dont il était entouré, quand les magistrats voulurent essayer de faire prévaloir les lois contre son autorité usurpée. Qu'on l'admire donc comme un homme adroit et profond dans le genre de tous ces petits tyranneaux qui ont subjugué des républiques en tant de pays différents ; cela doit être permis aux âmes faibles. *Il fallait du sang à cette âme de boue.* »

C'est pourtant cet homme qui déchaînera sur son pays la terrible tempête qui le saccagea pendant plus de deux siècles, qui le mit à feu et à sang, et fit périr des milliers et des milliers de victimes.

C'est à Genève qu'était établi, alors comme aujourd'hui, le centre de la conspiration antisociale ; c'est de là que partaient les mots d'ordre, les émissaires, les sicaires, toute la mise en œuvre, et tous les agents d'une politique vraiment effroyable aussi bien dans ses moyens que dans son but. On comprend donc cette légende mise au bas d'un plan de Genève, gravé au seizième siècle : *Ne connaissez Genève que pour l'abhorrer et la fuir!* Terrible flétrissure pour la ville comblée des dons de Dieu, et qui avait dans ses armes une des clefs de saint Pierre et l'aigle impériale, comme pour symboliser la grande et belle alliance du pape et de l'empereur : le pouvoir spirituel et le pouvoir temporel (1).

« Les ministres huguenots, dit le protestant contemporain Dumoulin, sont pour la plupart étrangers et gens de néant, émissaires envoyés en France par le consistoire de Genève, auquel ils prêtent serment. Sous le prétexte de religion et de réformation, ils font des conventicules et des assemblées tendant à la sédition. Dans ces consistoires et assemblées, les ministres sont les chefs et les maîtres ; ils usurpent la juridiction ecclésiastique et séculière, prononcent des condamna-

---

(1) Jusqu'au nom de *Huguenot*, qui vient de Genève! Les partisans du duc de Savoie appelaient *Eidgnots*, de l'allemand *eidgnossen* (confédérés, alliés par serments), ceux qui avaient accepté la combourgeoisie de Fribourg, surnom qu'ils ne prenaient pas à injure, mais à honneur, et qui était celui que s'étaient donné les Suisses, qui se prêtèrent un mutuel secours contre la tyrannie des nobles de leur pays. Les enfants de la ville allaient criant dans les rues : *Vivent les Eidgnots!* Le signe des partisans de l'alliance était une croix marquée sur leur pourpoint. Ils appelaient ceux du parti ducal *Mamelus*, du nom des soldats esclaves du Soudan d'Egypte, qui avaient abjuré le christianisme et renoncé à la liberté pour soutenir les tyrans. Telle fut l'origine des deux factions qui troublèrent si longtemps Genève. (CHARPENNE : *Histoire de la Réforme et des réformateurs de Genève.*) Voyez aux PIÈCES JUSTIFICATIVES.

tions, des excommunications, des emprisonnements. Ils donnent avis à ceux de Genève de tout ce qui se passe d'important, et prennent leur ordre, avis et conseil qu'ils suivent aveuglément, *n'ayant d'autre dessein que de réduire toute la France en un Etat populaire, et d'en faire une république comme celle de Genève*, dont ils ont chassé leur comte et évêque ; de changer, renverser et détruire la police entière du royaume ; de s'arroger toute l'autorité, de soustraire les sujets à celle du roi, de ses parlements et magistrats, sous le faux prétexte d'une liberté imaginaire. »

Dans le premier pays où l'hérésie eut une existence officielle, en Béarn, éclatèrent tout aussitôt les troubles les plus affreux et les persécutions les plus acharnées.

Voyez plutôt la conduite de Jeanne d'Albret. Elle usa de son pouvoir avec une telle rigueur, que la tradition de ses cruautés n'est pas encore perdue.

« On ne lit pas sans un sentiment d'exécration le récit des massacres et des ruines consommés en Béarn et dans les pays circonvoisins, d'après ses ordres formels, par Montgommery et ses reîtres. Le retentissement de ces douloureux événements fut grand par toute la France. Les atrocités de Béarn ne contribuèrent pas médiocrement à rendre les guerres civiles de la fin du quinzième siècle plus féroces. A partir de l'année 1569, les guerres qui déchirent la France ont un caractère particulier d'horrible haine. Plus de foi jurée, ni de loyauté, ni de pitié. Partout un ignoble brigandage (1). »

Nous aurons l'occasion de revenir, — en traçant le

---

(1) L'abbé Puyol : *Louis XIII et le Béarn.*

portrait de cette femme, pire que Jézabel, d'exécrable mémoire, — sur les abominations qu'elle fit ou qu'elle laissa commettre dans ses Etats. Rappelons seulement un fait. Un de ses officiers, Montgommery, avait capturé la plupart des seigneurs catholiques du Béarn, en assez grand nombre, et, tout en leur garantissant la vie sauve par les clauses d'une capitulation formelle, ils les avait enfermés au château de Pau. Or, le 23 août 1569, Montgommery leur fit servir une collation au moment de laquelle ils furent tous poignardés de sang-froid, sous prétexte des ordres de la reine, qui ne voulait point qu'on fît grâce à des sujets rebelles (1).

Il serait bien difficile de détourner de Jeanne d'Albret la responsabilité du massacre de Pau. L'abbé Puyol, historien du Béarn, a retrouvé, à la bibliothèque nationale, les originaux de la correspondance des lieutenants de la reine de Navarre pendant l'expédition de Montgommery (*vol.* 151 *de Baluze*).

Rien de plus instructif que ces dépêches concises, écrites sur de minces bandes de papier ou de parchemin afin de pouvoir être facilement roulées et cachées par les messagers hardis qui les portaient dans les contrées ennemies. Il résulte de la lecture de ces documents que Montgommery ne s'est pas décidé de lui-même à une si barbare violation de la foi jurée ; que la reine a hésité avant de donner des ordres formels, et qu'elle s'y est déterminée sur les avis de sectaires sans pitié, dont le style biblique et les résolutions absolues dénotent les pensées sinon des ministres réformés, du moins de

---

(1) D'Aubigné : *Histoire universelle*, t. Ier, l. V, ch. xix. — Sponde, ad. ann. 1569.

leurs adhérents les plus assidus, par exemple du féroce et fanatique baron d'Arros.

« A partir de 1559, dit M. Mahon de Monaghan, le pillage et l'incendie des églises commencent. Le massacre des prêtres et des citoyens fidèles à l'Église romaine devient l'accompagnement habituel de ces premiers désordres. La guerre civile éclate avec toutes ses horreurs. Comme autrefois la religion de Mahomet, la religion de Luther et de Calvin s'impose par la violence. Durant de longues années elle amoncelle ruines sur ruines, cadavres sur cadavres ; ce ne sont que crises lamentables et douloureuses. La Guyenne, le Languedoc, le Poitou, la Saintonge, sont les premiers éprouvés. Bientôt le mal se généralise (1). »

Bourges, Mortagne, Meaux, Uzès, Béziers, Nîmes, Saint-Gilles, Montpellier, Orléans, Sully-sur-Loire, Pithiviers, Reims, Coutances, Caen, Montauban, Alais, Condom, Angoulême, Saintes, Périgueux, Sarlat, Mâcon, Auxerre, Saint-Pons, Aleth, Castres, Vabres, Saint-Papoul, Soissons, Beauvais, Châlons-sur-Marne, Chartres, la Charité-sur-Loire, la Rochelle, Pau, Tarbes, Oléron, Lescar, Geaume-en-Chalosse, Orthez, Lodève et une foule d'autres villes de la France et du Béarn deviennent tour à tour ou simultanément le théâtre des plus grandes atrocités de la part des disciples de la Réforme.

« Les cathédrales, les églises, les couvents, les chapelles et même les hôpitaux et les bibliothèques sont détruits, saccagés, pillés, souillés. Comme avaient fait les barbares, les protestants s'emparent de toutes les richesses du culte, brisent les statues, déchirent les

---

(1) E. MAHON DE MONAGHAN : *l'Eglise, la Réforme*, etc., etc.

peintures, anéantissent les sources du savoir. Par eux, les évêques, les prêtres, les religieux de tout ordre sont égorgés, insultés ou chassés. Les populations, attachées au culte de leurs pères, se voient soumises aux plus cruels traitements. Ici, on les passe au fil de l'épée ; là, on les précipite du haut des murailles ; ailleurs, on les noie ; plus loin, on les brûle ; mais partout invariablement l'esprit de rapine, se mêlant à l'esprit de secte, on les dépouille de leurs biens, on les rançonne et on les soumet à d'intolérables vexations. A la requête des consistoires, il arrive souvent que les chefs militaires protestants font enlever les toitures, ordonnent la démolition des maisons ou décrètent des taxes exorbitantes en vue de contraindre les catholiques à embrasser la Réforme (1)! C'est une minorité cupide, audacieuse, fanatique, opprimant la conscience d'une majorité paisible. N'est-ce pas toujours ainsi que s'opèrent les révolutions !

« En Beauce, seulement, les calvinistes triomphants détruisirent trois cents églises. Sur toute la surface de la France, on compte cent cinquante cathédrales et abbayes complètement ruinées. Dans les seuls diocèses de Nîmes, de Viviers, d'Uzès et de Mende, le nombre des églises démolies atteignit le chiffre énorme de cinq cents. La petite ville de Sully-sur-Loire ayant été surprise par les troupes de l'amiral Coligny, trente-six prêtres y furent froidement massacrés ; et un grand nombre d'autres ecclésiastiques du pays, qui s'étaient réfugiés dans ses murs, périrent dans la Loire où on les précipita (2). Les protestants montrèrent partout ce

---

(1) Voir Bossuet : *Histoire des Variations*, l. X.
(2) La Saussaye : *Annales ecclésias. Aurélian*, 1615.

même esprit d'intolérance, de destruction et de cruauté. On eût dit qu'ils avaient adopté la devise barbare des anciens Romains : « *Malheur aux vaincus!* (1). »

« C'était, fait observer un auteur, le fer à la main qu'ils commençaient leur mission, tout en venant, disaient-ils, réformer l'Église et assurer l'Évangile; c'était en pillant et en massacrant qu'ils demandaient la tolérance. Sans doute, par la suite, les catholiques se vengèrent par de tristes représailles; excités par le spectacle de tant de pillages, de ruines, de cruautés, ils exercèrent eux-mêmes de déplorables violences. Nous sommes loin de les approuver; nous en gémissons; mais le blâme n'en doit-il pas retomber principalement sur ceux qui avaient donné ce funeste exemple, et qui n'annoncèrent parmi nous leur force ou leurs progrès que par des désordres, des profanations et des traits de barbarie (2)? »

« En 1567 et 1569, dit un auteur protestant, les rues de Nîmes furent teintes du sang des catholiques. Rien de plus affreux que la *Michelade,* comme l'ont nommée les gens du pays, massacre exécuté par les protestants en 1567, avec une horrible régularité, le jour de la Saint-Michel. Les catholiques, enfermés dans l'hôtel de ville et gardés à vue, furent égorgés par leurs ennemis d'une manière qui rappelle tout à fait les massacres de Septembre pendant la Révolution française. On fit descendre l'un après l'autre dans les caveaux de l'église les malheureux que l'on voulait exécuter, et que les religionnaires attendaient pour les tuer à coups de dague. On avait placé sur le beffroi et sur les fenêtres

---

(1) E. Mahon de Monaghan : *l'Eglise, la Réforme,* etc., etc.
(2) *Essais historiques sur l'influence de la religion en France pendant le dix-septième siècle.* (Sans nom d'auteur.)

du clocher des gens armés de torches pour mieux éclairer cette boucherie qui dura deux heures. La plupart furent jetés dans un puits qui avait quarante-deux pieds de profondeur, plus de quatre pieds de diamètre, et qui fut comblé de ces victimes. L'eau mêlée de sang se répandait au dehors, et longtemps après on entendait encore les cris étouffés et les gémissements des malheureux qui se trouvaient écrasés par les cadavres. On fit une recherche exacte dans les maisons des catholiques, et cette tuerie dura depuis onze heures du soir jusqu'à six heures du matin (1). »

La bibliothèque de Lyon renferme, entre autres documents relatifs au seizième siècle en général et à la levée de boucliers des réformés de 1562 en particulier, un manuscrit, très précieux par les détails qu'il donne sur cette désastreuse époque de l'histoire. C'est un poème latin de deux à trois mille vers, dans lesquels se trouvent intercalées quarante figures retraçant les excès commis par les calvinistes français. Au texte latin est joint un résumé français, disposé dans l'ordre des figures. L'*Histoire universelle de l'Eglise*, du savant Rohrbacher, en cite les passages suivants :

« Le baron des Adrets s'empare de la ville de Montbrison, dans la province du Forez, où, après avoir violé et pillé les églises, profané les vases sacrés, enlevé les ornements, il fait jeter une partie des catholiques du haut des tours fort élevées, en bas. Les prêtres y sont égorgés, les filles et les femmes violées, les bourgeois tués et pillés, et le peu de catholiques qui peut échapper à leur furie, contraint de déserter la ville... L'église

---

(1) EDINBURGH REVIEW : *le Massacre de la Saint-Barthélemy.* — Voir *Revue britannique*, février 1836.

primatiale de Saint-Jean de Lyon est fort endommagée par ces impies, lesquels, après avoir commis des excès incroyables dans la ville, et l'avoir pillée et saccagée, s'emparèrent des biens et revenus des églises et des monastères, brûlèrent toutes les reliques qu'ils purent trouver, brisèrent toutes les figures des saints dont le portail et la façade de cette illustre église étaient ornés ; ils n'épargnèrent pas même les tombeaux, qu'ils ouvrirent pour y chercher les trésors qu'ils croyaient y avoir été cachés ; ils se saisirent de tous les ornements et vases sacrés. L'église de Saint-Just, qui est la première collégiale de la même ville de Lyon, fut entièrement démolie par les huguenots, lesquels brisèrent les cloches pour ensuite les transporter à l'arsenal et en faire des canons.

« Les calvinistes, s'étant réunis pendant que l'armée du roi assiégeait Saint-Jean-d'Angély, se rendirent maîtres de la ville de Nîmes, et y exercèrent des cruautés inouïes contre les catholiques, égorgèrent le grand vicaire du lieu, les prêtres et les bourgeois, qui refusèrent de renoncer à la foi...

« A la Rochelle, les huguenots exercent toutes sortes de cruautés envers les catholiques. Leur rage même s'étend sur les morts ; car ayant ouvert les tombeaux et déterré les corps saints qui y reposaient, ils foulent aux pieds les saintes reliques, et les jettent dans la mer. »

« Les mêmes scènes de vandalisme se passèrent à Blois, à Poitiers, à Tours, à Beaugency, à la Rochelle, à Châlon-sur-Saône, à Mâcon, à Bourges, à Abbeville. Les protestants dépouillaient les églises de leurs ornements et de leur argenterie, brisaient les images, pillaient les tombeaux. A Orléans même, Condé ne put empêcher ces désordres. A Rouen et à Caen, on viola les sépultures des ducs de Normandie, les statues furent brisées et mutilées. A Bourges, le magnifique portail de la cathédrale fut réduit à l'état où il est encore. Des ministres réformés se vantaient d'exécuter le vœu du roi, vœu qu'on l'empêchait, disaient-ils, d'exprimer et d'exécuter lui-même (1). »

Lorsque le célèbre artiste Bernard Palissy quitta son pays, la Saintonge, pour se rendre à Paris, il put voir quels désastres l'hérésie, qu'il professait, y avait exercés.

« Il laissait la contrée ravagée par ses coréligionnaires, foulée aux pieds des combattants, divisée par deux ennemis irréconciliables, toujours prêts à s'égorger. Dans son voyage de Saintes à Paris par le Poitou, il put voir les églises ruinées, les champs incultes, les paysans en armes, les villes fermées et gardées militairement. Il put entendre les cris de désolation poussés par les habitants. Partout l'image de la guerre civile et les signes hideux dont elle marque son passage.

« Comprit-il que la nouvelle religion dont il s'était fait le prosélyte, coûtait à la France bien des larmes, des ruines et du sang? Sans doute. Je constate, en effet, que, dans son second ouvrage publié en 1580, on ne trouve pas un mot pour les protestants, dont, en 1563, il célébrait les vertus avec tant d'empressement et d'amour.

« L'aspect de Paris n'était point fait pour modifier les idées que Bernard Palissy avait pu concevoir en Saintonge. Là encore tout était trouble et inquiétude. Un ministre, qu'on croit être Sureau du Rozier, osa

---

(1) DARESTE : *Histoire de France*, t. IV, l. XXIV, p. 188.

publier, au commencement de 1563, un livre où il avançait que « il est loisible de tuer un roi et une reine « qui résistent à la reformation de l'Évangile (1). »

Aussi n'est-il pas étonnant que l'ambassadeur de Venise, Giovanni Correr, à son retour de France, terminât son discours au Sénat Vénitien par ces paroles, assurément bien plutôt dictées par la conscience de la vérité que par un sentiment de présomption exagérée :

« Au milieu des troubles de ce malheureux royaume, j'ai souvent entendu des Français s'écrier : « Oh ! si « j'avais mes biens à Venise ! » Ils venaient ou bien ils envoyaient s'informer chez moi si la République prenait de l'argent à intérêt, si la *Zecca* était ouverte. Ils voulaient y déposer de grosses sommes, comptant que là elles seraient au moins en sûreté. Ils ne désiraient pas d'être à Rome, à Naples, à Milan, ni en toute autre grande ville d'Italie, mais uniquement à Venise. C'était là pour eux un sort sûr, c'était le pays où l'on ne connaissait qu'un seul Dieu, où l'on n'observait qu'un seul culte, où l'on n'obéissait qu'à un seul prince, à une loi commune, et où tout le monde enfin pouvait vivre sans crainte et jouir paisiblement de son bien. »

Giovanni Correr avait représenté le gouvernement de Venise dans le royaume durant les plus cruelles années de nos guerres civiles ; ayant suivi la cour pérégrinante et errante comme une troupe de bohémiens, il avait été en butte à plus d'une terreur comme à plus d'un péril. Rappelez-vous son énergique expression : *Les coups d'arquebuse sont les cloches des protestants.* Arrivé en 1567, il s'était trouvé à la journée

---

(1) Louis AUDIAT : *Bernard Palissy*. Livre très savant, écrit sans parti pris contre le protestantisme.

de Meaux, si périlleuse pour le roi et sa mère, si hardie et si surprenante dans son exécution de la part de Condé et de l'amiral; à Paris, il s'était vu sur le point de combattre pour son propre salut, ainsi que d'autres ambassadeurs, mêlé à des prêtres et à des moines qui défendaient la rue. Telle était la capitale de la France alors qu'un ambassadeur en était réduit à se faire gloire de dire :

« Je m'habituai à m'éveiller à chaque signal, à chaque bruit qui frappait mes oreilles. Dans une telle agitation d'esprit et de corps, au milieu de telles dépenses, je n'éprouvais ni fatigue ni chagrin, et je trouvais honorable et beau de m'appauvrir pour le service de Votre Sérénité (1). »

Pour terminer cette énumération, déjà bien longue, des crimes commis par les huguenots, durant les guerres civiles, nous reproduirons quelques extraits du *Théâtre des cruautés des hérétiques* (Anvers, chez Adrien Huberti, 1587), que publie presque en entier M. Segretain, dans son ouvrage : *Sixte Quint et Henri IV*. Cette pièce justificative ne laisse pas d'être édifiante et curieuse.

Dans la ville d'Angoulême, des hérétiques, en dépit de leur serment d'observer la paix, pendirent à un arbre et étranglèrent le frère Michel Grellet, supérieur du couvent de l'ordre de Saint-François, en présence de Gaspard de Coligny, et de toute sa troupe qui s'écriait : Vive l'Evangile ! Ensuite le frère Jean Viroleau, lecteur du même monastère, fut inhumainement tué par eux, après qu'ils lui eurent coupé les parties honteuses. Ils fendirent la tête d'un coup de hache au frère Jean Avril, octogénaire, et le jetèrent dans les latrines. Le frère Pierre Bouneau, doc-

---

(1) Armand BASCHET : *La diplomatie vénitienne.*

teur en théologie, après avoir été cruellement retenu huit mois de suite, dans une prison, fut pendu à un arbre et étranglé auprès des remparts de la ville.

Les hérétiques avaient enfermé dans la maison d'un citoyen de cette même ville d'Angoulême, nommé Papin, trente catholiques dont ils avaient attaché quelques-uns deux à deux, les privant de toute espèce de nourriture dans l'espoir que la rage causée par l'extrémité de la faim les pousserait à se déchirer et à s'entre dévorer mutuellement. Ils finirent par mourir de faim après avoir affreusement langui. Ensuite ils en lièrent quelques-uns à des cordes fixées au plancher, puis ils les scièrent par le milieu, et les firent mourir par ce tourment plus que barbare. Enfin, ils en attachèrent quelques-uns à des pieux, et allumèrent derrière leur dos un faible feu, pour les faire brûler petit à petit et mourir dans de longues tortures.

Dans la paroisse de Chasseneuil, voisine d'Angoulême, ils saisirent un prêtre nommé Louis Fayard, homme, au témoignage des habitants du lieu, d'une vie sainte et exemplaire; ils plongèrent ses mains dans un vase d'airain rempli d'huile bouillante, à nombreuses reprises, et jusqu'à ce que la chair, arrachée des os, tombât. Non contents de ce cruel supplice, ils versèrent cette huile bouillante dans la bouche du malheureux, et comme ce martyr respirait encore, ils le criblèrent à coups d'escopette.

Dans la paroisse de Rivières, ils en saisirent un autre, à qui ils fendirent le menton pour lui arracher la langue pendant qu'il était encore vivant, et qu'ils tuèrent ensuite. Ils arrachèrent la peau des pieds, avec un fer brûlant, à un autre nommé maître Jean Bachellon de Lanville, puis l'égorgèrent.

Maître François Ramboteau, vicaire dans la paroisse de Fouquebrune, pris également, fut joint et attaché à des bœufs qui traînaient une charrue, et frappé de coups d'aiguillon et de fouet d'une manière si cruelle, qu'il finit par expirer au milieu de ces tourments. Ils en tuèrent un grand nombre en les passant par les armes. Du nombre de ces victimes furent, par les ordres du capitaine Piles, Philippe Dumont, chirurgien, et Nicolas Gaiveau, marchand de draps. Attachés à des arbres, ils confessèrent, avec une grande constance Notre-Seigneur Jésus-Christ, suivant la sainte doctrine qu'ils avaient reçue de l'Eglise catholique; ils périrent sous les traits dont ils furent criblés.

L'impudence et la barbarie d'un certain huguenot fut si grande qu'il se fit un collier avec des oreilles de prêtres qu'il avait coupées : il se vantait de ce fait comme d'un exploit devant les chefs de l'armée.

Ils coupèrent les narines et les oreilles, et arrachèrent les yeux à des prêtres célébrant le service divin; ils ouvrirent avec le fer le ventre à un prêtre vivant, le remplirent d'avoine et le firent servir de crèche à leurs chevaux.

A Saint-Macaire, en Gascogne, il fendirent, avec le fer, le ventre de plusieurs prêtres, et arrachèrent, petit à petit, leurs entrailles enroulées à des bâtons.

Dans le même lieu, ils enfouirent vivants un grand nombre de prêtres, et tuèrent, à petits coups, les enfants des catholiques.

Terminons par ces prophétiques paroles de l'une des plus belles intelligences de l'école réformée :

« Il ne faut pas que trois siècles de vie extérieure fassent illusion au protestanisme. Il vit encore de la première et vigoureuse impulsion qu'il a reçue au seizième siècle; il vit de ses antécédents politiques; mais cette impulsion s'épuise. Les poutres de la charpente se déjoignent; l'édifice craque de toutes parts;

les forces accessoires et auxiliatrices se retirent : il y a des protestants, il n'y a plus de protestantisme (1). »

Calvin, lui-même, avant de mourir, avait prévu, comme Luther, la destinée de la parole qu'il avait annoncée aux hommes.

« L'avenir m'effraye, disait-il, je n'ose y penser; car, à moins que le Seigneur ne descende des cieux, la barbarie va nous engloutir. Ah! plaise à Dieu que nos fils ne me regardent comme un prophète (2)! »

---

(1) M. VINET : *Essai sur la manifestation des convictions religieuses*, p. 405.
(2) *Præfatio catechismi ecclesiæ genevensis*, p. 11.

CHAPITRE III

Etat de la France à la mort d'Henri II. — Conjuration d'Amboise. La Renaudie et des Avenelles. — Edit de Romorantin. — Etats généraux d'Orléans. — Arrestation du prince de Condé; son procès. — Mort de François II : ce roi a-t-il été empoisonné? — Avènement de Charles IX. — Régence de Catherine. — Politique de bascule : elle se rapproche des princes protestants. — Le triumvirat : Guise, Montmorency et Saint-André. — Nouveaux troubles. — Edit de juillet. — Menaces de Coligny. — Colloque de Poissy. — Théodore de Bèze et le roi de Navarre. Discussions stériles, dissolution. — Excès des calvinistes à Paris et dans le Midi. — Menaces de Philippe II. — La guerre étrangère provoquée par le protestantisme.

Le meurtre de Henri II, au tournoi des Tournelles, fut-il prémédité par Montgommery, ou cette mort, qui venait si à propos arrêter les persécutions contre les réformés, et donner la souveraine puissance à un roi mineur, ne fut-elle qu'un accident? C'est là une question qu'il ne nous convient pas de résoudre. Il doit nous suffire de constater qu'au moment où elle se produisit, le royaume était en proie à une crise terrible, provoquée par le zèle inconsidéré des calvinistes, qui venaient de tenir leur premier synode national à Paris, précisément à l'heure où, selon l'expression de Castelnau, « les Français n'avaient plus d'ennemis qu'eux-mêmes ».

La régence échéait à Catherine de Médicis, alors

âgée de quarante ans, et dont l'attitude froide et réservée ne fit que s'accentuer, bien qu'elle exerçât une autorité absolue sur ses enfants. Le petit roi François II, absorbé par son bonheur conjugal, s'entendit, avec Marie Stuart, sa jeune épouse, plus femme que reine, pour abandonner les rênes du gouvernement aux oncles de cette princesse, les princes de Lorraine, que nous allons voir jouer, dès lors, un rôle prépondérant.

L'aîné de cette branche, François, duc de Guise, le sauveur de Metz et le vainqueur de Calais, fut chargé des affaires militaires. Brave, vigilant, infatigable, dit M. Dareste, il s'était trouvé à plus d'affaires et exposé à plus de périls qu'aucun des autres capitaines; il avait encore sur eux deux qualités rares en France, ajoute l'envoyé vénitien Michieli, le sang-froid et le sentiment de sa valeur, sans vanité ni orgueil. Son frère, le cardinal de Lorraine, eut l'intérieur et les finances. Il possédait déjà la réputation d'un théologien exercé et d'un habile diplomate. Depuis Saint-Quentin, il était en train d'acquérir celle d'un grand ministre. Il avait, au dire du même appréciateur, un génie admirable, le don de la parole, une mémoire surprenante, une constante application aux affaires; et quoiqu'on l'accusât d'avidité et de manque de franchise, les étrangers le regardaient comme un des plus parfaits instruments dont un gouvernement pût se servir.

Les différents personnages que les princes Lorrains appelèrent à les seconder dans les affaires de l'État, furent le cardinal de Tournon, archevêque de Lyon, le chancelier Olivier, homme honnête et considéré, le maréchal de Saint-André, ambitieux et riche, et le maréchal de Brissac. Ils éloignèrent les princes du sang, le roi de Navarre et le prince de Condé, par des missions à l'étranger. Ils respectèrent les gouvernements de Coligny et de son frère Dandelot; mais ils évitèrent de rendre au connétable de Montmorency le pouvoir qu'il s'était jalousement réservé, et Guise lui prit la charge de grand maître de France, en échange de laquelle il donna le bâton de maréchal à Damville, fils du connétable.

« La paix au dehors était assurée, et les Guises se proposaient de marcher d'accord avec l'Espagne, en dépit des défiances et des haines que soixante ans de guerres avaient accumulées entre les deux pays. Le roi de Navarre reçut la mission de conduire à Madrid la jeune Élisabeth de France, qui devait épouser Philippe II. Toutes les difficultés étaient à l'intérieur, où s'élevait une forte opposition religieuse, doublée d'une opposition politique. Le gouvernement avait devant lui les *huguenots*, c'est-à-dire les calvinistes; mais on commençait à étendre ce nom à tous les opposants, sauf à distinguer des huguenots de religion et des huguenots d'État.

« Les calvinistes n'étaient pas seulement décidés à se défendre. Leurs chefs, animés de la plus vive ardeur de prosélytisme, se comparaient dans leur style biblique à des trompettes destinées à tirer la France de son sommeil. A la veille d'une guerre déclarée, la violence de leur langage et le fanatisme de leurs opinions allaient au-delà de toutes les bornes.

« Cependant, soit prudence, soit qu'ils s'exagérassent déjà leurs forces, ils cherchèrent à s'introduire dans le gouvernement. Les ministres réformés s'adressèrent à la reine mère, dont ils connaissaient la réserve; ils essayèrent d'exciter sa pitié et de lui inspirer des craintes. Ils lui écrivirent qu'ils ne pouvaient répondre de leurs ouailles. Ils entreprirent même de la gagner à quelques-unes de leurs doctrines, et obtinrent qu'elle entendît un prédicateur de leur religion. Catherine de Médicis, qui aimait la paix, aurait voulu calmer les ardeurs et pacifier les esprits. « Elle tient toujours la bride », dit la Planche. Elle laissa un instant les dissidents espérer que s'ils ne bougeaient, ils auraient la tolérance, mais elle se garda de répondre à leurs avances ou de céder à leurs menaces, et les empêcha de circonvenir le jeune roi. Or, ce n'était pas pour les ministres d'une simple question de tolérance qu'il s'agissait. Elevés à l'école dominatrice de Calvin, ils regardaient le catholicisme comme une idolâtrie qu'ils voulaient détruire, et ne cherchaient à s'emparer de l'esprit de la reine et du roi que pour changer la religion.

« Repoussés de ce côté, ils s'attachèrent aux princes de la maison de Bourbon, et assiégèrent le roi de Navarre et Condé. Le roi de Navarre, d'opinion flottante sur toute chose, était déjà sollicité en leur faveur par sa femme Jeanne d'Albret. On lui persuada sans peine qu'il devait revendiquer un pouvoir qui lui appartenait, en sa qualité de premier prince du sang. Il était généralement aimé de la noblesse pour sa bravoure, quoiqu'il fût médiocre capitaine, pour sa libéralité, quoiqu'il fût pauvre, et pour ses manières ouvertes « à la française (1) ». Mais il était de sa nature peu entreprenant, et il s'effraya du fanatisme des sectaires qui lui demandaient, une fois le maître, de changer la religion, comme avaient fait les rois du Nord et plusieurs

(1) Expression de Jean Michel.

des princes de l'Empire. Aussi, tout en les écoutant et en s'écartant peu à peu du catholicisme, il montra une indécision et une indifférence pour leurs doctrines qui les découragèrent. Condé, son frère, plus léger et peu capable de convictions sérieuses, mais ambitieux, actif et irrité contre les Guise qui l'éloignaient du gouvernement, donna plus d'espérances aux calvinistes, sans toutefois se convertir ni même se compromettre avec eux.

« Les ministres comprirent qu'ils n'entraîneraient les princes qu'autant qu'ils auraient eux-mêmes engagé la lutte. Exaspérés d'ailleurs par les édits du cardinal de Lorraine et par la cruauté avec laquelle on traitait à Paris leurs coreligionnaires, ils ouvrirent les hostilités par une guerre de plume, en lançant contre le gouvernement un nombre infini d'écrits, dont les formes variées s'adressaient à toutes les classes de lecteurs, et dont l'énergie, ou plutôt la virulence, était un des principaux moyens de succès. « Le sang des justes « crie, disait la Planche, et Dieu se sert des persécuteurs « comme de soufflets pour attiser le feu de sa parole. » Ils dénoncèrent la tyrannie des Guise, leurs mesures arbitraires, la corruption de la cour, la dilapidation des finances et, par-dessus tout, l'illégitimité des pouvoirs *usurpés*, suivant eux, par les princes lorrains. Ils soutenaient que ces princes étaient étrangers et incapables en cette qualité d'exercer aucune autorité en France, surtout au détriment de princes français ; que le roi était mineur de fait ; qu'une tutelle était nécessaire, et que les états généraux pouvaient seuls la lui donner. Enfin ils accusaient les Guise de vouloir s'emparer du trône pour y placer un jour un des leurs, et d'avoir résolu, dans ce but, la mort des princes du sang, ainsi que l'extermination des hérétiques (1).

Ce fut dans ces circonstances que nous avons résumées, d'après l'historien le plus libéralement impartial, que se produisit la conjuration d'Amboise.

A la tête du complot figurait Godefroi de Barri, seigneur de la Renaudie. Banni de France comme faussaire, il s'était retiré à Genève, où il avait embrassé le calvinisme. L'intérêt de sa cause le poussa à entreprendre de longs voyages. Quand il se fut assuré le concours de ses coreligionnaires, il recourut au duc de Guise dont il machinait la ruine et obtint de sa bienveillance de rentrer en France ; mais, au lieu d'y vivre paisible, il se mit à parcourir le Midi sous le nom de Laforêt, liant des intrigues avec les réformés et les excitant à la révolte. Sur son invitation, un grand nombre de protestants se réunirent en conciliabule dans la ville de Nantes. La Renaudie leur fit une vive peinture des maux dont ils étaient accablés et des malheurs plus grands qui les menaçaient de la part des Guises, si on n'y apportait un remède prompt et efficace.

« Voici, leur dit-il, l'avis des principaux jurisconsultes et des théologiens protestants les plus célèbres : on peut, sans blesser sa conscience ni violer la majesté royale, recourir à la force pour renverser la domination illégale et tyrannique des Guises, pourvu que l'on agisse sous les auspices d'un ou de plusieurs princes du sang, appelés par la loi à l'administration du royaume, lorsque le roi est incapable de gouverner : eh bien ! s'il se présentait aujourd'hui un prince du

---

(1) DARESTE : *Histoire de France.*

sang qui consentit à légitimer votre entreprise et à diriger votre courage, refuseriez-vous de le reconnaître pour chef (1) ? »

Tous répondirent qu'ils le reconnaîtraient et qu'ils marcheraient sous ses ordres. La Renaudie leur nomma le prince de Condé, aux acclamations de tous les conspirateurs qui jurèrent de ne rentrer dans leurs foyers qu'après avoir ôté aux Guises l'autorité souveraine, usurpée, disaient les conjurés, sans le consentement des États, et de demander tolérance pour la religion réformée, « combien pourtant que le bruit fut qu'en tout cela, il y avait plus de mal contentement que de huguenoterie ! » Après les conventions arrêtées à Nantes, au mois de février 1560, La Renaudie se rendit à Blois, et, dans ses conférences avec le prince de Condé, qui était alors avec le roi, il lui soumit le plan de la conjuration, dont le prince trouva la conclusion bonne (2).

De Blois, La Renaudie partit pour Paris, afin d'y prendre les dispositions nécessaires pour assurer le secret du complot. « Il descendit chez un avocat, son ami, nommé Pierre Avenelles, dont la maison fut aussitôt le rendez-vous général des réformés. Cette affluence inaccoutumée surprit l'avocat, et il en manifesta son étonnement à La Renaudie. Celui-ci, croyant qu'il n'y avait aucun inconvénient à révéler l'entreprise à un homme auquel il se fiait comme à lui-même, la lui découvrit en partie. Avenelles, transporté de joie d'abord, demanda à en partager les dangers, mais, le lendemain, effrayé de voir sa maison devenir le centre

---

(1) J.-A. Petit : *Histoire de Marie Stuart*, t. Ier.
(2) V. de Thou; Castelnau.

d'un complot aussi chanceux, il s'esquiva sous prétexte d'affaires et courut à Blois en avertir le cardinal.

« Quoiqu'on fût persuadé à la cour que quelque chose se tramait en secret, on n'attacha pas d'importance à la révélation de Pierre Avenelles ; on ne pouvait croire qu'un homme flétri par les lois, tel qu'était La Renaudie, eut assez d'influence sur la noblesse et sur le peuple pour former une aussi grande conspiration. Avenelles insista : « Avant douze jours dit-il au cardinal, vous périrez victime de votre incrédulité, si vous ne levez promptement toutes les forces de l'État, pour surprendre et écraser les bandes nombreuses de conjurés qui partent de toutes les provinces du royaume (1). »

C'est au château de Blois que l'on apprend au jeune roi François II l'existence de la conjuration. Dans sa frayeur, il éclate en sanglots : « Qu'ai-je fait à mon peuple, s'écrie-t-il, qu'il me veut tant de mal ? » Puis, après des plaintes et des reproches inspirés par la crainte et la faiblesse, il accuse publiquement le duc de Guise et le cardinal de Lorraine de le rendre odieux à ses sujets (2).

Mais les Guises avaient déjà calculé les dangers et les ressources de leur position, et combiné leur plan de défense. Par leurs ordres la cour se transporte au château d'Amboise : cette place semblait plus forte, et d'ailleurs l'essentiel était de rompre le rendez-vous des protestants au jour marqué (3).

---

(1) J.-A. Petit : *Histoire de Marie Stuart*, t. Ier.
(2) Régnier de la Planche : *Estat de France sous François II.* Le Laboureur : *Mémoires de Castelnau*, t. Ier, p. 521 de l'édition in-folio.
(3) L. de la Saussaye : *Histoire du château de Blois*.

Ils prirent une mesure plus politique encore et, afin de diviser leurs adversaires, ils publièrent un édit royal accordant une amnistie générale aux protestants de quelque âge et de quelque condition qu'ils soient, à l'exception des prédicants et de ceux qui étaient entrés dans le complot.

« Cette mesure, dit M. J.-A. Petit, occasionna une hésitation qui ralentit la marche des confédérés, mais ils étaient engagés trop avant pour abandonner l'entreprise. La Renaudie tient une nouvelle assemblée secrète, et la conjuration se rallume de tous ses feux. Le duc de Guise, menacé de perdre la vie avec son crédit, déployait une active vigilance à mesure que l'heure de l'exécution approchait; et quand elle eut sonné, le comte de Sancerre défit les troupes du Béarn; le duc de Nemours surprit Castelnau et le fit prisonnier, et La Renaudie, en essayant de se dégager, se rencontra tête à tête en plein bois avec son jeune cousin, le baron de Pardaillan. Sans écouter la voix de la nature, ces deux guerriers se précipitent l'un sur l'autre. La Renaudie, blessé, perce son cousin de deux coups d'épée et tombe à son tour sous la balle d'un page. Son cadavre, traîné à Amboise, fut attaché à une potence avec cette inscription : *La Renaudie, dit Laforêt, chef des rebelles*, puis écartelé. Le complot était écrasé, restait la vengeance : elle surpassa le crime et figure entre les plus sanguinaires. »

Le premier acte important qui suivit la conjuration d'Amboise fut un édit, rendu à Romorantin, qui attribuait la poursuite de l'hérésie exclusivement aux tribunaux d'Église. Cet édit était l'œuvre du cardinal de Lorraine, et une victoire du clergé sur le parlement :

il était aussi une conséquence de l'établissement de l'inquisition en 1557. Le clergé avait raison de se défier de l'esprit des parlements et de trouver que c'était à lui, non à l'État ou à la magistrature, de défendre le catholicisme. L'Hôpital obtint seulement qu'on insérât dans l'édit deux clauses importantes : l'une exigeait que ces tribunaux fussent composés de prélats français et résidant; l'autre les autorisait à punir le fait d'assemblées illicites ou séditieuses, mais non la croyance. Cette dernière clause, dont les protestants s'emparèrent comme impliquant pour eux la liberté de conscience, n'était pourtant qu'un moyen de déguiser la persécution. Aussi le président Lemaistre disait-il, après l'édit, que les calvinistes seraient pendus comme séditieux et étranglés comme hérétiques. (1)

« Mais l'injure faite au principe révolutionnaire n'en est pas moins flagrante dans la pensée de l'édit de Romorantin, et elle se concilie mal avec la renommée de Caton tout d'une pièce et d'apôtre de la liberté de conscience que les historiens sont d'accord pour faire à l'Hôpital. Il est curieux aussi de l'entendre, dans sa harangue du 7 septembre 1560 (2), dénoncer l'incontestable alliance de la canaille et du protestantisme, que Marguerite de Parme accusait six ans plus tard, à propos des premiers soulèvements des Pays-Bas, et qui, suivant Florimond de Rémond, faisait de Genève, la Rome de Jean Chauvin, une sorte d'égout général de l'Europe, où venait s'entasser tout ce qu'elle renfermait de débiteurs sans argent, de commerçants en déconfiture, de gens, en un mot, plus ou moins en

---

(1) DARESTE : *Histoire de France.*
(2) *Œuvres de l'Hôpital,* t. Ier, p. 350.

délicatesse avec la justice de leur pays. Le chancelier, parlant sur les fleurs de lis des conventicules qu'on s'efforçait alors de multiplier dans nos villes, s'écriait : « Y a esdictes compagnies séditieuses force bannis et « canailles, qui tous se couvrent du manteau de la « religion. Si est-ce qu'ils ne sont luthériens, mais « plustôt sans Dieu : ne veulent vivre dans leurs « maisons ne hors, *sub legibus*, mais à la force. Quelle « espérance peut-on avoir de telles gens, autre que de « confusion et de pillerie? » La puissance de la vérité entraîne là le politique prudent à des aveux terribles contre ses favoris huguenots (1). »

Malgré les édits, l'agitation allait croissant, et tous les essais de pacification n'aboutissent qu'à rendre la crise plus intense et la révolte des calvinistes plus imminente. Catherine, d'accord avec les Guise, avec l'Hôpital et Coligny lui-même, convoqua une assemblée de notables à Fontainebleau. Le roi de Navarre et Condé n'y parurent pas.

Coligny présenta une requête de ses coreligionnaires de Normandie qui demandaient la liberté de croyance, et déclara que cette requête serait signée au besoin par cinquante mille personnes. Le duc de Guise répondit qu'il en trouverait un million pour signer une pétition contraire.

Après des discussions stériles comme celles d'à peu près toutes les assemblées délibérantes, il fut décidé que l'on convoquerait les Etats Généraux au mois de décembre et, au mois de janvier suivant, un Concile national pour régler la question religieuse.

« Les pamphlets, un moment interrompus, reparais-

---

(1) E.-A. Segretain : *Sixte-Quint et Henri IV*.

saient avec des violences plus formidables. Ils étaient écrits avec le sang des martyrs, avec les larmes des veuves et des orphelins. Ces pamphlets insultaient, livraient aux vengeances et aux dérisions les princes lorrains. Ils attaquaient surtout le cardinal, ses mœurs cyniques, sa cruauté insatiable, son ambition effrénée. Ils lui reprochaient de travailler insolemment et criminellement à mettre sur la tête de son frère la couronne de France et sur sa propre tête les trois couronnes papales. C'était la principale accusation qui éclatait toujours la même, mais avec des injures, des insinuations, des outrages inépuisables (1). »

Mais les huguenots ne se contentaient point de faire la guerre avec la plume. Tout le Midi était en émoi. Mouvans et Montbrun essayaient de soulever le Dauphiné. Une bande d'insurgés se portait sur Lyon. La Normandie devenait un foyer de calvinisme ; le Languedoc était ravagé par les idées nouvelles. Suivant l'expression de Jean Michel, « une vaste conspiration, qui recevait son mot d'ordre de Genève, couvrait de ses fils la France entière ».

Les Etats Généraux avaient été convoqués à Meaux ; pour plus de sécurité, on les réunit à Orléans, où François II se rendit avec toute sa maison. Les députés de la nation y affluèrent dès le mois d'octobre.

Le roi de Navarre, le prince de Condé, bien qu'ils se sentissent en état de rébellion et par conséquent justement menacés, arrivèrent le 29 octobre et furent assez mal reçus par le roi, auquel Condé répondit avec une telle arrogance qu'il fût arrêté sur-le-champ. Une

---

(1) DARESTE : *Histoire de France.*

commission, choisie dans le sein du parlement et présidée par de Thou, fut chargée d'instruire le procès. Le prince récusa ses juges : on nomma un second tribunal, composé de pairs, de chevaliers de l'ordre, de membres du conseil privé, et cette haute cour, après avoir pris connaissance des charges, qui étaient évidentes, prononça, le 26 novembre, la condamnation du prince, en le déclarant coupable de conspiration, de trahison et d'hérésie. « Il est vrai, fait observer Dareste, que le chancelier et un des juges, soit par scrupule de légalité, soit par motif politique, refusèrent de signer l'arrêt. »

Coligny ne s'en rendit pas moins à Orléans, et peut-être fût-on enfin parvenu à couper le mal dans sa racine, en en finissant une bonne fois avec tous ces artisans de conspirations et fauteurs de rebellion, si François II n'était tout à coup tombé malade, et n'eut été enlevé en quelques jours. Il mourut le 5 novembre 1560.

Si nous passons rapidement sur des faits historiques qu'il suffit de résumer sommairement pour relier les diverses parties de notre récit il nous est permis de nous arrêter aux faits intéressants à discuter.

C'est pourquoi nous devons, ce semble, traiter la question de la mort de François II, et démontrer que ce malheureux jeune roi ne fut point, comme on l'a prétendu, la victime d'un empoisonnement. On a même osé accuser Catherine de Médicis de ce crime abominable. La savante dissertation du docteur Corlieu détruit cette horrible calomnie, et puisque nous faisons un travail de rectification historique, on nous saura gré de la rapporter textuellement.

« François II était né avec une santé débile. Il avait à peine seize ans, quand on le maria, en 1558, avec une belle et séduisante princesse de dix-sept ans, Marie Stuart. Cette union prématurée a été préjudiciable à sa santé. Devenu roi, en 1559, à une époque assez agitée, il eut à supporter à la fois les fatigues d'une cour frivole et d'un mariage récent. On disait de lui qu'il était un roi « sans vices et sans vertus ».

« Au mois de novembre 1560, avant l'ouverture des états, François II se livrait à son goût pour la chasse, à Chambord et à Chenonceaux. Il était déjà souffrant depuis quelque temps de douleurs de tête, occasionnées par une fistule ancienne au niveau de l'oreille gauche. Sa constitution était lymphatique.

« Le dimanche 15 novembre, il était aux vêpres à l'église des Jacobins, lorsqu'il éprouva une syncope : on dut l'emporter à sa chambre. Lorsqu'il eut repris connaissance, il se plaignit de vives douleurs dans l'oreille gauche, « en laquelle il avait eu de tout temps « une fistule, en sorte que de la douleur la fièbvre le « print ».

« Quant à la maladie du roi, combien que quelque « humeur fort puante fust distillée de son aureille, qu'il « eust esté purgé et ventosé et que cette descente fust « retenue par formentations, toutes fois la fièbvre ne « laissa de luy redoubler avec grandes douleurs, in- « quiétudes et resveries (1). »

« Du 15 *au 25 novembre*, même état ou à peu près. A partir du 25, le mal fit des progrès. Ambroise Paré, Nicolas Servais, furent très perplexes d'abord et ne

---

(1) REGNIER DE LA PLANCHE : *Histoire des Etats de France sous François II*, éd. Panth. litt., p. 411, 418.

tardèrent pas à juger la maladie au-dessus des ressources de leur art. Le cardinal de Lorraine fit faire des processions, brûler des cierges ; son frère, le duc de Guise, se répandait en invectives contre les médecins et les chirurgiens parce qu'ils ne pouvaient sauver le jeune monarque.

Les médecins et les chirurgiens se réunirent en consultation, et la question du trépan fut agitée, mais on ne conclut rien. Enfin le 5 *décembre*, François II expirait « par une défluxion d'humeur qui lui descendoit du « cerveau dans l'oreille gauche, laquelle s'étant formée « en aposthume et ne pouvant trouver de conduit pour « passer, l'étouffa. »

« Pour peu qu'on réfléchisse à la succession des symptômes qui se sont manifestés dans la dernière maladie de François II, on ne trouve rien qui indique que le jeune roi ait succombé à un empoisonnement (1). Un trajet fistuleux existant depuis longtemps et donnant issue par l'oreille à un pus fétide fait déjà supposer une lésion organique des parties osseuses. Pour que les chirurgiens aient songé à appliquer une couronne de trépan, il fallait que la lésion occupât une partie importante et circonscrite, telle que l'apophyse mastoïde, les cellules mastoïdiennes ou le rocher ; la fétidité de l'écoulement et son ancienneté font croire à une carie osseuse. Tant que le pus a pu se faire jour au dehors, la santé était tolérable ; mais dès que l'inflammation a gagné les méninges par voisinage, des

(1) C'est donc à tort que Vitet, dans sa pièce dramatico-historique, *les États d'Orléans*, s'est fait l'écho de la légende qui fait mourir François II empoisonné. L'histoire du bonnet que le roi portait à la chasse et dans la coiffe duquel Ambroise Paré aurait trouvé une poudre blanche suspecte, est une fable à laquelle un écrivain sérieux ne peut prêter aucune attention.

symptômes cérébraux se sont développés, tels que syncope, hallucinations, assoupissement, etc.; d'où l'on peut établir que François II a succombé à une carie du rocher et à un épanchement cérébral consécutif, et nullement à un empoisonnement (1). »

Charles IX, qui succédait à François II, n'avait que onze ans. La régence pouvait être disputée à Catherine par le roi de Navarre, premier prince du sang. Cédant aux conseils de L'Hôpital, la reine mère se rapprocha d'Antoine de Bourbon, obtint de lui qu'il fît une profession de foi catholique, lui promit de le faire lieutenant général du royaume, et de rendre la liberté au prince de Condé. En même temps elle faisait des avances à Montmorency.

« A la mort de son fils François II, elle ne se laisse plus surprendre par les Guises, et s'empare de la régence avec la plus grande habileté. Cette fois, elle les écarte fort adroitement, pour gouverner avec un homme tout à sa dévotion, le roi de Navarre, le plus proche collatéral du jeune roi, qui, pour elle, renonce à la régence, dont il est en possession en vertu des lois de l'État, et qu'elle nomme lieutenant général du royaume. Elle s'empare si bien de son esprit, qu'elle peut dire de lui : « Il m'est si obéissant, qu'il n'a nul « commandement que celui que je lui permets. » Quant à elle, elle prend la meilleure part, les dépêches, les audiences aux ambassadeurs ; elle s'empare du sceau royal, marque essentielle du pouvoir. Sans tenir compte des observations du nonce, elle se rapproche

---

(1) *La mort des rois de France depuis François Ier jusqu'à la Révolution française*, études médicales et historiques, par le docteur A. CORLIEU. (Paris, Germer Baillière, 1873.)

de Coligny, espérant par lui maîtriser tout le parti huguenot; elle lui rend le commandement des forces maritimes, et à Dandelot celui de l'infanterie.

« Pendant le réunion des États d'Orléans, qui se prononcent pour qu'il y ait, en France, deux Eglises, l'une catholique, l'autre protestante, Catherine, dans la crainte qu'on n'invoque contre elle la loi salique pour l'exclure de la régence, promet secrètement aux chefs catholiques de soutenir la vraie religion. Dès que le États sont clos, elle semble entrer dans la voie de tolérance ouverte par le chancelier de L'Hôpital, qui vient de confirmer l'édit de Romorantin et de rouvrir aux réfugiés l'entrée de la France. Elle s'associe ouvertement à sa politique de conciliation, et de cette main qui donnera plus tard le signal de la Saint-Barthélemy, elle écrit à l'évêque de Limoges ces lignes caractéristiques :

« Nous avons, depuis vingt ou trente ans, essayé le
« cautère pour cuider arracher la contagion de ce mal
« parmi nous, et nous avons vu par expérience que
« cette violence n'a servi qu'à le multiplier, d'autant
« que, par les rigoureuses punitions qui sont conti-
« nuellement faites en ce royaume, une infinité de
« pauvre peuple s'est confirmée en cette opinion, jus-
« qu'à avoir été dit de beaucoup de gens de jugement,
« qu'il n'y avait rien de plus pernicieux pour l'aboli-
« tion de ces nouvelles opinions que la mort publique
« de ceux qui les tenaient, puisque par icelles elles
« étaient fortifiées. »

Et elle ajoute :

« Les cendres du feu qui s'est éteint sont encore si
« chaudes, que la moindre étincelle le flamberait plus
« grand qu'il n'a jamais été. »

« Catherine, il faut lui rendre cette justice, défendit toujours, jusqu'à la limite du possible, l'indépendance de la couronne, et se montra sur ce point de moins facile composition que les Guises. Elle connaissait leur peu de scrupule sur ce chapitre du patriotisme, et elle les tenait, autant qu'elle le pouvait, éloignés des affaires.

« Vous savez comme ils me traitaient du vivant du
« feu roi votre frère, écrivait-elle à la reine d'Espagne.
« Je me suis délibérée de ne mêler plus leurs querelles
« avec les miennes, car s'ils l'eussent pu, ainsi que je
« l'ai su, ils se fussent appointés et m'eussent laissée
« là, comme ils font toujours de ce qui leur peut
« apporter grandeur et profit, car ils n'ont que cela
« dans le cœur. »

« François de Guise, qui était tout d'une pièce et tout entier à ses convictions, disait avec rudesse à Catherine : « qu'il ne fallait pas boire à deux fontaines et « qu'elle devait se déclarer d'un côté ou de l'autre (1). »

La clôture des États, prononcée le 31 janvier 1561, fut immédiatement suivie de la publication d'une grande ordonnance en *cent-cinquante* articles ; et le 24 février, L'Hôpital rendit un édit qui ordonnait de surseoir à toutes poursuites pour le fait de religion, quand même les prévenus auraient été trouvés en armes. Les religionnaires emprisonnés devaient être remis en liberté, à la condition de se faire catholiques, ou de vendre leurs biens et de quitter la France. Le procès du prince de Condé fut recommencé, et par un arrêt du 13 juin, le Parlement, réformant la sentence des premiers juges, le déclara innocent.

---

(1) R. CHANTELAUZE : *Catherine de Médicis et la Saint-Barthélemy.* (*Correspondant*, Janvier 1883.)

On vit dans ces actes de Catherine, et surtout dans son alliance avec le roi de Navarre, un danger pour le parti catholique, compromis par cette politique flottante. Et ce parti, prêt à se rallier dès qu'il trouverait des chefs, en trouva.

La conformité d'intérêts, le zèle religieux, rapprochèrent le maréchal de Saint-André, le connétable de Montmorency et le duc de Guise, qui formèrent entre eux la fameuse ligue, connue sous le nom de triumvirat. Leur chef invisible était Philippe II, qui commençait à se mêler des affaires de la France, pour y fomenter secrètement l'anarchie et les factions. Il y eut ainsi deux partis bien distincts : celui des *Triumvirs* et celui des *Malcontents*, l'un composé de catholiques, l'autre de réformés. L'Hôpital, également suspect aux uns et aux autres, s'efforça vainement de leur inspirer des sentiments de paix et de concorde.

La formation du triumvirat put d'abord alarmer Catherine de Médicis, mais elle ne tarda pas à en flatter les membres, à les attirer à la cour, à les rassurer par mille protestations d'amitié. Cependant l'agitation religieuse ne cessait d'empirer. L'incertitude des édits, qui tenaient les calvinistes suspendus entre la persécution qu'on avait arrêtée et la tolérance qu'on ne leur donnait pas, perpétuait l'agitation et les troubles : Il n'y avait pas de dimanches ni de fêtes où Paris et les grandes villes ne fussent en émoi. Il s'élevait partout des querelles à main armée ; les réformés brisaient les images, insultaient les processions ; les catholiques, de leur côté, allaient dissiper les assemblées où les calvinistes faisaient leurs prêches, contrairement aux édits. On s'habituait aux désordres. Les écoliers devenaient remuants, le pré aux Clercs, un lieu de batteries continuelles, quelquefois de rixes sanglantes. Les mois d'avril et de mai se passèrent de cette manière; les troubles furent même très graves à Beauvais et au Mans. La situation, très tendue à Paris, ne l'était pas moins dans les provinces, et de toutes parts s'élevaient des réclamations contre les violences des huguenots. M. Dareste l'expose avec clarté :

Le parlement, qui faisait les enquêtes et qui était chargé de la police de Paris, se plaignit de la faiblesse que montrait le gouvernement pour assurer l'exécution des édits, et des dispositions mêmes de ces édits, plus propres à enhardir les réformés qu'à les contenir. La justice était encombrée de procès à leur occasion. Les catholiques zélés demandaient qu'on sévît rigoureusement et que le mal fût coupé dans sa racine. Le cardinal de Lorraine se fit leur interprète et réclama au moins l'exécution stricte des édits. Le clergé de l'Ile-de-France, dont les députés se réunirent une seconde fois au mois de mai, appuya ces remontrances. Il se plaignit qu'on le mît en suspicion, qu'on diminuât son autorité. Il se déclara prêt à s'imposer extraordinairement; mais il prétendit surveiller l'emploi du subside et son application définitive au règlement de la dette.

Malgré cette opposition du clergé et du Parlement, continue M. Dareste, malgré celle des catholiques qui le traitaient de *huguenot* et d'athée, L'Hôpital persista dans la ligne de conduite qu'il s'était tracée. Il continua de faire sortir de prison les calvinistes détenus; il rappela même en France ceux qui avaient quitté le royaume depuis l'avènement de François II, c'est-à-dire depuis deux ans, en leur imposant les mêmes conditions qu'à ceux auxquels on rendait la liberté. Pour éluder l'opposition du parlement, il envoya directement ses édits explicatifs de celui de janvier aux gouverneurs des provinces. Le parlement déclara que c'était une illégalité au premier chef, et attaqua les édits avec une vivacité nouvelle, tant en eux-mêmes que dans la forme de leur publication.

Cependant le chancelier, qui ne pouvait s'abuser sur leur inefficacité, et qui était obligé de répondre d'un côté aux remontrances du parlement et du cardinal de Lorraine, de l'autre aux requêtes que Coligny et les ministres réformés lui présentaient pour obtenir la liberté expresse de leur culte, prit le parti de réunir une assemblée composée de princes, de grands officiers de la couronne, de membres du conseil privé et de membres du parlement. Toutes les opinions y furent représentées. L'Hôpital lui demanda de faire une loi provisoire, en attendant le concile. Elle délibéra vingt jours, mais elle écarta également la proposition de revenir à la rigueur des anciens édits et celle de tolérer les assemblées et les prêches. Elle prit un terme moyen, et aboutit, à une faible majorité d'ailleurs, à ce qu'on appelait l'Edit de Juillet.

Cet édit, toujours conforme à la pensée de L'Hôpital, ne différa guère des précédents que parce qu'il renferma plus d'articles, et qu'il fut plus explicite sur quelques points. On y recommandait à chacun de vivre en paix, de s'abstenir d'injures, de reproches, de mauvais traitements; aux prédicateurs des deux cultes de parler avec réserve, sous des peines sévères. On défendait de porter les armes; les faux délateurs devaient être poursuivis. On accordait aux réformés l'amnistie et l'oubli du passé, mais on continuait de leur interdire toute assemblée publique ou particulière sous prétexte de religion, et on leur défendait de conférer aucun sacrement. Ils demeuraient justiciables des tribunaux d'Eglise, qui ne pouvaient pas prononcer de peine plus forte que le bannissement; mais s'ils se rendaient coupables d'assemblées illicites, ils retombaient sous la juridiction des tribunaux séculiers, qui devaient prononcer contre eux la confiscation de corps et de biens (1).

« Coligny avait souffert profondément de l'édit de juillet, qui interdisait aux protestants les assemblées pieuses, la prière en commun et les prédications. L'amiral s'affligeait de cet édit, une oppression pour ses frères et pour lui une déception. Catherine lui avait promis la liberté et elle lui avait tenu la servitude des consciences. Il ne cachait point ses mécomptes. Il avouait qu'il avait été dupe. Il repoussait comme déloyales les secrètes protestations de la reine mère et comme impuissantes celles de L'Hôpital. Il lui échappa de dire, un jour, à sa table, *qu'il se vengerait et qu'aux États prochains*, il pourrait bien faire investir de la régence le roi de Navarre, aux dépens de l'autorité de Catherine (2). »

« L'édit de juillet, conclut Dareste, ne satisfit donc personne et ne fut pas plus facile à faire exécuter que les précédents. Les calvinistes continuèrent de tenir leurs assemblées. Le parlement ne cessa d'adresser de nouvelles plaintes. Suivant Pasquier, Guise déclara que pour soutenir une pareille loi, il faudrait toujours avoir l'épée hors du fourreau. »

La reine mère ne tarda pas à s'apercevoir que l'édit de juillet serait impuissant à conjurer le mal; entrant

---

(1) DARESTE : *Histoire de France.*
(2) DARGAUD : *Histoire de la Liberté religieuse.*

alors dans une voie plus large et plus dangereuse, elle convoqua les évêques et les ministres protestants à un colloque qui devait avoir lieu à Poissy.

Avant l'ouverture du colloque, elle fit venir à Paris les théologiens catholiques, et insista devant eux sur la nécessité de bien constater les causes de la séparation et d'examiner de quelle manière en avait usé l'Eglise primitive, afin que l'on pût trouver le moyen de revenir à une bonne union. « Le cardinal de Lorraine avait été le premier à lui conseiller cet audacieux expédient », affirme M. Chantelauze.

Les ministres appelés par le roi de Navarre arrivèrent à Poissy, dès le 1er août, jour de l'ouverture des États. A leur tête étaient Théodore de Bèze et Pierre Martyr Vermigli, de Zürich.

Théodore de Bèze fut reçu par la reine mère avec les marques d'une vive sympathie. Aux accusations violentes et passionnées que le célèbre théologien protestant lança contre le chef du parti catholique, la reine répondit par des paroles favorables à sa requête.

Mais le roi de Navarre, qui était présent à cet entretien, s'emporta contre les protestants, sur lesquels il fit retomber tous les torts, et il ajouta : « Quiconque touche le bout du doigt de mon frère le duc de Guise me touche dans mon corps tout entier. » Théodore de Bèze, se tournant alors vers le roi de Navarre, lui répliqua : « Sire, je parle ici pour une religion qui sait mieux endurer les injures que les repousser »; et, faisant allusion aux anciennes croyances du prince, il ajouta : « Mais souvenez-vous que c'est une enclume qui a usé bien des marteaux (1). »

(1) Ch. CAUVIN : *Vie de François de Lorraine, duc de Guise*, p. 253.

Le chancelier de L'Hôpital, tolérant et sceptique à l'égal d'un voltairien de notre siècle, ouvrit le colloque par ces paroles de conciliation :

« Otons ces mots diaboliques, noms de partis et de séditions, luthériens, huguenots, papistes ; ne changeons le nom de chrétiens. »

Autant de paroles prêchées dans le désert.

Le premier discours de Théodore de Bèze, prononcé par la voix mielleuse de cet apostat, devenu, de poète anacréontique, mauvais théologien, et flétri par les accusations les plus étranges, ce premier discours eut pour but de nier la présence réelle de N.-S. Jésus-Christ dans le saint sacrement de l'Eucharistie.

Un tumulte effroyable s'éleva. « Il eût été à souhaiter, s'écria le cardinal de Lorraine, qu'il fût muet ou que nous fussions sourds. »

Après diverses conférences, qui demeurèrent sans résultat, on dut dissoudre le colloque. La reine mère fut atterée de cet échec.

« Très effrayé de la voir engagée de la sorte, Chantonay, l'ambassadeur d'Espagne, lui conseilla de renvoyer de la cour Coligny et le cardinal de Châtillon ; mais Catherine lui répondit fièrement qu'un prince, quelle que soit son expérience dans son propre pays, n'est jamais bon juge quand il s'agit des autres. Toutefois, voyant la triste issue du colloque, elle prit peur; et, bien qu'elle eût été la première à le convoquer, elle en rejeta toute la responsabilité sur les princes du sang. Déjà à cette époque, et comme gage certain d'un rapprochement sincère avec le parti huguenot, Catherine, qui ne faisait d'ailleurs qu'obéir à un vœu formé par Henri II, faisait espérer la main de sa fille, Marguerite, à Henri de Navarre, fils de la protestante

Jeanne d'Albret. Le protestant Hubert Languet caractérisait d'un mot, à cette époque, la politique de Catherine, celle qu'elle ne cessera de suivre jusqu'à sa mort : « Elle est Florentine, écrivait-il, de quelque côté
« que tourne la fortune, son principal soin, c'est de gou-
« verner, et, ni pour les papistes ni pour les réformés,
« elle n'est disposée à jouer sa destinée. » Ce qu'elle avait en vue, en effet, en provoquant le colloque, c'était bien moins la réforme disciplinaire du clergé catholique, qui l'intéressait fort peu, que le côté politique, l'espoir d'arriver à une transaction avec les réformés, pour mettre fin aux troubles de l'Etat. Elle avait compté sans les passions des deux partis. Loin de songer à une entente, les protestants, enhardis par l'importance que Catherine leur avait donnée en les convoquant au colloque, se ruèrent sur les églises, brisèrent les statues, brûlèrent les reliques, massacrant partout les catholiques et se livrant aux dernières violences (1). »

Il y eut à Paris deux échauffourées, l'une dans le faubourg Saint-Antoine, l'autre au faubourg Saint-Marceau, qui fut très sérieuse. Dans le Midi, les désordres avaient un caractère bien plus grave encore : « Le feu, écrivait Joyeuse, gouverneur du Languedoc, est allumé partout. Toutes ces belles religions n'ont fait autre fruit qu'apprendre au peuple à n'obéir point au roi et à ses ministres. » Ce n'était partout que confusion, excès, représailles et pillage (2).

La situation est dès lors bien caractérisée par M. Chantelauze.

---

(1) CHANTELAUZE, article cité.
(2) Voir les *Lettres* de Joyeuse, d'octobre à décembre 1561, dans les *Mémoires* de Guise.

« Philippe II, dit-il, fit menacer Catherine d'aller éteindre, en France, l'incendie, avec le concours des catholiques français, si elle refusait les secours qu'il mettait à sa disposition. Chantonay, au nom de son maître, lui déclara qu'il fallait qu'elle changeât de route, qu'elle renonçât à ces moyens de douceur, à ces essais de tolérance. Catherine lui répondit sèchement que le roi, son fils, avait assez de forces pour se faire obéir de ses vassaux, sans l'aide de personne, et que, si quelques-uns d'entre eux, sans sa permission, réclamaient un secours étranger, il saurait y aviser et les châtier de telle sorte, qu'ils s'en repentiraient. A ce ferme langage, Chantonay comprit qu'elle redoutait, avant tout, les offres de son maître, dont elle eût craint, en les acceptant, de subir le joug ; qu'elle avait mis toute sa confiance en Coligny, et que, si elle avait besoin de secours, ce n'est pas en Espagne qu'elle s'adresserait. Chantonay se vit donc forcé de battre en retraite ; et les Guises et autres chefs catholiques, non moins mécontents que lui, quittèrent la cour, en laissant le champ de bataille à l'amiral. Catherine, n'écoutant que les conseils de L'Hôpital et de Coligny, publia, au mois de janvier 1562, un édit par lequel le culte calviniste était seulement prohibé dans les villes, mais autorisé partout ailleurs, dans les campagnes, avec ordre aux autorités locales d'en protéger l'exercice. Mais, en même temps, défense leur était faite de tenir des assemblées, de se réunir en armes et de troubler le culte catholique. C'était le plus grand pas fait jusque-là dans la voie de la tolérance.

« Au lieu d'user de modération et de profiter des bonnes dispositions en leur faveur que la politique dictait à Catherine, les protestants, suivant le témoignage d'un de leurs plus éminents historiens, se laissèrent enivrer par la prospérité. Quelques mois auparavant, ils auraient accepté avec reconnaissance une tolérance même tacite; ils ne demandaient au roi que la permission de s'assembler en quelque coin de ses villes, *et alors qu'ils pouvaient célébrer publiquement*, ils ne furent pas contents : ils voulaient des églises, mais en édifier était trop long au gré de leur impatience, ils s'emparèrent à force ouverte de celles des catholiques, et, par leurs violences, ils s'attirèrent de sanglantes représailles. On regrette d'avoir à dire que les ministres, qui auraient dû donner l'exemple de la modération, ne montrèrent en général aucune intelligence des embarras du gouvernement.

« Tenant l'édit de janvier au poing, ils l'étendaient au-delà des bornes. » — Qui tient ce langage? Un des hommes les plus violents de leur parti, Agrippa d'Aubigné. »

CHAPITRE IV

Relations des ambassadeurs vénitiens sur l'état de la France en 1562. — Edit de janvier. — Conséquences de cet édit de pacification. — Conférences au château de Saverne entre les princes de Lorraine et le duc de Wurtemberg. — Le massacre de Vassy. — La vérité sur cet événement et sur le rôle qu'y joua le duc de Guise. — Première guerre civile. — Condé à Paris. — Pourparlers et correspondances entre les protestants français et la reine d'Angleterre. — Trahison de Coligny. — Cession, par les protestants, à l'Angleterre de la ville du Havre. — Les papiers d'Etat du *Record office* et du *British Muséum*. — Siège de Rouen. — Mort du roi de Navarre. — Bataille de Dreux. — Condé est fait prisonnier. — Lettres des ambassadeurs anglais et de Coligny à Elisabeth d'Angleterre.

Si l'on veut connaître bien la situation réelle de la France au cours de cette première guerre civile, ce n'est pas aux historiens français qu'il faut s'en rapporter, mais à des témoins plus désintéressés. Il n'est pas de tableau à la fois plus véridique et plus lamentable que celui tracé par les ambassadeurs Marc-Antoine Barbaro et Jean Correr, imprimés dans le deuxième volume des *Relations* adressées par les ambassadeurs vénitiens à la Seigneurie de Venise.

« Je trouvai ce royaume, dit Correr, dans une très grande confusion, cette différence de religion (convertie presque en deux fractions et en inimitiés particulières) étant cause que chacun, sans tenir compte de parenté

ni d'amitié, se tenait l'oreille au guet et, plein de
défiance, écoutait de quel côté naissait quelque rumeur.
Les huguenots craignaient, les catholiques craignaient,
le prince craignait, les sujets craignaient. Pour dire la
vérité, le prince craignait beaucoup plus, et beaucoup
plus craignaient les catholiques que les huguenots. Ces
derniers, en effet, devenus hardis et même insolents,
s'inquiétant peu des édits de pacification et des autres
commandements royaux, cherchaient par tous les
moyens possibles à propager et à étendre leur religion,
prêchant en divers lieux prohibés et jusque dans la
ville de Paris, où le peuple est si dévôt (sauf un petit
nombre) et tellement hostile envers eux, que je puis
affirmer avec toute raison qu'il n'y a pas, dans dix des
plus grandes cités d'Italie, autant de dévotion ni autant
de haine contre les ennemis de notre foi. N'en tenant
aucun compte néanmoins, ils se permettaient de se
réunir dans des maisons particulières, et, en place de
cloches, ils s'appelaient la nuit à coups d'arquebuse.
Les catholiques, au contraire, étaient tenus en respect,
et la sérénissime reine n'osait faire aucune chose dont
les huguenots eussent pu concevoir le moindre soupçon;
au contraire, feignant de ne pas voir ce qu'ils faisaient,
elle les tolérait avec patience, leur faisait un accueil
affable, leur accordait des dons, des faveurs, avec une
bienveillance apparente. Sa Majesté croyait (comme
elle me l'a dit maintes fois de sa propre bouche) les
rendre, par ces moyens, satisfaits et tranquilles. Elle
espérait, en les traitant de la sorte, de voir consumer
avec le temps cette humeur, qu'elle regardait plutôt
comme de l'ambition et un désir de vengeance que
comme un effet de religion; elle espérait aussi que
l'obéissance augmenterait chez les sujets à mesure que

le roi prendrait des années, et que les séditieux n'auraient plus d'occasion aussi facile à se révolter contre lui.

« Sous ce nom de huguenots sont comprises trois sortes de personnes, savoir : les grands, les gens de classe moyenne et les petites gens : les grands suivent cette secte par ambition et le désir de l'emporter sur leurs ennemis ; les gens de moyenne condition sont alléchés par la liberté dans la manière de vivre et par l'espoir de s'enrichir, surtout avec les biens de l'Église ; les petites gens sont entraînés par une fausse croyance ; aussi l'on peut dire que chez les premiers, il y a l'ambition ; chez les seconds, le vol ; chez les troisièmes, l'ignorance. Les grands, se servant de la religion comme entremetteuse, pouvaient se vanter d'avoir obtenu en bonne partie ce qui étaient dans leur intention ; car le nom du prince de Condé et celui de l'amiral n'étaient ni moins aimés ni moins redoutés que celui du roi et de la reine. Les moyennes gens avançaient aussi chaque jour dans leurs desseins, et les derniers, c'est-à-dire le menu peuple, se figuraient qu'au moyen de cette nouvelle religion, le paradis leur était acquis. Dans chaque province de ce royaume, ils avaient un chef principal qui se trouvait opposé au gouverneur du roi, si même ils ne l'appelaient par eux-mêmes gouverneur des leurs. Il avait sous lui plusieurs autres chefs et beaucoup d'autres subordonnés, selon leur condition et leur qualité, qui, répandus dans le pays avec l'autorité et le pouvoir (car c'étaient tous des gentilshommes honorés et de sang noble), favorisaient et employaient les petites gens. Après eux venaient les ministres, qui instruisaient les populations avec un soin exquis, les confirmaient dans leur opinion, et s'efforçaient par tous les moyens d'en séduire d'autres. J'ai dit avec un soin exquis; mais, pour parler plus exactement, je dois employer le superlatif, et dire très exquis, à tel point que si nos curés en faisaient seulement la moitié, le christianisme ne se trouverait pas dans la confusion où il est aujourd'hui. Ils faisaient souvent dans leurs églises des collectes d'argent, auxquelles contribuaient promptement et largement toutes les petites gens, et cet argent était remis par eux aux grands et aux moyennes gens. Sans ce secours, les princes n'auraient pu suffire aux dépenses qu'ils faisaient; car ces dépenses sentaient plus le roi certainement que le petit prince et le simple gentilhomme. Or, il résultait de cette organisation et de ces intentions ainsi associées une volonté concordante, une union si grande entre eux, qu'elle les rendait prêts à obéir sur-le-champ, à s'entendre l'un avec l'autre et très prompts à exécuter ce qui leur était commandé par leurs supérieurs. Ils purent ainsi, à un jour et à une heure déterminés, susciter, avec un grand secret, des troubles dans chaque partie du royaume, en se levant pour une guerre cruelle et périlleuse pour chacun. »

L'édit de janvier, rendu au commencement de 1562, concédait aux protestants, le droit de tenir des prêches en dehors de villes, dit M. de Chalambert (1), et en même temps, il leur interdisait toute propagande ainsi que toute attaque contre la religion catholique. Cet édit n'avait rien d'absolument répréhensible dans sa teneur, car il n'accordait que ce qu'il n'était plus

(1) *Histoire de la Ligue*, t. Ier.

guère possible de refuser. Mais la reine qui l'avait signé, et le ministre qui était chargé de l'exécuter, étaient à bon droit suspects aux catholiques. Le chancelier de l'Hôpital était sinon calviniste (il a gardé le secret sur ce point jusqu'à la fin), du moins notoirement hostile à la cause de l'Église, et les dispositions de Catherine de Médicis n'étaient pas de nature à inspirer plus de confiance.

A ce moment, en effet, la reine mère écrivait au Pape une lettre dans laquelle elle lui disait en lui parlant des calvinistes :

« Ils ne sont ni anabaptistes ni libertins ; ils croient
« les douze articles du symbole. Aussi plusieurs per-
« sonnes de piété pensent qu'on ne devrait pas les re-
« trancher de la communion de l'Église, pour ne pas
« blesser la faiblesse de quelques-uns ; quel danger y
« aurait-il d'ôter les images des églises et de retran-
« cher quelques formules inutiles dans l'administra-
« tion des sacrements ? Ce serait encore un grand bien
« d'accorder à tous les fidèles la communion sous les
« deux espèces, d'abolir les messes basses et de per-
« mettre que l'office divin se fît en langue vulgaire.
« Du reste, on convient qu'il est à propos qu'il n'y ait
« rien d'innové dans la doctrine et dans la hiérarchie,
« et que l'on conserve toujours pour le Souverain
« Pontife le respect et l'obéissance qui lui sont dus (1). »

(1) Pendant ce temps de pacification, dit Lézeau, se tint le concile de Trente, et comme les novateurs, ou la plus grande partie d'iceux, faisaient entendre au roi Charles IX et à la reine Catherine sa mère, que volontiers ils se réduiraient à l'Église, si on accordait certains articles, Leurs Majestés, désireuses d'entretenir la paix entre leurs sujets, chargèrent les ambassadeurs de France de requérir que le célibat des prêtres fût ôté, que la communion fût prise sous l'une et l'autre espèce, que tout le service de l'Eglise

L'édit de janvier était absolument favorable aux calvinistes. On leur permit de tenir des réunions, pourvu qu'elles eussent lieu hors des villes. On leur donna l'assurance qu'ils ne seraient pas troublés, et qu'au besoin les magistrats leur prêteraient main-forte. En retour, ils durent restituer les églises ou chapelles dont ils s'étaient déjà rendus maîtres sur plusieurs points, s'abstenir de troubler le culte catholique, observer les jours de fête et les convenances extérieures de l'ancienne religion, exclure de leurs réunions toutes personnes sur lesquelles leurs ministres n'auraient pas d'information préalable. On défendit aux ministres de faire aucunes levées d'argent, ils ne pouvaient recevoir que les aumônes; d'écrire ou de prêcher contre le catholicisme; enfin de rien avancer qui ne fût conforme à certains livres de l'Ancien ou du Nouveau Testament.

Cette disposition mérite d'être remarquée, dit M. Dareste, elle montre combien on était convaincu du droit qu'avait l'Etat de décider les questions religieuses, et le soin qu'on prenait de distinguer des calvinistes les sectes dangereuses qu'on se réservait de poursuivre, comme *libertins, anabaptistes* ou *athéistes*.

L'édit de janvier fût très mal accueilli par les parlements, fait observer encore le consciencieux Dareste.

fût fait en langue vulgaire, etc., et que c'était un remède pour pacifier les différends. A quoi les messieurs du Concile répondirent : *Non dabimus vobis venenum in medicinam.* « Nous ne vous baillerons pas du venin pour médecine. » (*Archives curieuses de l'Histoire de France,* 1re série, t. XV, p. 26.)

Si on ajoute que quelques évêques, tels que le cardinal de Châtillon, évêque de Beauvais; Antoine Caracciol, évêque de Troyes; Montluc, évêque de Valence, penchaient pour les nouvelles doctrines ou même les avaient ouvertement embrassées, on comprendra de quels périls la religion catholique était alors menacée et combien il était nécessaire d'y aviser.

Celui de Paris se fit donner des lettres de jussion et n'enregistra que le 6 mars, par ordre exprès, en déclarant que l'enregistrement n'emportait aucune approbation de la nouvelle religion. Ceux de Toulouse et de Rouen résistèrent assez longtemps. Celui de Bourgogne envoya une députation à la reine pour lui exposer les raisons qu'il avait de s'opposer à l'exécution, et ces raisons furent admises. La magistrature ne comprenait pas qu'on pût permettre l'exercice de deux religions dans une même ville. Étienne Pasquier, l'un de ses membres les plus libéraux, ne voit là qu'une *débauche*, c'est-à-dire une occasion de troubles et de scandales. Tout royaume divisé périra, disait Tavannes, et il demandait comment, l'unité de l'Église sacrifiée, on maintiendrait celle du gouvernement. L'édit de janvier déroutait toutes les idées des magistrats, qui voyaient, d'ailleurs, le progrès du désordre avec une inquiétude naturelle. Ils se servaient contre lui d'un argument très fort : c'était le système établi par les calvinistes à Genève.

« Ce serait crime capital à Genève, dit Gabriel de Sacconay, auteur d'écrits contre Calvin, de faire
« aucun exercice de la religion catholique; tant s'en
« faut qu'on y voulût tolérer liberté de conscience,
« pour autant qu'ils estiment d'endurer deux religions
« contraires entre clause contrevenante à l'expresse
« parole de Dieu, qui commande que toute idolâtrie et
« fausse religion soient exterminées. »

Pour les réformés, ils se montrèrent satisfaits. Coligny n'avait pas demandé autre chose que la liberté des prêches ; ces ministres jugèrent devoir se contenter d'avantages présents qui leur faisaient espérer d'autres succès prochains.

« Ils prêchèrent, dit Castelnau, plus hardiment,
« qui çà, qui là; les uns par les champs, les autres
« en des jardins, et à découvert partout où la pas-
« sion les guidoit, et où ils pouvoient trouver du
« couvert, comme ès vieilles salles et masures, et jus-
« ques aux granges ; d'autant qu'il leur étoit défendu
« de bâtir temples et prendre aucunes choses d'Église.
« Les peuples, curieux de voir chose nouvelle, y alloient
« de toutes parts, et aussi bien les catholiques que les
« protestants, les uns seulement pour voir les façons
« de cette nouvelle doctrine, les autres pour l'ap-
« prendre, et quelques-autres pour connoître et remar-
« quer ceux qui étoient protestants. »

Le chancelier de l'Hôpital, qui voulait ménager tous les partis, se flattait de mettre fin, par cet édit, aux troubles du royaume.

« C'était là une illusion qui ne s'explique guère de la part d'une intelligence aussi élevée. On a cru faire un grand éloge de Michel de l'Hôpital en disant qu'il devançait son siècle. Malgré son talent, son intégrité et l'élévation de son caractère, il ne comprit pas qu'en bonne politique il ne suffit pas de devancer son siècle, et qu'il faut savoir marcher avec lui pour le diriger. Les lois, pour être efficaces, doivent répondre aux besoins du moment. La liberté de conscience, la faculté laissée aux protestants de se réunir et de propager leurs doctrines, ne font plus aujourd'hui l'objet de la moindre contestation. Mais, si l'on se reporte à cette époque où la féodalité avait encore des racines si profondes dans le pays, où les princes et les grands seigneurs étaient encore assez puissants pour lever des armées dans leurs domaines, on comprendra que, sous prétext de religion, les mécontents et les ambitieux pouvaient, à la tête des fanatiques, dicter leurs volontés à l'autorité royale, et démembrer le royaume, dont l'unification avait été si lente et si pénible. Michel de l'Hôpital ne devait pas ignorer les menées ambitieuses et antinationales des fauteurs de la conjuration d'Amboise. Il devait savoir que, pour parvenir à leurs fins, ils n'avaient pas craint de faire appel à l'étranger, et que l'Angleterre n'attendait qu'une occasion pour reprendre Calais et Boulogne. C'était le prix qu'elle mettait aux secours qu'elle avait promis à Condé (1).

« Aussi l'édit de janvier, avoue Sismondi (2), leur fit reconnaître leur force. Dès que la nouvelle de la surprise d'Orléans leur parvint, ils prirent partout les armes tumultuairement dans les mois d'avril et de mai 1562; ils se rendirent maîtres des villes et de leurs temples, et s'animant à détruire ce qu'ils nommaient les symboles de l'idolâtrie, ils profanèrent les autels, et traînèrent les images et les reliques dans la boue. Ces outrages soulevèrent presque partout contre eux la populace et les paysans. Les moines qui se chargeaient d'ameuter les classes ignorantes, disaient alors qu'*ils lâchoient la grande lévrière.* »

On vit alors se renouveler des scènes comme celle que Joyeuse décrit dans ses lettres, adressées de Languedoc au duc de Guise :

« Monseigneur, lui disait-il l'année précédente, vous avez esté adverty des malheureux désordres et grandes cruautez qui se sont commises en la ville de Montpellier et ailleurs, à l'endroit des personnes de plusieurs bons

---

(1) Ch. CAUVIN : *Vie de François de Lorraine, duc de Guise.*
(2) SISMONDI : *Précis de l'histoire des Français.*

subjets du róy, soubs prétexte de religion. Les affaires prennent tel cours et vont si en empirant, que, à ce que je voye et oye, il n'y a personne d'assuré que ceulx qui ont moyen de se retirer en quelque lieu fort. Je voys plusieurs gens de bien abandonner leurs propres maisons, et se retirant avecq leurs familles, pour n'avoir seureté de leurs dites propres vies que en estant bien loin retirez des séditieux. »

« Pendant que les dangers étaient ainsi menaçants et les passions animées, pendant que les triumvirs l'appelaient pour sauver l'Eglise, le duc de Guise semblait hésiter, soit répugnance contre la persécution, soit défiance de ses alliés, soit même vacillation dans les convictions religieuses; c'était l'heure où la reine Catherine ignorait encore si elle entendrait la messe en latin ou les psaumes en français; où la reine Elisabeth, protectrice de la foi protestante, cherchait à interdire le mariage des prêtres, et allumait en secret des cierges devant un crucifix; où les Montmorency restaient indécis entre le catholicisme de leur père et la foi nouvelle des Châtillon. François de Guise choisissait ce moment pour reprendre avec les princes allemands les négociations que son frère avait commencées au moment du colloque de Poissy. Peut-être voulait-il simplement s'assurer la neutralité de ces chefs luthériens, les empêcher d'aider les calvinistes de France, dans le cas où la guerre civile deviendrait inévitable, et feindre près d'eux une indépendance religieuse qu'il ne possédait pas. Il se rendit, le 14 février 1562, avec les deux cardinaux et le grand prieur, ses frères, et avec son fils aîné Henri, prince de Joinville, au château de Saverne, près du duc Christophe de Wurtemberg, le plus honnête et le plus populaire des chefs luthériens. Le cardinal de Lorraine essaya d'exciter le fanatisme luthérien contre les calvinistes. Sa dialectique subtile fit une certaine impression sur les théologiens du duc Christophe (1). »

« Ces semblants de pacte avec l'hérésie furent subitement troublés par un coup sanglant, qui trancha toutes les tergiversations, et mit dehors toutes les colères, ajoute M. Forneron. »

Parmi les divers événements qui pouvaient amener une rixe, le hasard voulut que l'accident inévitable se présentât précisément sur le chemin du duc de Guise, de telle sorte qu'au moment où il sortait de ses pourparlers avec les luthériens, il se trouvait porté en un seul jour à la tête des catholiques.

Les conférences de Saverne s'étaient terminées le 18 février. Le duc de Guise revenait à Paris, où l'appelaient les triumvirs qu'il y avait laissés. Le 1er mars, il devait dîner vers midi à Vassy; « les officiers qui alloient devant trouvèrent que les protestants y faisoient leur presche en une grange près de l'église et y pouvoir avoir six ou sept cents personnes de toutes sortes d'âge. Lors, comme souvent m'a dit le duc de Guise, aucun de ses officiers et aultres qui estoient allés devant, curieux de voir telle assemblée et nouvelle forme de prescher, sans aultre dessein, s'approchèrent jusqu'à la porte de lieu, où il s'esmeut quelque noise avec parolles d'une part et d'aultre (2). »

Il est possible qu'irrités de ces regards curieux et malveillants, inquiets de voir ces étrangers armés qui

---

(1) M. Forneron : *les Ducs de Guise et leur époque*, t. Ier.
(2) Castelnau, p. 452.

s'amassaient devant leur porte, les bourgeois de Vassy et les paysans des villages voisins, réunis dans la grange, aient voulu les écarter, et aient jeté des pierres aux gens de cuisine, et « les appelèrent papistes et idolastres (1). »

On peut croire aussi que les religieux de Vassy, blessés depuis plusieurs jours par ces cérémonies, ont excité le zèle des laquais et de la populace, qui se sentaient soutenus par la garnison et par l'escorte du duc (2). Il est certain que « les pages et laquays, en jurant la Mort-Dieu, disoient : Ne nous baillera-t-on pas le pillage (3)? » L'écuyer La Brosse eut le tort de ne pas réprimer ces propos de valets. Il est difficile d'admettre que les paysans, qui n'avaient pas d'armes et se trouvaient entassés dans une grange avec leurs femmes et leurs enfants, aient commencé la lutte. Cependant, ils ont bien pu penser que Dieu combattrait pour eux, comme avec Samson contre les Philistins, et qu'il détruirait leurs ennemis, ainsi qu'autrefois l'armée de Sennachérib. Ils lancèrent dehors tout ce qui se trouva sous leur main. Quand le duc survint pour rétablir l'ordre, il fut atteint, en approchant de la porte, d'une pierre à la tête. Cette blessure l'irrita; il laissa les trompettes sonner la charge, et deux compagnies d'ordonnance s'avancer avec les laquais à l'attaque de la grange (4). Les protestants furent chassés, et, en sortant, ils furent obligés de « passer par deux rangs, tant de gens d'armes que des aultres de sa suite, et en passant, chacun d'eulx

---

(1) Castelnau, p. 452.
(2) D'Aubigné, p. 130.
(3) Guise : Mémoires-Journaux, p. 470.
(4) D'Aubigné, p. 130.

frappoit à grands coups d'espée et de coultelas. Ceux qui montoient sur les toits estoient tirés à coups de hacquebutes (1) ». On raconta même que les moines en désignaient du doigt sur le toit aux arquebusiers (2). Il dut y avoir une soixantaine de tués et à peu près le double de blessés (3). Parmi les tués, il n'y eut guère que quatre ou cinq femmes, et encore on les mit à mort moins par zèle religieux que par désir de leur enlever leurs ornements d'argent : « luy ostèrent son demi-cein et agrappes d'argent » ; c'était plutôt un sac qu'un massacre. Les morts furent surtout des marchands ou de petits bourgeois, tandis que les simples paysans s'échappèrent. Le tronc des pauvres fut forcé, et l'on enleva les douze livres tournois qu'il contenait. Le duc ne vit d'abord dans cet acte de brigandage qu'une querelle entre laquais et paysans, et se contenta d'envoyer la *Bible* saisie sur la chaire à son frère le cardinal de Guise, qui semblait attristé et restait « appuyé sur les murailles du cymetière, regardant vers ladite grange (4) ». Il répondit en prenant le livre : « Il n'y a point de mal en ceci ; car c'est

---

(1) GUISE : *Mémoires-Journaux*, p. 470, 475.
(2) D'AUBIGNÉ.
(3) Voir sur cet événement : *Archives curieuses de l'Histoire de France*, t. IV, série Iʳᵉ, p. 103 : « Description du saccagement exercé cruellement, par le duc de Guise et sa cohorte, en la ville de Vassy, le 1ᵉʳ jour de mars 1561, Caen, 1562. » *Mémoires de Condé*, t. III, p. 111 : « Relation de l'occision du duc de Guyse, exécutée à Vassy, en Champagne, composée par un huguenot. » *Ibid.*, p. 115 : « Discours au vray et abrégé de ce qui est dernièrement advenu à Vassy, y passant M. le duc de Guise. » *Ibid.* : « Sept autres pamphlets. » Voir aussi DE THOU, l. XXIX ; CASTELNAU, l. III, ch. VII ; LE LABOUREUR, t. Iᵉʳ, p. 760 ; VARILLAS, t. Iᵉʳ, p. 161.
(4) GUISE : *Mémoires-Journaux*, p. 484.

la *Bible* et la sainte Escripture. » La duchesse, qui était enceinte et ne fut prévenue qu'assez tard, envoya supplier son mari de faire retirer ses gens. On aime à voir cette parole de pitié, la seule de la journée, dans la bouche de la petite-fille de Louis XII. Déjà à Amboise, elle n'avait pu supporter le spectacle des exécutions; à Provins, elle avait fait évader et diriger sur Bâle un religieux qui était accusé d'hérésie (1).

Tel est le récit de cet événement, connu dans l'histoire sous le titre vraiment exagéré de massacre de Vassy. Les huguenots se plaisent à prêter au duc de Guise des paroles qui contrastent avec la vie tout entière de ce prince.

« Le duc restoit luy-mesme en la grange, avecques son espée en la main, commandant à ses gens de tuer, et nommément les jeunes gens, et, sur la fin, dit qu'on laissast les femmes grosses; criant après ceulx qui estoient sur les eschaffaux, qui efforçoient de se sauver par ledict toist : « En bas, canailles, en bas »; et usant de grandes menaces (2). »

Le duc se défend dans ses mémoires d'avoir mis l'épée à la main, et assure, au contraire, qu'il fit tous ses efforts pour faire cesser le massacre. Les historiens les moins suspects de partialité envers le duc de Guise (3) repoussent les imputations barbares que les protestants ont fait peser sur lui en cette circonstance. Seulement, Lacretelle se demande ce qu'était devenu le duc de Guise après sa blessure, et il ajoute : « Eût-il été grièvement blessé, mourant, ne devait-il pas

---

(1) En 1554. Voir les *Mémoires* de Claude HATON, t. Ier, p. 10, 42.
(2) *Discours entier sur la persécution et la cruauté exercées en la ville de Vassy, par le duc de Guise*, le 1er mars 1562.
(3) ANQUETIL, DE THOU, LACRETELLE.

employer, à sauver des enfants et des femmes, ce qui lui restait de voix et de forces (1)? »

Le duc de Guise, remarque M. Forneron, semble, au premier moment, n'avoir eu aucune conscience de l'acte ; il fut tout étonné de s'en voir attribuer l'honneur, d'être acclamé dans toutes les villes catholiques comme un sauveur, et salué comme le chef vigoureux qui venait de choisir le seul parti digne de l'Église, celui de la répression sans pitié. Trop humain pour oser se vanter d'une action aussi inutilement cruelle, et trop instruit de l'état des esprits pour ne pas supposer qu'elle serait le signal d'une guerre d'extermination, le duc fut un peu inquiet de l'attitude que prendraient à cette nouvelle Catherine, son ancienne adversaire, et le duc Christophe de Wurtemberg, son allié récent. Il écrivit à celui-ci, le 10 avril, une lettre accompagnée d'un post-scriptum autographe, conservé aux archives de Stuttgard (2) :

« Monsieur mon cousin, j'espère avec l'aide de Dieu justifier toutes mes actions : vous aves veu par ma première lettre ce que je vous ai mandé de ce qui est avenu, à mon gran regret, en quelque fasson que l'on m'y est forsé (*sic*); mais vous jugerez, s'il vous plest, et tous prinses vertueux et bien néz, que doffendre il est blamé et permis de se deffendre, mesmement uzant de toutes les passience que lon peut, et que je croy ce peult comporter par prinses bien néz de bonne maizon, et vrais serviteurs et subjets de leur prinse.

---

(1) Rien ne pouvait les arrêter, ni les menaces ni les prières du duc, qui leur criait de toute sa force et leur ordonnait de cesser. (DE THOU.)

(2) Original. — Carton 65 c, n° 53 a.

J'espère vous en faire vraie et apparente preuve bien tost, puisque il a pleu à la reine et au roi de Nauarre en la présence du conseil du roi son fils, ouyr le raport du faict, suivant les informations, ayant esté le tout ranvoyé en la court de Parlement pour i ouyr toutes les parties et i faire justisse, vous suppliant pour fin tenir en amitié,

« Vostre humble et affecsionné cousin,

FRANÇOIS DE LOR[RAINE].

Il est du reste absolument démontré aujourd'hui que François de Lorraine ne partagea nullement la joie générale sur ce qu'on a nommé plus tard « le malentendu de Vassy ». Il voulut même s'en excuser juridiquement, et publia un mémoire dans lequel il s'exprime en ces termes : « J'allegueroye la modération et patience qui fut jadis en un Périclès poursuivy par un importun mesdysant »; puis il cite Miltiade, Thémistocle, injustement accusés ; « aussi avons-nous en admiration un Camillus », et poursuit sur ce ton durant plusieurs pages. Cependant lorsque le duc entra dans le Parlement pour déclarer qu'il était étranger aux meurtres de Vassy, les présidents Séguier et Harlay, s'il faut en croire M. Henri Martin, quittèrent leurs sièges et sortirent de la salle, ce qui n'empêcha nullement la grave assemblée, après quelques mots assez dédaigneux prononcés par le duc, d'ordonner des poursuites contre les paysans de Vassy, coupables d'avoir provoqué cette échauffourée en assaillant à coups de pierre l'escorte du premier personnage du royaume.

Le désordre de Vassy, dit Capefigue, servit de point de départ au projet qui devait faire passer le pouvoir au duc de Guise. Toutes les mesures étant prises d'avance, le duc se rendit à Paris. Pasquier écrivait à M. de Fonssomme :

« M. de Guise est arrivé à Paris, costoyé des connétable et maréchal de Saint-André, avec une grande troupe de gens d'armes. Il a esté reçu magnifiquement et avec un grand appareil par les Parisiens. Le prévost des marchands et échevins sont allés au-devant de lui pour le bienveigner. Ce même jour, le prince de Condé, qui estoit en la ville, est allé au présche avec une grande compagnie en une maison des faux bourgs Saint-Jacques que l'on appelle Jérusalem. Deux jours après est arrivé le roi de Navarre, et le lendemain, jour de Pasques fleuries, a été faite une procession générale où il estoit. »

Cette lettre de Pasquier constate le véritable état de l'opinion. Les fêtes du peuple accueillirent le duc de Guise; il n'y eut dans les rues que les cris de « Vive le duc ! » Il s'était fait chef des catholiques; on le saluait comme une espérance. Le sang qui avait coulé était le prélude de la guerre à laquelle tous les partis aspiraient; le duc de Guise assistait à une procession, et le prince de Condé allait aux prêches. Les nuances se dessinaient ainsi parfaitement (1).

La guerre civile se trouvait déclarée par le fait du malheureux événement de Vassy. Catherine de Médicis alla s'enfermer au château de Melun, avec le jeune roi Charles IX.

Condé était à Paris, entouré de gentilshommes et prêt à protéger ses coreligionnaires, si on les menaçait

(1) CAPEFIGUE : *la Réforme et la Ligue.*

dans l'exercice de leur culte, accordé par l'édit de janvier. Il allait au prêche, suivi de plusieurs centaines de cavaliers armés, et accompagné de Bèze, qui portait lui-même une cuirasse. La moindre rixe entre catholiques et protestants paraissait devoir amener une collision entre les princes. « C'est, écrivait Pasquier, un vrai chaos et confusion; toutes sortes de gens, tant de l'un que de l'autre parti, s'assemblent dans la ville, leurs chefs et les principaux capitaines y étant; les coups de pistolet et de canon nous servent de carillon (1). »

Condé appela près de lui ses parents, ses amis et les Châtillon. Il écrivit à Coligny « que César n'avait pas seulement passé le Rubicon, qu'il était déjà rentré à Rome et que ses étendards commençaient à branler par les campagnes ». Catherine emmenait le petit roi de Melun à Fontainebleau et de là à Vincennes.

Sans respect pour les édits, les protestants continuaient à renverser les croix, à profaner les autels, à dévaster les couvents et les églises, à en chasser les moines et les prêtres, s'exhortant dans le langage de l'Ecriture à détruire l'idolâtrie. Les apostasies se multiplièrent au milieu de ses fureurs. Même l'université de Paris eut ses renégats : Pierre de la Ramée (Ramus), principal du collège de Presle, fit abattre, dans la chapelle de cette maison, tous les symboles de la foi catholique. Ce fut un scandale horrible, et le Parlement dut intervenir par des arrêts.

Condé écrivit aux Églises réformées pour qu'elles fissent des levées d'hommes et d'argent. Ces dernières demandes furent appuyées par les ministres calvi-

---

(1) DARESTE : *Histoire de France*, t. IV, l. XXIV.

nistes. Puis il publia un manifeste, où il déclara qu'il ne regardait plus le roi comme libre; qu'il était pour lui toujours prêt à obéir à son frère le roi de Navarre; que si la reine ordonnait aux Guise et à leurs alliés de poser les armes et de se retirer, il en ferait autant; que si on le forçait à la guerre, il l'entreprendrait à ses dépens, mais qu'il n'en était pas l'auteur, et qu'il en déclinait la responsabilité. Il écrivit en même temps des lettres aux princes d'Allemagne, et leur envoya des agents pour leur expliquer sa conduite; il prenait le titre de *Protecteur de la maison et de la couronne de France*. Enfin il signa, avec Coligny, Dandelot et les gentilshommes qui l'avaient suivi, un traité ou pacte d'association, « pour l'honneur de Dieu, dit Castelnau, la liberté du roi, de ses frères, de la reine sa mère, et la conservation des édits ».

Le roi et Catherine déclaraient le même jour, 7 avril, qu'ils étaient parfaitement libres. Le 11, ils publiaient une confirmation de l'édit de janvier, et maintenaient la liberté des prêches, excepté à Paris. Les triumvirs répondirent au manifeste de Condé par un autre manifeste. Les Parlements de Paris et de Rouen répondirent à ses lettres qu'il eût à mettre bas les armes (1).

La guerre civile éclata simultanément dans toutes les provinces, excepté en Bretagne. L'évêque du Mans fut chassé par les calvinistes. Rouen, Dieppe, tombèrent en leur pouvoir, et ces villes furent mises à sac. Il en fut de même dans la plupart des villes de la Normandie. A Valence, à Lyon, dans tout le Dauphiné, l'émeute, le pillage, les massacres se succèdent sans relâche. Par-

---

(1) DARESTE : *Histoire de France*.

tout les réformés frappent des contributions, opèrent des emprunts, volent les biens des églises.

Pendant ce temps, les protestants commettaient le crime le plus infâme de lèse-patriotisme et de haute trahison. Ils pactisaient avec l'étranger, lui ouvraient le territoire, et achetaient l'alliance au prix de nos meilleures places de guerre sur la Manche.

A son avènement au trône, Elisabeth, dit Cobbet, dans ses *Lettres sur la Réforme*, avait trouvé l'Etat en guerre avec la France, et s'était aussitôt hâtée de signer la paix avec cette puissance, sans même en exiger la restitution préalable de Calais. Les négociations avaient été ouvertes à Cateau-Cambrésis, entre l'Angleterre et l'Espagne d'une part, et la France de l'autre. Philippe, fidèle à ses engagements, avait refusé d'écouter toute proposition avant que son allié eût obtenu pleine et entière satisfaction pour Calais ; il s'était même engagé à continuer les hostilités pendant six années consécutives, pourvu que, de son côté, la reine d'Angleterre s'engageât à ne point traiter sans lui avec l'ennemi. Elisabeth, qui avait besoin de la paix, parce que déjà elle commençait à vexer ses sujets pour leurs opinions religieuses, négocia secrètement avec la France, et conclut séparément un traité en vertu duquel elle consentit à l'occupation de Calais par les troupes françaises pendant huit années de plus, moyennant une indemnité de cinq cent mille couronnes (1). Par une clause spéciale, les deux parties contractantes convinrent réciproquement qu'en cas de violation, le *traité deviendrait nul*, et que, si les torts venaient de

---

(1) Environ trois millions de francs.

la France, elle perdrait le droit de retenir Calais ; que si au contraire, ils étaient du côté de l'Angleterre, celle-ci ne pourrait plus revendiquer cette place importante. Cette clause ne devait pas être inutile ; à peine trois ans s'étaient écoulés depuis la conclusion de ce traité, qu'Elisabeth encourut la déchéance de ses droits sur Calais, en manquant de la manière la plus perfide à ses engagements.

Les machinations de Condé, de Coligny et de leurs huguenots avaient réussi à allumer la guerre dans leur pays, et l'ambassadeur d'Angleterre près la cour de France assistait les rebelles de tout son pouvoir et de toute son influence. Vidame, agent de Condé et de Coligny, se rendit même secrètement à Londres, pour y demander des secours en hommes, en argent et en vaisseaux. Il réussit dans cette négociation au-delà de ses espérances ; et la perfide Elisabeth, oubliant le traité solennel qui l'engageait envers le roi de France, fournit des troupes, de l'argent et des vaisseaux aux révoltés ; ceux-ci, de leur côté, pour reconnaître ses bons offices, s'engagèrent à lui livrer le Havre-de-Grâce en nantissement des sommes qu'elle leur avançait, et comme garantie de l'exacte reddition de Calais au terme fixé dans le traité de Cateau-Cambrésis.

L'ambassadeur français à Londres, étant parvenu à éventer ce qui se tramait entre les agents des rebelles et la reine, se rendit chez le secrétaire d'État Cécil, et, le traité à la main, demanda l'extradition des rebelles. Il rappela en outre au gouvernement anglais la clause qui, en cas de violation de sa part, le déclarait déchu de tout droit à réclamer Calais à l'expiration des huit années convenues. Ses représentations ne furent point accueillies : Elisabeth avait trop contribué aux troubles politiques qui désolaient la France, pour ne pas en tirer parti.

Maîtres de la plus grande partie de la Normandie, les huguenots livrèrent Dieppe et le Havre-de-Grâce aux Anglais, qui inondèrent la province d'insidieuses proclamations dans lesquelles l'hypocrite Elisabeth déclarait que ses intentions à l'égard de son bien-aimé frère le roi de France n'étaient rien moins qu'hostiles ; que l'entrée de ses troupes sur le sol français n'avait d'autre motif que son désir de protéger ses coreligionnaires français contre la tyrannie des Guises, et qu'elle était assurée que son bien-aimé frère ne manquerait pas de lui savoir gré des sacrifices qu'elle faisait pour le rendre lui-même à la liberté et le soustraire à la domination d'un insolent sujet. Ces calomnies produisirent peu d'effet : les Français n'avaient pas encore oublié que c'était au vaillant et patriote duc de Guise qu'ils étaient redevables d'avoir chassé l'Anglais de Calais ; leur indignation avait été sans bornes en voyant les factieux appeler l'étranger sur le sol sacré de la patrie et lui vendre deux places fortes (1).

« On vit alors la noblesse accourir de tous les points du royaume à la défense de l'État et du trône en danger, ajoute Cobbett. La nation tout entière, blessée dans son honneur par la lâche perfidie des huguenots, ne semblait plus former qu'un seul corps animé du même esprit. Dans sa juste horreur pour une secte factieuse qui lui préparait des chaînes, et espérait la soumettre au joug honteux de l'étranger, doit-on être surpris qu'elle appelât de tous ses vœux la proscription et l'anéantissement d'une race d'hom-

(1) COBBETT : *Lettre sur la Réforme*, p. 218, 219, 220.

mes traîtres à leur Dieu, à leur roi et à leur patrie? »

Dargaud lui-même, apologiste ardent de Coligny, est contraint d'avouer que ce Français, investi d'une charge militaire des plus importantes, fut traître à sa patrie, et quelque ambigus que soient les termes qu'il emploie à cet aveu, il est bon de les citer.

« Ces intérêts divins et humains effacent ses scrupules et il communique avec l'étranger. Il harcèle donc, il aiguillonne M. de Bricquemaut qui, sous les obsessions de l'amiral, signe un traité à Londres. Par ce traité, la reine Élisabeth promet à Condé et à Coligny cent quarante mille écus d'or; elle promet, en outre, six mille soldats. Trois mille doivent occuper le Havre-de-Grâce transformé en place de sûreté pour les Anglais et en place de refuge pour les proscrits calvinistes. Les trois mille autres sont destinés à Dieppe et à Rouen. Ce traité s'exécute sans retard, et le faible contingent d'Anglais préposés à la défense de Rouen pénètre dans cette ville, au moment où l'armée des triumvirs établit son camp autour des fortifications. »

Il n'entre pas dans notre cadre de raconter ce long et meurtrier siège de Rouen, où Antoine de Bourbon, atteint d'une balle d'arquebuse à l'épaule, trouva la mort.

Mais il faut apporter ici la preuve des complicités de Coligny avec l'Angleterre, et on la trouvera dans les documents originaux que nous publions comme Pièces Justificatives à la fin de ce volume. Elles proviennent des papiers d'État du *Record Office* et du British Museum qui ont fourni au comte Hector de la Ferrière les matériaux de son savant ouvrage : *le Seizième siècle et les Valois*, et corroborent toutes les assertions de Cobbett et de Dargaud.

La guerre continua toute l'année avec des alternatives de gain et d'insuccès pour chacun des deux partis; cependant, malgré les secours d'argent, de munitions et d'hommes qu'ils obtenaient de l'avaricieuse Elisabeth et des princes allemands, les calvinistes voyaient leurs forces s'épuiser, et ils résolurent enfin de frapper un grand coup, en exterminant dans une bataillée rangée l'armée catholique rassemblée par le duc de Guise.

Au commencement de novembre, le prince de Condé ralliait les forces de Duras et de Dandelot; il s'emparait de Pluviers, et forçait plusieurs autres places à capituler, puis il continuait sa marche sur Paris. Le 17 novembre, il mettait le siège devant Corbeil, se dirigeait ensuite sur Villejuif, toujours négociant avec la reine mère à l'insu de Guise. Le 28, il commençait le siège de Paris, installant ses troupes au-dessus de Montrouge, et sur les routes de Bourg-la-Reine, de Vaugirard, de Genlis et d'Arcueil. Mais le duc de Guise fit une sortie qui jeta l'alarme dans l'armée de son rival.

Le prince et les autres chefs réformés, comprenant qu'ils avaient commis une grosse faute en voulant assiéger Paris, abandonnèrent le 10 décembre leurs positions. Ils reprirent aussitôt le chemin de la Normandie, pour reprendre Rouen d'abord, et ensuite pour ne pas laisser couper leurs communications avec les secours qu'ils attendaient d'Angleterre.

Aussitôt le duc de Guise fit sortir de Paris l'armée royale et se mit à la poursuite de l'ennemi, afin de saisir l'occasion favorable de le battre en rase campagne. Tandis que Condé suivait sa marche par Abli, Callardon, Maintenon et Auneau, avant Dreux à sa droite et Châteauneuf à sa gauche, l'armée royale faisait, de son côté, un circuit analogue. Mais les tentatives que les huguenots furent obligés de faire contre Etampes et Chartres, et le temps qu'ils perdirent pour passer l'Eure à Mézières, permirent à l'armée royale de gagner tout un jour et de venir camper sur une petite colline plantée de vignes et voisine de la ville de Dreux, barrant ainsi le chemin à Condé. Dans la nuit du 18 décembre, Montmorency avait fait passer la rivière à son armée en deux endroits, ainsi qu'à toute son artillerie.

Condé, pris à l'improviste, ne put même pas faire reconnaître l'armée royale, ni se rendre maître d'aucun des villages construits sur la rive de l'Eure. Les deux armées étaient en présence, et la bataille décisive, depuis si longtemps attendue, était désormais inévitable.

Dès l'aube, l'armée catholique s'ébranlait, aux lueurs pâles d'une aurore d'hiver.

Au quartier du duc de Guise, on fut debout aux premiers sons du clairon. Les rideaux de la tente ducale s'écartèrent et le duc parut, armé de pied en cap d'une riche cuirasse milanaise, damasquinée d'argent, sur laquelle flottait une cotte en treillis noir. Son écuyer, Varicarville, était vêtu exactement comme lui.

Un autel avait été dressé sous un pavillon formé de drapeaux et d'étendards. Un chapelain y célébra la messe, et le duc communia, ainsi que plusieurs de ses officiers : touchante et noble coutume des grands généraux de l'ancien temps, qui savaient bien que Dieu seul donne la victoire et qu'il faut toujours être prêt, « car nul ne sait le jour ni l'heure ».

Enfin les clairons et les tambours retentirent, une immense clameur monta vers le ciel : on sonnait le boute-selle et comme le soleil s'irradiait à l'horizon, le premier engagement eut lieu.

Quoique plus forts par le nombre, les catholiques se présentaient avec un grand désavantage : l'infériorité relative de leur cavalerie. Cette troupe, formée par petits détachements, avait été répartie entre les bataillons d'infanterie. Le connétable de Montmorency commandait le corps principal, et sur un même front marchait l'avant-garde, aux ordres du maréchal de Saint-André, ayant sous lui le duc d'Aumale et M. d'Anville. L'infanterie espagnole formant l'aile droite, protégée par quatorze pièces de canon, couvertes par quelques charrettes placées en avant, et appuyée par Saint-André. Les Suisses occupaient la gauche, défendue par huit autres pièces, et en arrière de laquelle se tenait le duc de Guise.

Pendant deux heures on s'observa, avec escarmouches des deux côtés, avant d'en venir aux grands combats.

Le prince de Condé, d'après l'avis de Dandelot, qui était allé reconnaître l'armée royale, tâchait bien d'éviter la bataille, et, en appuyant à droite, de se porter au midi, sur Tréon, où il espérait pouvoir se retrancher ; mais par cette manœuvre, il découvrit son flanc. L'amiral de Coligny, à ce moment, donnait ses ordres pour la retraite, mais il se vit forcé d'accourir au secours de Condé avec tant de précipitation, que plusieurs de ses gentilshommes n'eurent pas le temps de revêtir leurs armures, et durent combattre en pourpoint.

Le connétable vit ces hésitations, ces allées et venues

dans l'armée ennemie, pendant que ses boulets enlevaient quelques files dans les rangs huguenots ; il jugea, avec sa présomption accoutumée, qu'une seule charge culbuterait des gens déjà troublés et mal en ordre. Dans sa hâte d'en finir avant l'approche du duc de Guise, il fit cesser le feu et partit au galop avec toute sa cavalerie ; derrière lui, les Suisses doublèrent le pas et le suivirent en rangs serrés.

La canonnade commence ; l'avant-garde de Condé, commandée par Coligny, fond sur le centre qui s'avance sous la direction de Montmorency. Le prince lui-même qui fait face avec son corps de bataille à Saint-André et à l'avant-garde, néglige de les attaquer, les laisse sur sa gauche, porte tous ses efforts sur le corps principal des catholiques, engage imprudemment ainsi toute sa cavalerie et pénètre jusqu'aux enseignes suisses, inébranlables devant ce terrible choc.

Malgré le conseil du duc de Guise, qui recommande de laisser passer cette furie, d'Anville accourt contre Condé, avec trois compagnies d'hommes d'armes et les chevau-légers ; bientôt entouré par la cavalerie allemande, il est contraint de se replier sur l'aide droite. Le connétable, de son côté, oppose une énergique résistance à l'attaque de son neveu Coligny.

Au milieu de cette effroyable mêlée, malheureux comme à Saint-Quentin, Montmorency sent tomber son cheval, tué, entre ses jambes ; il en monte un autre, mais lui-même blessé d'un coup de pistolet à la mâchoire, demeure aussitôt prisonnier.

Autour de lui ont succombé M. de Montberon, son quatrième fils, MM. de Beauvais et de Givry. Le duc d'Aumale, frère de Guise, combattant avec la plus vive ardeur, renversé à terre par les fuyards, rudement froissé, foulé aux pieds des chevaux, a eu l'épaule brisée, l'os du bras presque mis à nu. Tout le corps de bataille, une partie de l'avant-garde, sont en déroute complète; l'artillerie qui les couvrait tombe au pouvoir de l'ennemi; cinq mille Suisses, promptement ralliés, font encore bonne contenance.

Ce désastre est la faute de Montmorency; l'outrecuidant vieillard a voulu attaquer trop tôt les huguenots, dont il est maintenant prisonnier.

La victoire des protestants semblait si complète, qu'une panique inexprimable saisit les vaincus. L'un d'eux, le brave d'Aussun, vétéran des guerres d'Italie, dont l'intrépidité était renommée parmi les soldats, s'enfuit au galop jusqu'à Chartres, s'arrêta, et, affranchi tout à coup de cette peur étrange, tomba mort de honte et de rage !

Cette déroute et la prise du connétable n'étaient que le commencement de la bataille. Les Suisses continuaient à s'avancer en bon ordre; ils furent traversés quatre fois par la cavalerie huguenote, hachés, dispersés. En les voyant ainsi débandés, les lansquenets luthériens crurent qu'ils devaient être une proie facile, et se ruèrent sur eux pour les massacrer. Entre les Suisses et les Allemands vivait toujours la vieille haine.

A l'aspect de ces ennemis indignes d'eux, les Suisses du roi serrèrent les rangs, marchèrent droit aux lansquenets et les mirent en fuite. Il fallut que la cavalerie de Condé s'abattît de nouveau sur ces malheureux régiments suisses; cinq nouvelles charges les exterminèrent à peu près. Quelques survivants n'avaient plus que des pierres pour se défendre, et faisaient l'admiration des protestants en se retirant lentement, toujours en bon ordre, vers un petit taillis où les chevaux ne pouvaient pénétrer.

Condé restait maître du champ de bataille, les réformés se proclamaient vainqueurs. Mais l'amiral de Coligny, montrant dans le lointain le petit corps d'armée du duc de Guise, s'écria, sans cesser de mâchonner le cure-dents qu'il avait sans cesse entre les lèvres :

« Nous nous trompons, car bientôt nous verrons cette grosse nuée fondre sur nous. »

Jusqu'à cette heure, en effet, le duc de Guise avait assisté à l'action, sans y prendre part, comme l'avait fait huit ans plus tôt le connétable, à la bataille de Renty. Il semblait indifférent : il n'avait pas reçu d'ordres.

Par une modération qui ne pouvait préjudicier à son influence réelle, ou par un sentiment de fierté bien calculée, il n'avait voulu prendre dans cette journée d'autre commandement que celui de sa compagnie d'hommes d'armes et de quelques volontaires. Ainsi que la Brosse, il se trouvait modestement placé à la réserve et dissimulé aux yeux de l'ennemi par des positions, derrière le village de Blainville, et par une masse d'arbres qui couvraient sa petite troupe : il jugeait avec raison que l'éclat de son rang, de ses talents, de sa renommée, le faisait paraître plus grand en combattant comme un simple volontaire que comme lieutenant du connétable, et qu'en dépit des ombres sous lesquelles il s'effaçait en apparence, chacun ne reconnaîtrait pas moins en lui le véritable général de l'armée catholique.

Du reste, les huguenots ne s'y trompaient nullement. Coligny voyait bien que la bataille allait recommencer, et qu'aux troupes fraîches du duc de Guise, il ne pourrait plus opposer que des soldats dont l'ardeur s'était épuisée contre la résistance héroïque des Suisses.

Les gens de M. de Guise étaient impatients de se mesurer contre les réformés : le petit prince de Joinville, à cheval, et placé entre MM. de Rostaing et de l'Estang qui avaient charge de veiller sur lui, se rongeait les lèvres de colère, et donnait de l'éperon tant qu'il pouvait, faisant piaffer et se cabrer son beau palefroi.

Lorsque François de Lorraine eut reconnu la témérité avec laquelle les huguenots, poursuivant les conséquences d'une victoire dont ils ne doutaient plus, s'exposaient à un retour de fortune, il saisit le moment opportun, détacha sur sa droite deux cents chevaux avec quelques arquebusiers, sous les ordres de la Brosse, pour entamer la charge, et, lui-même, attentif à recueillir le fruit de sa patience et de sa sagacité, s'avança d'abord au pas, afin d'arrêter et de rallier les fuyards.

« Allons, compagnons, dit-il à ses soldats, tout est à nous ; la bataille est gagnée ! »

Entraînant alors l'avant-garde entière, rejoint par le maréchal de Saint-André et par d'Anville, formant une sorte de croissant avec les Espagnols et les Gascons, qui s'appuyèrent sur ses deux ailes, Guise se découvre tout à fait à l'ennemi ; il marche fièrement contre les bataillons des réformés, impuissants à soutenir le choc, et dont l'infanterie allemande est également défaite ensuite. — Dandelot, retenu par la fièvre hors de la scène du combat, s'aperçut néanmoins le premier de la gravité de son issue. Dépouillé de ses armes, vêtu d'une robe de chambre fourrée, il s'élança pour contribuer à arrêter la déroute, et, considérant le bon ordre qui régnait dans la réserve de Guise : « Voilà, s'écria-t-il, une guerre qui sera bien difficile à écorcher ! »

Le prince de Condé cherchait vainement à rallier sa cavalerie que paralysait le feu continuel de huits cents arquebusiers postés par le maréchal de Saint-André.

Le carnage devient effroyable ; Condé perd son cheval tué d'une balle, et à l'instant où il veut en changer, blessé à la main droite, enveloppé par le marquis d'Elbœuf, il est contraint à se rendre au fils du connétable, d'Anville, ardent à venger son père.

Le maréchal de Saint-André, qui n'avait pas quitté le duc de Guise pendant toute la journée, s'avisa sur le soir d'attaquer, avec une cinquantaine de cavaliers, une troupe de huguenots battant en retraite.

Les huguenots, enragés de bataille, se jettent sur l'escorte du maréchal, repoussent ses gentilshommes et s'emparent de lui.

Désespéré d'être pris ainsi, le soir d'une victoire, en poursuivant des fugitifs : inquiet de se voir aux mains d'un homme qu'il a cruellement outragé, le maréchal appelle à grands cris le prince de Porcien, qui passe non loin de là et lui déclare que c'est à lui qu'il se rend.

Trop petit compagnon pour disputer au prince de Porcien son illustre captif, le chef des bandouliers prend son pistolet et casse la tête au maréchal.

Parvenu à rallier quinze ou seize cents chevaux dans un petit vallon, à la faveur d'un bois taillis, l'amiral de Coligny était revenu à la charge avec fureur dans l'espoir de délivrer Condé et de rompre les escadrons de Guise. Celui-ci l'attendait avec deux mille arquebusiers. La rencontre fut terrible ; la cavalerie du duc plia d'abord ; lui-même courut les plus grands dangers ;

mais le feu des fantassins protégea le ralliement des escadrons et força l'amiral à mettre fin, par une retraite régulière, à cette lutte acharnée qui durait depuis midi. D'ailleurs, ses reîtres allemands prétendirent que leurs pistolets avaient besoin de réparations, que leurs chevaux étaient déferrés, et qu'eux-mêmes préféraient se porter sur les riches abbayes du Berri, où ils pourraient recueillir, sans risque et sans danger, du butin pour leurs chariots.

Ainsi fut terminée cette mémorable bataille que Montmorency avait failli perdre par son ineptie, et dont le gain demeura incontestablement au duc de Guise, le prudent capitaine. Elle décidait du sort de la France. Mais on ne prévoyait pas encore l'avenir, et l'arquebuse de Poltrot allait, une fois encore, tout remettre en question.

Dans cette journée remplie par un drame sanglant dont les deux actes furent si opposés et le résultat si peu attendu, les réformés perdirent trois ou quatre mille hommes, la plus grande partie de leur artillerie, les enseignes de leur infanterie et enfin leur général. Les pertes des catholiques n'étaient pas moins considérables, encore que le champ de bataille et la victoire leur demeurassent.

Le 26 décembre, le comte de Warvick écrivait à lord Robert Dudley et à Cecil :

« Jamais bataille aussi sanglante n'a été livrée en
« France entre deux armées aussi petites. Douze che-
« valiers de l'ordre ont péri, outre un très grand
« nombre de soldats du duc de Guise, et quatre mille
« Espagnols ; ceux qui ont échappé sont presque tous
« blessés. D'Aumale a eu le bras cassé, Saint-André et

« d'Anville sont tués, et comme le connétable est pri-
« sonnier, il y a quelque espérance de la paix. Le
« champ de bataille fut plus d'une fois pris et repris ;
« le prince en demeura très longtemps maître, mais
« Guise finit par avoir l'avantage. »

Le *Record office* (1) possède le récit de la bataille adressé par Coligny à Élisabeth d'Angleterre et signé de lui. L'éditeur des *Mémoires de Condé*, qui a imprimé ce même récit, ne l'attribuait à l'amiral qu'avec une certaine hésitation. Le comte de La Ferrière (2) publie cette pièce historique telle qu'elle fut adressée à la reine par Coligny.

Du 19 de décembre 1562.

Monseigneur le prince de Condé, après avoir présenté aux ennemis de Dieu et du roy tous honestes moyens et convenables au lieu et degré qu'il tient en ce royaulme, pour faire une bonne et sainte paix, ou bien pour définir tous ces troubles par l'issue d'une bataille, en laquelle il a tousiours espéré que Dieu luy ayderoit pour une si juste querelle; finalement, ce iourd'huy, XIX de décembre, voyant que ses ennemis avec toutes leurs forces estoyent campez à deux petites lieues françoises, prés de luy, pour l'empescher de se ioindre aux Angloys, s'est resolu de les assaillir et combattre, combien qu'ils eussent jusques à cent enseignes d'infanterie recueillie d'Allemagne, Suisse, Espagne et divers lieux de ce royaulme, avec trente pièces d'artillerie, et qu'ils eussent pour leur prochaine retraite la ville de Dreux et le village de Frion, avec une rivière à leur dos et un bois en flanc pour leur défense.

Élisabeth avait ordonné de réciter, dans toute l'éten

---

(1) *State papers France*, vol. XXVIII.
(2) *Le Seizième siècle et les Valois*, d'après les documents inédits du *British Muséum* et du *Record office*, par le comte H. DE LA FERRIÈRE, p. 89.

due de ses Etats, et pendant trois jours consécutifs, des prières publiques pour implorer la bénédiction de Dieu sur la *cause de l'Evangile*. Comme on le voit, ces prières furent peu efficaces, et ne fléchirent point la colère de Dieu contre ces hérétiques rebelles qui blasphémaient son Nom, en trahissant leur patrie.

CHAPITRE V

Déroute de l'armée protestante. — Le duc de Guise devant Orléans. — Son plan de campagne. — Mission de Castelnau. — Prise du Portereau et des Tourelles. — La nuit du 18 février. — Assassinat du duc de Guise ; ses derniers moments ; son testament politique. — Poltrot de Méré et ses complices ; témoignages contre Coligny et les autres chefs protestants. — Lettre de Coligny à la reine d'Angleterre. — Conséquences du meurtre du duc de Guise. — Impression produite par cet événement en France et en Europe.

Coligny, en quittant le champ de bataille de Dreux, avait reçu à Anet le titre de commandant général de l'armée, en l'absence de Condé. Le 23 décembre, il était à Puisette, en Beauce ; le 24, à Patay ; et à la fin du mois, à Beaugency, où il établissait son quartier d'hiver, et se préparait, avec le secours de Dandelot, à défendre Orléans, pensant bien que Guise ne tarderait pas à venir l'y rejoindre. Mais les reîtres, qui formaient le principal corps d'infanterie de l'armée protestante, menaçaient de se soulever si on ne payait pas leur arriéré. Coligny, aidé du maréchal de Hesse, parvint à les calmer, *en leur promettant de les payer aussitôt qu'il aurait reçu l'argent qu'il attendait de l'Angleterre*, et résolut, en conséquence, de les emmener en Normandie, autant pour tenter une nouvelle jonction avec les troupes anglaises que pour forcer l'armée royale à faire diversion, car Guise venait d'arriver devant Orléans.

L'amiral ne cessait pas d'écrire à Elisabeth d'Angleterre pour solliciter des secours, et non seulement il écrivait lui-même, mais il obligeait la princesse de Condé, Eléonore de Roye, à mendier à l'étranger des hommes et de l'argent (1). Mais s'il rétablissait aisément les affaires de son parti à l'étranger, il n'en était pas de même en France. Il avait beau conspirer contre sa patrie, en préparer l'envahissement par son ennemi séculaire, il ne se sentait point en sûreté, et voyait en François de Guise, nommé lieutenant général du royaume, le plus redoutable des adversaires.

Le duc de Guise s'était établi à Olivet, le 5 février. Dès le lendemain il commençait l'attaque des faubourgs d'Orléans, tandis que la reine mère, selon son habitude, cherchait à préparer les voies à un accommodement qui eût diminué l'influence des Guise, au préjudice des intérêts du royaume.

Le grand capitaine prit position entre les villages d'Olivet et de Saint-Aubin, avec une infanterie forte de quinze cents hommes, soutenue de douze cents cuirassiers. Mais il avait peu d'artillerie.

Il se logea au lieu dit les Vallins, dans le camp de Saint-Hilaire et près de Saint-Mesmin.

Alarmée des projets belliqueux de François de Lorraine, Catherine de Médicis, venue d'abord à Chartres pour y passer quelques jours, se transporta à Blois avec la cour, afin de mieux surveiller l'action du prince lorrain, auquel elle envoya Castelnau pour lui proposer

---

(1) Voir aux Pièces justificatives.

d'abandonner le siège d'Orléans, de se jeter en Normandie et d'y livrer bataille à l'armée de l'amiral.

Mais le duc de Guise prétendait mener ses plans jusqu'au bout. Il pria donc Castelnau de lui accorder le temps de la réflexion, lui fit donner un cheval et l'invita à l'accompagner. Il lui fit passer la revue de ses troupes, rangées en bon ordre, et donna des ordres, à voix basse, à ses officiers.

Tout à coup, quatre couleuvrines que traînent les pionniers, sont placées en tête de l'infanterie, la colonne s'avance directement contre le faubourg du Portereau, le feu commence, les gabions et tonneaux qui abritent l'ennemi sont rapidement culbutés, les portes, enfoncées, et le faubourg tombe au pouvoir des catholiques après un combat opiniâtre. Les protestants sont défaits; quelques-uns se noient en voulant échapper.

Grâce à la terreur causée aux assiégés, grâce aux difficultés de leur retraite, l'armée royale, mieux munie d'artillerie, aurait pu, ce jour-là s'emparer du fort des deux tourelles, des îles de la rivière, de la ville même peut-être. Mais Dandelot, frère de Coligny, et qui commandait Orléans, accourut et fit fermer les portes et hausser le pont-levis devant les fuyards et devant les gens de Guise, tout près de pénétrer pêle-mêle dans la ville.

Aussi le Balafré écrivait-il le lendemain au maréchal de Gonnor : « *Mon bonhomme, je me mange les doigts de penser que si j'eusse eu six canons, et pour en tirer deux mille coups, cette ville était à nous. Il n'y avait un seul parapet qui vaille en l'île, et ne l'ont garni que de tonneaux.* »

L'armée royale s'établit donc au Portereau, que le duc s'occupa de faire fortifier. Là, ayant questionné des prisonniers, il apprit que Dandelot était malade :

— Voilà, dit-il en riant, une bonne médecine pour le guérir.

Puis s'adressant à Castelnau, lequel attendait toujours la réponse qu'il devait porter à la régente.

— Vous voyez, Castelnau, reprit-il, Dandelot malade, une partie de la garnison battue !.. Ils n'ont pas quatre cents bons soldats... Je barrerai si bien la rivière que tout le pays jusqu'en Guyenne demeurera sûr et libre, et avec l'aide de Dieu nous mettrons quelque bonne pacification au royaume. J'ai donc peine à quitter ce siège, et grand regret de partir d'ici, sans mettre le connétable en liberté, et dénicher le magasin et première retraite des huguenots, pour courir après la cavalerie de l'amiral.

Le duc, sans attendre la réplique du messager, fit disposer les gardes, donna les ordres pour la nuit, distribua de sa propre main, selon son usage, de l'argent aux blessés, puis il retourna à son logement.

Cependant, pour ménager l'orgueil de Catherine, le duc assembla un conseil de guerre, et fit exposer par Castelnau les détails de sa commission. Après quoi, affirmant que la prise d'Orléans permettrait une action plus certaine contre Coligny, il développa son plan : convoquer aux environs de Beaugency ou d'Étampes le ban, toute la gendarmerie, la noblesse des provinces, et mettre à la tête d'une armée d'au moins quarante mille hommes le jeune roi Charles IX lui-même.

La reine se rendit aux projets du lieutenant général.

Quelques jours après la prise de Portereau, M. de Guise se rendait maître du fort des Tourelles, dont s'emparaient à l'escalade et par surprise quelques soldats.

La ville est bientôt serrée de plus près par huit mille hommes de pied et quatre mille chevaux ; des pionniers même sont réunis pour essayer de détourner le cours de la Loire et de faire rentrer ce fleuve dans son ancien lit, à distance des murailles. L'attaque des îles et des solides retranchements du pont est préparée; trente-deux pièces de canon en batterie les menacent; la ville peut donc prévoir à jour fixe le moment de sa soumission : l'amiral, qui s'est promptement décidé à revenir au secours de son frère, ne doit plus arriver que trop tard; Guise, tout en annonçant à la reine un succès prochain, lui témoigna la crainte que, malgré sa modération et ses efforts personnels, l'ardeur des troupes ne fasse suivre du pillage l'assaut commandé pour la nuit suivante.

Guise allait donc porter le dernier coup aux rebelles. et peut-être ruiner à tout jamais l'avenir de la réforme en France. Il était de taille à mener jusqu'au bout une semblable entreprise, et l'on peut vraiment dire de lui qu'il domine toute son époque.

« De l'aveu même de ses ennemis, dit l'historien de Thou, Guise fut le plus grand homme de son siècle, digne de toutes sortes de louanges, de quelque côté qu'on l'envisage. Son habileté consommée dans la guerre, jointe à un extrême bonheur, l'aurait fait regarder comme un homme né pour le bonheur et l'ornement de la France, s'il eût vécu dans des temps moins orageux et des conjonctures où l'État aurait été mieux gouverné. »

Anquetil. après s'être demandé si Guise aima à dominer pour faire régner la religion, ou s'il aima la religion pour triompher par elle, ajoute : « Mais sur quoi l'on ne peut se tromper, c'est sur ses vertus militaires et civiles ; sur son courage, son intrépidité, son affabilité, sa douceur ; sur sa sagesse à projeter et sa promptitude à exécuter, sur l'étendue de son génie aussi propre aux manèges de la cour qu'aux expéditions guerrières. Il connaissait le faible de la reine, que les coups de rigueur déconcertaient ; il la surprenait par sa hardiesse, et lui arrachait ce qu'il voulait, avant qu'elle se fût mise en garde contre ses désirs. »

Lacretelle, souvent très sévère envers Guise, ne peut cependant s'empêcher de s'écrier : « Après avoir montré, durant la plus grande partie de sa vie, la magnanimité d'un chevalier, il mourut en montrant la patience et la douceur d'un chrétien. »

La mort du duc de Guise a inspiré à Guizot une des plus belles pages de son *Histoire de France*. Après avoir rapporté les derniers moments du duc, il écrit ces lignes empreintes d'une impartialité et d'une remarquable élévation de pensée, bien dignes de cet austère huguenot : « Je me fais un devoir de retracer fidèlement cette mort pieuse et sincère d'un grand homme au terme d'une vie forte et glorieuse, mêlée de bien et de mal sans que le mal y eût étouffé le bien. Ce puissant et consolant mélange est le caractère des hommes éminents du seizième siècle, catholiques ou protestants, guerriers ou magistrats ; et c'est un spectacle bon à offrir dans des temps où le doute et l'affaiblissement moral est la maladie commune, même des bons esprits et des honnêtes gens. »

M. Guizot eût été fort en peine de trouver, parmi les protestants du seizième siècle, un seul qui fût digne d'être comparé à ce héros, dont nous allons maintenant décrire la fin douloureuse avec l'abondance de détails et la minutie d'observation d'un juge chargé d'instruire une affaire criminelle.

C'était le 18 février au soir; l'assaut devait avoir lieu le lendemain, et Guise, ne voulant pas que la ville fût livrée au pillage, venait d'adresser à ses troupes ses dernières recommandations, et au lieu de retourner à son camp de Saint-Hilaire, près Saint-Mesmin, au lieu dit les Vallins, il prit la route du château de Corney, où la duchesse sa femme venait d'arriver.

Guise, n'avait pas voulu, pour économiser l'argent du roi, faire construire sur la Loire un pont qui eût coûté de quatre à cinq cents écus. Ce pont lui eût évité un immense détour toutes les fois qu'il revenait du Portereau pour rentrer en son camp.

« Espargnons l'argent de notre roi, disait-il, il y en
« a assez à faire ailleurs; tout lui est bien de besoin;
« car chascun le pille et le mange de tout côtés. Nous
« nous passerons bien de ce pont; et moy, mais que
« j'aye mon petit bateau, c'est assés. »

La duchesse était à Corney, et venait, selon sa louable et sainte coutume, solliciter de son époux cette grâce, qui ne lui avait jamais été refusée, que la ville d'Orléans, une fois prise, fût préservée du pillage, et les habitants de la fureur des soldats (1).

Laissons maintenant la parole au prince de Caraman-Chimay (2).

Ce soir-là, François de Lorraine était resté au camp plus tard que de coutume. Il attendait l'évêque de Li-

---

(1) Ch. CAUVIN : *Vie de François de Lorraine, duc de Guise*, p. 313, 314.

(2) *Gaspard de Coligny*, p. 214, 215.

moges et le sieur d'Oysel, qui avaient été à Orléans
traiter de la paix avec Dandelot et le connétable. Le
duc espérait les rencontrer à leur retour et s'entretenir
avec eux d'une affaire d'autant plus importante pour
lui, qu'il ne manquait pas de gens, à la cour et ailleurs,
pour l'accuser de prolonger la guerre à plaisir et pour
augmenter la puissance de sa maison. Le sieur de
Crenay, familier du duc, voyant l'heure qui s'avançait,
partit en avant pour rassurer la duchesse de Guise sur
ce retard inaccoutumé. Il passa la Loire dans un petit
bateau, car le pont de Saint-Mesmin avait été rompu
par les huguenots, et il aborda sur l'autre rive.

La nuit tombait. Quand il fut à terre, un homme, qui
depuis longtemps déjà se promenait au bord du fleuve,
lui demanda si le duc n'allait pas bientôt passer. « Il
vient », dit Crenay, et il continua sa route.

Le duc, en effet, n'attendit pas plus longtemps. Il
monte en bateau, les trompettes du camp sonnent son
arrivée, on débarque; le jeune Villegomblain marche
en avant; quelques pas après, suit le duc de Guise,
désarmé, et s'entretenant du siège avec le seigneur de
Rostaing, monté sur un petit mulet. C'était là toute son
escorte. Tout à coup, comme les trois seigneurs passent
dans un carrefour où croissent deux grands noyers, un
cavalier s'avance dans l'ombre; il arrive par derrière à
sept pas du duc de Guise, et tire sur lui un coup de
pistolet. Trois balles de cuivre fracassent l'épaule du
duc, la violence du coup le jette sur le cou de son
cheval; il se redresse, veut mettre la main à l'épée;
son bras reste inanimé. Le sieur de Rostaing s'élance
à la poursuite de l'assassin; mais, avec son mulet,
il ne peut atteindre celui-ci qui est monté sur un
cheval d'Espagne, et qui, tirant lui-même son épée,

feint de poursuivre le meurtrier et disparaît dans l'obscurité. Le duc arrive mourant entre les bras de sa femme.

Rostaing appelle au secours ; des soldats et des pages accourent. Anne d'Este et le prince de Joinville, qui attendaient un époux et un père triomphant, n'ont que la force de se précipiter sur lui pour l'embrasser avec des larmes de douleur et de désespoir. « Ah ! mon Dieu ! mon Dieu ! s'écrie la malheureuse épouse, c'est moi qui l'ai assassiné ! — Il y a longtemps, dit le duc, qu'on me gardait ce coup-là, que je mérite pour ne pas m'être précautionné » ; et, se tournant vers sa femme, il ajouta, pour la consoler, qu'il lui portait une piteuse nouvelle, mais telle qu'elle était il fallait la recevoir de la main de Dieu et s'accorder à sa volonté ; qu'il n'avait nul regret de mourir, mais qu'un de sa nation eût commis un tel acte. Il dit au prince de Joinville qui pleurait : « Dieu te fasse la grâce, mon fils, d'être homme de bien. »

Un barbier, mandé en toute hâte, visita les blessures du prince. L'assassin, croyant que François de Lorraine portait encore sa cuirasse, avait visé très haut. Les balles de cuivre avaient frappé l'épaule, en la traversant de part en part. On conçut néanmoins de l'espoir.

Pendant toute la nuit, les officiers de l'armée royale, informés du crime, assiégèrent le château de Corney, pour obtenir des nouvelles. Quelques-uns furent admis auprès du duc ; il leur exprima son regret qu'un tel acte eût pu être commis par un Français, et leur recommanda de servir loyalement Dieu et le roi.

L'évêque de Limoges et M. d'Oysel, qui négociaient avec la princesse de Condé, étant venus lui rendre compte de leur mission, il put les écouter attentivement. Dans l'entretien qu'il eut avec eux, il manifesta le désir que la paix fût promptement conclue; mais lorsqu'il apprit que parmi les otages réclamés par les protestants devait figurer son jeune fils Henri, prince de Joinville, il exprima la plus grande répugnance, doutant que sa femme et ses amis y consentissent, à cause de sa mort prochaine. Il ajouta que si la reine l'ordonnait, il accéderait à cette pénible condition, et donnerait en otage non seulement le prince de Joinville, mais encore tous ses autres enfants.

Les médecins Castellan et Vicence ne crurent pas, de prime abord, que la blessure fût mortelle, le coup ayant percé l'épaule, mais n'ayant point brisé les os et « n'étant point entré dedans le coffre ». Cependant la fièvre devint chaque jour plus ardente, et comme le trou fait par les balles se rétrécissait à la sortie, on craignait que l'une d'elles ne fût restée dans le corps. Les chirurgiens décidèrent donc qu'il fallait élargir la blessure, et pratiquer une incision pour la sonder. Ils fendirent la plaie en forme de croix, y cherchèrent la balle avec les doigts et ne l'y trouvèrent pas. Mais tous ces efforts étaient inutiles, et les hommes de l'art durent avouer qu'il ne restait aucun espoir de sauver l'illustre blessé.

« Un dernier trait marqua et illustra la sublime agonie de M. de Guise, dit Dargaud. On proposa au malade M. de Saint-Just, qui, dans la conviction des esprits les plus éclairés du temps, avait le pouvoir de guérir en appliquant au mal certains appareils et certaines paroles cabalistiques. « Non, répondit le duc de
« Guise. Je ne doute pas de sa science, mais sa science
« est diabolique. Plutost que d'estre sauvé par un sorti-

« lège, je préfère mourir droictement comme j'ai vécu.
« Dieu est le maître, qu'il soit fait selon sa volonté. »

Ce fut au cardinal de Guise qu'échut la douloureuse mission d'apprendre à son frère que l'heure de la mort était proche et qu'il fallait s'y préparer. Le duc lui répondit en souriant : « Ah vous me faytes un vray tour de frère de me pousser au salut où j'aspire. Je ne vous en affectionne que plus grandement. » Le duc alors se confessa à l'évêque de Riez, le confident et le narrateur des derniers sentiments et des dernières paroles de ce héros.

La fièvre redoubla dans la nuit du 23. M. de Guise ne conservant plus d'illusion, jugeant sa fin prochaine, appela près de son lit la duchesse et le prince de Joinville, son fils aîné.

« Ma chère compagne, dit-il à la duchesse désolée, je vous ay toujours aimée et estimée. Je ne veux pas nier que les conseils et fragilitez de ma jeunesse ne m'ayent conduit quelquefois à des choses dont vous avez pu être offensée : je vous supplie m'en absoudre et me le pardonner. Depuis les trois dernières années vous sçavez bien avec quel respect j'ai conversé avec vous, vous ostant toutes occasions de recevoir le moindre mescontentement du monde. Je vous laisse de mes biens la part que vous en voudrez prendre ; je vous laisse les enfants que Dieu nous a donnez. Je vous prie que vous leur soyez toujours bonne mère. »

« Mon fils, reprit-il en regardant le prince de Joinville, qui mêlait ses sanglots à ceux de la duchesse, tu as ouy ce que j'ai dit à ta mère. Aye, mon mignon, mon amy, l'amour et crainte de Dieu principalement devant tes yeux et dedans ton cœur ; chemine selon ses voix par le sentier droict et estroict, évitant le large et oblique qui conduit à perdition. Ne t'adonne aucunement, aux compagnies vicieuses. Ne cherche aucun advancement par voies mauvaises, comme par une vaillantise de cour ou une faveur de femmes. Attends les honneurs de la libéralité de ton prince et de tes labeurs; et ne désire les grandes charges, car elles sont trop difficiles à exercer. Toutefois, en celles où tu seras, emploie entièrement ton pouvoir et ta vie pour t'en acquitter, selon ton devoir, au contentement de ton Dieu et ton roy. Si la bonté de la royne te fait participer en quelqu'un de mes estats, n'estime point que ce soyt pour tes mérites, mais seulement à cause de moy et de mes laborieux services. Et ne néglige de t'y porter avec modération. Quelque bien qu'il te puisse advenir, garde-toi d'y mettre ta confiance; car ce monde est trompeur et n'y peut estre assurance aucune, ce que tu voy clairement en moy-mesme. Or, mon cher filz, je te lègue ta mère; que tu l'honores et la serves ainsy que Dieu et nature t'y convient. Que tu aimes tes frères comme tes enfants, que tu conserves l'union entre eux; car c'est le nœud de ta force. Et je conjure mon Dieu qu'il te donne sa bénédiction comme je te donne la mienne. »

Le petit prince de Joinville, tout en larmes, s'agenouilla devant le lit du moribond, et, joignant les mains, il répondit avec un accent de fermeté qui était vraiment au-dessus de son âge :

« Mon père, je vous obéirai, je le jure. »

Le duc le prit entre ses bras, le serra contre sa poitrine et l'embrassa tendrement. Puis, appuyant sa main sur l'épaule de l'enfant, il reprit, en s'adressant aux cardinaux de Ferrare et de Guise :

« Et vous, Messieurs les cardinaux, mes frères, qui

m'avez toujours tant aimé, j'ai reçu de grands biens de vous, lesquels je désire que les miens puissent reconnaître, en vous obéissant et vous faisant service ; je vous prie de les avoir en votre recommandation et leur être père, et vous rendre protecteurs de ma femme et de ma maison.

« Messieurs, poursuivit le duc en s'adressant aux assistants qui l'écoutaient avec admiration, quand Dieu m'aura appelé à l'autre vie, souvenez-vous d'avoir toute ma famille recommandée envers la reine. Quant à moi, vous voyez l'état où je suis réduit par la blessure d'un homme qui ne savait pas bien ce qu'il faisait. Je vous conjure d'obtenir de la reine qu'elle lui pardonne, en l'honneur de Dieu et pour l'amour de moi. Et je suis grandement obligé à ceux qui ont été la cause, en quelque manière que ce soit, de ce qui m'arrive, car je suis par leur moyen voisin de l'heure où j'espère m'approcher de Dieu et jouir de sa présence. C'est le temps où je dois penser aux offenses que j'ai faites et recueillir les fautes de ma vie. »

Il rappela alors les grandes charges qu'il avait occupées, et protesta de sa probité dans le maniement des finances de l'État. Il s'accusa, avec regrets, d'avoir été contraint d'user de sévérité en temps de guerre. Il affirma que dans la campagne qu'il venait de soutenir si brillamment, aucun intérêt particulier ne le guidait, aucune ambition, aucune idée de vengeance.

Parlant ensuite de la fameuse affaire de Vassy, que maintes fois on lui reprochait, il assura que le massacre des huguenots eut lieu malgré sa volonté.

« Je me suis défendu, déclara-t-il, je n'ai pas attaqué, et lorsque mes gens prirent les armes, en me voyant blessé, je fis tout ce que je pus pour contenir leur colère. Je désire la paix, et qui ne la désire pas n'est point homme de bien ni fidèle serviteur du roi. Honni soit qui ne veut la paix!... Mes amis, qui avez pris pour moi tant de peine, je n'ai pas fait beaucoup pour vous. La colère m'a quelquefois incité à vous traiter sans ménagements, pardonnez-moi. »

Ces discours excitèrent l'admiration de tous ceux qui les écoutaient, le cœur serré. Cette force d'âme, cette grandeur en un moment si terrible, ne pouvaient qu'émouvoir jusque dans les fibres les plus intimes ces hommes si dévoués à leur maître.

« M. de Guise défendit à chacun et à tous de le venger. Il cita les paroles qu'il avait adressées, pendant le siège de Rouen (1), à un gentilhomme manceau, qui avait tenté de l'assassiner, et qu'il avait fait conduire sain et sauf hors du camp. Lui qui avait pardonné ce premier crime voulait voir Poltrot, pour l'encourager à se repentir, à embrasser la vraie foi, et pour lui pardonner aussi. On éluda son vœu; on promit tout et on ne tint rien. On trompa cet élan de M. de Guise, mais il fut entier dans son cœur (2). »

Ce fut après cette belle agonie que le grand duc de Guise expira.

(1) A Rouen, déjà, il avait failli être victime d'un assassinat, et comme il demandait à l'assassin s'il lui avait donné personnellement occasion de se plaindre : « Non, Monsieur », répondit le coupable, « c'est le seul zèle de ma religion, dont vous êtes l'ennemi mortel, qui m'a suggéré de vous faire périr. » — « Eh bien », reprit le duc, « si votre religion vous apprend à tuer celui qui ne vous a jamais offensé, la mienne m'ordonne de vous pardonner; allez, je vous rends la liberté; jugez par là laquelle des deux religions est la meilleure. » Parole sublime qui aurait dû désarmer les bras des huguenots et les faire tomber à genoux! (J.-A. PETIT : *Histoire de Marie Stuart*.)

(2) DARGAUD : *Histoire de la Liberté religieuse*, t. II, l. XX, p. 233.

Nous savons que l'assassin se nommait Poltrot de Méré, mais qu'était-il devenu? qui était-il? Quelle main avait armé la sienne?

Après avoir accompli son abominable crime, le meurtrier s'était enfui. On avait perdu ses traces.

«... A l'instant qu'il l'eust frappé, il picqua son cheval d'Espagne sur lequel il estoit monté, et se saulva de vitesse, prenant par plusieurs bois et taillis; durant laquelle nuyct il feit environ dix lieues, pensant toujours s'esloigner d'Orléans; mais à l'obscurité, il se destourna de son chemin, et vint jusques au village d'Olivet, et picqua jusques au lendemain huit ou neuf heures du matin, qu'il cogneust son cheval estre las; pourquoy il se logea en une cense, où il reposa jusques au samedy xx, qu'il y fut trouvé fortuitement par aucuns soldats ne le cognoissant point, n'y sachant qu'il eust commis le dit cas; mais par subçon, le voiant seul, et de contenance aucunement effrayée, espérant si c'étoit luy, en avoir bonne récompense, parce que le roy avoit faict crier par son camp que quiconque en trouveroit l'auteur et le représenteroit, il lui donneroit mille écus; qui fut cause de mettre plusieurs en besoigne. Ceulx donc qui le descouvrirent en ladite cense, se trouvant en une chambre où il acourtroit sa pistole, et reinezchant son cheval, l'adressèrent au camp vers la royne; auxquels par le chemin il déclara l'affaire, promettant un bon présent s'ils le vouloient sauver. »

Mais ces gens ne voulurent pas devenir ses complices, et Poltrot fut mené au camp, et interrogé en présence de la Reine, par maître Jean Viellart, maître des requêtes.

« Le dimanche 21, dit le prince de Caraman, où apprit qu'il se nommait Jean Poltrot, seigneur de

Méré ou Meray, en Angoumois, relevant de la seigneurerie d'Aubeterre. Il avait d'abord été page chez Bouchard, baron d'Aubeterre ; puis il avait embrassé la religion réformée, et avait pris les armes sous M. de Soubise. Il avait, paraît-il, déjà manifesté le dessein de tuer le duc de Guise. Quelque temps après la bataille de Dreux, M. de Soubise, qui était à Lyon, envoya Poltrot porter un message à l'amiral, et le recommanda vivement à celui-ci. L'amiral l'accueillit fort bien, *lui donna de l'argent*, et, partant pour la Normandie, il le laissa à Orléans, après lui avoir donné ses instructions. *Ce qui est certain*, c'est qu'elles portaient *au moins* l'ordre d'espionner le duc de Guise : Coligny l'a avoué lui-même. Aussi Poltrot ne tarda-t-il pas à sortir d'Orléans, et il vint trouver le duc au château de Corney. Là, il fit semblant de reconnaître ses erreurs ; il dit qu'il avait été abusé, qu'il s'était laissé entraîner vers les idées nouvelles ; mais qu'il voyait bien maintenant combien il s'était trompé, et qu'il revenait à la vraie religion et au service de son Roi. Le duc de Guise, bon, affable, et naturellement gracieux, le reçut à merveille, le fit asseoir à sa table, et l'admit dans sa suite.

« Il accompagna souvent M. de Guise avec tous nous autres de son logis jusques au Portereau, où tous les jours mondict seigneur y alloit, et pour ce cherchoit tousjours l'occasion opportune, jusques à celle qui trouva, où il fit le coup ; car elle étoit fort aisée, d'autant que le soir que mondict seigneur tournoit, il s'en venoit seul avec son écuyer ou un autre ; et cette fois avoit avec lui M. de Rostaing, et venoit passer l'eau du pont de Sainct-Mesmin (1) ».

(1) Brantôme.

Mais Poltrot ne dit pas qu'il avait seulement été chargé d'espionner le duc : il déclara hautement que l'amiral de Coligny lui avait, à plusieurs reprises, proposé de l'assassiner, et qu'il n'avait agi qu'à ses suggestions, ainsi qu'à celles de Théodore de Bèze. Il ne chargea ni Condé, ni Dandelot, ni Soubise, et prétendit qu'ils étaient absolument restés en dehors du crime et qu'ils en avaient ignoré l'exécution ; mais, quant à ce qui regarde Coligny, il fut ferme et précis dans ses réponses. M. Ch. Cauvin, dans son livre si intéressant, donne quelques détails encore plus explicites :

« Jean Poltrot, sire de Méré, dit-il, avait alors vingt-six ans. L'esprit sombre, inquiet, mais ardent et doué d'une grande intelligence, il avait été d'abord un catholique fanatique. Sous Henri II, il avait fait un long séjour en Espagne en qualité d'espion. Il était petit, il avait le teint cuivré, et avait pris si bien les mœurs et les allures du pays où il avait séjourné, qu'on ne l'appelait plus que l'Espagnol. Il avait été, dit-on, page de la reine. A son retour en France, il embrassa le calvinisme, et son fanatisme ne fit que croître. Compromis dans la conjuration d'Amboise, ce fut à la généreuse intercession du duc de Guise qu'il dut la vie. Lorsque les guerres religieuses éclatèrent, il alla offrir ses services à Soubise, qui commandait les réformés de Lyon. Ce seigneur, frappé de son intelligence et de son activité, le dépêcha auprès de Coligny, après la bataille de Dreux, avec des lettres de recommandation. Ce fut en faisant le tableau de la situation des réformés dans le Dauphiné qu'il exprima, dit-on, à l'amiral, le désir qu'il avait de tuer le duc de Guise, considérant que c'était le plus grand bien qui pût avenir pour les réformés. C'est pendant le siège de Celles qu'il avait été mis en rapport avec Coligny, et c'est avec l'amiral qu'il était retourné à Orléans, où il avait rencontré Théodore de Bèze et un autre ministre protestant. Dans les interrogatoires qu'on lui fit subir, avant même d'être soumis à la torture, il déclara que Coligny, Théodore de Bèze, un autre ministre protestant, dont il s'est refusé à dire le nom, et la Rochefoucauld, l'avaient excité à tuer le duc. C'est avec l'argent que lui avait donné Coligny qu'il avait acheté le cheval qu'il montait.

« Pour l'exciter à commettre ce crime, Théodore de Bèze et l'autre ministre protestant lui avaient demandé s'il ne serait pas bien heureux de porter sa croix en ce monde, comme le Seigneur l'avait portée pour nous, et « après plusieurs aultres discours et « paroles lui dirent qu'il seroit le plus heureux de ce « monde s'il vouloit exécuter l'entreprise dont M. l'a- « miral lui avoit tenu propos ; parce qu'il osteroit un « tyran de ce monde, par lequel acte il gagneroit le « paradis et s'en iroit avec les bienheureux, s'il mour- « roit pour une si juste querelle. »

M. Dargaud, dans son *Histoire de Marie Stuart* aussi bien que dans son *Histoire de la liberté religieuse*, n'est pas moins explicite sur les rapports antérieurs de Poltrot avec Coligny et les chefs du protestantisme.

« Poltrot avait été présenté à M. de Soubise, gouverneur de Lyon pour les huguenots. M. de Soubise avait dépêché ce fanatique à M. l'amiral, qui lui avait donné de l'or, des encouragements, et qui l'employait en qualité d'agent secret dans l'armée catholique. « M. de « Soubise me mande, lui avait dit Coligny, que vous « avez bonne envie de servir la religion. Allez devant « Orléans et servez-la bien. » Ces mots n'étaient qu'une recommandation d'espionnage ; mais Poltrot les interpréta sanguinairement.

« Il vint au camp royal. Il avait longtemps vécu dans les Asturies, dont il avait contracté l'accent. Sa belle taille, son teint basané, sa réserve, sa gravité, tout son extérieur d'Espagnol plurent à M. de Guise. Poltrot lui insinua qu'il désirait abjurer la religion protestante. M. de Guise applaudit à ce projet, sans presser autrement Poltrot que par ses courtoisies. Il l'invitait souvent à sa table, lui adressait la parole avec bonté, et lui permettait de l'accompagner à la promenade ou aux remparts. Poltrot se montrait reconnaissant et semblait s'être dévoué au duc, il épiait le moment favorable. »

Tous les témoignages confirment ceux de Dargaud, de Caraman-Chimay, de Brantôme, de Bouillé, que nous avons déjà rapportés. L'abbé Petit affirme nettement : « Un fanatique huguenot, Poltrot de Méré, après avoir éprouvé la bienveillance du duc, sans avoir jamais eu sujet de s'en plaindre, poussé uniquement par le désir de débarrasser son parti d'un adversaire dangereux, conçoit le projet de le tuer. Il s'en ouvre à Coligny et à Théodore de Bèze ; ceux-ci, au lieu de le retenir, l'affermissent dans sa résolution : « Allez », disent-ils, « prenez
« courage : les anges vous aideront. » Afin de mieux atteindre son but, il se fait serviteur du duc, et épie chaque jour le moment de le tuer.

« Enfin, il va dans un bois avec un pistolet chargé de balles empoisonnées, attend l'arrivée de son maître, en priant Dieu de fortifier son bras ; puis, au moment favorable, il tire croyant faire une bonne action. Mais ce qu'il y a de plus surprenant, est ce qui arrive ensuite à l'assassin. Il saute sur son cheval, court à toute bride pendant la nuit, erre au hasard par des voies détournées comme effrayé de lui-même, se croit à cent lieues du théâtre de sa cruauté, s'arrête dans une grange au lever du jour, s'endort et se trouve à son réveil entre les mains de la justice à une faible distance du lieu d'où il était parti (1). »

W. Cobbett, dans ses *Lettres sur la Réforme*, accuse non seulement Théodore de Bèze et Coligny, mais encore Élisabeth d'Angleterre.

« Un scélérat, nommé *Poltrot*, qui était à la solde de Coligny, feignit de déserter la cause de ce chef rebelle et vint prendre du service dans l'armée du duc de Guise. Peu de temps après, Poltrot, saisissant une occasion favorable, plongea un fer homicide dans le cœur généreux du vaillant et patriote général qui l'avait accueilli. Personne, à cette époque, ne chercha à nier que l'assassin eût été soudoyé par Coligny et excité par les prédications furibondes de Bèze, l'un des plus incendiaires *prêcheurs* de l'époque et l'un des plus *dignes* disciples de Luther. Or, remarquons en passant que ce fut l'argent d'Élisabeth qui servit à payer le service de Poltrot, de sorte qu'il faut rigoureusement en conclure qu'elle participa directement à l'assassinat du chevaleresque duc de Guise.

« Au reste, pour une femme de la trempe d'Élisabeth, un assassinat de plus ou de moins est une pure bagatelle... »

Le *Journal du Concile de Trente*, rédigé par les ambassadeurs vénitiens, et publié par M. Armand Baschet, renferme cette mention, brève dans la forme, mais suffisamment explicite :

---

(1) J.-A. PETIT : *Histoire de Marie Stuart*, t. Ier, p. 160, 161.

« *Cependant tout reposait sur les épaules du duc de Guise.* Il se rendit à Orléans pour en faire le siège... Le 18 février 1563, au crépuscule, comme il revenait avec quatre des siens d'inspecter les sentinelles, il fut approché par un individu qui lui fracassa l'épaule d'un coup d'arquebuse, et il mourut des suites de sa blessure sept jours après. Le roi très chrétien déplora sa mort, *et la reine mère, en donnant l'eau sainte à son corps, tomba évanouie.* Le scélérat, coupable de cet homicide, ne sut pas s'échapper des environs pendant toute une nuit et fut pris : *il avoua n'avoir agi qu'à l'instigation des Châtillon et de M. de Soubise, que Théodore de Bèze avait persuadés, en disant que leur religion ne pourrait jamais prospérer tant qu'ils n'auraient pas mis à mort le dit duc, le Roi, la Reine et tous les chefs catholiques.* »

Jean Poltrot se croyait appelé de Dieu à faire ce qu'il fit, ajoute Rohrbacher. Dans la journée du 18 février, il se prépara par la prière à l'assassinat. Interrogé devant la reine, en présence du cardinal de Bourbon et de plusieurs autres seigneurs, il répondit que l'amiral de Coligny l'avait sollicité de tuer le duc de Guise ; que, persuadé par Théodore de Bèze, il y avait consenti, après avoir refusé d'abord ; qu'ayant reçu l'argent de Coligny, il était venu vers le duc de Guise au camp, comme s'il eût abandonné le parti du prince de Condé pour servir le roi ; que, touché de repentir, il était venu à Orléans trouver l'amiral, pour s'excuser de commettre le crime ; que Bèze l'avait encore une fois persuadé, et qu'enfin il avait assassiné en la manière qu'il a été dit. Le lendemain, après avoir juré de dire la vérité, il confessa toutes les mêmes choses ; on mit ses réponses par écrit, et il les signa. Plus tard, 18 mars, jour de son supplice, ayant été mis à la question par les juges au Parlement, il varia dans ses réponses, mais chargea finalement Coligny, au moment même d'expirer, assure de Thou (1).

Quant à la complicité de l'amiral de Coligny, le protestant Sismondi l'avoue en la manière suivante. Les catholiques nommaient le meurtre du duc de Guise un assassinat; les huguenots, un tyrannicide; Théodore de Bèze, dans son apologie, déclarait qu'il y reconnaissait un juste jugement de Dieu, menaçant de semblable ou plus grande punition tous les ennemis jurés de son saint Évangile. Poltrot, dans sa déposition, avait formellement accusé Coligny de l'avoir sollicité de commettre ce meurtre, et de lui avoir fourni de l'argent dans ce but. Dans nos idées actuelles, nous ne pouvons concevoir qu'un grand homme, un des *hommes les plus vertueux et les plus religieux* qu'ait eus la France, fût descendu à une action si basse et si criminelle. Lacretelle déclare que l'histoire ne doit pas hésiter de l'en absoudre (2), une connaissance plus intime de l'esprit des temps ne confirme pas cette décision. La guerre privée était, autant que la guerre publique, dans les habitudes du gentilhomme. Le meurtre était une des actions auxquelles il se croyait appelé par état, et qui ne lui inspirait point de répugnance. Coligny, dans sa réponse, article par article, à la déposition de Poltrot, veut bien établir qu'il ne l'a pas séduit, qu'il ne lui a pas donné la commission de l'assassinat, qu'il ne l'a pas payé pour le commettre; mais il laisse comprendre qu'il

---

(1) ROHRBACHER : *Histoire universelle de l'Eglise*, t. X, l. LXXXVI, p. 420, 421. (Édition PALMÉ).
(2) *Histoire des guerres de religion*, t. II, 1, 5.

connaissait les menaces de Poltrot, qu'il l'a mis à portée de les accomplir et qu'il n'en ressentait point d'horreur (1).

Voilà, suivant le protestant génevois Sismondi, quel était *le plus vertueux et le plus religieux* des protestants français !

« Ils auraient pu ajouter l'un et l'autre, ajoute Rohrbacher, que, pour tout protestant sincère, l'action de Poltrot était une action plus que vertueuse. D'après la doctrine de Wittemberg et de Genève, de Luther et de Calvin, Dieu lui-même opère en l'homme le mal comme le bien, la trahison de Judas comme le repentir de saint Pierre. Donc l'action de Poltrot est une action divine. D'ailleurs, la règle fondamentale du protestantisme n'est-elle pas que chacun n'a d'autre règle ni d'autre juge que soi-même ! Ceux donc qui approuvent le protestantisme et qui blâment Poltrot, ne savent ce qu'ils disent ; car tout homme sensé, admettant le principe, doit admettre la conséquence. »

Le témoignage des contemporains doit être aussi invoqué. L'ambassadeur anglais, Smith, dans une longue lettre à Elisabeth, lui fait part de tous les bruits qui courent (2) :

« L'assassin est âgé de dix-neuf ans, natif de Sain-
« tonge ; il est venu dans le dessein de tuer le duc, à
« l'instigation de Soubise, actuellement à Lyon. C'est
« Soubise qui l'a adressé à l'amiral, avant qu'il passât
« en Normandie ; l'amiral lui a remis trois cents écus.

---

(1) Sismondi, t. XVIII ; — *Mémoires de Condé*, t. IV.
(2) *Le seizième siècle et les Valois*, par le comte H. DE LA FERRIÈRE, p. 106.

« On dit encore qu'il a été confirmé dans son dessein par Théodore de Bèze (1). »

Puis venant à parler du duc, il ajoute :

« Il est plaint par tous ceux qui l'entourent ; on admire son courage, sa patience, son énergie à supporter une cruelle incision. »

Pour son ennemi mort, Smith n'a que des paroles d'admiration ; il le tient pour le plus grand capitaine de la France, et peut-être de la chrétienté ; il rappelle ses grandes qualités militaires, sa courtoisie habituelle, son éloquence, sa générosité pour les jeunes gentilshommes, pour ses soldats.

C'est à Caen que Coligny apprend à la fois la blessure et la mort du duc de Guise. Immédiatement il en fait part à Élisabeth ; sa lettre est brève et sans réflexions (2) :

« Madame,

« Le sieur de Bricquemault m'estant venu trouver en ce lieu, j'ay entendu par luy beaucoup de bons, honnestes et gratieux propoz, qu'il vous a pleu lui tenir. Et semblablement le sieur de Trockmorton estant venu icy, m'a déclaré la creance de la querelle ; j'ay veu par la lettre qu'il m'a baillée de la part de Vostre Majesté, que vous l'aviez chargé *envers* moy. Mais pour le present je ne m'estendray à vous faire plus ample responce sur ce que l'ung et l'autre m'a faict entendre, et employeroy seullement la presente pour advertir Vostre Majesté comment j'ay eu ce jourd'huy des lettres de mon frere, M. Dandelot, par les quelles il m'escrit que le XXIII de ce moys, le duc de Guyse mourut de la blessure d'une pistolle qu'il avoy eue

---

(1) Lettre écrite de Blois, le 26 février, par Smith, à la reine Elisabeth. (Record office, *State Papers France*, vol. XXIX.)

(2) Record office, *State Papers France*, vol. XXX. (Autographe.

peu auparavant; comme j'estime, Madame, que vous ayez jà entendu, et m'estant venue maintenant la nouvelle de telle mort, je n'ay voulu faillir de la vous mander incontinant, comme j'ay intention de vous tenir advertye de toutes les aultres nouvelles d'importance que j'apprendroy, par cy après et à tant.

« Madame, je supplye le Createur qu'il donne à Vostre Majesté très longue vie en continuelle prospérité.

« De Caen, ce dernier jour de febvrier 1562. »

La cour, qui se trouvait en ce moment au château de Blois, y reçut la nouvelle du crime de Poltrot. La reine mère écrivit tout de suite au cardinal de Lorraine pour lui apprendre « le malheureux inconvénient advenu à son frère d'un paillard qui lui a donné un coup de pistolet en passant ». Cette lettre, publiée dans les *Mémoires de Condé*, avec l'orthographe italienne de la Reine, se terminait ainsi :

« Encore que l'on m'aye aseuré que le coup de vostre
« frère n'est mortel, si est-ce que je souis si troublée
« que je ne sé que je souis. Mais je vous assure byen
« que je meteré tout set que j'é au monde et de cre-
« dist et de puissance pour m'an vanger, et souis
« seure que Dieu me le pardonnera. »

Et elle signait : « *Vostre bonne cousine*, Caterine. »

Elle écrivait en même temps au connétable de Montmorency, pour lui faire part du dessein du roi de donner la charge de grand maître de la maison au fils du duc de Guise, si celui-ci mourait de sa blessure. C'est en effet au château de Blois que fut signée la nomination d'Henri de Guise à la survivance de la charge de son père (1).

(1) *Mémoires de Condé*, t. IV, p. 273.

La mort du duc de Guise jeta la cour dans des embarras effrayants. La guerre civile désolait le royaume, et le conseil du roi ne voyait plus aucun chef capable de la conduire ou de la terminer. La haine de la reine mère pour Montmorency, la crainte de donner trop de puissance au prince de Condé, lui suggérèrent l'idée d'appeler en France un prince étranger (1).

Elle écrivit de Blois au duc de Wurtemberg, pour l'engager à venir prendre l'administration générale du royaume avec un pouvoir absolu (2).

Cette démarche honteuse n'empêchait pas cependant les négociations pour la cessation des hostilités, et la reine chercha à se rapprocher du prince de Condé.

Celui-ci, après avoir vraiment *pratiqué* de se sauver de sa prison d'Onzain, fut remis en liberté sur parole, et, de Blois, il fit de fréquents voyages auprès de Coligny, pour le déterminer à prendre part aux conférences qui avaient été ouvertes entre les principaux chefs des deux partis. L'amiral, devenu, depuis la captivité du prince, le véritable chef des protestants, s'y refusa longtemps; il espérait profiter, dans l'intérêt de son parti, de l'extrémité où se trouvaient les affaires des catholiques, et prétendait dicter lui-même les conditions de la paix. Ce qu'il désirait surtout, c'était l'exécution de l'Edit de Janvier 1562 (3).

Mais déjà le prince de Condé, que les espérances prodiguées à son ambition et les séductions de la cour rendaient plus facile et plus traitable, avait arrêté tous les préliminaires d'un traité. L'absence seule de Coligny pouvant en retarder la conclusion définitive, l'amiral,

---

(1) M. DE LA SAUSSAYE : *Histoire du château de Blois.*
(2) DE THOU : *Histoire universelle*, liv. XXXIV, p. 529.
(3) CASTELNAU, l. IV, ch. IV, p. 128-151.

qui se *monstra d'en estre bien marry*, consentit enfin à se rendre à Blois. C'était au mois de mars 1563, dit M. de la Saussaye ; l'accueil le plus brillant l'attendait. Catherine connaissait tout le prix et toute l'influence d'une flatterie habile ; elle voulut célébrer comme un bonheur public l'arrivée de l'amiral. A chaque entrevue, c'étaient *grandes caresses, chères et contentement ;* enfin la paix fut signée.

Les principaux articles du traité portaient que le roi permettait aux seigneurs, ayant haute justice et fief de haubert, l'exercice libre et public de leur religion dans toute l'étendue de leurs seigneuries ; qu'un prêche serait accordé dans chaque bailliage et sénéchaussée ; qu'en les villes et prévôtés de Paris, il ne se ferait aucun exercice de la religion réformée.

Il y avait loin de cet édit à celui de janvier, que Coligny voulait d'abord exiger, et, cependant, c'est en parlant des conditions de ce nouvel édit que l'ambassadeur d'Espagne, Chantonnay, écrivait de Blois : « Il « y a grande murmuration de cet appoinctement entre « les catholiques... Le seigneur don Francis est parti « pour s'en retourner en Espagne. La royne luy a donné « grand espoir que tout cecy se rabilleroit, et qu'il « falloit reculler pour mieulx saulter » (1).

Après avoir indiqué sommairement les conséquences politiques, sur lesquelles nous aurons à revenir, du forfait qui, en coûtant la vie au duc de Guise, menaçait de décapiter le parti catholique, c'est-à-dire le parti de la religion et de la monarchie, formant l'immense

---

(1) *Mémoires de Condé*, t. II, p. 144. Cité par M. DE LA SAUSSAYE, dans son *Histoire du château de Blois*.

majorité des Français, nous devons examiner d'un peu plus près l'impression produite dans toute l'Europe par ce crime inouï, dont on accusait tout haut Coligny d'avoir été le complice principal.

« L'émotion allait se propager rapidement dans la totalité du parti catholique en France et au dehors, parmi les souverains, parmi les peuples, chez « tous « ceux enfin à qui cette mort n'était point utile (1) ». La reine craignit d'abord quelques désordres. Ainsi que son fils, elle écrivit aussitôt au roi d'Espagne pour se « condouloir avec lui du triste accident survenu en la « personne du duc de Guise..., acte si malheureux « qui en redoubloit le desplair de la perte d'ung si grand « et si digne ministre..., chause si abominable devant « Dieu et devant les hommes. » D'un autre côté, ressentant la gravité de l'événement et le danger d'un tel exemple : « Je suis fasché de la blessure de monsieur « de Guise, avait mandé le maréchal de Montmorency à Catherine de Médicis, que de chose qui m'eust peu « advenir pour ce qu'elle fera dommage et retardement « aux affaires présentes du Roy et sy est de très perni- « cieuse conséquence, car, si telles voyes ont lieu, il « n'y aura seigneur en France qui soit asseuré (2). »

« La famille de l'illustre défunt reçoit de toutes parts les témoignages d'une sympathie fondée sur le malheur commun. Le pape adresse un bref à la duchesse; l'empereur, qui disait de Guise que : « Avec un pareil « général, il auroit hardiment combattu les Turcs (3) », écrit une lettre en latin au cardinal de Lorraine, auquel le comte de Luna, le duc d'Albe, les cardinaux d'Est

---

(1) VALINCOURT : *Vie du duc de Guise.*
(2) Mss. de Brienne, v. 205, fol. 319.
(3) *Vita Francisci Guisii, Papyrio Massone auctore.*

et de Trente expriment aussi leurs condoléances sur cette « perte si grande pour toute la chrétienté ». L'évêque de Ségovia, Martin de Ayala, envoie au même prélat une longue *Consolation* latine sur la mort de M. de Guise, *toti orbi christiano calamitosam*. Philippe II témoigne également à Charles de Lorraine et à ses frères le chagrin que lui cause la fin d'une « vie de « tant de valeur et d'importance ». Ce prince avait mandé déjà au cardinal de Ferrare « que la mort « du duc de Guise lui pesoit tellement qu'il ne sauroit « exagérer là-dessus (1) ».

En remerciant le monarque espagnol de sa « bonne volonté et affection », le duc d'Aumale l'assure « qu'en tout ce qui concernera la religion et le service du Roy qu'il n'y espargnera non seulement son bien, mais sa propre vye (2) ». Au milieu de leur douleur, les princes lorrains survivants ne perdent pas de vue un instant la conservation de leur importance et le concours de leurs alliés. Le cardinal de Guise s'adresse au maréchal de Montmorency « comme au principal amy qu'eust feu « Monsieur son frère, le suppliant porter la maymme « volonté aux enfants comme au père, et, pour ce que « la Reyne ayant esgart aux services que celui-ci avoir « faict tant au Roy qu'en son royaume, à accorder ses « Estats pour ces enfants, il le supplie en cela leur estre « favorable (3) ».

Charles de Lorraine écrit à sa mère, Antoinette de Bourbon, une lettre empreinte de fermeté résignée, exaltant l'honneur du martyre de son frère : « Je « dy que jamais Dieu n'honora tant mère, ne fit plus

(1) *Papiers de Simancas*, B. 16.
(2) *Idem*, B. 17, pièce 21.
(3) Mss. Béthune, v. 9124, fol. 37.

« pour autre sienne créature (j'excepte toujours sa glo-
« rieuse mère,) qu'il a faict pour vous. »

A Trente, où le même cardinal disait : « Bien que
« entre nous deux il y eust une parfaicte amitié frater-
« nelle si est ce que cela ne me l'a poinct tant faict
« regretter pour quelque affection particulière que je
« luy eusse que pour le bien public et le service de
« Dieu et du Roy ausquels il estoit en ce temps si
« grandement nécessaire (1) », à Trente le concile
dédie à la mémoire du duc de Guise un service
solennel et vraiment royal. A Rome, Pie IV fait
faire son éloge public par Jules Poggiano; et, chaque
fois qu'il le mentionne dans ses entretiens familiers,
ce Souverain Pontife l'appelle le « bienheureux martyr, le sauveur de la France » ; il le compare aux
Machabées.

« Les Allemands, les Italiens, les Espagnols riva-
lisent d'admiration et de regrets, le désignant toujours sous le nom de *Grand duc de Guise*, consacré
depuis par l'histoire.

« Ses louanges, son épitaphe en latin, en français,
deviennent un sujet d'active émulation pour les poètes
contemporains, pour Dorat, pour Ronsard entre autres,

---

(1) Une chanson, composée en 1566, dit :

> . . . .
> Si le duc de Guise eût vescou
> Autre loyer eussent receu
> Et on eût veu
> Et aperceu
> La papauté remise,
> Un despit des huguenots
> Qui troublent notre Esglise
> Et tous nos *audi-nos*.

Mss. V.-C. de Colbert, v. 391, fol. 259.

et inspirent la muse du chancelier de l'Hôpital (1). »

« François de Guise, dit Chateaubriand, fut supérieur à son fils Henri, quoique non appelé à jouer un aussi grand rôle. Il faut remonter jusqu'aux Romains pour retrouver cette hérédité de gloire et de génie dans une même famille. C'est ici le point le plus élevé de la seconde aristocratie ; elle jeta en expirant autant d'éclat que la première ; elle était moins morale, mais plus civilisée et plus intelligente (2). »

Et rappelant le pardon généreux de la victime, le grand lyrique du dix-neuvième siècle, voulant, d'un trait, peindre le caractère du héros, ajoute : « Les dernières paroles de Guise à Poltrot, bien que connues de tous, ne doivent jamais être omises ; il les faut redire en vers, pour rappeler à la fois la mémoire de deux grands hommes :

Des Dieux que nous servons connais la différence ;
Le tien t'a commandé le meurtre et la vengeance ;
Le mien, lorsque ton bras vient de m'assassiner,
M'ordonne de te plaindre et de te pardonner.

---

(1) René DE BOUILLÉ : *Histoire des ducs de Guise*, t. II, p. 286, 287, 288.
(2) CHATEAUBRIAND : *Histoire de France*.

CHAPITRE VI

Coligny est-il coupable du meurtre du duc de Guise? — Lettre de l'ambassadeur d'Espagne, Chantonnay. — Edit d'Amboise. — Complainte en l'honneur de Poltrot. — Lettre de la duchesse de Ferrare à Calvin. — Aveux de Poltrot. — Mémoire justificatif de Coligny. — Lettre de Coligny à la reine-mère. — Coligny se retire à Châtillon. — Second mémoire justificatif. — L'entrevue de Meulan. — Troisième mémoire justificatif. — Lettre de la reine-mère à la duchesse de Savoie. — Reprise des hostilités entre les deux maisons. — L'arrêt de Moulins (1566). — Réconciliation.

Coligny, qui savait ce qui allait arriver, et que si Poltrot de Méré lui demandait un cheval et de l'argent, c'était pour assurer le succès de ses desseins criminels, Coligny ne voulut point rester devant Orléans, où sa présence avait peut-être excité des soupçons. L'austère intrigant, comme il faut l'appeler, se déroba, laissa Dandelot, son frère, à Orléans, et courut se mettre à l'abri en Normandie. Sa fuite n'est qu'un excès d'habileté.

« Dans l'hypothèse de sa complicité, fait remarquer avec raison M. de Caraman-Chimay (1), il est permis de croire qu'il ait préféré ne pas être sur les lieux

---

(1) *Gaspard de Coligny*, par le prince Eugène de CARAMAN-CHIMAY.

même où le crime devait s'accomplir, car sa présence aurait naturellement augmenté les soupçons de tous; il allait donc attendre la nouvelle de la mort du duc, en touchant l'argent de l'Angleterre. D'un autre côté, si, par impossible, Guise le suivait, Orléans était délivré, Dandelot pouvait sortir et surprendre la cour, qui se trouvait à Blois; et quant au duc, suivi par Poltrot, sa campagne n'eût pas été longue. Le départ de Coligny était donc habile à tous les points de vue. »

Personne n'ignorait que Poltrot, un des familiers de M. l'amiral, avait vécu sous sa tente, et que, calviniste exalté, il n'avait pas fallu des instances bien prolongées pour tirer un coup d'arquebuse sur le « tyran *papistique* ».

« Il vous faut donc entendre, écrivait l'ambassadeur
« Chantonnay, qu'il y avoit plusieurs jours que ce mal-
« heureux suivoit M. de Guise pour venir à bout de
« ladicte entreprise, de laquelle il se repentit; et fut
« devers l'admiral de Chastillon et de Bèze, et leur dit
« qu'il ne pouvoit faire ce qu'il leur avoit promis; Bèze
« se mit à le prêcher de telle sorte, en lui disant que
« s'il tuoit ledict sieur, il gagneroit le paradis, car il
« ôteroit de ce monde le persécuteur des réformés. »

Rappelons ici sommairement, afin de ne laisser aucune lacune dans la chronologie des faits, que l'assassinat du duc de Guise fit abandonner le siège d'Orléans.

Catherine de Médicis restait donc de nouveau maîtresse du champ de bataille et du gouvernement. Comme elle redoutait par-dessus tout de tomber sous la dépendance de Philippe II, elle offrit la paix à Condé. Celui-ci l'accepta, moyennant la concession d'un nouvel édit en faveur des réformés, l'édit d'Amboise (mars 1563).

L'Hôpital, qui le rédigea, rappelait dans le préambule les malheurs de la guerre civile et faisait encore appel à la conciliation. Il fondait l'espoir de l'avenir dans « un saint, libre, général ou *national* concile, et dans la majorité prochaine du roi ». L'édit abolissait les offenses et les condamnations passées. Les protestants rentraient dans leurs biens, honneurs, états, charges et offices, le prince de Condé en tête. L'édit permettait à tous gentilshommes, « tenant plein fief de haubert », de vivre dans leurs maisons « en liberté de conscience et exercice de la religion réformée avec leurs familles et sujets », dans les villes où le culte calviniste existait avant l'édit; et il n'était autorisé pour tout le reste de la France que dans les faubourgs d'une seule ville par bailliage. Paris était excepté de cette disposition.

Catherine, il faut le dire hautement, avait rendu un immense service à la France en publiant cet édit, elle l'avait sauvée du démembrement. Les mercenaires étrangers, qui la ravageaient et la couvraient de ruines, Anglais et Allemands, furent obligés d'évacuer son territoire. En quelques lignes pleines d'éloquence, Catherine traçait un sombre tableau des malheurs qui accablaient sa patrie d'adoption : « Nous
« avons vu, écrivait-elle au cardinal de Lorraine, tant
« de mal se préparer à l'entière ruine de ce royaume
« par les levées qui se faisaient pour les autres en
« Allemagne; les menaces de ceux de l'Empire sur la
« restitution de Metz, dont nous ne savons encore ce
« qui sortira; les Anglais étendre si avant leurs des-
« seins, que déjà la basse Normandie était quasi à
« leur dévotion; le château de Caen perdu; notre

« royaume plus épuisé, comme vous pouvez savoir ;
« nos amis si froids et dont les desseins sont aussi à
« craindre : tout cela, amassé ensemble et mis en
« bonne considération, a été cause qu'il valait mieux
« conserver le roi et le royaume, que de l'exposer à
« un apparent et véritable danger par l'introduction
« de tant d'étrangers. » Et à ce propos, M. de la Ferrière (1) cite le témoignage du plus illustre historien protestant de notre siècle : « Si, au point de vue moral, on ne saurait juger Catherine de Médicis trop sévèrement, a écrit M. Guizot, à travers tant de vices, elle eut des mérites ; elle prit à cœur la royauté et la France ; elle défendit de son mieux, contre les Guises et l'Espagne, l'indépendance de l'une et de l'autre, ne voulant les livrer ni aux partis extrêmes ni à l'étranger. »

L'essentiel pour Catherine, c'était d'avoir délivré, par l'édit d'Amboise, le sol de la France. Quant aux dispositions de cet édit et à la sagesse des partis à les observer et maintenir scrupuleusement, elle croyait peu à leur durée. Elle-même était secrètement résolue à les battre en brèche. Elle ne se dissimulait pas, d'ailleurs, que cette paix n'était qu'une trêve, et disait même que « c'était reculer pour mieux sauter ». Toutefois, elle sut profiter fort habilement de cette trêve pour faire reprendre, par un corps d'armée mi-parti catholique mi-parti protestant, la ville du Havre, que le prince de Condé, pour gage d'une somme importante, avait eu la faiblesse de livrer à la reine d'Angleterre (2).

---

(1) *Le seizième siècle et les Valois.*
(2) V. CHANTELAUZE, article cité.

Coligny, dont l'influence occulte se fait sentir dans tous ces événements, reprocha amèrement au prince de Condé d'avoir, d'un trait de plume, par l'édit d'Amboise, ruiné plus d'églises protestantes « que toutes les forces ennemies n'en eussent pu abattre en dix ans ».

Les haines étaient bien loin de s'apaiser. L'édit d'Amboise mécontentait les deux partis; chacun se plaignit des concessions faites à l'autre. Bien plus, les huguenots, au lieu de dissimuler leurs sentiments, se réjouissaient de l'assassinat de M. de Guise, qui les délivrait de la peur que ce chef toujours invincible leur inspirait, et ce fut par tout le royaume une explosion de joie infâme, à la nouvelle du crime de Poltrot.

« J'ai connu en ma jeunesse, raconte Louis Aubery du Maurier, la femme du sieur Alard, capitaine dans les trouppes françoises de Hollande, tellement aveuglée du faux zèle de la religion de Calvin, qu'elle montroit à tout le monde le portrait de Poltrot, peint comme une Judit, ayant tué Holoferne, qu'elle avoit dans la ruelle de son lit, comme un grand martyr, et qu'elle regardoit comme le libérateur du petit troupeau (1). »

Les calvinistes exaltent donc l'exécrable meurtrier jusqu'aux nues. Ils l'appellent le libérateur, le dixième preux. Il composent des chansons en l'honneur de l'assassin.

> Cet unique Poltrot
> Sur qui tomba le lot
> De retirer de presse
> Le parti huguenot
> Dans sa grande détresse.

---

(1) *Mémoires pour servir à l'histoire de la Hollande et des Provinces-Unies*, p, 160. Paris, 1680.

Ils menacent tous les princes lorrains :

> Autant que soient de Guisards demeurés,
> Autant est-il en France de Mérés.

« Leur haine poursuit le duc de Guise dans son linceul. Ils l'accusent, ils le maudissent, ils le vouent à l'enfer éternel. Sa belle-mère, Renée de France, duchesse de Ferrare, s'émeut dans son château de Montargis. Elle écrit à Calvin, et réclame avec un ferme bon sens contre les injustices des protestants. Sans excuser les défauts de son gendre, « en ce qu'il n'avait « pas la connaissance de la vérité, » elle affirme qu'il a souvent protégé des villes entières de calvinistes, et qu'il a sauvé de la confiscation, du pillage, de l'incendie, le manoir de Châtillon, résidence de l'amiral. Elle relève son gendre et le revendique, au milieu des fureurs de son parti. Elle ajoute ces dernières paroles : « Je scay qu'il a persécuté, mais je ne scay pas, ny « ne crois qu'il soit réprouvé du Seigneur ! » C'est ainsi que cette courageuse princesse, tout en gardant sa foi, triomphait, par une explosion de la nature, des calomnies et des fanatismes déchaînés (1). »

Coligny fut-il réellement le complice de Poltrot de Méré ? Nous n'hésitons pas à répondre affirmativement, et les différents témoignages que nous avons cités, sont corroborés par tant d'autres, par l'aveu même du coupable, aveu de complicité morale, que les plus énergiques défenseurs de l'amiral ne sauraient les révoquer en doute. Aucun de ses contemporains ne s'y méprit. Dès le jour du crime, un ouragan fu-

---

(1) DARGAUD : *Histoire de la Liberté religieuse*, t. II, l. XXI.

rieux s'était formé contre Coligny. On répétait partout les dépositions de Poltrot. Et si quelques-uns les répandirent par fanatisme, comme le suppose Dargaud, la plupart les admirent par conviction.

Ces dépositions étaient terribles. Elles transformaient Coligny en corrupteur, en complice du meurtrier de M. de Guise.

Poltrot avait d'abord inculpé MM. de Soubise, d'Aubeterre, de Feuquières, de Brion, de Coligny, de Bèze et de La Rochefoucauld. Il chercha ensuite à les disculper, puis il inculpa de nouveau Coligny. Au milieu des tortures de son supplice, il varia encore. Il déclara l'amiral, dans ces moments suprêmes, tantôt innocent, tantôt coupable, et il finit, en lui adjoignant Dandelot, par lui imputer l'ordre de l'assassinat; ce fut sa dernière, sa suprême déclaration, à l'heure même où il gravissait les degrés de l'échafaud.

Ces accusations avaient pénétré jusque dans l'armée de Coligny, avoue Dargaud. Elles avaient été distribuées et commentées aux soldats huguenots. L'amiral s'était offensé de ces rumeurs, et il avait essayé de réfuter les charges de Poltrot dans un mémoire daté de Caen le 12 mars. Ce mémoire était signé de lui, de Bèze et de La Rochefoucauld.

L'amiral, au nom de Dieu et de sa conscience, réfute « le soi-disant seigneur de Méré ». *Sans doute il l'a connu, il l'a employé à savoir des secrets; il lui a même donné une fois vingt écus, une autre fois cent écus, comme à son espion.* Et c'est tout. *Sans cesse*, affirme Coligny, *j'ay réprimandé les violences jusqu'au temps où je fus averty que le duc de Guyse et le maréchal de Saint-André avaient aposté certains adventuriers pour arquebuser M. le prince de Condé, moy et M. Dandelot, mon frère.* JE CON-

FESSE QUE DEPUYS CE TEMPS-LA, QUAND J'AY OUI DIRE A QUELQU'UN QU'IL TUERAIT, S'IL POUVAIT, M. DE GUYSE JUSQUE DANS SON CAMP, JE NE L'EN AY PAS DÉTOURNÉ ; *mais sur ma vie et sur mon honneur, je n'ay ny sollicité, ny approuvé un attentat comme celui du sieur de Méré.* »
C'est du cynisme !

Théodore de Bèze déclare « en toute vérité de ce qui
« s'ensuit, pour sa décharge devant toute la chres-
« tienté, c'est à savoir que voyant plusieurs animez
« contre ledict sieur de Guyse, pour le crime perpétré
« à Vassy, il n'a toutefois jamais esté d'avis, pour lors,
« de procéder contre ledict sieur de Guyse que par
« voie de justice ordinaire ». Cependant il confesse
« avoir infinies fois désiré et prié Dieu ou qu'il chan-
« geast le cœur dudict seigneur de Guyse, ou qu'il
« en délivrast ce royaume ». Théodore de Bèze dit
« n'avoir jamais parlé audict Poltrot en personne, ni
« par autruy ; qu'il n'a jamais eu affaire à luy pour
« une chose quelconque, et que, par conséquent, tant
« s'en faut qu'il l'ait induit à faire ce qu'il a fait ».
Mais quant au crime par lui-même, ne l'absout-il pas
et ne le préconise-t-il pas en reconnaissant que « c'est
« un juste jugement de Dieu, menaçant de semblables
« et de plus grandes punitions tous les ennemis jurés
« de son saint Évangile ».

La Rochefoucauld rejette également les accusations, ainsi que Châtillon. L'amiral reconnaît seulement qu'il avait cru pouvoir se servir de Poltrot de Méré, « pour
« entendre certaines nouvelles dudict camp ; et pour
« cest effect, luy délivra les cent escus dont est ques-
« tion tant pour se mieux monter que pour faire les
« diligences requises en tels advertissements, et luy
« commanda de s'adresser, en son absence, audict

« seigneur Dandelot, son frère. Davantage ledict sei-
« gneur admiral est bien recors maintenant que ledict
« Poltrot s'advança, luy faisant son rapport, jusques
« à lui dire qu'il seroit aisé de tuer ledict seigneur de
« Guyse ; mais ledict seigneur admiral n'insista jamais
« sur ce propos, d'autant qu'il l'estimoit pour chose
« du tout frivole ; et sur sa vie et son honneur n'ouvrit
« jamais la bouche pour l'exciter à l'entreprendre ».
Le mémoire, d'individuel qu'il était, devenu ainsi col-
lectif, Coligny l'expédia par un trompette à la reine
mère, avec une lettre dont voici la teneur :

« Madame, depuis quelques jours j'ai vu un interroga-
toire qui a été fait à un nommé Jean de Poltrot, soi-disant
seigneur de Mérey, au 21e du mois passé, lequel confesse
avoir blessé M. de Guise, par lequel aussi il me charge de
l'avoir sollicité, ou plutôt pressé, de faire ce qu'il a fait ; et
pour ce que la chose du monde que je craindrois autant, ce
seroit que ledit Poltrot fût exécuté, que premièrement la
vérité de ce fait ne fût bien connüe, je supplie très-humblement Votre Majesté commander qu'il soit bien gardé ;
et cependant j'ai dressé quelques articles sur chacun des
siens, qui me semblent mériter réponse, que j'envoye à
Votre Majesté par ce trompette, par lesquels toutes personnes de bon jugement pouvant à peu près être éclairées
de ce qui en est. En outre cela, je dis qu'il ne se trouvera
point que j'aye jamais recherché cettuy-là, ni d'autre, pour
faire un tel acte ; au contraire, j'ai toujours empêché de
tout mon pouvoir que telles entreprises ne se missent à
exécution. Et cela en ay-je plusieurs fois tenu propos à
M. le cardinal de Lorraine et à Mme de Guise, et à Votre
Majesté, laquelle se peut souvenir combien j'ai été con-
trariant à cela, réservé depuis cinq ou six mois en ça, que
je n'ai fort contesté contre ceux qui montroient avoir telle
volonté. Et ce a été depuis qu'il est venu des personnes

que je nommerai quand il sera temps, qui disoient avoir été pratiquées pour me venir tuer, comme il plaira à Votre dite Majesté se souvenir que je lui dis à Paris, en sortant du Moulin où se faisait le parlement, ce que j'ai aussi dit à M. le connétable. Et néanmoins puis-je dire avec vérité que de moi-même, je n'ai jamais recherché, sollicité, ni pratiqué personne pour tel effet; et m'en rapporterois bien à tous ceux qui ont vu mettre telles entreprises en avant devant moi, combien je m'en suis moqué. Et pour n'ennuyer Votre Majesté de plus longue lettre, je la supplierai encore un coup, très humblement, commander que ledit Poltrot soit bien et soigneusement gardé pour vérifier de ce fait ce qui en est. Aussi, qu'étant mené à Paris, comme l'on m'a dit, je craindrois que ceux de la cour de parlement le voulussent faire exécuter, pour me laisser cette calomnie et imposture, ou bien qu'ils voulussent procéder à l'encontre de moi pour ce fait; ce qu'ils ne peuvent faire, estant mes parties et recusés comme ils sont. *Et cependant ne pensez pas que ce que j'en dis soit par regret que j'ay à la mort de M. de Guise, car j'estime que ce soit le plus grand bien qui pouvoit advenir à ce royaume, et à l'Eglise de Dieu, et particulièrement à moi et à toute ma maison; et aussi que, s'il plait à Votre Majesté, ce sera le moyen pour mettre ce royaume en repos :* ce que tous ceux de cette armée désirons bien de vous faire entendre, s'il vous plait nous donner seureté de ce faire, suivant ce que nous avons fait requérir aussitôt que nous avons été avertis de la mort du dit sieur de Guise. Madame, je prie Dieu vous donner, en très parfaite santé, très heureuse et très longue vie.

De Caen, ce 12 de mars 1562·(1563).

Cette lettre porte un certain air de franchise, on pourrait même dire de cynisme, en ce qui touche la mort du duc; mais l'argumentation en est pitoyable.

En définitif, tout ce que l'amiral peut chercher à établir, c'est qu'il n'aurait pas donné un ordre positif de tuer le duc de Guise à ceux qui le lui proposaient. Chose remarquable! lorsqu'il aurait été naturel de déférer à la demande de confrontation, que faisait Coligny, on se hâta de faire exécuter Poltrot ; et comme la suite a montré que la reine mère n'était rien moins que mal disposée pour l'amiral, on est étonné qu'elle lui ait enlevé ce moyen de justification, si réellement il le voulait (1). Toute la défense contenue dans le mémoire que cette lettre accompagnait est des plus faibles.

L'amiral dit que la preuve que l'on ne pensait nullement à employer Poltrot, c'est que lorsque celui-ci lui fut envoyé par Soubise, Soubise recommandait de le lui renvoyer ; mais il n'explique pas pourquoi, au lieu de le renvoyer, il le garda auprès de lui. On lui reproche d'avoir donné de l'argent à l'assassin, dit-il : « Sur sa vie et son honneur, il ne se trouvera qu'il ait approuvé qu'on attentât en cette façon sur la personne d'icelui ; jusqu'à ce qu'on lui ait dénoncé un complot imaginaire contre les chefs protestants ; quoi voyant, *il confesse que, quand il a ouï dire à* QUELQU'UN *que s'il pouvoit, il tueroit ledit sieur de Guise jusques dans son camp*, IL NE L'EN A DÉTOURNÉ. » Et quant aux vingt écus, « il reconnoit être vrai qu'à son dernier retour à Orléans, environ la fin de janvier dernier, après que le seigneur de Feuquières lui eut dit qu'il avoit connu le dit Poltrot pour homme de service, il délibéra l'employer à sçavoir nouvelles du camp des susdits ennemis, et par cet

---

(1) *Gaspard de Coligny*, par le prince Eugène de CARAMAN-CHIMAY.

effet lui fit délivrer vingt écus, sans lui tenir autre langage ni propos, et sans jamais lui faire mention de tuer ou de ne pas tuer ledit seigneur de Guise ».

Il était, en effet, assez inutile de tenir « d'autres propos » à un homme qui se vantait de tuer le duc de Guise dans son camp, lorsqu'il l'envoyait dans ce camp même en qualité d'espion. Il reconnut de même lui avoir encore donné de l'argent à d'autres reprises. Il avoua se souvenir que Poltrot s'avança un jour jusqu'à dire qu'il serait aisé de tuer le duc de Guise, mais il soutint que lui, Coligny, n'insista pas sur cet article. Enfin, il se borna à nier purement et simplement toutes les autres dépositions de Poltrot (1).

L'opinion de Dargaud est assez curieuse à mentionner; elle constitue un quasi-aveu.

« Sa part, la voici, dit-il :

« Il ne doutait pas que le duc de Guise n'eût ourdi un complot contre sa vie, et, dans cette persuasion, il ne se croyait plus obligé de sauver celui qui voulait le perdre. Sous l'obsession de ses ressentiments, il entendit, sans le réprimander, Poltrot déclarer qu'il immolerait le duc de Guise, dès que l'occasion serait favorable. Peut-être Coligny pensa-t-il que c'étaient paroles en l'air et forfanterie de soldat. Ce qu'il y a d'incontestable, c'est qu'il demeura muet. Voilà sa faute. Cette faute, c'est son silence. Il n'encouragea pas le crime, mais il ne le découragea pas non plus. *C'est une tache dans la renommée de Coligny.* »

La reine et le Parlement esquivèrent la confrontation exigée par Coligny. Poltrot était écartelé depuis le

---

(1) *Gaspard de Coligny*, par le prince Eugène de CARAMAN-CHIMAY.

18 mars, lorsqu'après l'édit de paix, l'amiral rentra, comme dans une haute retraite, sous les arceaux de son manoir de Châtillon. Il apprit bientôt que les partisans des Guise et les catholiques ne le tenaient point pour justifié. Loin de là, ils l'accusaient plus que jamais, l'appelant assassin et banquier d'assassin. Coligny reprit la plume, et écrivit un second mémoire, dans lequel il avouait que le duc de Guise « était l'homme de toute l'armée qu'il avait cherché le plus le jour de la bataille dernière... que s'il eût pu braquer un canon contre lui, il l'eût fait; qu'il eût semblablement commandé à dix mille arquebusiers, s'il les eût eus à son commandement, de lui tirer entre tous les autres, fût-ce en campagne, au-dessus d'une muraille ou derrière une haie. Bref, qu'il n'eût épargné aucun moyen de ceux que le droit des armes permet au temps d'hostilité pour se défaire d'un si grand ennemi que celui-là lui était, et à tant d'autres bons sujets du roi... »

Les Guise voulurent dès l'abord intenter une action judiciaire contre l'amiral. Il y avait bien un arrêt du Conseil interdisant aux deux maisons de Guise et de Châtillon de rien entreprendre l'une contre l'autre, et même de faire aucune démarche en justice jusqu'à de nouveaux ordres du roi, mais ces retards, prolongés par la politique de Catherine, qui aimait à user par le temps les situations difficiles, devaient avoir une fin.

Tous les membres, tous les amis de la maison de Guise, s'étaient, grâce aux soins actifs du duc d'Aumale et du marquis d'Elbeuf, assemblés dans le dessein de donner plus de poids à une démarche par laquelle ils se promettaient de confondre ou du moins d'embarrasser gravement leurs ennemis. Attendre plus longtemps, c'eût été risquer de ne pouvoir demeurer réunis ; aller trouver la cour dans un bourg obscur de Normandie, c'était, d'autre part, se priver de l'avantage d'agir directement sur des spectateurs nombreux, dévoués, c'était compromettre, sans doute, un côté de l'effet politique de leur démonstration. Pressés par le temps, par les conjonctures, les princes lorrains s'arrêtèrent pourtant à ce dernier parti.

Laissons maintenant la parole à M. de Bouillé (1).

« Antoinette de Bourbon, sortie de sa retraite de Joinville, désignée pour porter la parole en cette grave occasion, et suivie de sa belle-fille, la duchesse de Guise, de ses fils d'Aumale, d'Elbeuf, du cardinal Louis, de son cousin le comte de Vaudémont, du cardinal de Bourbon, des ducs de Montpensier, de Longueville, de Nemours et d'un nombre considérable d'amis de sa maison, arriva à Meulan le 26 septembre. Tout ce cortège était revêtu d'habits de deuil ; les princesses portaient de grandes robes à queues traînantes, les femmes de leur service avaient le visage couvert de voiles noirs et faisaient entendre de profonds gémissements (2).

« C'est au moment où, après avoir entendu les vêpres, Charles IX va sortir de l'église que cette famille désolée, mais non moins politique, se précipitant à ses pieds, lui soumet une requête signée de tous les princes et princesses présents. Il y est demandé au monarque « d'administrer justice et de permettre aux

---

(1) René DE BOUILLÉ : *Histoire des ducs de Guise*, t. II, p. 313 et suivantes.

(2) PÉRAU : *Vie du duc Henri de Guise*. — DE THOU, liv. XXXV.

« suppliants de faire poursuyte dès maintenant aux
« lieux et juges qu'il appartiendra du meurtre pro-
« ditoire et inhumain de François de Lorraine... pour-
« suyte qu'ils ont différée par le commandement du
« Roy jusque à présent... que les occasions cessent et
« pour ce qu'il leur seroit chose trop honteuse et
« ignomineuse... et pourroient estre tenuz défaillans
« au debvoir... arguéz d'ingratitude s'ils taisoient plus
« longue demeurée à faire cette poursuyte. »

A ce spectacle, le jeune roi, saisi, soit de surprise, soit d'une certaine émotion, se sent venir les larmes aux yeux, et, faisant relever les suppliants : « Il me
« semble avoir ouy dire, leur répond-il aussitôt, que
« Dieu faisoit régner les roys par la justice : c'est
« pourquoy je vous ai ci-devant dict, ma cousine, que
« je vous la ferois faire quand vous m'en requériez.
« Le cas me semble si malheureux faict à ung prince
« tant recommandé de ses services et qui tenoit le lieu
« en l'armée que j'avois lorsqu'il fut ainsi malheureu-
« sement tué que moi-même le poursuiverois : pour
« ce veulx-je qu'elle soit ouverte et faicte si bonne que
« Dieu et le monde en demeurent satisfaicts et que
« ma conscience en soit deschargée (1). »

Les suppliants se rendent alors chez la reine pour lui faire une simple visite, sans lui parler d'autre chose; et le même jour, par ordre de Charles IX, on appose au bas de la requête le décret suivant, rendu en conseil privé :

« Le Roy a permis et permet poursuyvre justice pour
« le faict mentionné en la présente requeste par-devant
« les juges des pairs de France, lieutenans généraulx

---

(1) *Mémoires de Condé*, édit. in-4°, t. IV, p. 668.

« de Sa Majesté, où la cognoissance de lacdite cause
« en appartient. »

D'après cette réponse, « contenant l'ouverture de
justice et renvoy de la cause au Parlement de Paris
ainsi qu'il estoit acquis, et qu'il sembloit raisonnable
vu l'importance du faict et la qualité de la personne de
feu monseigneur le duc de Guyse », l'avocat Versoris,
auteur d'un assez long plaidoyer (1) pour les deux duchesses douairières, présenta, le 30 du même mois,
en plein Parlement, au nom de toute la famille, une
demande tendante à ce qu'il fût informé contre les
complices de la mort de François de Lorraine ; et cette
cour, « ouvrant justice », députa deux conseillers pour
instruire le procès. Mais, quoique les termes des premières requêtes fussent purement généraux, sans désignation de personnes sur qui portassent les soupçons,
l'amiral ne voulut pas paraître s'y méprendre. Les
divers parlements lui semblaient contraires à sa cause,
suspects d'association et de ligue avec le duc de Guise :
il lui importait d'empêcher, en particulier, tout commencement d'action devant celui de Paris, naguère
assez récalcitrant au sujet de l'édit de pacification et
même de celui de majorité du roi. Coligny s'empressa
donc efficacement de lui faire signifier ainsi qu'aux
commissaires, à ce qu'il n'en « prétendissent ignorance », l'évocation de toutes les causes concernant
ses frères et lui, à la propre personne et au grand conseil du roi. D'une autre part, il suppliait instamment
Charles IX de maintenir cette évocation, précédemment accordée pendant le voyage du roi en Normandie, et il persuadait, avec peu d'efforts, à Catherine

---

(1) Mss. Dupuy, v, 500.

qu'agir autrement ce serait donner le signal « d'esclandres qu'on ne sauroit aisément réparer... de plaintes et quérimonies » qui ne tarderaient pas à se traduire de nouveau en guerre civile.

Jouissant à peine encore des premiers fruits d'une pacification laborieuse, la reine mère appréhendait de se plonger dans des embarras plus terribles que les précédents, et elle ne prêtait qu'à regret une oreille artificieuse aux réclamations multipliées de la duchesse de Guise. Cette princesse demandait, sans toutefois se départir de la juridiction du parlement de Paris, que la connaissance de sa cause fût du moins attribuée à l'un de ceux de Toulouse, Bordeaux, Rouen ou Dijon. Elle déclarait aussi ne prendre à partie ni l'amiral, ni personne jusqu'à ce que le roi lui eût donné des juges et qu'elle sût qui se trouvait coupable.

Ces termes posés, l'amiral cesse de faire des objections ; et le roi ordonne de passer outre au jugement. Le parlement de Paris, toutefois, lorsqu'il voit la duchesse solliciter justice, non seulement contre tous en général, mais spécialement contre Coligny, réveille la difficulté produite par la précédente évocation. Anne d'Est s'adresse itérativement au roi et à la reine, pour leur demander cette fois d'enjoindre qu'il soit passé outre aux poursuites, même envers Coligny qui, à son tour, réclame de nouveau, quant à ce qui lui est personnel dans la cause, le bénéfice de l'évocation au roi ; la duchesse insiste encore, mais vainement ; Catherine de Médicis s'applaudit, comme d'un chef-d'œuvre, de l'inextricable complication par l'effet de laquelle, en dépit des persévérantes démarches des princes de la maison de Guise, se montrant même au Louvre avec un cortège menaçant, l'affaire ne peut être entamée faute de juges non suspects aux yeux des deux partis également. La reine mère en est si bien venue à ses fins que, sur une nouvelle supplique présentée, le 4 janvier 1564, par la duchesse de Guise, persistant d'ailleurs en toutes ses requêtes précédentes, Charles IX, le lendemain, déclare se réserver personnellement la connaissance du procès, en fixant cependant, vu son jeune âge, un délai de trois ans pour y donner suite.

Afin d'appuyer ses propres objections, Coligny, contrevenant à la défense royale qui le concernait aussi bien que les Guise, et qui fixait à leurs cortèges respectifs un maximum de quarante personnes, était arrivé à Paris, avec une escorte de cinq ou six cents gentilshommes, dans une attitude capable d'intimider la cour. Les Guise, jugeant opportun d'éviter en ce moment une collision, se sont d'abord retirés et, pour ainsi dire, retranchés dans leur hôtel. Le duc d'Aumale, le marquis d'Elbeuf et leurs neveux persistent à n'en point sortir ; la duchesse et le cardinal de Guise seuls se rendent quelquefois au Louvre pour ne pas paraître prendre la fuite devant leurs adversaires, mais « ils n'y font jamais un long séjour ». Anne d'Est subit même, de la part de sa mère, la duchesse de Ferrare, confidente et protectrice des réformés, l'instance recommandation de « perdre la mauvaise opinion qu'elle a d'un chevalier si important et de bien comme l'amiral ».

M. de Caraman résume très clairement le récit un peu long de M. de Bouillé, et prend parti contre Coligny, dont il ne met pas en doute la culpabilité, bien qu'il lui cherche des circonstances atténuantes.

Les Guise, dit-il, « voulaient que les coupables

fussent traduits devant le Parlement. C'était là justement ce que l'amiral redoutait davantage, et il demandait que la cause fût évoquée au conseil du Roi : « Rien, disait Anne d'Est, ne serait plus inique que de bailler, à un accusé d'un tel crime, juges par lui demandés et poursuivis. »

L'amiral répondit à la demande des Guise par sa troisième « apologie ». Ce qui est fort curieux dans ce document, c'est que l'amiral, si grand défenseur du droit de la nation, toujours si prêt à en appeler aux assemblées, aux États Généraux, contre les abus du pouvoir, soutient ici, dans l'intérêt de sa cause, une thèse singulièrement différente. « Quoi que Mme de Guise puisse supposer par ses requestes, dit-il au Roi, la justice, administration et distribution d'icelle, est en vostre main — non liée, ni obligée à Cour de Parlement ou autre — pour, soit de volonté, soit par justice, la raison et nécessité le requérant, la commettre à qui bon semblera; comme vous et vos prédécesseurs avez fait en plusieurs cas et exemples. » Il terminait son apologie par les accusations les plus violentes contre le feu duc de Guise, auquel il reprochait, entre autres choses, d'avoir pris les armes sans l'aveu du Roi.

« M. l'admiral de Chastillon ne se fust sauvé du meurtre de M. de Guise s'il eust été subjet des Suisses. » Voilà ce que pense Gaspard de Tavannes de la demande d'évocation au Conseil. La cour, fort embarrassée, ne répondait rien aux requêtes, et se bornait à s'efforcer d'empêcher des collisions sanglantes, en réglant le nombre de gentilshommes que les chefs des deux partis pouvaient avoir avec eux. On ne tenait guère compte de ces ordonnances, et la haine et la rivalité augmentaient toujours. « La haine de ceux de Guise contre l'Admiral demeuroit tousjours en leurs cœurs, et ne se pouvoit treuver aucun moyen de les contenter. » C'est alors que Catherine de Médicis écrivait à la duchesse de Savoie, sa belle-sœur :

« Mme de Guise a demandé que le roy, mon fils et
« moy jugions seuls, comme verrez par ce que je vous
« envoye, et le roy mon fils, de son propre mouve-
« ment, sans que personne luy en dist ryen, a donné
« l'arrest tel que verrez, si bien que tout son Conseil
« a dist que Dieu le faisoit parler et se sont arrestés à
« ce qu'il en a ordonné, comme au jugement de Salo-
« mon. Dieu le fist parler aussi en celui-ci, car, sans
« cet arrest, je pense que vous nous eussiez veu
« encores aux armes et par ceci tout est suspendu,
« au contentement des deux parties, et nous n'avons
« plus rien qui nous arreste que les Anglois (1). »

Le 4 janvier 1564, les ducs de Guise et d'Aumale partirent pour le château de Joinville, où venait de se rendre le cardinal de Lorraine de retour du concile de Trente, après avoir signé, sur l'ordre du roi, conjointement avec Coligny et ses deux frères, une promesse de ne rien faire, entreprendre ni dire les uns contre les autres. De son côté, Coligny se retira à Châtillon-sur-Loing. Il y eut cependant une reprise d'hostilité, dit M. de La Ferrière.

Au mois de février, la querelle entre les maisons de Guise et de Châtillon se reprit ; le roi fit venir à Meaux Mme de Guise, le cardinal de Lorraine et l'amiral, leur témoignant le singulier désir qu'il avait, pour plusieurs

---

(1) *Archives de Turin* (autographe).

grandes raisons, d'y mettre une bonne fin. Le cardinal et la veuve du duc demandèrent délai pour production de pièces qui ne devaient être vues que de Sa Majesté; depuis, la duchesse demanda à poursuivre devant le Parlement et à y présenter les pièces soumises au roi, à quoi il se refusa, et fit assembler les princes de son sang, les chevaliers de l'ordre, les conseillers de son Conseil pour juger l'affaire avec l'assistance de la reine, sa mère. De part et d'autre, on s'en remit à son jugement; et l'amiral, ayant affirmé de nouveau, comme devant Dieu, qu'il n'avait fait, ni fait faire, ni approuvé le dit homicide, le roi le déclara innocent (1).

Pendant le voyage de la cour, dont nous parlerons plus loin, le cardinal de Lorraine vint à Paris et fut attaqué brutalement dans les rues par le connétable de Montmorency, qui dispersa son cortège, action indigne et déloyale dont il fut blâmé par les huguenots eux-mêmes. Effrayé des conséquences de cette agression, dans une ville entièrement dévouée aux Guise, le connétable écrivit à Coligny, qui vint immédiatement à son secours à la tête d'une troupe de cinq cents cavaliers. Il alla au Parlement, et essaya de s'y défendre une fois encore des imputations qui le chargeaient, puis il repartit pour son manoir, devançant un ordre du roi, qui, de Mont-de-Marsan, interdisait l'accès de la capitale aux chefs des deux partis.

Au retour du roi, une assemblée fut réunie à Moulins, pour trancher tous ces différends. Un arrêt royal déclarait, le 29 janvier 1566, « le dit sieur de Châtillon, amiral de France, purgé, déchargé et innocent du fait

---

1) RECORD OFFICE : *State papers, France*, vol. XLIII.

dudit homicide et des charges que l'on lui a voulu ou pourrait ci-après pour ce regard imputer :

« En a imposé et impose silence perpétuel à son
« procureur général et à tous autres. Fait prohibition
« et défense, tant aux dites parties qu'à tous autres,
« d'en faire ci-après aucune recherche et poursuites,
« ores ne pour l'avenir soit par voie de justice ou
« autrement; et à tous juges d'en prendre aucune
« cour ou connaissance. »

Alors eut lieu la réconciliation, ou plutôt le semblant de réconciliation, entre les maisons de Guise et de Châtillon.

Il paraît, du reste, que la veuve du duc François et le cardinal de Lorraine y figurèrent seuls. Le duc d'Aumale et le duc Henri de Guise s'étaient abstenus. Voici, du moins, ce que rapporte Castelnau : « L'année ensuivant, le Roy fit assembler à Moulins les premiers des parlements et tous les plus grands princes, seigneurs et autres personnes de qualité, en forme d'Estats particuliers, où se trouverent ceux de Guise, de Montmorency et de Chastillon, que Sa Majesté avoit mandez : qui estoit un moyen que l'on trouvoit bon en apparence pour accorder la veufve du feu duc de Guise et le cardinal de Lorraine avec l'Admiral, après qu'il eut fait serment de n'avoir eu aucune part à l'homicide commis en la personne du duc de Guise : et par mesme moyen, le Roy et la Reyne, sa mere, accorderent le cardinal de Lorraine et le mareschal de Montmorency. Vray est que les enfans du duc de Guise estoient absens et hors de la Cour. »

Peu de temps après l'assemblée de Moulins, l'amiral fit arrêter à Châtillon un voleur de grand chemin, nommé Simon Le May, qu'on lui avait dénoncé comme ayant fait marché avec le duc d'Aumale pour l'assassiner. Quand Le May fut mis en jugement, il prétendit que c'était l'amiral, au contraire, qui lui avait proposé d'assassiner la reine mère, et qu'il ne l'accusait aujourd'hui que pour se venger de son refus.

Cette affaire ne paraît pas fort claire ; mais il est certain, en tout cas, que l'amiral reçut satisfaction, puisque Le May fut condamné au supplice de la roue (1).

Quoi qu'il en soit des apologies diverses de Coligny et de ses complices, et malgré l'arrêt de Moulins, rendu sous l'influence de graves perturbations politiques et dicté par la raison d'État, nous n'en persistons pas moins à affirmer que l'amiral de Coligny est coupable du meurtre de François de Guise.

Tout l'accuse, même sa triple et maladroite plaidoirie, même la sentence arrachée à la faiblesse du roi et de la reine mère.

Sans doute, il n'a pas ordonné à Poltrot de Méré d'assassiner son ennemi, mais il lui a fourni les moyens d'accomplir son crime, il lui a donné de l'argent, des armes, un cheval. Il a dit devant lui et devant d'autres qu'il ne désirait rien au monde que de voir disparaître le chef des armées catholiques, et que celui qui le tuerait rendrait à la cause de la Réforme le plus important service.

Il a recueilli les fruits de cette lâche embuscade, comme il a lâchement abandonné le traître fanatique auquel il désignait une proie, sans lui inspirer en même temps la salutaire terreur de l'échafaud.

Coligny, que nous avons vu fauteur de rébellion,

---

(1) CARAMAN-CHIMAY : *Gaspard de Coligny.*

pactisant avec l'étranger, vendant aux Anglais des villes françaises, allié aux ennemis séculaires de sa patrie, rebelle à son roi et à la loi, Coligny est de plus un ami faux et ingrat, un gentilhomme parjure, un chevalier félon envers les règles de la chevalerie, un conspirateur hypocrite, et nous venons de démontrer, une fois de plus, qu'il est coupable d'homicide prémédité, atrocement préparé dans l'ombre, puis nié avec une audace sans pareille, un courage misérable, parce que la justice, un moment soumise à la raison d'État, — supérieure, — s'est contentée d'une seule tête pour payer le forfait!

CHAPITRE VII

Voyage de la cour dans les provinces. — Edit de Roussillon. — Les édits et les parlements. — Entrevue de Bayonne. — Ordonnance de Moulins. — Projets de Coligny contre l'Espagne. — Seconde guerre civile. — Condé à Paris. — Bataille de Saint-Denys. — Mort du connétable. — Traité de Longjumeau. — La paix *boiteuse et malassise*. — Proposition du duc de Savoie. — Négociations des chefs protestants avec les Anglais et les Allemands. — Bataille de Jarnac. — Mort de Condé. — Les calvinistes en Béarn. — Les Michelades. — Bataille de Montcontour. — Paix de Saint-Germain. — Mariage du roi. — Le chancelier de l'Hôpital.

Suivant l'usage de ses prédécesseurs, après leur avènement, Charles IX, aussitôt que la promulgation de l'édit d'Amboise eut produit une apparence d'apaisement des partis, avait entrepris un voyage dans les différentes provinces de son royaume. La reine mère pensait avec raison que la présence du roi, de tous les jeunes princes qui l'accompagnaient, le duc d'Anjou, le roi de Navarre, Henri de Guise, tous à peu près de son âge, que l'éclat de cette cour aimable et joyeuse, disposerait les esprits à l'oubli des ressentiments.

La cour s'arrêta d'abord deux mois à Fontainebleau, puis elle visita Sens, Troyes, Bar-le-Duc, la Lorraine. Catherine profita du voisinage de l'Allemagne pour négocier avec les princes de ce pays, dont elle voulait acheter à l'avenir le concours, ou tout au moins la neutralité.

On se rendit ensuite en Bourgogne, à Dijon, à Lyon, puis, au mois de juillet, le roi s'établit au château de Roussillon en Dauphiné, où son séjour fut marqué par la publication d'un nouvel édit. En effet, les parlements n'avaient enregistré l'édit d'Ambroise qu'avec de grandes difficultés. Il avait fallu forcer la main à ceux de Paris, d'Aix et de Toulouse ; celui de Dijon fit des remontrances et n'enregistra qu'à la condition qu'il n'y aurait point de prêches dans toute l'étendue de la Bourgogne. Le roi avait dû, pour triompher de ces résistances, déclarer l'édit conditionnel et provisoire, comme les précédents (1).

L'édit de Roussillon soumit la liberté du culte à de fortes restrictions. Il fut interdit aux ministres de faire aucune assemblée autre que les prêches, de tenir des synodes, d'avoir des écoles, de lever de l'argent, en un mot, d'agir comme membres d'une Église constituée. On refusa même de reconnaître les mariages célébrés par des ministres protestants.

Le prince de Condé adressa aussitôt une protestation à la reine mère, et pour bien marquer le caractère de cette pièce, il la fit imprimer et répandre. La cour ne tint naturellement aucun compte de ces déclarations du prince ; elle s'appuyait sur la nécessité de l'ordre public et ne pouvait sacrifier à une minorité turbulente les droits et les devoirs de conscience de l'immense majorité.

De Roussillon, Charles IX se rendit à Valence, à

---

(1) DARESTE : *Histoire de France*.

Montélimart, à Orange, à Avignon, à Aix et à Marseille. Au cours de ce voyage, il reçut la visite des ducs de Savoie et de Ferrare et d'un envoyé du Pape, le Florentin Antinori. Il s'achemina ensuite par Nîmes, Béziers et Narbonne, vers Carcassonne, où la cour passa l'hiver. Enfin, après un séjour à Bordeaux et à Mont-de-Marsan, la famille royale atteignit Bayonne, où elle arriva le 3 juin.

Catherine y eut une entrevue avec sa fille, la reine d'Espagne, amenée par le duc d'Albe, qui était chargé de remettre à Charles IX le collier de la Toison d'or et de l'engager, ainsi que sa mère, à prendre une attitude plus décidée dans les questions religieuses; le gouvernement espagnol, ayant à réprimer les rébellions des Flandres, eût désiré combiner son action avec celle de la France.

Catherine de Médicis défendit sa politique avec énergie; elle soutint qu'elle avait gagné du terrain, ce que le duc d'Albe contesta; elle se flatta d'avoir affaibli peu à peu le parti réformé, et soustrait les masses populaires à l'influence calviniste; elle prétendait enfin, comme le dit Pasquier, lui être plus nuisible par des édits pendant la paix, que par la force durant la guerre.

Le duc lui demanda d'expulser de France cette *mauvaise secte*. La reine répondit que son fils était obéi de ses sujets, refusa de laisser critiquer ses conseillers, et voulut restreindre tous les entretiens de cette entrevue à la négociation des mariages de ses enfants.

« Telle fut, dit Dareste, la célèbre entrevue de Bayonne, sur laquelle l'Europe entière eut un instant les yeux fixés. Une alliance étroite de la France et de l'Espagne eût pu porter au calvinisme un coup mortel. Les protestants, pleins d'une naturelle inquiétude, attribuèrent au duc d'Albe des projets de massacre pareils à ceux qu'ils avaient imputés déjà en 1560 à François de Guise, et en 1563 à Montmorency. Ils virent, dans l'empressement de Catherine de Médicis à s'aboucher avec un représentant du gouvernement espagnol, une menace pour eux-mêmes ; ils crurent la reine prête à écouter les conseils de rigueur et de violence. » Mille bruits coururent sur des entretiens dont les lettres du duc d'Albe à Philippe II ont seules révélé le secret, lettres qu'on peut lire dans le tome IX des papiers d'État de Granville.

Toutefois l'entrevue, beaucoup moins significative que ne le prétendit le bruit public, servit la politique espagnole. Albe avait fortifié de ses conseils les hommes qui voulaient des lois de rigueur ; il leur avait présenté Philippe II comme le champion armé du catholicisme européen. Catherine elle-même, si attentive à suivre le progrès croissant des forces du parti catholique, ne put être plus insensible aux sollicitations du roi d'Espagne qu'elle ne l'avait été à celles du duc de Savoie ou de l'envoyé du pape. Tout en résistant pour sauvegarder sa fierté, elle céda peu à peu à la pression du dedans et à celle du dehors. Elle parut moins favorable aux réformés ; elle commença aussi à s'éloigner des hommes du tiers parti (1).

Charles IX revint de Bayonne par Nérac, résidence de Jeanne d'Albret, et força la reine de Navarre d'y rétablir l'exercice du catholicisme. Il traversa ensuite Angoulême, Niort, Thouars, Angers, Tours et Blois, où

(1) DARESTE : *Histoire de France*. — Voir sur l'entrevue de Bayonne un remarquable article du comte de la Ferrière, publié par la *Revue des Questions historiques*. (Juillet, octobre 1883.)

il arriva au mois de novembre. Frappé de tous côtés du spectacle des églises dévastées et des ruines amoncelées par les huguenots, il en conçut contre eux, au rapport de Davila, une sorte d'aversion et de dégoût. En même temps, il continuait de recevoir partout les plaintes des protestants contre les violences des gouverneurs qui n'observaient pas les édits.

Après un repos de quelques semaines à Blois, la cour se rendit à Moulins, où l'on avait convoqué, pour le mois de janvier 1566, une assemblée composée des personnages les plus considérables du royaume et des présidents de tous les parlements de France. La reine avait deux buts ; elle voulait réconcilier les grands et préparer un nouvel édit.

Elle réconcilia, en effet, comme nous l'avons dit, les Guise et les Châtillon.

L'ordonnance de Moulins, publiée malgré une violente altercation entre le cardinal de Lorraine et l'Hôpital, résumait en un corps de quatre-vingt-six articles les réformes que le chancelier apportait aux lois. Cette ordonnance de Moulins est demeurée la base de la législation française jusqu'à la révolution.

Après la double réconciliation de Moulins, la cour rentra à Paris. La paix intérieure n'existait pas ; c'étaient chaque jour de nouvelles collisions.

Coligny et les autres chefs des réformés de France, mécontents des modifications apportées à l'édit d'Amboise et de l'attitude que semblait prendre Catherine de Médicis, inquiets du sort réservé à leurs coreligionnaires dans une contrée aussi voisine, et frappés de la force croissante d'agression des puissances catholiques depuis le concile de Trente, craignirent

11.

que le calvinisme ne fût ruiné en Belgique, et que cette ruine n'entraînât son anéantissement en France. Ils voulurent soutenir à tout prix leurs frères des Pays-Bas ; ils proposèrent à Charles IX de saisir l'occasion qui s'offrait d'aider les Pays-Bas à se séparer de la monarchie espagnole, et essayèrent de réveiller toutes les haines et les défiances nationales contre l'Espagne. La proposition, insidieuse à quelques égards, n'en avait pas moins un côté sérieux. Elle flattait les sentiments et les souvenirs populaires, les passions des hommes de guerre qui avaient combattu contre les troupes de Charles-Quint. Elle pouvait séduire les politiques, qui pensaient que la France devait chercher sur sa frontière un dédommagement aux pertes faites en Italie, et dans une guerre étrangère une diversion utile aux troubles intérieurs (1).

La France ne pouvait demeurer spectatrice indifférente d'événements aussi rapprochés que ceux des Pays-Bas, surtout quand les passions qui s'y agitaient fermentaient également dans son sein. Charles IX leva les gens de pied français, des lansquenets et six mille Suisses, pour se fortifier et se tenir prêt à tout hasard, mais il resta fidèle à l'alliance espagnole, offrit au duc d'Albe le passage de ses États, et refusa nettement l'offre que faisaient Condé et Coligny de mettre sur pied les gentilshommes de la religion. Quelques-uns de ces gentilshommes ayant couru à Genève, qui se crut menacé par le passage du duc d'Albe, le roi défendit à qui que ce fût, sous peine de perdre la vie et les biens, de prendre du service à l'étranger sans son commandement, et nommément d'aider les sujets

---

(1) M. C. Dareste : *Histoire de France*, t. IV, l. XXIV.

rebelles du roi catholique dans les Pays-Bas. Catherine espérait, au moyen de ces mesures préventives, garantir la paix au dedans et au dehors. Elle se montre, dans une de ses lettres, frappée « du terrible train dans lequel étoient les choses de Flandre », et regarde comme « un grand heur de se voir délivrée de pareilles calamités et d'estre en repos ». Elle ajoute toutefois « qu'il se falloit mettre en peine de s y conserver et d'y demeurer hors des maux qu'avoient les autres (1) ».

Coligny fit, à cette même époque, demander, par les princes allemands au roi de France la liberté absolue de culte et de conscience : le roi se borna à répondre que les princes allemands n'avaient pas plus à se mêler des affaires de son royaume qu'il ne se mêlait lui-même des affaires de leurs États. Coligny n'en fatiguait pas moins la cour de ses remontrances et de ses prétentions. Il parlait sans cesse d'armer la noblesse calviniste et de marcher contre le duc d'Albe. Charles IX finit par lui dire qu'après avoir été soufferts par les catholiques, les calvinistes demandaient maintenant à être leurs égaux, en attendant qu'ils fussent en force pour chasser les catholiques du royaume.

En effet, les principaux seigneurs de la religion tenaient des conciliabules à Valéry-en-Caux, chez le prince de Condé, et à Châtillon, chez Coligny. Ils se décidèrent à une agression et préparèrent une prise d'armes dans le plus grand secret. Les protestants résolurent d'enlever le roi, qui se trouvait à Monceaux, de s'emparer du cardinal de Lorraine et de lever une armée. Ils suivaient ainsi exactement le plan des calvi-

(1) RENÉ DE BOUILLÉ : *Histoire des ducs de Guise.*

nistes d'Ecosse qui venaient d'enlever Marie Stuart de cette manière (1). Avertie de ce projet au moment où les conspirateurs arrivaient déjà par toutes les routes à Châtillon, chez Coligny, Catherine de Médicis emmena Charles IX à Meaux, et forma une armée de quelques régiments, des Suisses et des gentilshommes de la maison du roi. Puis les princes lorrains firent brusquement décider la retraite sur Paris, et le 28 septembre 1567, le roi rentrait dans sa capitale. La reine offrit une amnistie si les armes étaient déposées dans les vingt-quatre heures, mais tout effort de conciliation fut inutile; et le 10 novembre avait lieu la bataille de Saint-Denys, que Mgr le duc d'Aumale raconte avec éloquence dans son *Histoire des princes de Condé*.

On délibérait encore « le cul sur la selle » (D'Aubigné), lorsque, peu après le lever du jour, les coureurs vinrent avertir que l'armée royale débouchait du faubourg Saint-Denis : les chefs protestants n'eurent que le temps de se rendre en grande hâte à leurs postes. Laissant dans Saint-Denis sa petite troupe de piquiers, Condé déploya la « bataille » en avant de cette ville, entre Aubervilliers et Saint-Ouen, faisant en quelque

---

(1) On devait s'emparer du roi, le déclarer déchu du trône et mettre à sa place le prince de Condé. La duchesse de Ferrare, Renée de France, écrivait, en mars 1564, à Calvin une lettre confidentielle, qui prouve ces projets de révolution dynastique, dont Blaise de Montluc accusait les réformés gascons avant 1562; elle, y parle de ces prédicants sanguinaires qui criaient qu'il fallait « exterminer un pupille... jusqu'à exhorter les simples femmelettes à dire qu'elles voudraient, de leurs mains, tuer ou étrangler » ces ennemis de l'Evangile. Il y aurait même eu un monument de ces desseins révolutionnaires; c'est un écu d'or à l'écusson de France, à l'effigie du prince de Condé, avec cette légende : *Ludovicus XIII, Dei gratia Francorum rex primus christianus.* (Louis Audiat : *Bernard Palissy*.)

sorte une courtine vivante entre deux bastions. Comme il avait peu de monde et qu'il voulait remplir un espace très étendu (environ 3,500 mètres), il avait formé sa cavalerie « en haye » sur une seule ligne. Quelques « manches » d'arquebusiers couvraient ses flancs et se reliaient avec ceux qui tenaient les deux villages. L'amiral était adossé à Saint-Ouen, avec la cavalerie de l'avant-garde, ayant sa droite protégée par de petits bois et des jardins garnis d'infanterie. La cavalerie de l'arrière-garde, sous Vardes et Genlis, était devant Aubervilliers : le terrain ne leur offrant, de ce côté, aucun point d'appui, ils avaient occupé un moulin un peu en avant de leur gauche ; un fossé avec épaulement, creusé entre ce moulin et le village, cachait une ligne d'arquebusiers.

Cet ordre de bataille fort simple correspondait si bien à la disposition des logements, que la petite armée était établie longtemps avant que les troupes royales, qui sortaient de Paris sur une seule colonne, eussent achevé leur déploiement.

Le connétable ne s'attendait pas à voir les protestants accepter la bataille dans cette plaine découverte, coupée par une simple chaussée pavée que ne bordait aucun fossé : il supposait qu'alarmés par la reconnaissance de la veille, ils se seraient resserrés dans leurs quartiers et chercheraient tout au plus à s'y maintenir. Son dessein était d'enlever simultanément les deux villages qui appuyaient la droite et la gauche des réformés, puis d'attaquer Saint-Denis par toutes ses forces. Quelques compagnies d'ordonnance et quelques « manches » d'arquebusiers, appuyées par le régiment parisien, avaient paru suffisantes pour déloger l'amiral de Saint-Ouen ; cette aile gauche était commandée par les ducs de Nemours et de Longueville, par Thoré et plusieurs autres. Aubervilliers, qu'on pensait devoir être mieux défendu, devait être foudroyé par l'artillerie, que soutiendraient à gauche les Suisses, et à droite les bandes françaises, ainsi que les gendarmes de Cossé et de Biron. Plus à droite, Damville et d'Aumale, avec leurs compagnies d'ordonnance, devaient tourner Aubervilliers et marcher immédiatement sur Saint-Denis. C'est aussi Saint-Denis qui devait servir de point de direction à un gros escadron que le connétable, accompagné de son fils aîné, conduisait en personne. Il comptait s'avancer entre les deux attaques, et rallier ensuite à lui les troupes victorieuses aux ailes.

Déjà la cavalerie catholique prenait position en avant de la Chapelle et de la Villette; les grands et beaux chevaux des gendarmes, les armures éclatantes, les habits et les bannières chargés de croix contrastaient singulièrement avec l'équipement modeste des réformés, leurs casaques blanches toutes simples et leurs montures de chétive apparence. Déjà quatorze pièces, mises en batterie sur les hauteurs de la Villette, avaient ouvert leur feu contre Aubervilliers, lorsque Montmorency, surpris et comme irrité de l'attitude où il voyait l'ennemi, sans attendre l'inévitable effet de cette canonnade, sans attendre son infanterie, ni même toute sa cavalerie, donna l'ordre d'attaquer immédiatement.

Cossé et Biron s'avancent les premiers vers Aubervilliers, mais le fossé creusé devant ce village les arrête; Genlis choisit ce moment pour les charger, et les ramène en désordre, sans que leur artillerie, masquée par ce mouvement, puisse leur être d'aucun secours. Damville et d'Aumale, qui remplacent les premiers escadrons, ne sont pas plus heureux.

Du côté de Saint-Ouen, les troupes de l'amiral avaient reçu avec le même succès l'attaque des catholiques. Coligny, en poursuivant les gendarmes repoussés, rencontre le régiment des Parisiens qui, « bien dorés comme calices » (d'Aubigné), cherchaient à prendre leurs rangs avec l'inexpérience de guerriers improvisés, sortis le matin de leurs maisons. Ce fut l'affaire d'un moment : les volontaires, qui ne s'attendaient pas à pareille fête, ne purent résister au choc des vieux soldats protestants; ils s'enfuirent en désordre et « s'en souvinrent longtemps ». (La Popelinière.)

Au centre, le connétable avait formé sa cavalerie sur deux lignes : la première était conduite par son fils aîné; il dirigeait la seconde et s'avançait dans cet ordre contre le prince de Condé; lorsque celui-ci, laissant un tiers de son monde pour faire tête à la première ligne des catholiques, la dépasse avec l'élite des siens, et, fondant à l'improviste sur le flanc gauche de la seconde ligne, la charge avec tant de furie qu'en un instant le gros escadron est rompu. Le cheval du connétable est renversé, l'Écossais Stuart lui crie de se rendre : mais pour toute réponse, Montmorency, « abandonné des siens et non de sa vertu », lui casse la mâchoire avec la pomme de son épée brisée; au même moment, le vieillard tombe mortellement blessé d'un coup de feu au travers du corps.

Les prévisions de Condé se réalisaient : le succès couronnait la valeur des protestants. « Si mon maître, s'écriait l'ambassadeur turc, qui assistait à cette terrible mêlée du haut de Montmartre, si mon maître avait seulement mille de ces casaques blanches pour mettre en tête de chacune de ses armées, l'univers ne lui durerait pas deux ans. »

Mais une victoire complète eût tenu du prodige, et déjà la bataille changeait d'aspect. Genlis et Vardes, épuisés par trois engagements, ne pouvaient plus bouger devant Aubervilliers, et recevaient, immobiles, les décharges de l'artillerie qui avait rouvert son feu; les gendarmes catholiques se ralliaient autour des Suisses et des vieilles bandes qui venaient d'entrer en ligne, et préparaient une nouvelle et décisive attaque du village. D'autre part, l'amiral avait poussé trop loin la poursuite des Parisiens : pris en flanc par Chavigny, avec une cavalerie fraîche, il venait d'être complètement battu. Lui-même, entraîné par un cheval à bouche dure, avait été perdu de vue par les siens, si bien qu'on le crut prisonnier ou caché par quelque ami : pendant trois jours on fit des perquisitions pour le trouver dans Paris. Enfin, le maréchal de Montmorency avait rompu les compagnies protestantes qui lui étaient opposées, et faisait déjà face à l'escadron victorieux du prince.

Condé allait être écrasé, quand, sur toute la ligne de l'armée royale le bruit se répandit que le connétable était blessé et pris. A cette nouvelle, ses fils, Damville et Thoré, accourent à son secours, entraînant tous les gendarmes qui combattaient avec eux aux deux ailes. Aucun ordre n'était donné, personne avant l'action n'ayant été désigné pour servir de lieutenant à l'ombrageux connétable, et le duc de Guise n'étant plus là pour le remplacer et réparer ses fautes. Les débris de l'avant-garde protestante cessent d'être poursuivis et rejoignent la « bataille »; l'infanterie catholique, restée seule pour l'attaque d'Aubervilliers, ne peut empêcher

Genlis de se retirer presque intact du village. Toute la cavalerie des réformés se trouve ainsi réunie au centre; et tandis que l'ennemi s'empresse à relever Montmorency, on parvient à dégager Condé, au moment où son cheval, percé d'un coup de lance, tombait mort sous lui. La chute du jour surprend l'armée royale au milieu d'une inexprimable confusion. A la faveur de la nuit et de ce désordre, les protestants se retirent au pas sur Saint-Denis.

Les catholiques restaient maîtres du champ de bataille : les protestants ne pouvaient se regarder comme vainqueurs; mais, avec la disproportion des forces, le fait seul d'avoir accepté le combat honorait leur valeur, et il était glorieux de se retirer en ordre après avoir infligé à l'ennemi une série d'échecs partiels.

Sans doute, ils avaient été servis par les fautes de leurs adversaires et par la fortune qui frappa le connétable au moment le plus critique; mais ils avaient su profiter des faveurs de la Providence, et là est souvent le secret du succès. Condé pouvait réclamer la première part dans l'honneur de la journée, et répéter avec orgueil le vieux dicton latin : *Audentes fortuna juvat.*

Un peu après minuit, le silence qui se fit dans la plaine apprit aux réformés que l'ennemi venait de rentrer dans Paris. Aussitôt ils remontent à cheval, et avant le jour ils avaient repris leurs quartiers de la veille. Le 11, au matin, Dandelot, qui était revenu de son expédition le soir de la bataille, parcourait la plaine avec cinq cents chevaux, insultait le corps de garde catholique à la Chapelle, et brûlait jusque contre les murs de Paris, sans que personne en sortît pour le repousser. Le connétable n'avait pas survécu à ses blessures; sa mort, en laissant le commandement vacant et le champ libre à toutes les intrigues, paralysait l'armée royale.

Aussi cette première démonstration faite, et le découragement de l'ennemi constaté, le prince ne voulut pas prolonger une situation inutilement périlleuse. Profitant de l'inaction forcée des catholiques, il s'éloigna de Paris, et se hâta de marcher au-devant des renforts que lui envoyait l'Allemagne (1).

Les vaincus se retirèrent en Poitou, où vint les rejoindre un corps nombreux d'Allemands, envoyé par l'électeur palatin. Ils mirent aussitôt le siège devant Chartres, pour affamer Paris qui tirait de la Beauce ses principaux approvisionnements. La résistance de la place et les excès commis par les reîtres firent désirer une seconde fois la paix.

En effet, un traité signé à *Longjumeau*, le 23 mars 1568, remit en vigueur l'édit d'Amboise, sans aucune restriction. Les huguenots levèrent le siège de Chartres, livrèrent au roi Soissons, Auxerre, Orléans, Blois et la Charité, et la reine acquitta leurs dettes. Les Châtillon, qui se méfiaient de la cour, ne déposèrent les armes qu'avec répugnance, et les jeunes gens qui entouraient Condé appelaient en riant cette paix la paix *boiteuse* ou *malassise*, par allusion au boiteux Gontaut de Biron et au maître des requêtes Malassise, qui l'avaient négociée. Mais ce jeu de mots ne tarda pas à devenir une triste réalité.

Catherine n'avait signé la paix de Longjumeau que pour désarmer et désunir les protestants. Le chancelier de l'Hôpital, devenu suspect par sa modération, fut

(1) S. A. R. MGR LE DUC D'AUMALE : *Histoire des Princes de Condé*.

disgracié, et les sceaux, donnés à Jean de Morvilliers.

Les deux partis posèrent donc les armes, mais avec une égale défiance l'un de l'autre, en songeant déjà aux moyens de les reprendre avec avantage. Une tentative de la cour, pour arrêter Coligny et Condé, ralluma pour la troisième fois la guerre civile. Les calvinistes, qui avaient conservé la Rochelle, en firent le chef-lieu du protestantisme. Ils y furent rejoints par Jeanne d'Albret, veuve du roi de Navarre, et par son fils, le prince de Béarn. Le duc de Deux-Ponts et le prince d'Orange leur avaient amené de nombreux secours de l'Allemagne. Elisabeth leur fit, à son tour, parvenir de l'or, des canons et des munitions de guerre. Ainsi soutenus par l'Allemagne, l'Angleterre et la Navarre, les huguenots envahirent l'Aunis, la Saintonge, l'Angoumois et le Poitou (1).

Dans le Midi, la guerre recommençait avec la plus effrayante férocité ; les protestants, maîtres d'un grand nombre de villes, chassent partout des couvents et des églises les prêtres, les moines et les religieuses. Ils dépouillent les sanctuaires de leurs ornements, et quelquefois démolissent les édifices. A Nîmes, ils pillent l'évêché, égorgent soixante-douze catholiques qu'on entassa dans le puits de l'évêque.

De part et d'autre, dit M. de La Ferrière (2), on cherchait à augmenter ses forces ; mais si, à prix d'argent, on s'arrachait les Allemands, c'est encore sur les propres ressources de la France que l'on comptait le

---

(1) L'ABBÉ MURY : *Histoire politique et religieuse de la France.*
(2) COMTE H. DE LA FERRIÈRE : *le Seizième siècle et les Valois,* d'après les documents inédits du *British Museum* et du *Record office.*

plus ; le duc de Savoie fit, à ce sujet, une proposition dont une copie est venue au *Record office,* et dont voici l'analyse :

Il y a en France quatre-vingt-seize évêchés et seize archevêchés ; il n'en veut prendre pour le moment que vingt et un : Paris, Meaux, Senlis, Beauvais, Amiens, Soissons, Noyon, Laon, Reims, Châlons, Langres, Troyes, Auxerre, Sens, Bourges, Orléans, Tours, Chartres, Evreux, Rouen, Lisieux.

On peut en tirer 42,000 hommes de pied combattants, sans toucher aux villes, ne prenant qu'un homme par village. François Ier en trouva plus de 4,000, rien que dans le diocèse de Paris, le plus petit de tous. Chaque village équipera, armera un homme et payera dix livres par mois pour la solde du dit homme qui n'aura plus à vivre sur le *bon homme.* Les maires et marguilliers des villages avanceront le payement pour deux mois. Les villages, par ce moyen, seront quittes de nourrir les soldats qui passent. Le roi leur fera bailler des capitaines avec quelque nombre de vieux soldats pour les façonner (1).

Dans les premiers jours de janvier, les chefs protestants envoyèrent M. de Vezins en Allemagne, et, comme il devait passer par Londres, le prince de Condé écrivit à Elisabeth pour lui rendre compte des progrès de leurs armes : Coligny remettait aussi à Vezins une lettre pour Elisabeth (2), dans laquelle il s'exprimait en ces termes :

« Je n'ay voulu failir avecques ceste bonne occasion

(1) *Record office, State papers, France,* vol. XLVI. (Copie du temps.)
(2) *Ibid.,* vol. XLV. (Autographe.)

« à faire ce mot de lettre à Vostre Majesté *pour la*
« *supplier très humblement* de vouloir avecques sa puis-
« sance considerer l'estat calamiteux de ce temps et y
« apporter les remedes telz qu'il a pleu à Dieu luy
« donner et, pour ce qu'elle pourra estre informée de
« ce qui se présente par le sieur de Vezins, je ne
« l'ennuieray point d'une plus longue lettre, etc. »

Le même jour, Coligny, Condé et Henri de Navarre pressaient le duc des Deux-Ponts de hâter sa marche et de venir droit à la Loire. C'est le prince de Condé qui signait la lettre, mais l'intrigant Coligny, qui ne voulait se compromettre qu'à demi, signait aussi, sur l'exprès commandement, disait-il, de « Messeigneurs les Princes ».

« Monsieur mon cousin, nous vous avons prié par
« plusieurs lettres et despesches, écrivait Condé, vous
« en venir droict à la rivière de Loire pour favoriser
« nostre passage, et parce que nous sommes advertis
« que nos ennemis, *sous prétexte de quelque propos de*
« *paix*, taschent d'empescher ou retarder le secours
« qu'il vous plaist nous donner, nous avons bien voulu
« vous faire ceste recharge pour vous prier croire qu'il
« n'y a moyen d'acquerir seureté et repos que par une
« bonne advantageuse victoire, laquelle nos ennemis
« cognoissent bien ne pouvoir empescher, si Dieu nous
« fait la grace d'estre unis et joints ensemble ; à ceste
« cause nous vous prions encores un coup vous ap-
« procher de la riviere de Loire, en tant de diligence,
« où ne fauldrons vous aller trouver. »

De concert avec Condé et le roi de Navarre, Coligny écrivait encore au prince d'Orange.

« Nous avons entendu que on a commencé vous
« tenir propos de paix et d'aultant que nous sçavons

« au vray que c'est un moyen par lequel nos ennemis
« veulent empescher ou retarder le secours qu'il vous
« plaist nous donner, nous vous prions ne vous arrester
« à ces beaux langages que le cardinal de Lorraine
« et ses adherens font mettre en avant pour vous
« tromper et circumvenir, et vous acheminer le plus
« diligemment qu'il vous sera possible au passaige de
« la riviere de Loire, où estant nous aurons moyen
« de nous joindre avec vous pour nous rendre maistre
« de nos ennemis, et nous leur baillerons telle loy
« que nous vouldrons et que nous cognoissons estre
« nécessaire pour vivre cy-après en seureté et repos
« de conscience, vous priant croire qu'il n'y a aucun
« moyen d'y pourvoir que par une bonne et avanta-
« geuse victoire, et après ce que nous aurons reduit
« nos ennemis à tel point et exttremité qu'ilz puissent
« toucher au doigt qu'il n'y a moyen de nous pouvoir
« resister, ce qu'ilz sentiront et recognoistront tous
« en brief et aussitost que nous nous serons joints
« tous ensemble (1). »

La bataille que les princes protestants désiraient si ardemment eut lieu, en effet, mais le résultat n'en fut point aussi « advantageux » qu'ils s'en étaient flattés, et le prince de Condé, ce Bourbon qui continuait les trahisons du fameux connétable, son aïeul, y trouva une fin digne d'un prince rebelle.

Le duc d'Anjou, alors âgé à peine de dix-huit ans,

(1) *Record office, State papers, France,* vol. XLV. (Copie du temps.) Voy. lettre écrite par les princes de Navarre et de Condé aux gentilshommes qui servent dans l'armée du prince d'Orange; appendice de l'*Histoire des princes de Condé*, par le duc d'Aumale, t. II, p. 380.

avait voulu reprendre l'offensive dès la fin de l'hiver. Pour prévenir la jonction de Condé, de ses recrues du Quercy et des troupes allemandes, il occupa Châteauneuf, sur la Charente; les protestants étaient maîtres de Cognac, de Jarnac et des ponts sur la rivière.

La bataille de Jarnac ne fut qu'un simple engagement de cavalerie. Le duc d'Anjou avait failli surprendre Coligny. Condé, averti, accourut au secours de celui-ci. « Il n'amenait, dit le duc d'Aumale, ni un fantassin, ni un canon. De toute la « bataille » il n'avait, avec lui, qu'une ou deux compagnies d'ordonnance et quelques seigneurs et gentilshommes qui l'accompagnaient, en tout trois cents chevaux. » Il n'a ni le temps d'attendre ses autres troupes, ni le loisir de se retirer : encore quelques minutes et il va être enveloppé de toutes parts. Aussi, à peine arrivé, il prescrit à Coligny de pousser au duc de Guise avec toute sa cavalerie. Pour lui, il va dégager sa droite et combattre la colonne profonde du duc d'Anjou. Il demande ses armes. Comme on lui présentait son casque, le cheval de La Rochefoucauld lui brisa d'une ruade un os de la jambe; déjà il s'était froissé un bras dans une chute. Domptant la douleur, il se retourne vers les gens d'armes, et montrant tantôt ses membres meurtris, tantôt la devise : « Doux le péril pour Christ et la patrie », que sa cornette faisait flotter au vent : « Voici, noblesse française, s'écrie-t-il, voici le moment désiré! Souvenez-vous en quel état Louis de Bourbon entre au combat pour Christ et la patrie (1)! Puis, baissant la tête, il donne avec ses trois cents chevaux aux huit cents lances de Monsieur. »

(1) D'Aubigné.

Une charge qu'il conduisait était irrésistible : tous les escadrons qu'il rencontre sont renversés, et le désordre fut tel un moment parmi les catholiques, que beaucoup d'entre eux crurent la journée perdue. Mais chaque succès affaiblit le héros de cette victoire éphémère : de nouvelles réserves lui sont opposées et déjà ses flancs sont découverts. L'amiral a complètement échoué dans son mouvement; sa cornette est prise, sa troupe rompue, lui-même est en fuite. D'autre part, Soubise, en voyant le prince s'engager, avait volé auprès de lui avec ses cavaliers : par là il avait dégarni la chaussée de l'étang. Montpensier la force, et, tandis qu'il débusque l'infanterie, les reîtres, qui l'ont suivi, prennent de revers l'escadron de Condé. Le prince a son cheval tué sous lui; au milieu du tumulte, empêché par ses blessures, il ne peut en remonter un autre. Malgré tout, ses vaillants compagnons ne l'abandonnent pas; les gentilshommes du Poitou se distinguent par leurs prouesses. Soubise et douze d'entre eux sont pris, couverts de blessures; plus de cinquante autres sont tués; un vieillard, nommé la Vergne, qui avait amené vingt-cinq fils ou neveux, reste sur la place avec quinze des siens, « tous en un monceau (1). » Demeuré presque seul, adossé à un arbre, un genou en terre, et privé de l'usage d'une jambe, Condé se défend encore; mais ses forces l'abandonnent lorsqu'il aperçoit deux gentilshommes catholiques auxquels il avait rendu service, Saint-Jean et d'Argence. Il les appelle, lève la visière de son casque, et leur tend ses gantelets. Les deux cavaliers mettent pied à terre et jurent de risquer leur vie pour sauver la sienne;

(1) D'Aubigné.

d'autres se joignent à eux et s'empressent d'assister le glorieux captif.

Cependant la cavalerie royale continue la poursuite : les compagnies passent successivement auprès du groupe qui s'est formé autour de Condé. Bientôt celui-ci aperçoit les manteaux rouges des gardes de Monsieur. Il les montre du doigt; d'Argence le comprend : « Cachez-vous la figure, lui crie-t-il. — Ah! d'Argence, d'Argence, réplique le prince, tu ne me sauveras pas. » Puis, comme César, se couvrant le visage, il attendit la mort. Les gardes avaient passé outre, lorsque leur capitaine Montesquiou apprit le nom de ce prisonnier si entouré. « Tue! tue! Mordioux! » s'écrie-t-il; puis, retournant brusquement son cheval, il revient au galop, et d'un coup de pistolet tiré par derrière, il brise la tête du héros (1).

Le prince de Condé est un des types les plus intéressants de ce seizième siècle, où ils abondent. C'est une figure à peindre en pied. Dargaud se contente de l'esquisser.

« L'oncle de Henri et le frère d'Antoine de Bourbon, le prince de Condé, était le plus téméraire de tous les princes de son siècle. Sa valeur avait une fougue incomparable, une impétuosité irrésistible. Nul gentilhomme ne fut possédé autant que lui de la furie française. C'était un aventurier de croisades, ne respirant que la guerre dans ses habitudes farouches. Le prince de Condé est le héros le plus féodal des guerres

---

(1) S. A. R. Mgr le duc d'Aumale : *Histoire des princes de Condé*. — Singulier héros que ce prince rebelle! Nous n'avons point voulu modifier le texte de Mgr le duc d'Aumale, mais nous réprouvons son enthousiasme pour Condé.

de religion; du reste, non moins de son temps que des temps primitifs, emporté dans le plaisir comme dans la gloire. Il lui arrivait quelquefois de poursuivre ses chasses et ses amours, soit au nord, soit au midi, et dans l'intervalle de trois ou quatre semaines on apprenait que, pour plaire aux dames ou pour s'en distraire, il avait tué, tantôt un sanglier dans la forêt des Ardennes, tantôt un ours dans les Pyrénées. Mais la plus violente passion de Condé était la guerre. Il fut le plus audacieux esprit et la plus prompte épée de sa race militaire. Même celui de ses descendants qu'on appela le grand Condé ne le vaut point, bien que plus habile général. L'aïeul est supérieur au petit-fils par la variété de ses aptitudes et de ses hardiesses. Soldat inspiré comme le vainqueur de Rocroy, quoique moins capitaine, il est de plus, chef de parti. »

Le duc d'Aumale ne juge pas autrement ce prince qui fut un de ses aïeux, et qui séduit même les esprits les plus rigides, par sa valeur, malgré les fautes de sa vie.

« Si l'on excepte quelques fanatiques et quelques ennemis personnels, Condé laissait des regrets dans tous les partis. Il était aimé de tous, aimé et admiré de beaucoup; son éloge se trouve sous la plume de Montluc, comme sous celle de la Noue. On louait sa grandeur d'âme, son humanité, sa courtoisie, sa nature aimable et généreuse, ses brillantes qualités de soldat et de général. Nul ne le surpassa en courage et en hardiesse, et s'il n'eut pas cette supériorité rare qui fait les grands capitaines, s'il fut souvent incertain dans ses projets ou aveuglé dans l'action par son ardeur, on ne saurait nier qu'il n'eût l'esprit judicieux et plein de ressources dans le conseil, et qu'il ne fût souvent inspiré, toujours admirable d'audace et de persévérance sur le champ de bataille. Sa conduite après la bataille de Saint-Quentin et à celle de Dreux, la journée de Saint-Denis et toute la seconde guerre civile, le choix du théâtre de la troisième, quelques-uns des mouvements et des combats de cette dernière campagne, eussent suffi pour illustrer un homme de guerre : plus libre comme chef, plus maître de son armée, il eût sans doute obtenu des succès plus fréquents et plus complets.

« Il fut dissolu et scandaleux dans ses mœurs ; il agita sa patrie, dont il ouvrit les portes à l'étranger ; il combattit contre le roi, et il eut le malheur de quitter la religion de ses pères : voilà les ombres du tableau. Nous ne prétendons pas le justifier ; mais nous dirons que, dans ses vices et dans ses fautes, comme dans ses vertus ou ses belles actions, il fut beaucoup de son temps et de son pays. *Sans doute, il adopta la réforme sans conviction religieuse bien ferme ;* mais ce n'était pas seulement le dépit et l'ambition qui l'avaient poussé de ce côté. En combattant sous l'étendard des protestants, il ne vengeait pas seulement ses griefs personnels, il luttait aussi pour l'indépendance de la nation et de la couronne, pour l'hérédité du trône sérieusement menacée : il ouvrait la voie à Henri IV. Quelque jugement qu'on porte sur sa conduite, on ne peut qu'admirer sa constance dans les revers, le sentiment élevé, mais exempt de morgue, qu'en toute circonstance il eut de sa propre dignité, sa fermeté à soutenir une lutte disproportionnée « avec plus de courage que de forces (1) » ; sa fidélité envers des

(1) CASTELNAU.

amis qui le soupçonnaient toujours et qui l'entravaient souvent. Et puis, s'il était « excellent chef de guerre », il était aussi « amateur de paix ». Nul ne se montrait plus empressé à éteindre un feu qu'il n'avait jamais allumé seul : cette crédulité un peu naïve que les réformés lui reprochaient avec tant d'aigreur, attestait du moins son patriotisme. Condé aimait et honorait la France : ce fut le jugement de ses contemporains; devant la postérité, c'est son excuse et sa gloire. »

Ce portrait serait incomplet, si nous nous abstenions de citer les chroniqueurs contemporains.

« En hardiesse, dit la Noue, aucun de son siècle ne le surmonta, ni en courtoisie. Il parloit fort disertement, plus de nature que d'art, estoit libéral et très affable à toutes personnes, et avec cela excellent chef de guerre, néanmoins amateur de paix. Il se portoit encore mieux en adversité qu'en prospérité... Tant de dignes personnages catholiques et huguenots que nos tempestes civiles ont emportés doivent estre regrettés, car ils honoroient nostre France et eussent aidé à l'accroistre, si la discorde n'eust excité la valeur des uns à détruire la valeur des autres. »

Montluc s'exprime en ces termes :

« Plusieurs pensent que sa mort a allongé nos guerres; mais je crois que s'il eust vescu, nous eussions vu nos affaires en pire estat : car un prince du sang comme celuy-là, ayant desjà ce grand party des huguenots, eust eu beaucoup plus de créance que M. l'amiral n'eust. Ce pauvre prince aimait sa patrie et avoit pitié du peuple... Je l'ai cogneu toujours fort débonnaire : la jalousie de la grandeur d'autruy l'a perdu; cependant il est mort au combat, soustenant une mauvaise querelle devant Dieu et les hommes : c'était dommage car s'il eust été employé ailleurs, il pouvoit servir à la France. »

Revenons maintenant aux faits de cette déplorable guerre civile que la mort de Condé ne parvint pas à arrêter.

Coligny rallia les restes de l'armée calviniste, dont le Béarnais fut proclamé généralissime. Les affaires des huguenots se rétablirent en peu de temps. Le vainqueur de Jarnac échoua dans les trois sièges de Cognac, d'Angoulême et de Saint-Jean d'Angély ; 13,000 Allemands parcoururent et pillèrent la France de l'est à l'ouest, sans rencontrer d'obstacles. Ils avaient à leur tête le célèbre Guillaume de Nassau, dont les descendants devaient un jour occuper le trône d'Angleterre. A l'arrivée de ces troupes, Coligny reprit l'offensive, et, vainqueur près de la Roche-Abeille d'une armée italienne, venue au secours des catholiques (1), il alla investir Poitiers. Mais cette ville était défendue par le comte de Lude et Henri de Guise : la résistance du jeune duc et l'approche de Monsieur forcèrent l'amiral à la retraite. En même temps les catholiques reprirent la Charité.

Dans le Béarn, leurs armes prospérèrent moins. Terride, vaillant capitaine que le roi leur avait envoyé, commença par soumettre tout le pays, à l'exception de Navarreins, dont il résolut de faire le siège. L'amiral envoya des secours aux huguenots par Montgommery ; et Terride, réfugié dans Orthez, y fut forcé ;

(1) Elle avait été envoyée par le pape Pie V, sous les ordres du comte de Santa-Fiore. (M. de Falloux, *Hist. du Pape saint Pie V.* t. Ier, p. 218-221.)

les huguenots violèrent la capitulation, et Montgommery fit égorger les gentilshommes pris dans le château. Le Béarn resta en proie aux calvinistes, et après trois siècles, le souvenir de leurs fureurs est resté profond dans l'esprit du peuple. Le maréchal de Damville et Montluc parurent à leur tour; mais leur action fut sans unité. Maîtres de Mont-de-Marsan, ils pouvaient de là accabler Montgommery; leur mésintelligence le sauva et les armes protestantes dominèrent jusqu'à Condom (1).

Un autre souvenir non moins sanglant appartient à cette époque ; c'est celui des deux Michelades, massacres nocturnes exécutés par les calvinistes (1567 et 1569) à Nîmes, où l'on montre encore le puits de l'évêché, qui fut comblé des corps mutilés de deux cents catholiques.

La cour s'épouvanta de ces horreurs, et le système de modération politique conduisit par degrés, comme il arrive trop souvent, à des choses extrêmes. Le Parlement, à la requête de Gilles Bourdin, procureur général, condamna à mort l'amiral de Coligny, comme félon, rebelle et criminel de lèse-majesté ; sa tête fut mise au prix de 50 000 écus d'or. Montgommery et le vidame de Chartres furent frappés d'un arrêt semblable, l'un pour ses cruautés dans le Béarn, l'autre pour les intrigues auxquelles il s'était livré en Angleterre, à l'effet d'en obtenir des secours. L'effigie des trois condamnés fut exposée en place de Grève ; l'arrêt fut publié en France et répandu ensuite dans toute l'Europe. La charge d'amiral fut donnée au marquis de Villars.

(1) L'ABBÉ MURY : *Histoire de France*.

Affaibli par des pertes récentes, Coligny cherchait à éviter un engagement général. Mais les reîtres, qui, depuis quelques mois, ne touchaient plus de solde, entraînèrent l'armée au combat. En moins d'une heure, les protestants perdirent huit mille hommes dans la plaine de Moncontour, tandis que les catholiques n'eurent à pleurer que cinq mille des leurs.

Coligny reçut une blessure assez grave ; néanmoins il rassembla les restes de son armée et gagna la Gascogne. Les hostilités continuèrent encore quelque temps. Les protestants, malgré les défaites, n'étaient point abattus, et la cour se lassait d'une guerre interminable. A force de prudence et d'activité, l'amiral eut bientôt réparé ses pertes. Toutefois il était las de la guerre civile. Charles IX désirait aussi la paix, et Catherine de Médicis désespérait de triompher, par la force, d'un général trop habile et d'un parti trop fécond en ressources.

De nouvelles négociations amenèrent la paix de Saint-Germain, basée sur les deux précédentes ; les huguenots obtinrent quatre places de sûreté, pendant deux ans : la Rochelle, Mautauban, Cognac et Chartres. Le traité de Saint-Germain rendit quelques instants de calme ; mais les ressentiments étaient restés vivaces au fond des cœurs.

« La paix de 1570 est un des résultats de cette politique de bascule et de compromis qu'affectionnait particulièrement la reine mère. Les deux partis épuisés y consentirent facilement, sauf les catholiques exaltés qui, en voyant les avantages considérables accordés aux protestants vaincus, se crurent trahis par la cour et ne se gênaient pas de le dire tout haut. Charles IX trouva là un moyen de mettre fin aux succès militaires de son frère le duc d'Anjou, dont, avec son esprit ombrageux, il commençait à être singulièrement jaloux. Le mariage de famille conclu dix-huit mois plus tard, est la suite de cet essai de réconciliation qui, pour le dire en passant, déplaisait tellement au Pape, qu'il ne voulut jamais consentir à donner la dispense, pour cause de différence de religion, nécessaire à cette union, — preuve manifeste que la cour de Rome ne jugeait pas le gouvernement français très disposé à se faire, par tous les moyens, le défenseur des intérêts catholiques (1). »

La paix était à peine publiée, que la cour se plongea dans les fêtes : plusieurs mariages en furent le prétexte, et l'on en profita pour réunir les familles rivales. Le roi épousa, en octobre, Elisabeth d'Autriche, fille de l'empereur Maximilien II. Le duc de Guise prit pour femme Catherine de Clèves, et la sœur du duc fut mariée à Louis de Bourbon, duc de Montpensier.

Avec la troisième guerre civile, disparaissaient, outre le prince de Condé, deux personnages dont l'influence avait été grande sur leur siècle : le connétable de Montmorency et le chancelier l'Hôpital.

« Personne ne représenta mieux que le célèbre chancelier la conscience incertaine de la magistrature, au début de la Réforme, ses vues favorables aux novateurs, et ne se prêta avec une plus docile complaisance à toutes les dissimulations de Catherine de Médicis. Pourquoi, de cet homme à physionomie flottante, a-t-on fait un type d'austère intégrité? Comment, malgré sa partialité déclarée pour les hérétiques, l'a-t-on élevé

(1) Article de M. Baguenault de Puchesse, dans la *Revue des Questions historiques*, du 1er janvier 1880.

à la dignité d'exemple d'impartialité et de modération? Par quelle aberration, en un mot, transformer en grand homme d'État le ministre sans initiative, mais souple et accommodant de cette politique à double et triple entente qui précipita la France dans une véritable anarchie, qui, aussi dangereuse dans ses atermoiements que dans ses décisions, devait fatalement aboutir à la Saint-Barthélemy et qui eût amené, sans la Ligue, la ruine du catholicisme dans notre pays? Ce n'est pas aux peuples révolutionnés, comme nous le sommes depuis soixante-dix ans, qu'il est besoin d'expliquer ces inexplicables apothéoses? A quelle médiocrité les révolutions ont-elles marchandé un piédestal?

« Les éloges de l'Hôpital ont commencé à poindre dans les plus violents pamphlets qui aient été fabriqués contre l'Eglise. Pourtant Théodore de Bèze, assez bon railleur, qui pénétrait l'inconstance morale du chancelier, le fit peindre avec un flambeau par derrière, signifiant ainsi que ce modèle de probité ne regarda jamais la vérité en face.

« Si les erreurs qui troublaient cette intelligence se font jour à chaque fois que la prudence le permet et dans la mesure juste où elle le permet; si, dans une de ses harangues au colloque de Poissy, il s'évertue à prouver que les doctrines réformées ne sont pas hérétiques; s'il s'accommoda, autant qu'il le put sans se compromettre, aux mesures souhaitées par le part huguenot, il ne sortit jamais de ce tempérament honnête et modéré qui se plie aux circonstances et sert trois ou quatre doctrines à la fois.

« En somme, l'Hôpital, distingué comme jurisconsulte, magistrat appliqué aux devoirs de sa charge, ayant dans ses mœurs et sa tenue la dignité des juges de son temps, borné dans ses désirs sans négliger le soin de sa fortune, fut un ministre sans hauteur de vues, déplorablement faible et indécis, hostile à l'Église plus d'intention que de fait, et n'ayant su qu'exaspérer le sentiment national catholique en affectant une indifférence que son époque ne professait pas (1). »

Sans charger davantage la mémoire de l'Hôpital, on peut ajouter que l'opinion générale de son temps était que, s'il n'osait professer ouvertement l'hérésie, il y était du moins secrètement attaché.

« J'ai ouy de ce temps, dit Brantôme, faire comparaison de lui et de Thomas Morus, chancelier d'Angleterre, le plus grand aussi qui fut en ce pays, fors que l'un était catholique et l'autre le tenait-on huguenot, encore qu'il allât à la messe ; mais on disait à la cour : *Dieu nous garde de la messe de M. de l'Hospital.* Enfin, quoiqu'il creust, c'estoit un très grand personnage en tout, et un très grand homme de bien et d'honneur. »

« On voit ce que valait cette tolérance dont ses panégyriques lui ont fait tant d'honneur ; il était tolérant parce qu'il était complice. Ne pourrait-on pas en dire autant de beaucoup d'autres (2) ? »

(1) E.-A. SEGRETAIN : *Sixte-Quint et Henri IV*, p. 64, etc.
(2) DE CHALAMBERT, *Histoire de la Ligue*, t. Ier, p. 69.

CHAPITRE VIII

Conséquences de la paix de Saint-Germain. — Coligny est appelé à la cour. — Projets de mariage entre le prince de Navarre et Marguerite de Valois. — Jeanne d'Albret à Blois. — Portrait de cette princesse; son caractère; son règne. — Jeanne d'Albret a-t-elle été empoisonnée? — Solution définitive de ce problème historique. — Coligny et les princes protestants à Paris. — Les noces du roi de Navarre. — La guerre des Flandres. — Examen de la question espagnole. — Mémoires de Coligny et de l'évêque d'Orléans. — Menaces de l'amiral. — Situation des partis à la veille du coup d'Etat du 24 août 1572.

La paix signée à Saint-Germain était grandement favorable aux protestants, qui acquéraient à chaque nouveau traité plus de force et plus de consistance. Elle leur assurait, en effet, toutes les garanties et toutes les sûretés qu'on leur avait refusées à Longjumeau. Aussi Montluc peut-il dire, en son langage familier :

« Nous avions battu et rebattu nos ennemis; mais nonobstant cela, ils avaient si bon crédit au conseil du roi que les édits étaient toujours à leur avantage. Nous gagnions par les armes, mais ils gagnaient par ces diables d'écritures! »

Aussitôt l'acte de pacification revêtu des formes régulières, Coligny et les princes se rendirent à Langres, où ils se séparèrent de leurs auxiliaires allemands, puis à la Rochelle, où ils désarmèrent leurs partisans. « Le besoin de repos était si général, dit M. Dareste, que la France jouit pendant une année d'un calme oublié depuis longtemps. » Cependant, pour les hommes clairvoyants, l'édit de 1570 n'était pas autre chose qu'une trêve.

Jeanne d'Albret, Coligny et les principaux chefs protestants, retirés à la Rochelle, y demeuraient en observation, surveillaient, de cette place, l'exécution du traité, se plaignant sans vergogne des édits interprétatifs, exprimant leurs défiances au sujet des personnages employés par Charles IX, et particulièrement du chancelier René de Birague, qui venait de prendre les sceaux.

Le roi fit inviter Coligny et la reine de Navarre à venir à sa cour.

Mais il fallait auprès des protestants de la Rochelle une démarche ostensible, et, en quelque sorte, officielle. Charles IX choisit donc pour son ambassadeur un homme de qui les intentions ne pouvaient être suspectes aux réformés : ce fut le maréchal de Cossé, vieil et fidèle ami de Coligny. Il était porteur d'une ordonnance par laquelle le roi autorisait l'amiral à conserver avec lui, à la cour même, cinquante gentilshommes armés (1).

Flatté dans ses désirs de voir un terme mis enfin à la guerre civile, et dans son ambition de commander une armée contre des ennemis qui ne devaient plus être des Français, déterminé par l'espoir de profiter de la faveur du roi dans l'intérêt de son parti, l'amiral se

---

(1) DE THOU : *Histoire universelle*, t. VI, l. I, p. 278 et 327.

décida à quitter la Rochelle. Poussé peut-être, suivant l'expression du brave Pasquier, par *ce merveilleux et épouvantable jugement de Dieu qui court contre nous*, il arriva à Blois (1). En abordant le roi, Coligny mit un genou en terre; mais Charles IX le releva et, l'embrassant avec les plus vives démonstrations de bienveillance et d'amitié, il protesta qu'il regardait comme le jour le plus beau de sa vie celui où l'arrivée de l'amiral assurait la paix et la tranquillité du royaume (2).

Peu de temps après son arrivée, Coligny reçut du trésor royal cent mille livres, en dédommagement des pertes qu'il avait faites dans les dernières guerres. Téligny, son gendre, partageait avec lui les faveurs du roi, et tout ce qui s'accordait de grâces à la cour était pour les gentilshommes de la suite de l'amiral. Charles IX répétait souvent qu'il « l'estimait un des grands hommes de guerre et d'Estat de son temps, et qu'il avait regret de ne l'avoir pas bien cogneu (3) ».

Coligny allait et venait entre la cour et Châtillon; il vint à Paris au mois de novembre 1571, avec le roi de Navarre : « Le roy de Navarre, l'admiral, arrivent à Paris, le Roy feint de chasser : va au devant; mais ledict admiral venant au lever de Monsieur, frère du Roy, le sieur de Tavannes luy conseille de le faire attendre une heure à sa porte, ce qu'il fit, monstrant la différence des grades et des victorieux aux vaincus (4). »

Du reste, c'était en excitant la jalousie du Roi contre le duc d'Anjou, que les huguenots se flattaient de l'entraîner le plus sûrement.

(1) Pasquier : *Lettre à l'avocat Loysel*, t. II, p. 134.
(2) De Thou, t. VI. — La Popelinière, t. II, f° 21.
(3) Sully : *Economies royales*, t. I, p. 8.
(4) Tavannes.

Vers cette époque, que ce fût, comme on l'a dit, « pour essayer le crédit des huguenots », ou simplement par zèle pour la réforme, l'amiral demanda à la cour la démolition de la croix de Gastines. Cette croix avait été élevée en 1569, sur l'emplacement de la maison d'un marchand nommé Philippe Gastines, pendu, avec son fils et son beau-frère, le 20 juin 1569, pour avoir fait célébrer chez lui la cène protestante ; la maison avait été démolie, et avec le prix des matériaux, on avait fait élever cette croix sur laquelle une inscription gravée rappelait l'événement. Il paraît même que cette inscription avait été si bizarrement conçue que l'on ne savait trop, dit un contemporain, si l'auteur n'avait pas voulu se moquer en même temps des huguenots et des catholiques. « La maison des Gastines avoit été entièrement rasée, et à l'endroit d'icelle les Parisiens avoient fait élever une haute pyramide de pierre ayant un crucifix au sommet, dorée et diaprée avec un récit en lettres d'or sur le milieu de ce que dessus, et des vers latins, le tout si confusément et obliquement déduit que plusieurs estimoyent que le composeur de ces vers et inscriptions (on dit que c'estoit Étienne Jodelle, poète françois, homme sans religion et qui n'eut onc autre dieu que le ventre), s'estoit moqué des catholiques et des huguenots. » Tavannes dit à ce propos : « Souvent pensant faire honte, l'on donne l'honneur ; sans la croix de Gastine, il ne fut esté parlé de luy. »

Quoi qu'il en soit, le peuple tenait beaucoup à cette croix. De leur côté, les huguenots, invoquant le texte du traité de Saint-Germain, exigeaient sa destruction. La cour prit un moyen terme : pendant la nuit, la croix fut enlevée et replacée au cimetière des Innocents. Le lendemain matin, la populace se souleva. On eut peine à comprimer l'émeute, et c'est à cet incident qu'il faut rattacher la haine furieuse des Parisiens contre l'amiral de Coligny (1).

Catherine de Médicis s'occupait, en ce moment, de ces négociations matrimoniales qui ont toujours tenté les vieilles femmes, et surtout les vieilles reines qui peuvent, en de pareilles diplomaties, déployer toutes les ruses de leur sexe, et toute leur science des petits moyens. La reine voulait empêcher le mariage projeté entre Henri de Navarre et la reine Élisabeth d'Angleterre. Elle déjoua donc ces projets, en sollicitant la main d'Elisabeth pour le duc d'Anjou, et en offrant celle de sa fille Marguerite au prince de Navarre. Ces alliances convenaient aux protestants. Ils y voyaient l'éloignement du duc d'Anjou, et la chance, pour le roi de Navarre, d'acquérir des droits éventuels à la succession au trône de France.

Jeanne d'Albret fut éblouie de cette offre et se rendit à Blois, avec son fils Henri, qui portait le titre de prince de Béarn, et cinq cents gentilshommes huguenots. On leur fit l'accueil le plus gracieux. Charles IX comblait la reine de Navarre de caresses : « Il l'appelait sa grand'tante, son tout, sa mieux aimée. Il ne bougeait d'auprès d'elle, à l'entretenir avec tant d'honneur et de révérence, que chacun en était étonné. » Un soir, en se retirant, il dit à la reine sa mère : *Et puis, madame, que vous en semble, jouai-je pas bien mon rôle ?*

Jeanne d'Albret, comme femme et comme reine, était fière de relever sa maison très appauvrie, par un mariage qui devait l'enrichir et la rapprocher du trône

---

(1) CARAMAN-CHIMAY : *Gaspard de Coligny*, p. 363, 364, 365.

de France. Elle espérait, dit Dareste, que les prétentions de son fils sur la Navarre deviendraient une chose plus sérieuse, et qu'elle serait elle-même plus forte contre les Guises, auxquels elle reprochait de conspirer la ruine des Bourbons. Calviniste ardente et d'un zèle vraiment fanatique, elle vit dans cette fortune inattendue non un péril, mais une chance heureuse pour la cause dont l'avenir occupait toutes ses pensées.

Le contrat fut signé le 11 avril 1572. Tout à coup, le 8 juin, la reine de Navarre mourut subitement.

« Cette reine, dit d'Aubigné, n'avait de femme que le sexe; l'âme entière aux choses viriles, l'esprit puissant aux affaires, le cœur invincible aux adversités. Elle était avertie par la droiture de son cœur de la fausseté de tout ce qu'elle entendait; les scandales de la cour excitaient sa défiance autant que son dégoût. Un parfumeur florentin, nommé maître René, créature de Catherine, offrit son ministère pour se défaire d'elle, et s'engagea de l'empoisonner avec des parfums seulement. Le poison fut, dit-on, administré dans des gants de senteur. Elle mourut en quatre jours, le 9 juin, entre huit et neuf heures du matin; elle était âgée de quarante-quatre ans. »

« Jeanne d'Albret est une figure des plus remarquables de ce seizième siècle, où les types abondent. Elle s'élève par la puissance du caractère au-dessus du plus grand nombre des princes contemporains, dont la volonté fut si hésitante et si partagée. Pendant longtemps elle n'eut pas occasion de manifester son énergie. Son amour pour son indigne époux, les nécessités de la politique, les conseils des habiles du temps, peut-être aussi les plaisirs et les distractions de la jeunesse la détournaient des fortes résolutions. Mais l'influence de son éducation toute calviniste, la sympathie, les respects, les secours du parti réformé, son ambition, et puis, il faut bien le dire, les malheurs d'une vie domestique troublée par les infidélités, les violences, les scandales d'Antoine de Bourbon, les dédains immérités et les basses animosités de la cour de Catherine de Médicis, placèrent la reine de Navarre aux premiers rangs du calvinisme. Dès ce moment, elle déploie une vigueur qui contraste avec les défaillances de la cour de France. Aucune indécision dans sa marche : elle va au but avec la souplesse de son sexe et de sa race, mais avec une inflexible énergie. D'ailleurs, nul scrupule sur les moyens. Sa passion est froide, mais violente à l'excès. Elle ne s'arrête pas devant les plus singulières contradictions de conduite : elle soutient la guerre civile en France et réprime avec une sévérité inouïe les mouvements du Béarn ; elle réclame chez les autres la liberté des cultes ; elle refuse, dans ses Etats, la liberté même de conscience, et impose à son peuple, avec une odieuse rigueur, un culte nouveau. Malgré la trempe d'un tel caractère, on serait surpris de la froide cruauté de cette femme savante dans les lettres humaines, nourrie à la cour la plus polie de l'Europe, si on ne savait à quel point le fanatisme politique ou religieux et l'affection méconnue aveuglent l'esprit et rendent le cœur insensible. On trouve Jeanne d'Albret aussi impassible au milieu des tourments de ses victimes qu'au milieu des douleurs de l'enfantement, lorsque, pour connaître le secret de son père, elle chantait un cantique béarnais en mettant au monde Henri IV (1).

---

(1) L'ABBÉ PUYOL : *Louis XIII et le Béarn*.

Jeanne d'Albret et son époux Antoine de Bourbon, ajoute le savant abbé Puyol, ne se départirent pas du système de protection secrète, mais efficace, qui avançait si bien les affaires de la Réforme. Jeanne d'Albret, qui bientôt nous offrira le type accompli du sectaire, commença par user des ménagements et de la politique de ses parents.

« Jeune et belle, dit Théodore de Bèze, la princesse aimait une danse plutôt qu'un sermon et ne se plaisait nullement à cette nouveauté de culte. » Ambitieuse et jalouse de son pouvoir, elle remontrait à son mari, qui la pressait d'assister à un prêche, que s'il voulait faire confisquer son bien, elle n'entendait point exposer celui qui lui restait du chef de ses prédécesseurs. Ces sentiments se modifièrent bientôt, et les événements se chargèrent de développer les dispositions et les tendances comprimées de la jeune reine de Navarre.

Mais, encore une fois, la prudence commanda pendant quelque temps à ses démarches, et ses desseins n'eurent pas lieu de se manifester publiquement avant l'année 1561. Car, à la fin de l'année précédente, Jeanne envoya en ambassade d'obédience, auprès du pape Pie IV, Pierre d'Albret, fils naturel du roi Jean et évêque de Comminges. Elle lui remit une lettre, écrite de sa main, par laquelle elle protestait de son attachement à la religion catholique, apostolique et romaine; et l'orateur consistorial, qui eut à prendre la parole devant le Souverain Pontife déclarait dans son discours « qu'il était l'organe de ses sentiments religieux auprès du Saint-Siège. A l'exemple de saint Louis, dont la maison d'Albret et de Bourbon est issue, dit-il, le roi et la reine de Navarre désirent donner des témoignages non équivoques de leur attachement pour la religion ; avec lui ils veulent partager la gloire d'en avoir été le plus solide appui. » A la même époque fut publié un règlement, à l'intercession des Etats, concernant le rétablissement de la discipline ecclésiastique.

Enfin, cette conduite équivoque eut un terme, et en l'année 1562, Jeanne d'Albret, restée, par la mort d'Antoine de Bourbon, maîtresse de ses actions, put donner libre cours à ses sentiments. A partir de ce moment, on aurait lieu de se féliciter de voir les souverains du Béarn abandonner la politique astucieuse et peu honorable qui semblait être la condition même de leur existence, si ce changement de conduite n'avait amené des conséquences plus déplorables que les tergiversations et les équivoques du passé.

« Tacite nous donne en trois mots la théorie des révolutions : Elles viennent de l'audace du petit nombre, de la complicité de plusieurs, de la patience de tous » *Pauci audent facinus, plures volunt, omnes patiuntur.* C'est l'histoire du triomphe de la Réforme dans le Béarn. L'audace et la résolution, l'énergie de la volonté, le courage de sa propre pensée, appartiennent à la reine Jeanne : elle ose sans hésitation. A sa suite, la foule des seigneurs et des courtisans embrasse un parti qui convient à leurs intérêts, qu'ils désirent et veulent, mais qu'ils n'ont ni le courage ni le pouvoir de constituer par eux-mêmes. La multitude ne désirait pas la réforme ; si elle y accédait, c'est qu'elle était déçue par les apparences ; dès que la réforme dévoila sa nature et ses plans, le peuple arrêta son mouvement. Mais la crainte des châtiments, des mauvais traitements et la répugnance instinctive aux gens du bas peuple à se mettre en évidence et à contrarier les exemples des grands firent qu'elle ne s'opposa pas au triomphe du calvinisme, qu'elle s'y résigna et supporta les entreprises de la reine Jeanne.

Ces entreprises furent ce qu'elles ont été partout où le calvinisme domina : proscription de certaines cérémonies sous les peines les plus graves, dévastation des églises et des monastères, confiscation et pillage des biens et des meubles servant à l'entretien du culte, proscription des ecclésiastiques, violation de la liberté civile et politique. C'est une lamentable histoire que celle du Béarn sous le règne de Jeanne d'Albret. Jamais souveraine n'a plus déchaîné de malheurs sur son peuple. Le despotisme dans ce qu'il a de plus odieux, c'est-à-dire l'oppression des âmes, la tyrannie, et la tyrannie étroite et rancunière d'une femme cruelle et fanatique, s'appesantirent sur ce malheureux pays. Tout se résume en un seul mot : faveurs et bienfaits pour les déserteurs de l'ancienne foi ; rigueurs et injustices contre les catholiques qui ne renoncent pas à leur religion. Les excès de la princesse furent tels que les peuples du Béarn, malgré leur fidélité et leur patience traditionnelles, se soulevèrent contre leur souveraine (1).

« Les prêtres étaient chassés de ses terres, quelques-uns encore plus maltraités, les églises ruinées, les monastères pillés ; rigueurs qui firent révolter son peuple et induisirent le pape Pie IV de la faire assigner en l'office de l'inquisition, pour se voir mettre en interdit comme atteinte d'hérésie, dont la bulle, qu'on n'osa fulminer dans son pays, fut affichée par les carrefours de Rome. Son grand-père ayant perdu la plus grande

---

(1) L'abbé Puyol.

part de la Navarre, le reste s'en allait perdre tout à fait, si le roi Charles IX n'en eût arrêté le cours par la protestation qu'il fit de la défendre (1563). Elle n'a pas toutefois un grand ressentiment de ces faveurs (1). »

Jeanne d'Albret a-t-elle été empoisonnée? C'est là une question historique facile à résoudre, bien qu'elle ait semblé jusqu'ici un problème. Il est hors de doute aujourd'hui que la reine de Navarre mourut d'une mort naturelle.

« La colère, le chaud, l'appréhension dans un esprit subtilisé, dit Tavannes, causent sa fin sans aucun poison, quoyque l'on ait voulu accuser un parfumeur du Roy, maistre René, de l'avoir empoisonnée avec une paire de gants. »

Le genre de mort de Jeanne d'Albret a donné lieu à une grande diversité d'opinions, ajoute l'abbé Puyol. Elle était logée à Paris, chez Charles Gaillard, évêque de Chartres, suspect de calvinisme. Elle y fut prise d'une fièvre continue très violente, quelques jours après son retour de Blois, où elle suivit la cour, et mourut le cinquième jour de sa maladie. Les *Mémoires* de l'Estoile, d'Aubigné et tous les calvinistes parlent de poison.

De Serre donne à entendre que les médecins qui ouvrirent son corps avaient ordre de ne point toucher au cerveau, où s'était attaché le poison. Il est inutile de faire ressortir les difficultés qui empêchent d'admettre une semblable version. Elle est, d'ailleurs, fortement contredite par Le Grain, qui veut, avec beaucoup d'autres, que la reine soit morte de pleurésie pour s'être échauffée aux préparatifs des noces de son fils, à quoi se

---

(1) Ch. Bernard, 1633, in-folio, t. II, p. 59.

joignit le dépit de ce qu'on l'obligea à tendre sa maison, à l'occasion de la procession du Saint-Sacrement, le jour de la Fête-Dieu.

La Popelinière, Péréfixe, rejettent également tout soupçon d'empoisonnement. De Thou raconte que Charles IX ordonna que la tête de cette princesse fût ouverte comme le reste du corps, et que si les médecins ne le firent point, c'est qu'ils trouvèrent la véritable cause de sa mort dans un abcès intérieur. Tel est aussi le sentiment de l'historien Matthieu (1).

M. H. Forneron examine assez rapidement, dans *les Ducs de Guise et leur époque*, cette question de l'empoisonnement.

« Le Florentin René eut sa réputation établie par ce bruit de cour; sa clientèle fut assurée pour plusieurs années, et il fit de ses talents un si fréquent usage, qu'il finit par être pendu. Mais est-il possible d'être empoisonné par des gants parfumés? Il n'est pas prouvé que la main absorbe les médicament et les poisons, mais c'est au parfum seul que l'on attribuait la mort de la reine, et l'on reprocha aux médecins du roi, qui pratiquèrent l'autopsie, de n'avoir pas examiné le cerveau (2). Un parfum s'insinue par les narines dans le cerveau et le corrode; c'était la science du temps. Aujourd'hui, on n'admettrait pas qu'un corps volatil pût être conservé autrement qu'en vase clos, ni manié impunément par le parfumeur qui voudrait en imprégner des gants. Le cerveau de la pauvre reine fut examiné quelques jours plus tard par ses méde-

---

(1) Voir *Mém. de Sully*, t. I, p. 39, en note. Edit. de 1814. Voir le testament de Jeanne d'Albret, dans les Mss. de Dupuy, t. VIII.

(2) MÉZERAY : *Histoire de France*. Paris, 1646, in-folio, t. II, p. 1082.

cins huguenots, Caillard et Desnœux; ils le trouvèrent sain et sans lésion (1). A la vérité, les médecins de cette époque ne se doutaient guère de ce qu'est un cerveau. Jeanne d'Albert paraît avoir succombé à une phtisie dont elle était atteinte depuis plusieurs mois; elle toussa et cracha le sang à la suite des fatigues de la campagne de Montcontour. Les médecins ont trouvé « un abcès énorme » qui rongeait le poumon (2); sa fille Catherine semble avoir succombé à la même maladie, au même âge (3). Les pamphlets du seizième siècle contiennent trop souvent des calomnies; les historiens du temps eux-mêmes ne doivent être écoutés qu'avec défiance; ce qu'ils ont vu se doit croire; ce qu'ils ont entendu raconter sert au moins à faire connaître l'opinion des contemporains; mais cette opinion était impressionnable, crédule, avide de merveilleux et de mystérieux.

« Le duc de Guise n'aurait eu garde de compromettre sa vengeance contre Coligny, qu'il croyait tenir sous sa main, en s'égarant dans un meurtre étranger à sa sanglante mission. Quant à Catherine, si elle avait un crime à éviter, c'était celui-là. Au moment où elle commençait à faire jouer les dagues, elle devait tenir plus que jamais à mettre les femmes hors de la lutte, et le poison hors de la bonne guerre. Empoisonner une reine, c'était enseigner à ses ennemis la vengeance dont ils pouvaient faire usage contre elle-

---

(1) Voltaire : notes de la *Henriade*. Desnœux devint ensuite médecin de Charles IX.

(2) L'ambassadeur du duc de Mantoue dit que quelques jours avant sa mort « elle avait mal au costé ». *Archives de Mantoue*, document publié par H. de La Ferrière (*Archiv. des miss. scient.*) 1876, p. 656.

(3) Elle mourut en 1604, âgé de quarante-deux ans.

même, et détruire le prestige qui la sauvait du danger (1). »

Nous avons donc toutes raisons de conclure : Non : Jeanne d'Albret n'est pas morte empoisonnée.

La question du mariage de Henri de Navarre avec Marguerite de Valois soulevait bien des difficultés. Charles IX avait exigé qu'il eût lieu à Paris, et qu'il fût célébré avec les cérémonies du culte catholique, mais une dispense du Pape était nécessaire, en raison de la parenté. Or Pie V s'était refusé à l'accorder. Grégoire XIII, élu le 13 mai de cette année 1572, ne se montrait pas plus accommodant. « Il voulait, dit Dareste, que Henri de Navarre requît lui-même la dispense, qu'il fît une profession de catholicisme, au moins en secret, et qu'il rendît aux églises de Béarn les biens que les calvinistes leur avaient enlevés. Donc, les dispenses pontificales n'arrivaient pas. »

« Il n'importe, s'écria Charles IX ; si mons du pape fait trop la beste, je prendrai moi-mesme Margot par la main et la mènerai espouser en plein presche (2). »

On savait le jeune roi capable d'exécuter cette menace, on évita le scandale par un faux. Une fausse dispense fut tout à coup produite (3) et le mariage se célébra en grande pompe le 18 août, tandis que le cardinal de Lorraine poursuivait inutilement à Rome ses démarches afin d'obtenir la dispense pontificale (4). La dis-

(1) H. FORNERON : *Les Ducs de Guise et leur époque.*
(2) L'ESTOILE.
(3) La fausseté de la dispense servit plus tard d'argument pour faire rompre ce mariage, quand Henri IV voulut épouser Marie de Médicis. Voir, sur les dernières années de Marguerite de Valois, IMBERDIS, *Histoire des guerres religieuses en Auvergne,* t. II, p. 486.
(4) Ms., Bibl. nat., Dupuy, 209-211. f° 87. Voir aussi Martha

pense authentique fut, en effet, signée par le Pape, plusieurs mois plus tard, après que Henri de Navarre se fut converti à la foi catholique (1).

Le duc de Guise et Coligny se trouvaient chaque jour en présence, durant les fêtes de ce mariage ; ils ne se parlaient pas (2), bien que Coligny se fût prononcé formellement contre le crime de Poltrot de Méré, et eût déclaré « qu'il tenoit pour calomniateur et scélérat quiconque diroit qu'il l'avoit fait faire (3). » Catherine, qui croyait utile d'associer les Guises à ses projets contre Coligny, les animait à la vengeance.

De tous les acteurs du mémorable drame qui se préparait, Marguerite de Valois n'était pas le moins à plaindre.

« Singulière et triste destinée de cette princesse, victime des intrigues de cour! Elle aimait le duc de Guise, et une telle alliance eut encore augmenté la fortune de la maison de Lorraine. Le duc d'Anjou, tout en feignant de dire au duc de Guise : « Que j'ai d'impatience de te voir mon beau-frère! » agissait vivement pour lui faire épouser Catherine de Clèves, veuve du prince de Porcien. Le pape et l'Espagne

---

Freer, *Life of Jeanne d'Albret*, t. II, p. 321 et 359. — Le cardinal de Lorraine écrit, *le 10 septembre*, trois semaines après le mariage : « J'écris à la Reine sur diverses affaires concernant la dispense pour le mariage de vostre sœur. »

(1) H. Forneron : *les Ducs de Guise et leur époque*, t. II, p. 133, 134, 135.

(2) Ce fait a frappé tous les ambassadeurs étrangers : ils écrivirent à leurs cours que le duc de Guise et l'amiral ne s'adressaient pas la parole. Voir *Manuscrits du British Museum in coll. vespas. VI*, publié par H. de la Ferrière, *Archives des missions scientifiques*, 1876, p. 658, et *Archives de Turin*, publié par H. de La Ferrière, p. 660.

(3) *Manuscrit des Archives nationales de Simancas, B. 32*, publié par Bouillé, t. II, p. 494.

demandaient Marguerite pour le roi de Portugal, don Sébastien. Le roi ayant su que le cardinal de Lorraine se flattait de faire échouer cette négociation, songea à se débarrasser du duc de Guise par un coup d'épée. Marguerite, pour sauver le duc, se sacrifia et hâta son mariage avec la princesse de Porcien. Catherine voulut alors lui donner Henry de Béarn pour époux : elle était catholique fervente, malgré sa légèreté, et elle refusa un an durant (1). »

Charles IX s'était promis de passer outre; il exécuta sa menace. Les fiançailles eurent lieu au Louvre le 17 août. Le 18, le cardinal de Bourbon, sacrifiant ses scrupules aux instances du maître, célébra le mariage à la métropole Notre-Dame.

« Coligny y assista; mais les drapeaux qu'on lui avait enlevés à Jarnac et à Montcontour vinrent attrister ses regards. « Comme j'avais les yeux attachés sur lui » rapporte de Thou, « et que je le regardais avec beaucoup de curiosité et d'attention, je vis qu'il montrait à Danville les drapeaux des batailles de Jarnac et de Montcontour, suspendus aux murs de l'église, tristes monuments de la défaite de leur parti; et je lui entendis dire ces mots : *Dans peu on les arrachera de là et on en verra d'autres à leur place qui seront plus agréables à voir.* Il voulait parler sans doute de ceux que l'on gagnerait dans la guerre contre Philippe, qu'il croyait résolue. » — « Les huguenots dans la nef de Notre-Dame, l'admiral dit qu'il falloit oster les enseignes conquises sur les hérétiques, marque de troubles; demande gaussant les 50,000 escus promis pendant iceux à celuy qui aporteroit sa teste (2). »

(1) H. DE RIANCEY : *Histoire du Monde.*
(2) TAVANNES.

Une lettre de l'amiral, datée du soir même du mariage du roi de Navarre, montre combien ces cérémonies contrariaient les plans de la guerre de Flandre et l'expédition des affaires des huguenots; elle est adressée à sa femme, Jacqueline de Montbel.

« Quant aux nouvelles que je vous puis mander,
« elles sont telles. Ce jourd'hui, quatre heures après
« midy estoient sonnées quand la messe de l'espouse
« a esté chantée. Cependant le roy de Navarre s'y
« pourmenoit en une place près du temple, avec
« quelques seigneurs de nostre religion qui l'avoient
« accompagné. Il y a d'autres menues particularités
« que je laisse pour vous les dire en présence. Sur ce,
« je prie Dieu, ma très chère et bien-aimée femme,
« qu'il vous tienne en sa saincte garde.

« CHASTILLON.

« De Paris, ce 18ᵉ jour d'aoust 1572. »

Jamais les haines, remarque Dareste, n'avaient été si excitées ni si vives. On ne s'observait que pour se défier. Les huguenots, pleins d'orgueil et d'insolence, se croyaient déjà les maîtres de l'État. Ils s'exprimaient tout haut contre le roi et la reine; ils bravaient les dispositions hostiles des catholiques.

Catherine était assaillie de lettres menaçantes. On lui annonçait le sort du duc François de Guise et du président Minard. Si la reine mère dissimulait, le jeune roi laissait clairement voir son indignation.

Pour bien comprendre maintenant la situation de la France et des partis, il faut revenir en arrière, et traiter la question espagnole qui mit en évidence, de nouveau, l'amiral de Coligny, et lui fournit l'occasion de faire le seul acte de patriotisme peut-être qu'il accomplit dans sa carrière. Nous laisserons d'abord la parole à M. Capefigue (1).

L'Espagne, depuis la paix de Saint-Germain, suivait avec inquiétude la tendance de la cour de Charles IX, et l'on peut s'en convaincre en parcourant une curieuse dépêche de l'ambassadeur espagnol don François de Alava. Philippe II lui avait demandé son jugement particulier sur chacun des grands qui entouraient Charles IX et Catherine; l'ambassadeur répondait :

« Le duc d'Anjou est de bonne et brave condition : il donne tout aux dames; à une il lui regarde les mains, à l'autre il tire les oreilles; il passe de cette manière une partie de sa vie. Je considère la reine-mère comme excellente pour les négociations. Le duc d'Alençon est de peu de poids, c'est un cavalier sans consistance. Le frère bâtard, que l'on nomme le chevalier d'Angoulême, est un esprit distingué en toute manière; madame Marguerite, fort vertueuse, princesse de bien et de beaucoup d'esprit. La duchesse de Lorraine, bonne femme et grandement catholique. Madame Marguerite et la duchesse de Lorraine sont fort dévoués à la maison de Guise. Le cardinal de Bourbon, premier prince du sang, est un homme de peu d'entendement. Le cardinal de Lorraine est la plus grande ambition du monde; afin d'avoir la faveur de Sa Majesté et de se maintenir dans ses grâces, il se montre son plus zélé serviteur. On ne parle pas du cardinal de Guise. Les maréchaux sont six, et s'ils étaient sept, on pourrait les comparer aux sept péchés mortels. Le premier est Montmorency, le principal protecteur des huguenots; il va à la messe avec les catholiques, et il encourage tous les séditieux

---

(1) *La Réforme et la Ligue.*

et rebelles. La femme de ce Montmorency est une sœur bâtarde du roi ; elle se dit catholique, mais elle ment ; elle est toute pour le parti huguenot. D'Amville est fort recherché par la reine mère. Cossé est celui qui dirige les menées secrètes de la reine mère : c'est un athée. Vieilleville est considéré aussi comme athée ; cependant il se confesse tous les ans. Tavannes est plus soldat que tous les autres ; et en cas de guerre, c'est celui sur lequel la reine mère compte le plus. Villeroi est tenu pour catholique, homme de peu de poids et de substance. Les princes sont le duc de Montpensier, le meilleur homme et le plus franc catholique. Le duc de Longueville est tout à la fois catholique, huguenot ou athée ; gouverneur de Picardie, il n'est ni soldat ni homme de justice et de courage. Le duc de Nevers est frère du duc de Mantoue : conscience catholique et de bien. Le duc de Guise est fort accrédité, et je le pousse. »

Ces curieux tableaux de la cour étaient envoyés à Philippe II presque chaque semaine.

Le roi d'Espagne les annotait de sa main, écrivait sur chacun des observations à son ambassadeur, avec ce scel de la royauté espagnole : *El Rey* (1).

Le parti huguenot, ajoute M. Capefigue, songeait à établir sa domination sur des intérêts positifs, protégés par Charles IX, qui se tournait encore une fois vers les opinions réformées. Le plan des calvinistes, très vaste, se rattachait à la pensée d'assurer des alliances extérieures à la couronne de France, telles qu'elle fût forcée, en se séparant de l'Espagne, d'entrer dans le mouvement de la réforme. On pouvait ainsi le

---

(1) CAPEFIGUE : *la Réforme et la Ligue.*

résumer : 1° Empêcher toute union de famille avec Philippe II ou avec le roi de Portugal, son vassal obéissant ; 2° resserrer les rapports de la France avec les électeurs luthériens ; 3° préparer un mariage dans la race des Valois avec Elisabeth d'Angleterre, protectrice des calvinistes ; 4° favoriser la révolte des Flamands en déclarant hautement la guerre au roi d'Espagne ; à l'intérieur, s'organiser dans chaque province, de manière à se retrouver en armes dans toute circonstance, et à l'abri des places de sûreté ; puis liberté de prédications, indemnité matérielle pour tous les sacrifices ; enfin désarmement des bourgeois et du peuple dans les villes, afin d'éviter les séditions contre les prêches. Ce large plan, que les huguenots ne purent entièrement exécuter, se développa dans plusieurs de ses parties.

« Le projet de guerre contre l'Espagne, et l'espoir d'obtenir pour la France une partie des Pays-Bas, ne fut pas seulement un leurre et un moyen d'endormir le parti protestant, de maintenir ses chefs à Paris : il reçut un commencement d'exécution, il fut l'objet de négociations incontestables ; Louis de Nassau y prit part avec Coligny et d'autres sommités, soit parmi les réformés, soit parmi les catholiques. Seulement il se produisit un revirement dans l'esprit de Charles IX, et par suite dans la politique de la France. Tel est, je crois, le vrai point d'où il faut voir les événements. Le roi de France se laissa entraîner au plaisir d'une guerre qui pouvait pacifier son royaume, d'un agrandissement qui eût glorifié son règne, d'un acte viril au souffle duquel son âme se sentait mieux, car, déjà, l'histoire ne peut en disconvenir, le malaise l'atteignait (1).

(1) Ed. de la Barre Duparcq, *Histoire de Charles IX*, p. 339.

Dans une lettre aux églises de Lyon, Coligny se louait grandement de la réception qui lui était faite par Charles IX et par Catherine de Médicis (1) ; « son influence croissante peu à peu se fait jour, et il faut lui attribuer le désir réciproque d'arriver à une alliance intime entre la France et l'Angleterre, dont le but réel était de délivrer les Flandres de la tyrannie de Philippe II. Dans un rapport secret, daté du mois de novembre 1571 nous voyons que les huguenots faisaient de grandes offres à Charles IX pour obtenir de lui la liberté de porter la guerre dans les Flandres, et dans une lettre écrite vers la même époque par Lisle, agent anglais, à Marquisat, gentilhomme périgourdin, nous lisons encore : « Quant au mariage de notre
« Reine avec Monsieur, il se déduit bien secrètement,
« car on n'en oyt point parler ; il y a grande apparence
« que le Roy aura bientost la guerre contre l'Espagnol
« en Espagne et en Flandres (2). »

Charles IX poursuivait avec ardeur des desseins dont la portée ne lui était pas sans doute entièrement apparue. Les circonstances elles-mêmes se pressaient de seconder ses désirs. Dans les Pays-Bas, la révolte, qui se préparait depuis longtemps, venait soudain d'éclater. La surprise de la Briele par Guillaume de la Marck avait été le signal d'une prise d'armes générale. Le prince d'Orange s'était mis aussitôt à la tête des Hollandais. L'Angleterre se montrait disposée à soutenir les rebelles : si bien que la situation des Espagnols put sembler un moment gravement compromise. En France,

(1) *Record office, state papers*, France, vol. L.
(2) *Ibid.* (Original.)

les gentilshommes huguenots levaient ouvertement des troupes, et se préparaient à marcher au secours de leurs coreligionnaires. Louis de Nassau, sur le point de passer la frontière avec ses amis, se montrait plein de confiance, et il ne semblait pas douter de l'entier assentiment du roi.

Toute la politique de Charles IX était en effet favorable à la révolution qui s'accomplissait aux Pays-Bas. Un traité de défense mutuelle avait été signé avec l'Angleterre, le 29 avril 1572, grâce à l'habileté active du maréchal de Montmorency. Le roi en avait ressenti un vif plaisir. Il écrivait à l'évêque de Dax, son ambassadeur à Constantinople, le 11 mai suivant :

Toutes mes fantaisies sont bandées pour m'opposer à la grandeur des Espagnols, et délibère m'y conduire le plus dextrement qu'il me sera possible. Regardez aussi de votre costé de bien jouer votre personnage, étant chose certaine que des résolutions que vous prendrez par-delà dépend le bien ou le mal des affaires des dits Espagnols..... Vous sçaurez aussi, pour le dire au dict Grand-Seigneur et vous en servir par de là en toutes occasions, que j'ay faict équipper ès portz et havres de mon royaulme ung bon nombre de vaisseaulx de façon que j'ay dressé une armée de mer de douze ou quinze mil hommes qui sera prête à faire voile où on voudra dedans la fin de ce mois, soubz prétexte de garder mes havres et costes des déprédations, mais en effect en intention de tenir le roy catholique en cervelle et donner hardiesse à ces gueulx des Païs-Bas de se remuer et entreprendre ainsi qu'ils ont faict, aiant jà prins toute la Zélande et bien embralé la Hollande..... J'ay conclu la ligue avec la reyne d'Angleterre et envoie mon cousin le duc de Montmorency audict païs pour cet effet, ce qui met les Espagnols en une merveilleuse jalousie et pareillement l'intelligence que j'ay avec les princes de la Germanie (1).

Ces menées, trop nombreuses pour être tenues secrètes, n'échappaient pas aux agents que Philippe II entretenait près des cours étrangères. Aussi le roi d'Espagne faisait-il des préparatifs, s'attendant à voir prochainement éclater la guerre. Tout semblait prêt pour l'exécution de ce grand dessein. Parmi l'entourage de Charles IX, nul ne le soutenait plus énergiquement que Coligny. C'était en quelque sorte son œuvre. Il avait quitté dans ce seul but sa retraite de Châtillon-sur-Loing, sans écouter l'avis des nombreux amis qui lui conseillaient la défiance et la crainte. Admis dans les bonnes grâces du roi, fêté et choyé comme l'étaient alors tous les princes protestants, il s'était efforcé d'employer ce crédit nouveau à défendre la politique extérieure dont il était le promoteur. Un jour on avait appris que le duc d'Albe assiégeait Mons; Coligny, en plein conseil, avait dit au roi qu'il disposait de trois mille gentilshommes, et qu'il allait les faire marcher au secours de la ville.

L'amiral ne cessait d'intriguer dans le but d'assurer le succès de ses rêves les plus chers. Il s'était lié avec les agents de l'Angleterre et s'efforçait de les rallier à sa politique. Il ne projetait rien moins que le partage des Pays-Bas entre Charles IX et Élisabeth; c'était dans la pensée d'une conquête si facile et si avantageuse qu'il aurait voulu voir les deux nations intimement

---

(1) *Extrait des dépêches reçues ou envoyées par Mgr François de Noailles, évêque de Dax*, publiées par M. le marquis de Noailles, d'après les archives du château de Maintenon. (*Henri de Valois*, etc., t. I, p. 9.)

unies. Mais ce projet même, trop ouvertement divulgué, ne souriait guère aux ministres anglais, et ils se montraient singulièrement refroidis, dans la prévision d'une guerre qui pourrait valoir à la France un accroissement notable de territoire vers le Nord.

Middlemore, le 17 juin 1572, dans une longue lettre (1), fait part à Burghley d'une conversation qu'il venait d'avoir avec l'amiral au sujet de cette expédition. En voici l'analyse : Il a été invité à souper chez l'amiral avec sir Arthur Champernon, le 10 juin; à la fin du repas, l'amiral l'a pris à part et l'entretien s'est engagé. Après les habituelles protestations de reconnaissance et de dévouement envers la reine Élisabeth, l'amiral a abordé la question du moment, la guerre des Flandres; il a insisté sur la puissance, sur la richesse du roi d'Espagne, sur l'inimitié qu'il n'avait cessé de porter à l'Angleterre; il a représenté le danger qu'il y aurait et pour la France et pour l'Angleterre s'il venait à l'emporter dans les Flandres, son dessein n'étant rien moins que de devenir le monarque suprême de la chrétienté. De toute nécessité il faut brider cette ambition et profiter des troubles des Flandres; il n'y aura jamais meilleure occasion; il a tout préparé pour une action commune, et le succès est certain; sans cette mutuelle union, si l'un attaquait sans l'autre, aucune chance de réussir. Après cet exposé, l'amiral l'ayant prié de lui faire connaître son opinion, il lui a fait observer qu'il n'avait pas qualité pour traiter de pareilles matières; qu'il ignorait d'ailleurs les intentions de la reine sa maîtresse. L'amiral lui ayant

(1) *Record office, state papers*, France. Cette lettre a été imprimée dans les bulletins de l'*Histoire du protestantisme français*, t. IV, p. 199.

demandé de s'expliquer du moins confidentiellement, car c'était un entretien tout intime, il ne lui a pas caché qu'en Angleterre et c'était l'opinion dominante, on désirait que la France et l'Espagne gardassent ce qui leur appartenait; que leur situation restât ce qu'elle était avant la guerre, car l'agrandissement de l'un ou de l'autre État pouvait devenir un réel danger pour l'Angleterre; ce que l'on craignait surtout, c'est que la France ne s'emparât des Flandres, ce qu'à aucun prix ne pouvait souffrir l'Angleterre. L'amiral, tout en approuvant ce langage, fit observer que la reine s'unissant au roi, aurait sa part des avantages à recueillir; que, du reste, il n'avait en vue que son contentement, son honneur, mais que le véritable danger, c'était de laisser passer l'heure et de perdre une si belle occasion (1).

Cependant l'entourage de Charles IX se montrait absolument hostile à une entreprise dont les conséquences pouvaient être terribles. Venise, émue à la pensée de voir la paix de l'Europe pour longtemps sans doute compromise, envoya en France Giovanni Michieli comme ambassadeur extraordinaire. Coligny n'en pressait pas moins le roi d'entrer en armes dans les Pays-Bas. Après la défaite de Genlis, on avait réussi par la torture à arracher aux prisonniers l'aveu que le roi de France avait encouragé lui-même leur tentative. « L'amiral, écrit Michieli, se servit habilement de cette occasion, et jeta le roi dans une telle indignation, qu'il ne connaissait plus de limites, et qu'il ne se trouvait pas avec un de ses confidents sans lui dire avec l'ex-

---

(1) M. DE LA FERRIÈRE : *les Projets de mariage de la reine Elisabeth*, p. 315.

pression de la plus vive colère : « Savez-vous que le « duc d'Albe me fait mon procès? » De telle sorte que cela, et les termes insolents et furieux dont usa le duc auparavant à l'égard de l'agent du roi de France, qui résidait auprès de lui, terme des plus étranges et intolérables (comme le dit alors la reine elle-même), il ne fut pas difficile à l'amiral, en l'absence de la reine, pendant qu'elle était allée rencontrer la duchesse de Lorraine, d'amener de nouveau le roi à vouloir la guerre. »

Mais la reine mère s'aperçut avec terreur de l'ascendant de plus en plus marqué chaque jour que prenait Coligny sur le roi son fils; elle comprit le crédit que donnerait à l'amiral une guerre décidée d'après ses conseils, conduite et commandée par lui et ses amis. Un tel résultat eût été la chute irréparable de son pouvoir; elle chercha dès cette heure à mettre en œuvre tous les moyens pour l'empêcher, et fit cause commune avec les partisans de la paix. Charles IX, de son côté, malgré la confiance qu'il témoignait à Coligny, malgré l'énergie apparente de sa capricieuse volonté, flottait incertain entre des influences si diverses, et cherchait à gagner du temps. Son esprit troublé aurait voulu faire peser sur tous la responsabilité de cette grave détermination; et, désirant donner à l'affaire la solennité et la mûre réflexion qu'elle méritait, il demanda à l'amiral de rédiger un mémoire dans lequel il exposerait les avantages de son plan, les moyens de l'exécuter, les chances de succès qu'il présentait. Ce serait la base d'une nouvelle délibération du conseil.

Coligny possédait à l'ordinaire une chaleur d'improvisation et une énergie de langage capable de rallier à son opinion plus d'un suffrage. Ses avis étaient en outre marqués au coin de la pratique et du bon sens. Mais, homme d'épée avant tout, il n'avait jamais acquis le talent de l'écrivain. Il avait auprès de lui un jeune homme, qui devait plus tard être l'un des plus célèbres appuis du parti protestant, et qui revenait d'un voyage dans les Pays-Bas ; il se trouvait donc à même de donner sur l'état de l'insurrection les détails les plus précis et les plus certains. C'était Duplessis-Mornay. L'amiral le chargea de la rédaction du Mémoire (1). Il lui exposa ses idées et ses projets, lui indiquant en même temps les objections contre lesquelles il fallait répondre d'avance.

Charles IX chargea Jean de Morvilliers, évêque d'Orléans, de répondre à ce mémoire, dit M. G. Baguenault de Puchesse, auquel nous avons emprunté en grande partie les éléments de ces quelques pages sur les projets de Coligny ; mais il ne se contenta point d'opposer protocole à protocole, et il avertit l'amiral que certaines choses d'importance, qu'on avait d'abord négligé de prendre en considération, l'obligeaient à vouloir que la question fût traitée en leur présence dans le conseil. L'amiral, en entendant nommer le conseil, répondit qu'il valait tout autant n'en pas parler, le conseil étant composé de gens de robe longue qui tous, soit par humeur, soit par profession, étaient opposés à toute guerre, et que pour lui il n'aurait pas le courage de discuter de telles questions avec de telles gens. A quoi le roi répondit que dans ce conseil il n'appellerait pas des gens de robe longue, mais quel-

---

(1) *Mémoires et correspondance de Duplessis-Mornay*, 1824, in-8°, t. 1. — *Mémoires de M*^{me} *de Mornay sur la vie de son mari*, p, 36 et 37.

ques seigneurs rompus aux choses des guerres, nommant aussitôt trois ou quatre d'entre eux, ainsi : le duc de Montpensier, Ludovic de Gonzague, frère du duc de Mantoue et alors duc de Nevers, le maréchal de Cossé et un autre. L'amiral ne sut ou ne voulut pas alors s'y opposer : il les tenait d'ailleurs pour personnages trop peu habiles pour être capables de répondre à ses propositions et les contredire. Mais il en fut tout autrement qu'il ne l'avait espéré. Le conseil réuni, le Roi, la Reine mère et d'Anjou présents, et l'amiral ayant exposé ses desseins avec autant d'habileté que d'éloquence, chacun des conseillers appelé à donner son avis fit une vive opposition et répondit avec une singulière fermeté. Ce furent ceux mêmes que l'amiral avait estimés les plus faibles qui se montrèrent les plus osés. Le vote étant donc unanime à réprouver ses projets, il se tourna vers le Roi et lui dit :

« Sire, puisque Votre Majesté, de l'avis de ceux qui sont ici, est entraînée à ne pas saisir une occasion aussi fortuite pour son honneur et son service, je ne puis m'opposer à *ce qu'elle a fait, mais j'ai l'assurance qu'elle aura lieu de s'en repentir.* » Et il ajouta : « Mais Votre Majesté ne trouvera pas mauvais si, ayant promis au prince d'Orange tous secours et toutes faveurs, je m'efforce de sauver mon honneur avec l'aide de mes amis, des parents, des serviteurs que j'ai, et à faire service de ma propre personne s'il en est besoin. » Puis se tournant vers la reine-mère : « *Madame*, dit-il, le *Roi renonce à entrer dans une guerre ; Dieu veuille qu'il ne lui en survienne une autre, à laquelle, sans doute, il ne lui sera pas aussi facile de renoncer* (1). »

(1) *Relazione di Francia* di Giovanni Michieli, ambasciatore

Ces derniers mots blessèrent et effrayèrent à la fois Catherine de Médicis : dès ce jour, la perte de Coligny fut décidée dans son esprit; et de conséquences en conséquences elle fut amenée à méditer et à accomplir, avec son fils, le duc d'Anjou, la terrible catastrophe dont ils sont les deux premiers et plus grands coupables. Quoi qu'il en soit, Coligny avait gâté sa cause en ne la soutenant que comme une affaire de parti, à laquelle tout patriotisme était étranger. Il s'était attiré en plein conseil cette verte réponse de Tavannes :

« Laissons donques l'entreprise si injuste, mal
« fondée et qui nous est si dangereuse, maintenons
« nostre réputation envers Dieu et les hommes et la
« paix avec un chacun, surtout avec nostre peuple, leur
« tenant la parole pour la Religion, et reprenons haleine, en nous laissant décharger par nos ennemis
« car c'est toute la nécessité de ceste Coronne et de
« l'Etat (1). »

Telle était donc la situation au lendemain du mariage d'Henri de Béarn avec Marguerite de Valois. Coligny persécutait Charles IX pour lui arracher une déclaration de guerre à l'Espagne; Catherine de Médicis était excédée de la faveur dont l'amiral jouissait auprès de son fils; les seigneurs protestants, en grand nombre, se pavanaient dans Paris et préten-

straordinario, 11 nov. 1572. — *Le Relazioni degli ambasciatori Veneti al senato durante il secolo decimosesto, raccolte ed illustrate da Eugenio Alberi*, série I, vol. IV. Firenze, 1860, p. 284.

(1) G. BAGUENAULT DE PUCHESSE : *Jean de Morvilliers*, étude sur la politique française. — Cet ouvrage et ceux du comte de la Ferrière, déjà cités, nous ont fourni la matière de cette dissertation sur la guerre des Flandres.

daient y tenir le haut du pavé. Enfin, à la cour même, les deux partis se reformaient et se surveillaient, plus adversaires que jamais, et prêts aux événements les plus inattendus. C'est dans ces circonstances que se produisit le coup d'État du 24 août.

CHAPITRE IX

L'Europe et la France au seizième siècle. — Quelques portraits. — Le pape Grégoire XIII. — Philippe II. — Emmanuel Philibert, duc de Savoie. — Historiens et chroniqueurs français du seizième siècle. — Les matériaux de l'histoire. — Mémoires et lettres. — La caricature et les pamphlets sous la Réforme. — — Les relations des ambassadeurs vénitiens. — La cour de France. — Charles IX. — Le duc d'Anjou. — Le duc d'Alençon. — Henri de Guise. — Coligny et la diplomatie vénitienne. — — Henri de Navarre. — Le second prince de Condé. — Catherine de Médicis.

Avant d'exposer dans ses causes, dans ses faits et dans ses conséquences, le coup d'État de la Saint-Barthélemy, qui a servi de texte à tant de déclamations passionnées, il est utile de tracer à larges traits la physionomie des principaux acteurs de ce grand drame, et de montrer ensuite, par l'enchaînement des faits, que cet acte, répréhensible assurément si on le considère au point de vue de nos idées actuelles, fut rendu nécessaire par ceux-là même qui devaient en être les victimes.

Il ne s'agit pas ici d'excuser les auteurs non plus que de faire l'apologie de l'œuvre sanguinaire de Catherine de Médicis : il est évident que le massacre de la Saint-Barthélemy fut un CRIME, de même que ce fut une FAUTE, et nous nous associons aux blâmes indignés que les politiques modernes déversent à flots sur les politiques d'antan.

Mais il s'agit de démontrer la nécessité de ce crime, au point de vue politique. Parmi les victimes de nos discordes civiles, en mai 1871, il y eut assurément beaucoup de victimes innocentes. Faut-il en conclure que le gouvernement de Versailles commit un crime en reprenant l'insurrection à main armée? Faut-il conclure aussi que les malheureux fusillés dans les casernes, au coin des rues, sans jugement, n'étaient pas coupables, si noirs de poudre et rouges de sang qu'on les saisît?

Le seizième siècle s'était repu d'horreurs et de terreurs. Chacun de ses jours est marqué par une bataille, pour ainsi dire! C'est le siècle des grands conquérants et des combats héroïques, le siècle où Charles-Quint joue les destinées du monde, comme si les hommes n'étaient pour sa souveraine puissance que les pions d'un échiquier!

En Allemagne, en Italie, en Angleterre, en Suisse, en Espagne, en France, partout enfin, depuis cent ans les guerres de religion, toujours provoquées par les hérétiques novateurs, avaient fait couler des torrents de sang. Les royaumes, les provinces, les villes, les villages, les familles, étaient divisés, armés les uns contre les autres, et ces lamentables et sanglantes commotions menaçaient de n'avoir pas de fin.

Toutes les nations de l'Europe étaient lasses des révolutions perpétuelles qui transformaient la France en un champ de carnage, et qui, si elles eussent triomphé, auraient porté le fer et le feu en Espagne, en Italie, dans les états du Nord, en proie, celles-ci, comme ceux-là, aux agitations religieuses. Le protestantisme, en France, devenait l'ennemi public. La France, en Europe, devenait l'ennemie de toutes les monarchies. Pour changer cet ordre de choses, il fallait un cataclysme. Catherine n'eut point l'audace et le courage de le préparer : elle eut seulement la hardiesse d'obéir aux circonstances et de profiter des chances ouvertes par le hasard.

Au saint pontife Pie V, dont l'infatigable sollicitude s'était constamment appliquée à protéger les divers pays de la chrétienté contre les envahissements de l'hérésie, avait succédé le cardinal Hugues Boncompagni, élu le 13 mai 1572, et qui s'était imposé le nom de Grégoire XIII.

« Prodigue dans ses dépenses autant que Léon X, pour réparer les torts occasionnés par ce pontife, il fonda et dota au moins vingt-trois collèges, parmi lesquels celui de toutes les nations, à l'ouverture duquel on prononça des discours en vingt-cinq langues; il donna de nouvelles bases au collège Germanique, qui était destiné à servir d'arène aux futurs athlètes de la foi; il en érigea un pour les Grecs, qui y étaient élevés selon les mœurs, le langage et le rit de leur patrie; un autre pour les Hongrois, un pour les Illyriens, à Lorette; un pour les Maronites, un pour les Anglais; il rebâtit le collège Romain, institua celui des Néophytes, puis en sema d'autres dans toute l'Allemagne et la France, et même trois dans le Japon. Il dépensa deux millions d'écus romains pour procurer l'instruction aux enfants pauvres, et un autre million à doter les jeunes filles. A son instigation, le cardinal Ferdinand de Médicis ouvrit une imprimerie avec des caractères pour cinquante langues orientales, et expédia en Éthiopie, à Alexandrie d'Égypte et à Antioche des voyageurs érudits, parmi lesquels on remarque les Florentins Jean-Baptiste et Jérôme Vecchietti, qui en rapportèrent des manuscrits (1). »

M. J. Chantrel complète, en ces termes, ce portrait du pape Grégoire XIII, qui devait être si violemment attaqué à propos de la Saint-Barthélemy : « Pieux et savant, sage et modéré, frugal et sévère dans ses mœurs, généreux et bienfaisant, il eut le bonheur de compter la plupart des jours de son pontificat comme des jours illustres, et l'on a dit qu'on lui eût, avec raison, donné le surnom de *Grand*, si le pape saint Grégoire ne l'eût obtenu avant lui (2).

Parmi les princes catholiques dont l'influence et l'action se faisaient le plus sentir dans les événements politiques de cette seconde moitié du seizième siècle, il faut distinguer le roi d'Espagne et le duc de Savoie.

Philippe II a été particulièrement calomnié. On en a fait un hypocrite, un despote, un prince exécrable, insensé, dont le règne aurait été, pour ses sujets, une suite de souffrances inouïes, pour l'Europe entière, un péril incessant. La raison de ces calomnies est bien simple : Philippe II fut inflexible dans sa foi. Seul, il osa arrêter la Réforme et lui défendre de mettre le pied dans son royaume; seul, il protégea la religion dans ses États, envers et contre tous, et veilla à ce que les Espagnols, après avoir refoulé l'islamisme en Afrique, n'eussent pas, deux siècles plus tard, de nouvelles

---

(1) CANTU : *les Hérétiques d'Italie*, t. III.
(2) *Histoire populaire des Papes*, t. III.

guerres à soutenir pour chasser la Réforme. Et par ce courage, en face d'ennemis d'autant plus terribles qu'ils se cachent, il retarda l'avènement de la révolution dans la Péninsule.

Aussi Philippe II reste-t-il une belle figure dans l'histoire. Animé d'une grande énergie, apanage des âmes fortement trempées, il savait distinguer le mérite partout où il le trouvait ; il étudiait toutes les questions, examinait tout par lui-même, et suivait sa propre impulsion, ne se laissant guider par aucun conseil hasardeux, par aucune insinuation.

« Nul ne travaillait plus que Philippe II », dit M. de Pidal, « nul n'apportait plus de soin aux affaires de son gouvernement, dans lesquelles il aimait par-dessus tout la clarté. Les enseignements de l'histoire, les exemples contemporains, les profonds conseils de son père lui avaient donné, dès ses premières années, un grand fond de maturité et de prudence. Il était sincèrement religieux et catholique, sans sacrifier néanmoins à un *fanatisme aveugle* les convenances de l'État (1). »

Libéral, confiant, quoique circonspect, plein de droiture et de loyauté, bienveillant et majestueux, sachant respecter en lui-même le monarque du droit divin, réprimant des passions fougueuses, ambitieux, plein de respect pour les autres, sévère, juste, spirituel et sage, profond penseur, habile politique, — tel nous apparaît Philippe II.

Francesco Sorranzo, ambassadeur de Venise, porte sur ce monarque un jugement remarquable : « Il a été un ardent soutien de la religion... Il a fait tout au

---

(1) Le marquis de PIDAL (traduction MAGNABAL) : *Philippe II, Antonio Perez et le royaume d'Aragon.*

monde pour inquiéter, diviser et occuper les États d'autrui... De son naturel, il fut réservé en paroles, lent dans les résolutions et réfléchi dans les délibérations, patient, flegmatique, mélancolique; jamais, dit-on, on ne l'a vu pris d'un accès de colère. »

Le duc de Savoie, Emmanuel-Philibert, était le beau-frère d'Henri II, par son mariage avec Marguerite de Valois, et le cousin de ce duc de Nemours, surnommé *la Fleur de la Chevalerie*, qui avait épousé la veuve du grand duc de Guise, Anne d'Este. Un historien, fort spirituel mais un peu fantaisiste, trace de ce prince un portrait pittoresque :

« Emmanuel-Philibert *vivait à la bourguignonne*, simple au milieu du faste. Fort jaloux de son secret, employant de préférence des hommes du tiers état, *jamais de prêtres*, peu de nobles, sauf pour les missions d'apparat, il appréciait par-dessus tout la discrétion. Ouvrant lui-même toutes ses dépêches, il répondait en personne à la plupart, fatiguant parfois, à tour de rôle, ses trois secrétaires et les renvoyant rompus de lassitude; il ne souffrait, pour son service particulier, qu'un vieux valet espagnol *qui ne savait pas lire*. Les relations contemporaines le représentent peu de minutes à table, peu d'heures au lit. Il ne s'assied pas; discute debout ses affaires; traite avec les ambassadeurs et donne des ordres en se promenant, tête nue et le toquet à la main sous le soleil le plus ardent. Il se moquait des démonstrations exagérées de politesse qu'on imitait des Espagnols, et, quand il affirmait une chose, il ajoutait en souriant : *parola di cavaliere e non di cortegiano*. Violent et obstiné dans sa jeunesse, à ce point que ses soldats l'avaient appelé *Scianca ferro*, — brise-fer, — il était devenu patient et doux par le sentiment de sa responsabilité vis-à-vis d'un peuple dont il était l'exemple. La justice sommaire qu'il avait dû faire, de sa main, en 1554,. sur le comte de Waldeck, général des reîtres, lui laissa un remords tel, qu'il n'appliqua la peine de mort, — *cette peine irréparable*, disait-il, — que lorsque son conseil lui en imposait la nécessité au nom du salut public.

« Il y avait deux hommes en lui : le gentilhomme chevaleresque qui, à treize ans, suppliait Charles-Quint de l'admettre comme volontaire dans son armée d'Afrique; qui, à dix-huit, sans autre armure qu'un pourpoint de velours, chargeait les cavaliers de l'Electeur de Saxe; qui, à vingt-neuf ans, commandait l'attaque de Saint-Quentin contre l'avis de tous ses capitaines : et le prince législateur qui sut, à trente-deux ans, ordonner de nouveau sa vie en même temps qu'il formait son peuple à d'autres mœurs. Dans ce seizième siècle, où l'esprit le moins romanesque sacrifiait aux féeries, Emmanuel-Philibert eut, comme tous les princes, ses emblèmes et ses médailles. En France, le croissant d'argent de Diane remplaçait la salamandre du roi François, puis faisait place aux devises italiennes à double sens. En Savoie, il y eut de la gravité jusque dans les jeux d'esprit; trois médailles marquent trois époques dans la vie du prince, autant d'étapes dans les progrès de son peuple. Chacune de ses devises est une révélation de sa pensée. En 1553, une main tenant l'épée nue : *Spoliatis arma supersunt;* en 1560, des faisceaux d'armes recouverts : *Conduntur non retunduntur;* en 1574, une tulipe : *Perficior;* ce fut le dernier mot de sa vie; on ne se console des douleurs de ce monde qu'en se rapprochant de Dieu (1). »

Ce qu'il y a de remarquable dans le seizième siècle, c'est la quantité prodigieuse de chroniqueurs et de *mémorialistes*, qui ont laissé, dans un langage familier, net, précis, le récit de tous les événements de l'époque. Prêtres, soldats, hommes de cour, simples bourgeois, tiennent le diaire des faits dont ils sont les témoins. Aussi n'est-il aucun temps si fertile en renseignements et en matériaux historiques de toutes sortes. On peut consulter Tavannes, Condé, Guise, Castelnau, Mergey, Claude Haton, Brantôme, Coligny, la Noue, Salignac Fénelon, la Chastre, Rochechouart, Gamon, de Thou, Choisnieu, Merle, la reine de Navarre, cent autres encore, dont les *Mémoires*, les *Lettres*, les *Journaux* sont arrivés jusqu'à nous et composent toute une bibliothèque.

Ce serait, pour un littérateur, une belle tâche que de composer une histoire critique de ces historiens, de les comparer, d'établir entre eux une concordance, et de produire ainsi une Histoire du seizième siècle, bien complète, d'après les contemporains. Car tous ces chroniqueurs dont les révolutions ont laissé subsister les œuvres, ont été des témoins, souvent les acteurs, des épisodes qu'ils narrent, et le seul dénombrement de ces témoins, — les gazettiers d'une époque qui ignorait les gazettes, — formerait un long chapitre.

Plus d'une fois, au cours de ce travail, nous avons cité les *Mémoires* de ces témoins, et presque toujours pour démentir les interpolations de leurs interprètes,

(1) Victor de Saint-Genis : *Histoire de Savoie*, t. II.

qui présentent sous un faux jour les événements dont ils veulent tirer parti contre la vérité.

Mais si les mémoires abondent, les archives regorgent, et le curieux peut étudier à loisir les souverains, les politiques, les grands capitaines, les gens d'Église, dans les amas de manuscrits, les cartons de correspondances, entassés un peu partout, et que l'on s'occupe de mettre en ordre et de publier. Les ambassadeurs accrédités à la cour des Valois, les Chantonnay, les Smith, les Midlemore, les Walsingham, les Correr, Michieli, Cavriana, Lucinge des Alymes, tous ces diplomates d'Espagne, d'Angleterre, de Venise et de Savoie, révèlent, jour par jour, dans leurs relations, non seulement le fait, le détail, le simple mot, l'anecdote de la journée, mais encore l'esprit général, les tendances, les opinions variant de la veille au lendemain.

Et c'est de cet inépuisable trésor qu'on peut extraire les documents authentiques; c'est là qu'il faut chercher les éléments de la vérité, et lorsqu'on songe que, dans son énorme volume de la *Diplomatie vénitienne*, M. Armand Baschet, avec une habileté, une sûreté de main parfaite, n'a pu aborder qu'un seul côté des questions complexes du seizième siècle, on voit ce qui reste à faire pour obtenir ces *Annales* parfaites que nous désirons pour rejeter dans la poussière les historiens de pacotille, grâce auxquels l'histoire est depuis trois cents ans, selon Joseph de Maistre, une conjuration perpétuelle contre la vérité.

Pour ne donner qu'un exemple de la puissance et de la variété des relations diplomatiques de la France sous le règne de Charles IX, rappelons que Venise eut pour ambassadeurs de 1569 à 1579, en dix ans, Aloise

Contarini, Sigismondo Cavalli, Zuan Morosini, Hieronimo Lippomano, Lorenzo Priuli, Correr, Michieli. En même temps, du Ferier, Paul de Foix, Hurault de Maisse, le sénéchal de Lyon, Jules Gassot, le marquis de Villars, le comte de Ventadour, se succédaient comme ambassadeurs du roi auprès de la Sérénissime République. Venise prêtait de l'argent au roi de France, qui mettait en gage les joyaux de la couronne.

Il n'est pas jusqu'à la caricature et aux pamphlets qui ne fournissent des renseignements à l'historien.

« Il en est des pamphlets comme des caricatures : ces miroirs grossissants et convexes ne sont pas absolument exacts; on peut s'en servir, à la condition de les redresser; ne pas trop se fier aux détails qu'ils mettent en pleine lumière, et prendre garde surtout au développement des verrues du modèle.

« Après les exécutions qui suivirent l'avortement de la conspiration d'Amboise, le pape voulant en témoigner sa reconnaissance au cardinal de Lorraine, lui envoya, dit-on, avec une lettre de congratulation, un tableau de Michel-Ange représentant la Vierge tenant son fils dans ses bras. Mais il arriva que le courrier, porteur de ce message, tomba malade en route et chargea de sa commission un jeune marchand Lucquois, qui se disait catholique et de la maison du cardinal de Lorraine, auprès duquel il retournait.

« Ce Lucquois, arrivé à Paris, fit faire à un peintre un tableau de même grandeur que celui envoyé par le pape, mais d'une piété moins grande. Le cardinal de Lorraine, la reine sa nièce, la reine mère et la duchesse de Guise « estoient peint au vif, nuds, ayant les bras au col et les jambes entrelacées l'un avec l'autre. » Ce nouveau tableau ayant été soigneusement empaqueté

dans l'enveloppe du Michel-Ange, fut envoyé, avec les lettres du pape, au cardinal qui était alors en conseil. Le cardinal de Lorraine lut d'abord les lettres de Sa Sainteté, et remit au lendemain le plaisir de voir le tableau ; et même il fit inviter à dîner les cardinaux de Bourbon, de Tournon et de Guise, les ducs de Montpensier et de Guise, ainsi que quelques autres grands seigneurs. Les invités étaient au second service lorsque le cardinal de Lorraine leur donna lecture des lettres du pape ; ce qui leur inspira un tel désir de voir le tableau qu'ils quittèrent la table. Quel fut leur étonnement et dans quel accès d'irritation entra le cardinal, lorsque, l'enveloppe enlevée, apparut la représentation diabolique de ces entrelacements sensuels, qui n'avaient rien de commun avec la Vierge envoyée par le chef de la cour romaine ! « Le cardinal de Lorraine, dit le con-
« teur, cuidant que ce fussent les huguenots qui luy
« eussent joué ce tour, leur a causé beaucoup de maux
« qui leur sont depuis survenus (1). »

M. Champfleury (2), auquel nous empruntons ces détails curieux et non sans intérêt, rapporte une autre anecdote sur la duchesse de Ferrare, empruntée à un chroniqueur contemporain : « Comme elle estoit
« grandement adonnée aux devises, elle fit de sa main
« de belles et grandes tapisseries, entre lesquelles il
« y a une tente de douze ou quinze pièces excel-
« lentes, qui s'appelle *les Prisons brisées,* par lesquelles

---

(1) Eusèbe Philadelphe : *le Réveil-matin des François et de leurs voisins.* Cosmopolite, en forme de dialogues. (A Edimbourg [sans doute Basle], de l'imprimerie de Jacques-James, avec permission. 1574.)

(2) Champfleury : *Histoire de la caricature sous la Réforme et la Ligue,* p. 123-125.

« elle donnoit à connoistre qu'elle avait brisé les
« liens et secoué le joug de la captivité du Pape. Au
« milieu de chaque pièce, il y a une histoire du Vieux
« Testament qui ressent la liberté et comme la déli-
« vrance de Suzanne, la sortie du peuple de la captivité
« d'Egypte, l'élargissement de Joseph. Et à tous les coins
« il y a des chaisnes rompues, des menottes brisées,
« des strapades et des gibbets en pièces, et par dessus en
« grosses lettres, ce sont ces paroles de la II° aux Corin-
« thiens, chap. III : *Ubi spiritus, ibi libertas.* Pour montrer
« encore plus clairement l'animosité qu'elle avoit conçue
« contre la religion catholique, et nommément contre le
« sacrifice de la messe, ayant une très belle et excellente
« pièce de tapisserie faite de la main de Marguerite, sa
« mère, et craignant qu'elle ne se laissât cajoler par les
« ministres, en laquelle estoit broché parfaitement le
« sacrifice de la messe, et le prestre qui montroit la
« saincte hostie au peuple, elle arracha le quarreau qui
« portoit cette histoire, et au lieu du prestre y substitua
« de sa main un renard, lequel se tournant au peuple et
« faisant une horrible grimace, et des pattes et de la
« gueule, disoit ces paroles : *Dominus vobiscum* (1). »

Au moment où ce débordement de pamphlets, de libelles et de caricatures traduisait l'exaspération des esprits, car ces sortes de productions poussent, en temps de révolution, comme les champignons sur le fumier après la pluie, Charles IX n'avait que vingt-deux ans.

M. Loiseleur a tracé de ce prince un très beau portrait, qui rend très bien la dualité de son étrange caractère :

---

(1) GARASSE : *la Doctrine curieuse. Paris*, 1623.

« Long et maigre jouvenceau, au dos légèrement voûté, au visage pâle, aux yeux jaunâtres et bilieux, à la fois sceptique et crédule, nonchalant et impétueux, dissimulé, et, dans ses moments d'irritation, indiscret jusqu'à l'imprudence, impressionnable surtout et nerveux, accessible par ce côté à la séduction des grandes idées et des grands caractères. Il y avait deux hommes dans ce prince de vingt ans, deux natures souvent en lutte, l'une rêveuse, l'autre violente. Tantôt mélancolique jusqu'au spleen, tantôt actif jusqu'à la furie, il aimait la poésie, la musique et aussi les durs exercices qui brisent le corps, les immenses battues, les grandes tueries d'animaux, surtout par accès... Le poète était doublé d'une bête fauve. »

Capefigue est moins lyrique, mais peut-être plus juste et plus exact.

« Charles IX, dit-il, avait vécu dans les guerres civiles, avec toutes les émotions d'une existence agitée, tantôt aux conseils, tantôt aux batailles. Sa figure était douce et pâle, sa taille grande, un peu voûtée, sa complexion faible. Ses yeux brillants s'animaient de colère à la moindre contradiction ; il aimait la chasse avec frénésie ; il aimait les mascarades, les jeux, toutes les folies d'une cour de gaieté. Le caractère de Charles IX était populaire ; la bourgeoisie et le peuple le considéraient comme leur gentil roi, et voyaient avec douleur la faiblesse de son tempéramment qu'appauvrissaient encore ces agitations de chasse et de plaisirs. Jamais prince n'avait eu plus d'amis sincères parmi cette jeunesse de gentilhommerie qui habitait la cour ; il se mêlait aux jeux ; sa familiarité était abandonnée. On l'aimait pour les grâces de sa figure, pour ses bonnes manières ; sa pénétration était grande ; et quoique Catherine de Médicis se fût efforcée d'assouplir ce caractère, il conservait une force de jugement et de volonté dans le conseil. Il ne fut ni une tête faible ni un cœur abominable, se couvrant à plaisir du sang de ses sujets ; comme sa mère, il vint dans des temps difficiles, au milieu des orages et des calomnies des partis. Sa mémoire y a succombé. »

D'après le protestant genevois Sismondi, « Charles IX était plus habile à dissimuler, plus fourbe encore que sa mère. Il trompait d'autant mieux que son impétuosité apparente, ses emportements, ses jurements et ses blasphèmes préparaient à croire qu'il était incapable de rien cacher. Il était d'ailleurs doué de quelques qualités brillantes : adroit à tous les exercices du corps, à cheval ou l'épée à la main, il avait voulu apprendre à forger les armes, même à contrefaire la monnaie ; il avait la passion de la chasse, et y passait ses journées : aussi Brantôme l'appelle très brave, très généreux ; hardi, vaillant et courageux, quoiqu'il ne se fût jamais exposé à la guerre. De même, il assure que Charles IX entendait la musique et avait une belle voix ; qu'il parlait avec éloquence, grâce surtout à son précepteur, le célèbre *Amyot*, traducteur de Plutarque, enfin, qu'il faisait bien les vers ; et, en effet, on lui en attribue d'assez bons. »

Chateaubriand, tout royaliste qu'il soit, n'en partage pas moins les préjugés de l'école moderne et la sensiblerie romantique, lorsqu'il écrit, d'une main assez lourde, ce portrait ridicule d'un monarque, en qui il ne trouve à louer que le poète.

« Ce roi, qui tirait par les fenêtres de son palais sur ses sujets huguenots ; ce monarque catholique, se reprochant ses meurtres, rendant l'âme au milieu des remords en vomissant son sang, en poussant des sanglots, en versant des torrents de larmes, abandonné de tout le monde, seulement secouru et consolé par une nourrice huguenote (1)! N'y aurait-il pas quelque pitié pour ce monarque de vingt-trois ans, né avec des talents heureux, le goût des lettres et des arts, un caractère naturellement généreux, qu'une exécrable mère s'était plu à dépraver par tous les abus de la débauche et de la puissance? Charles IX avait dit à Ronsard, dans des vers dont Ronsard aurait dû imiter le naturel et l'élégance :

Tous deux également nous portons des couronnes,
Mais, roi, je la reçois ; poète tu la donnes.

« Heureux si ce prince n'avait jamais reçu une couronne doublement souillée de son propre sang et de celui des Français, ornement de tête incommode pour s'endormir sur l'oreiller de la mort ! »

L'aîné des frères du roi, Henri, duc d'Anjou, était à la cour de son frère ce que fut plus tard Philippe d'Orléans à la cour de Louis XIV. Tout jeune, à dix-sept ans, il promettait quelque vaillance, dit M. Baschet ; de Moncontour et de Jarnac il ne revint pas sans honneur : « Il aspire, écrivait l'ambassadeur vénitien, Aloise Fontarini, il aspire à de grandes dignités, parce qu'il voit bien que, restant en France, un moment viendra où il ne sera rien de plus que les autres princes du sang. » Un autre Vénitien, Jean Correr, le caracté-

---

(1) Autant de phrases, autant d'erreurs ! Nous prouverons bientôt que Charles IX n'a point tiré sur les huguenots, et que sa mort, pour être cruelle, n'a point été aussi dramatique que la représente le romancier déguisé en historien.

rise par ce mot : *Sta volentieri fra les dame*. « Il se tient volontiers parmi les dames. » Il y a loin de la nature de ce dameret à celle du roi son frère, ce chasseur emporté qui s'égare dans les forêts et se tue à chasser de la trompe. En 1572, Giovanni Michieli dit du duc d'Anjou :

« Maintenant, tous ses instincts de bravoure et ses graves desseins dont on parlait ont entièrement disparu ; il s'abandonne à une telle oisiveté, il s'éloigne tant de tous exercices, que chacun s'en étonne.... Il est l'œil droit et l'âme de la reine mère, elle ne le quitte jamais ; dans ses voyages, dans ses allées et venues, elle l'a toujours avec elle.... Sur lui maintenant reposent tous les desseins de la reine ; elle lui voudrait voir une couronne étrangère, et afin, — en cela elle a quelque raison, — d'empêcher que, demeurant en France, la division ou la rivalité ne s'établisse entre les deux frères ; on en a déjà vu quelques marques à propos de certaines paroles. »

Nous verrons Henri de Valois jouer un rôle important dans le coup d'État du 24 août, et montrer, dans ces conjonctures, combien il est plus Italien et plus Médicis que Français et Valois.

Quant au duc d'Alençon, François, selon l'expression de la reine, *il faisoit toujours le fol*. Ce second frère du roi était pourtant d'une nature taciturne, on ne savait jamais ce qu'il lui passait par la tête. Ambitieux sans mesure, il avait des faiblesses impardonnables. De même que Henri d'Anjou peut être comparé à Philippe d'Orléans, de même François d'Alençon ressemble au versatile, pusillanime et médiocre Gaston d'Orléans. On négociait alors son mariage avec Elisabeth d'Angleterre, bien qu'elle eût trente-sept ans, et lui, à peine dix-sept. Mais les intrigues matrimoniales de Catherine de Médicis ne devaient pas plus réussir pour son plus jeune fils, qu'elles n'avaient réussi pour Monsieur.

Celui des seigneurs catholiques de la cour de France qui attirait le plus l'attention, et semblait destiné à jouer le rôle le plus important était le duc Henri de Guise, fils du Balafré. Sans réunir au même degré toutes les vertus de son père, il s'était montré digne de recueillir un si noble héritage ; les circonstances même n'avaient pas tardé à lui faire jouer un rôle politique plus important encore.

« Dès que l'âge le lui avait permis, il avait mis sa vie et son épée au service de la même cause ; à dix-neuf ans, il s'était couvert de gloire en défendant Poitiers contre l'armée de Coligny ; à vingt-cinq, il avait battu les huguenots à Fismes, au prix d'une blessure reçue au visage, ce qui lui avait valu le surnom de *Balafré*. Son brillant courage, sa bonne mine, son caractère chevaleresque, lui avaient dès l'abord concilié tous les cœurs. Idole du peuple et des soldats, il eût pu tout entreprendre si le sentiment du devoir et une certaine prudence naturelle ne l'eussent retenu dans les bornes. Ses ennemis, toutefois, l'accusaient de prétendre au trône, et peut-être en effet que, par moments, lorsque la foule applaudissait à ses triomphes et l'enivrait de ses acclamations, il avait peine à se défendre de ces rêves de l'ambition, mais ce n'étaient là que de vagues et passagères impressions ; au fond un mobile plus noble inspirait sa conduite. Voué par ses traditions de famille à la défense de la religion catholique, Henri de Guise avait mis la gloire de sa vie à en assurer le triomphe, et il subordonnait tout le reste à un si grand résultat. D'ailleurs, il brillait plus sur le champ de bataille que dans le conseil : bien qu'il ne manquât pas d'habileté politique, son influence sur les affaires était moins considérable qu'il ne semblait au premier abord; il subissait l'entraînement de son propre parti plus qu'il ne lui imprimait la direction, et dans la réalité il en était le représentant plus encore que le chef (1). »

M. de Bouillé (2) trace un éloquent portrait de ce jeune prince.

« Séduisant par les belles proportions de sa taille, par la majesté de son visage qu'encadrait une barbe blonde et peu épaisse, par l'aisance et l'agrément de son maintien, par la sérénité constante de son large front surmonté de cheveux blonds et bouclés, par la vivacité et l'attrait de son œil perçant, par une merveilleuse douceur, par une libéralité toujours poussée jusqu'à la profusion, par une affabilité irrésistible, par une éloquence facile, puissante, persuasive, par une adresse incomparable dans tous les exercices du corps, lutte, paume, escrime, natation, ce troisième duc de Guise possédait une âme élevée, inaccessible à la crainte du danger, supérieure au besoin de repos, une constitution propre à supporter les fatigues, à dédaigner le sommeil, une intelligence vive, ardente, généreuse, déjà mûre, nourrie par l'étude particulière de Tacite, un jugement fin, pénétrant, une grande portée de vues, une fécondité prodigieuse de ressources, une rare sagacité dans l'appréciation des caractères, des volontés de chacun, dans l'observation des moments

---

(1) DE CHALAMBERT : *Histoire de la Ligue*, t. Ier.
(2) RENÉ DE BOUILLÉ : *Histoire des ducs de Guise*, t. II, p. 302.

favorables pour agir, une étonnante rapidité de décision, une extrême aptitude au maniement des affaires. Mais ces magnifiques qualités, relevées peut-être en apparence, étaient plutôt altérées, au fond, par une insatiable avidité de gloire, d'autorité, par des pensées trop vastes, plus susceptibles de s'exalter dans le présent que capables de prévoir judicieusement l'avenir. Enfin l'ambition dominait trop aveuglément Henri de Lorraine, dont les richesses allaient être employées, comme instruments serviles, aux desseins qu'elle lui inspirerait. L'opinion générale le réputa même « le plus grand usurier du royaume parce qu'il n'y avoit personne qui ne lui dût, et que son argent lui acquéroit tous les cœurs. »

Aussi lorsqu'un jour le roi demanda : « Mais que fait donc le duc de Guise pour enchanter tout le monde ? — Sire, répondit un courtisan, éclairé et franc dans son langage, il fait du bien à un chacun ; où ses bienfaits ne vont pas directement, ils y arrivent par réflexion ; quand il n'a pas d'occasion d'obliger par des effets, il oblige par des paroles ; il n'est point de feste qu'il ne célèbre, point de baptême où il ne soit parrain, point d'enterrement où il n'aille ; il est civil, humain, libéral ; il caresse tout le monde, ne parle mal de personne ; en un mot, il a l'éclat et l'autorité de Roy. »

L'adversaire acharné du jeune duc de Guise, sur lequel il reportait toute la haine, haine farouche et inextinguible, qu'il avait vouée au père, était Coligny. Nous savons ce qu'était l'amiral : voyons seulement comment le jugeait l'ambassadeur de Venise peu de mois même avant l'heure de cette mort que Catherine devait se charger de régler :

« Dans ces guerres, nul ne s'est fait remarquer et nommer autant que l'amiral. N'est-il pas étonnant que, dans ses destins, il n'ait accompli aucune action de grand mérite pendant qu'il était au service du Roi, tandis que dans les guerres mêmes contre le Roi il s'est acquis l'estime et la crainte à un degré tel, qu'un simple gentilhomme comme il est, avec peu de ressources, ait soutenu une guerre de cette durée et de cette importance, non seulement contre son puissant souverain, mais encore malgré les secours que Sa Majesté recevait du roi d'Espagne et de tant de souverains d'Italie, et de quelques princes d'Allemagne. Je m'étonne d'autant plus, qu'ayant perdu tant de batailles, il ait conservé cette réputation auprès de tous et qu'il inspire ce respect, même chez les reîtres et les lansquenets, qui, bien que créditeurs de nombreuses soldes, et après la perte de nombreux combats où ils avaient perdu leur butin, jamais ne se sont révoltés. C'est au point qu'on peut dire que si, par la manière dont il tint en respect les nations étrangères, Annibal a mérité une aussi grande gloire auprès des anciens, l'amiral en mérite une d'autant plus grande qu'Annibal y eut moins de peine, parce que partout il était victorieux, au contraire de l'amiral, dont la cause était toujours vaincue (1). »

Ses ennemis le tenaient pour très grand homme : si le parti protestant fut si fort et si considéré, assurément il le devait beaucoup à ce chef.

L'historien Ranke, si ferme dans ses jugements, a

---

(1) Alvise CONTARINI : *Relazione della Corte di Francia*, lue en février 1572. *Raccolta Alberi*, t. XI de la collection, IV de la 1ʳᵉ série, p. 239.

fait de Coligny l'éloge que peut envier un homme de valeur :

« La considération dont il jouissait ne reposait pas sur l'enthousiasme des triomphes, mais sur le besoin qu'on avait de lui. Un jour il tomba malade, et les fautes qui furent commises firent sentir tout ce qu'il valait (1). »

Jusqu'à l'époque où nous sommes parvenus, le jeune prince de Béarn qui avait pris à la mort de sa mère le titre de roi de Navarre, n'avait encore brillé d'aucun éclat. Il occupait à la cour une position inférieure à son rang et s'efforçait de se faire oublier.

« Rejeton de la noble race de saint Louis par son père, Henri de Navarre dut le jour à une mère qui, suivant le langage d'Agrippa d'Aubigné, n'avait « de « femme que le sexe, l'âme entière aux choses viriles, « l'esprit puissant aux grandes affaires, le cœur invin- « cible aux adversités (2). » Son baptême l'avait fait catholique ; son éducation le fit huguenot. Jeanne d'Albret, devenue veuve, avait solennellement embrassé la Réforme pour laquelle elle dissimulait plus ou moins sa propension depuis longtemps, et proscrit le catholicisme, dont elle avait juré, à son sacre, d'être la protectrice. Ce fut, on le sait, une affreuse persécution dans le Béarn. Rien n'arrêta la reine : ni les remontrances des États, ni la crainte de la France, ni la voix de la justice, ni l'horreur du sang, ni les maux d'une guerre civile froidement jetée dans un pays dont on est appelé à faire le bonheur par un sage gouvernement. Le jeune Henri de Navarre était à Paris, suivant, avec Henri de

---

(1) Léopold RANKE : *Histoire de France*, t. Ier.
(2) *Histoire universelle*, t. II, l. Ier, ch. II, p. 8.

France et Henri de Guise, les cours du collège de Navarre, lorsque sa mère inaugurait ainsi dans ses États le règne exclusif de la Réforme. Le calvinisme attendait le prince à son retour (1). »

Henri avait le double don : la naissance et les qualités personnelles, le génie et le droit, un grand principe soutenu par un grand cœur, dit M. de Lacombe, dans son étude sur la politique d'Henri IV, où nous trouvons ce portrait.

Fénelon, dans ses *Dialogues des morts*, œuvre si profonde sous une forme familière, met fréquemment Henri IV en scène. Il lui fait raconter son histoire à lui-même, et c'est toujours dans les épreuves de ce prince qu'il cherche le secret de sa supériorité.

« Je dois tout ce que je suis, dit Henri IV, au duc de Mayenne, à ma mauvaise fortune (2). »

« L'aïeul du Béarnais, le vieux roi de Navarre, Henri d'Albret, prévoyant les destinées de son petit-fils, avait défendu, pour l'en rendre digne, qu'on le traitât en prince. Il voulait le préparer au trône en l'armant contre l'adversité. Il avait ordonné qu'on l'élevât au milieu des enfants du Béarn, vêtu et nourri comme eux, bravant avec eux les intempéries des saisons, se mêlant à leurs luttes et à leurs jeux, endurci de bonne heure à la fatigue et apprenant, dans cette rude familiarité de la vie des montagnes, à connaître les traverses et les difficultés. »

Antoine de Bourbon, ayant été appelé à Paris comme lieutenant général du royaume pendant la minorité de Charles IX, Henri vint le rejoindre ; il suivit les cours

---

(1) L'abbé Féret : *Henri IV et l'Église catholique.*
(2) *Œuvres de Fénelon*, édit. Lebel, 1829, t. XIX, p. 402.

du collège de Navarre et s'y lia d'amitié avec le duc d'Anjou et le duc de Guise. Devenue veuve, Jeanne d'Albret retourna en Béarn, et rappela auprès d'elle son fils, à peine âgé de dix ans, pour l'instruire dans le calvinisme.

A quinze ans, il calme par sa présence les seigneurs soulevés dans la basse Navarre. A seize ans, il se rend à la Rochelle ; il remplace, comme chef du parti protestant, le prince de Condé, et, sous l'inspiration de Coligny, il prend part aux principaux engagements.

« En même temps que le guerrier, se forme le négociateur. Chef des protestants, sujet du roi de France, Henri trouve, dans son entourage, comme dans son pays de Béarn, beaucoup de catholiques. Il doit les ménager, tout en conduisant son parti, et, sans manquer à ses coréligionnaires, gagner la faveur du souverain. Environné de passions qui s'excluent les unes les autres, il s'instruit à les dominer ; et, comme il veut dans tous les partis se rallier des appuis, il leur impose à tous l'équité dans sa clairvoyance, autant que l'élan de son cœur lui révèle l'obligation (1). »

Rien cependant ne faisait encore pressentir, en ce jeune homme silencieux et dissimulé, le futur Henri IV. Il savait se taire et savait attendre, mais il ne savait pas encore agir.

Le duc d'Aumale donne quelques détails sur le jeune prince de Condé, qui devait prendre part, lui aussi, aux événements d'août 1572.

« Dès le mois de juin 1569, le cardinal de Bourbon avait prié le roi de lui confier les enfants en bas âge

---

(1) CHARLES DE LACOMBE : *Henri IV et sa politique*, p. 8.

qu'avait laissés son frère. Non seulement le roi agréa cette demande, mais la princesse douairière (Eléonore de Roye) ne paraît pas y avoir fait d'opposition. Au moment de la mort de son mari, elle avait témoigné une grande chaleur pour la cause des réformés, et s'était placée tout d'abord sous la protection de la reine Elisabeth ; puis elle s'était promptement refroidie, avait quitté la Rochelle, et résidant tantôt à la cour, tantôt dans ses terres de Brie, elle partageait, avec le prélat, son beau-frère, la direction de l'éducation toute catholique que recevaient ses fils et beaux-fils. Elle-même n'allait ni au prêche ni à la messe et vivait dans un relâchement de croyance, et, assurait-on, de mœurs dont la reine de Navarre s'indignait fort (1), et qui ne devait pas moins révolter l'âme sincèrement pieuse de Condé. La doctrine calviniste s'était fortement imprimée dans le cœur de ce prince, les leçons qu'il avait reçues, non moins que ses malheurs avaient excité en lui une vive ferveur ; son esprit, naturellement enjoué, s'était assombri, et il confondait dans une même horreur le vice, le plaisir et le papisme. Ainsi, tout l'éloignait de la cour ; et la confiance que lui montrait Coligny ajoutait encore au charme des « mélancoliques heures » (c'était son mot) qu'il passait à la Rochelle. L'amiral avait apprécié l'ardeur religieuse et la fermeté de Condé : il semblait se préparer à lui léguer le commandement des réformés de l'Ouest. C'est Condé qui, en son absence, transmettait ses

(1) « Votre cousine la marquise est tellement changée qu'il n'y a apparence de religion, sinon d'autant qu'elle ne va point à la messe ; car, au reste de la façon de vivre, elle est comme les papistes, et la princesse, ma sœur, encore pis... » Jeanne d'Albret à son fils, Blois, 8 mars 1572. *Lettres missives de Henri IV*, I, 33.

ordres, et lui rendait compte de tout ce qui se passait ; ils échangeaient des lettres fréquentes, et le jeune lieutenant témoignait une touchante sollicitude pour son vieux général. »

Mais la plus haute et la plus belle figure de cette cour des derniers Valois est celle de Catherine de Médicis.

« Des éloges de courtisan ou des condamnations fanatiques, les pages de Brantôme, l'homme de cour achevé, ou les pages de Henri Estienne, le huguenot immodéré, « des flatteries impudentes ou des mesdisances affectées », voilà ce que nous ont laissé sur Catherine de Médicis les livres écrits par ses contemporains. Il faut aller à d'autres sources, contemporaines aussi, pour découvrir la vraie Catherine, la vraie *reine-mère* qui a tenu pendant tant d'années dans ses mains le jeu de la politique de la France, en un temps où les passions ennemies, sous couvert et manteau de religion, ont abreuvé d'amertume et rempli de sinistres le plus beau des royaumes. Vous voulez connaître la reine mère, la voir et l'entendre ? Interrogez les diplomates qui l'ont connue, qui l'ont vue et l'ont entendue presque chaque jour ; ils étaient aux abords de son trône, ils avaient accès à son cabinet ; leur devoir était d'être aux écoutes de son conseil, de surprendre le secret de ses luttes, d'en définir les moyens ; interrogez ceux qui, avec autant de sang-froid que d'impartialité, ces conditions d'un jugement sain et droit, ont attaché des regards aussi attentifs que pénétrants sur le flux et le reflux des vicissitudes du royaume sous un tel règne. Les Vénitiens ont excellé à peindre Catherine et à soulever le voile de ses intentions et de ses procédés; ils ont connu son âme et son esprit. A son égard, leurs paroles ont trouvé le moyen terme entre les flatteries serviles et les jugements amers; ils ont produit la lumière qui met en son vrai jour la figure de la plus politique des femmes, mêlée pendant le cours de ces trois règnes à toutes les secousses d'un gouvernement qu'agitaient de grandes fièvres à un profond degré (1).

Jean Correr écrivait en 1569 :

Cette reine tient du caractère de ses ancêtres; elle désire en conséquence laisser mémoire d'elle après sa mort par des édifices, des bibliothèques et des collections d'antiquités. Elle a commencé de tout cela et a dû laisser tout de côté pour s'occuper d'autre chose ; elle se montre princesse affable, courtoise, aimable avec chacun, et fait profession de ne laisser personne la quitter sans être satisfait, ce qu'elle fait au moins avec des paroles, dont elle est très libérale. Elle est assidue aux affaires, au grand étonnement de chacun; car il ne se fait ni ne se traite rien, si peu important que ce soit, sans son intervention. Elle ne mange ni ne boit, ou dort à peine, sans avoir quelqu'un qui lui bourdonne aux oreilles; elle court çà et là dans les armées, faisant ce que devraient faire les hommes, sans aucun ménagement de sa vie. Avec tout cela, elle n'est aimée de personne dans ce royaume, ou, si elle l'est, c'est de peu. Les huguenots disent qu'elle les amusait par de belles paroles et de feintes caresses, puis s'entendait de l'autre côté avec le roi catholique et machinait leur destruction; les catholiques, au contraire, disent que si elle n'avait pas favorisé les réformés, ils n'auraient pu faire ce qu'ils ont fait. De plus, au temps actuel en France, chacun est plein de présomption, et demande hardiment tout ce

(1) ARMAND BASCHET : *la Diplomatie vénitienne.*

qu'il s'imagine; si l'on est refusé on s'en prend à la reine ; car, étant étrangère, il leur semble que, donnât-elle tout, elle ne donnerait rien du sien. On lui a toujours attribué aussi les résolutions prises pour la paix ou la guerre, dont on a été mécontent, comme si elle gouvernait par elle-même absolument, sans prendre l'avis et le conseil d'autres personnes. Je ne dirai pas que la reine soit une sibylle, qu'elle ne puisse se tromper, et que Sa Majesté ne se confie trop quelquefois à elle-même; mais je dirai que je ne sais quel prince, le plus sage même et le plus expérimenté, n'eût été fort empêché en se voyant sur le dos une guerre au milieu de laquelle il lui eût été difficile de distinguer ses amis de ses ennemis ; en outre, qu'aurait-il fait si, voulant prendre des mesures, il eût été contraint d'employer pour l'action et le conseil ceux qui l'entouraient avec la connaissance que tous étaient intéressés et partie d'entre eux peu fidèles. Je répète que j'ignore quel prince, malgré la plus grande prudence, ne se serait fourvoyé au milieu de tant d'obstacles, à plus forte raison une femme étrangère, sans personne à qui se fier, assaillie de craintes et n'entendant jamais un mot de vérité. Quant à moi, Sérénissime Prince, j'ai été étonné qu'elle ne se soit pas perdue et ne se trouve pas livrée entièrement à l'un des deux partis, ce qui aurait été la ruine totale de ce royaume; or, elle a conservé néanmoins ce peu de majesté royale qu'on aperçoit encore dans cette cour : aussi je me suis plutôt apitoyé sur elle que je ne l'ai accusée. Je lui ai déclaré à elle-même dans l'occasion, et Sa Majesté, en pesant avec moi les difficultés dans lesquelles elle se trouvait, m'a confirmé dans cette manière de voir, et elle m'en a fait souvenir plus d'une fois depuis. Je sais qu'on l'a vue pleurer plus d'une fois dans son cabinet; puis, faisant effort sur elle-même et s'essuyant les yeux, elle se montrait le visage riant dans les lieux publics, afin de ne point alarmer ceux qui jugeaient de l'état des choses d'après l'expression de sa figure. Elle se remettait ensuite aux affaires, et, ne pouvant agir à sa guise, elle s'accommodait partie à la volonté de celui-ci, partie à celle de celui-là ; elle faisait ainsi de ces emplâtres qui ont fait parler d'elle dans le monde entier peu favorablement en son honneur (1).

C'est dans les petits détails noyés dans la masse des dépêches qu'il faut chercher les traces de Catherine, reprend M. Armand Baschet.

« Lisez ses dépêches, vous reconnaîtrez comme étant bien proches de leur entier développement les défauts et les qualités des procédés politiques de cette femme d'État. Elle a presque toujours voulu recourir, dans une mesure égale, à la fermeté et à la dextérité, croyant aussi toujours pouvoir adoucir la rigueur des moyens de l'une par la finesse des moyens de l'autre. Elle s'est toujours trompée. Sa conduite à l'égard des partis repose sur deux mobiles : châtier, puis négocier, dissimuler ou temporiser. Un Vénitien a dit qu'en elle le fameux *temporiseur* Fabius, ce grand Romain, eût bien reconnu sa fille dans cette femme d'Etrurie. Ses coups sont médités : elle prévoit avant de les porter le mode par lequel elle devra les atténuer. Nul être au monde ne portait plus loin la qualité diplomatique : elle est le plus remarquable négociateur politique dont l'histoire puisse parler. Il faut regretter qu'elle ait été le moteur du pouvoir au lieu de n'en être que l'instrument. Gouvernement, elle se trompe ; agent de gouvernement, elle est supérieure. Où je la vois se définir, où je la vois au double point de vue de la Catherine vengeresse et de la Catherine politique, bien qu'elle ne soit point

---

(1) *Relations*, etc., II, 154.

encore maîtresse reconnue du pouvoir, c'est dans l'acte hardi et intempestif de l'arrestation du prince de Condé, puis dans son mode d'agir sur l'esprit du roi de Navarre, frère aîné du prince, pour atténuer l'effet, pour adoucir l'amertume, promettre, accommoder, arranger, engager. Dans les actes d'audace qu'elle dicte et inspire, elle feint de n'être que témoin. Combien est-elle plus hardie, plus entreprenante, plus actrice, plus personnelle, combien laisse-t-elle voir toute la force du *moi* dans les négociations! Alors elle ne veut personne, aucun ministre; elle sait ce qu'elle peut. Faut-il écrire, marcher, courir par tous les chemins, choisir loin des grands centres qui pourraient inquiéter l'homme de parti un lieu quelconque, dans une province lointaine, elle y va, elle y paraît, elle entreprend et souvent elle réussit. Elle n'a jamais désespéré d'elle-même. »

Cet admirable portrait n'est-il pas une réhabilitation?

CHAPITRE X

Attitude de Coligny à la cour. — Correspondance de l'ambassadeur de Savoie. — Le complot calviniste d'après les ambassadeurs vénitiens et florentins. — Provocations de l'amiral et des protestants. — La scène de Montpipeau. — Complot de la reine-mère avec la duchesse de Nemours et le duc de Guise. — L'arquebusade. — Louviers de Maurevel et Pier-Paolo Tosinghi. — — Lettre de l'ambassadeur de Toscane. — Navarre et Condé chez Coligny. — Visite du roi, de Catherine et de Monsieur à Coligny. — Disgrâce de la reine mère. — Agitation dans Paris. — Menaces des seigneurs huguenots.

Avant de mettre sous les yeux du lecteur les documents qui se rattachent à la Saint-Barthélemy, et qui peuvent servir à l'expliquer, dit M. de la Ferrière (1), interrogeons les ambassadeurs étrangers, ces témoins désintéressés de nos discordes civiles; demandons-leur quel était l'état des esprits, ce qu'étaient les passions, à cette cour de Charles IX, dans les mois qui précédèrent la sanglante nuit.

Voici ce qu'écrivait l'ambassadeur de Savoie, parlant de la mort de Lignerolles, le favori du duc d'Anjou, tué en plein jour par Villequier :

« On l'attribue à la Reine-mère, et pour avoir découvert au roi d'Espagne les affaires qu'il avoit trop

(1) Comte H. DE LA FERRIÈRE : *le Seizième siècle et les Valois.*

connues par le menu (1). » Nous rappellerons ici que Catherine, ayant à se plaindre quelques mois auparavant de Lignerolles, de Villequier et de Saret qui, selon elle, détournaient tous trois le duc d'Anjou d'aller en Angleterre, écrivait à La Mothe-Fénelon : « Je vous assure que si nous pouvons en avoir quelque assurance, ils s'en repentiront (2). »

Voici maintenant ce que nous dit le même ambassadeur de la situation des partis et de leurs menées :
« Toutes manières de pratiques se cherchent mainte-
« nant et tout ce monde s'en veult mesler, et le plus
« que l'on travaille, c'est de persuader au Roi d'y
« entrer ; depuis qu'il est parti à Blois se sont faits
« quatorze meurtres à la cour, tous impunis ; l'on dit
« au Roi que cette nation est tellement adonnée à telles
« choses que, qui ne l'emploierait ailleurs, elle en fe-
« rait bien d'autres (3). »

Dans une nouvelle lettre, l'ambassadeur parle du refus du duc de Guise d'appointer avec l'amiral :

« On sait comment son père a été occis ; il demande
« que l'amiral et luy soient mis en chemise, l'épée au
« poing ; ils s'appointeront sans travailler sa Majesté ;
« les huguenots en sont esmus et dit-on que l'amiral
« assemble des forces ; et de fait il ne vint icy que
« M. de Teligny. Les choses sont embrouillées qu'il
« est difficile de les démesler ; les huguenots ont mis
« discussion entre le Roy et Monsieur son frère, disant
« que Monsieur son frère a intelligence avec le duc
« de Guise et qu'ils veulent troubler le monde, voir
« passer plus avant. Il ne se parle en ceste cour que

(1) *Archives de Turin.*
(2) *Correspondance de La Mothe-Fénelon*, t. VII, p. 234.
(3) *Archives de Turin.*

« d'assassinats; la grace du meurtre de Lignerolles,
« demandée par le maréchal de Tavannes, a été ac-
« cordée sur l'heure (1). »

Le 21 juin 1572, il écrit :

« L'amiral et le duc de Guise se voient, mais ne
« se parlent pas; l'amiral se trouble de ce qu'il lui
« semble que Monsieur, frère du Roy, porte le duc de
« Guise; tout n'est pas encore bien rapaisé et se plai-
« gnent les huguenots qu'on leur manque de promesse,
« les ayant fait aller en Flandres, sous promesse d'estre
« appuyés, et ils sont délaissés aujourd'hui: ils espè-
« rent encore dans l'amiral d'Angleterre (2); l'amiral,
« Teligny, Briquemault, sollicitent fort ceux qu'ils
« espèrent y pouvoir servir, ayant perdu ce bon appui
« de la royne de Navarre qui leur a augmenté le
« soupçon, et que l'on tient le prince de Béarn pour
« bien malade, et qu'il se dit hautement que s'il venoit
« à mourir, Monsieur frère du Roy épouseroit Cathe-
« rine (3). »

Il est maintenant avéré que les huguenots avaient formé un immense complot, qui mettait en péril la sécurité, peut-être la vie du roi, et devait livrer le royaume à de nouvelles guerres civiles plus meurtrières encore que les précédentes. Les documents extraits des archives de Florence et de Venise donnent des renseignements précis sur cette conspiration.

« Ils (les Réformés) firent dire à leurs coreligion-naires de se tenir prêts, et, à un jour fixé, qui serait le premier mardi d'après, c'est-à-dire le 26 (août), un

(1) *Archives de Turin.*
(2) Lord Lincoln, venu en ambassade extraordinaire.
(3) Catherine de Navarre. (*Archives de Turin.*)

certain nombre de cavaliers devaient arriver à Paris, qui, joints à ceux qui s'y trouvaient déjà, devaient compléter le nombre de quatre mille. Leur intention était de s'emparer du Louvre et de se laver les mains dans le sang des auteurs du crime, conseillers, complices et meurtriers : c'était pour eux comme un devoir. Piles, le spadassin, devait s'emparer de la porte ; Monino assassinait Guise ; Briquemaut égorgeait Nevers, sa femme et ses fils. Après s'être ainsi partagé la tâche, ils faisaient de nouvelles Vêpres siciliennes ; il y a lieu de croire qu'ils n'auraient pas même respecté le sang royal, puisque c'était Monseigneur (d'Anjou) et la Reine qu'ils redoutaient le plus.

« Cette entreprise leur était facile, parce que quatre-vingts vaillants gentilshommes avaient leurs chambres à coucher en différentes parties du château, sous prétexte qu'ils étaient nécessaires au service du roi de Navarre, du prince de Condé et des autres seigneurs calvinistes. Ces gens-là auraient surpris les gardes, et tué, à l'improviste, la meilleure et la plus grande partie des victimes désignées (1). »

Tel est le récit transmis à Florence à la date du 27 août, le lendemain du jour où Charles IX porta devant le Parlement des accusations semblables à celles que contient cette lettre. Ecoutons maintenant la relation vénitienne.

Selon Michieli, le complot aurait été dénoncé, dans la journée du 23, par un gentilhomme de Picardie, nommé Bouchavannes. Ce traître serait venu secrètement révéler au Roi et à la Reine « l'ordre donné aux

---

(1) *Négociations diplomatiques de la France avec la Toscane*, t. III, p. 814.

huguenots d'avoir à rassembler à Meaux, pour le 5 septembre, toutes leurs forces, tant d'infanterie que de cavalerie, pour se faire rendre raison par les armes, pendant que le Roi se trouvait désarmé, de l'outrage fait à l'amiral... Ceci, ajoute l'ambassadeur vénitien, est la conspiration dont le Roi a ensuite, au parlement, affirmé la découverte, conspiration ourdie contre lui, sa mère et ses frères; et pour rendre la chose encore plus odieuse, il y a ajouté son beau-frère, le roi de Navarre (1). »

Ce Bouchavannes avait, en effet, assisté aux tumultueuses délibérations des amis de l'amiral dans la soirée qui suivit l'attentat de Maurevel, et lui seul était demeuré silencieux (2). Il avait vu, de près, la consternation des uns, l'irritation des autres : ceux-ci voulaient qu'on transportât tout de suite le blessé à Châtillon; ceux-là qu'on quittât Paris en masse, voyant dans cet assassinat, comme le dit le vidame de Chartres, le premier acte d'une tragédie qui finirait par leur massacre à tous; les plus jeunes parlaient de vengeance, mais leurs menaces s'adressaient surtout aux ducs de Guise et d'Aumale. Il se peut que de tous ces projets combinés et amplifiés, le traître ait composé sa dénonciation, qui paraît certaine, à en juger par l'exécration à laquelle les réformés vouèrent sa mémoire. Ce qu'il passa sous silence, sans doute, c'est l'assurance donnée par Téligny que le souverain allait

(1) *Relation de Michieli*, trad. W. Martin, p. 40. — On voit que Michieli ne s'accorde point avec le récit transmis à Florence sur la date où le complot devait éclater. D'après Claude Haton, cette date était le 31 août. *Mémoires publiés par Bourquelot*, t. II, p. 670.
(2) *Mémoires de l'Etat de France*, ap. archives européennes, t. VII, p. 112.

faire justice du duc de Guise; c'est la confiance dans cette promesse manifestée par Coligny et ses plus sages capitaines, et dont témoignent les lettres écrites à leurs amis des provinces, pour qu'ils restassent calmes (1).

« Ce qui est sûr, dit à son tour M. Armand Baschet, qu'on ne peut soupçonner de fanatisme, c'est que Coligny *avait un Etat dans l'Etat, et que son but était d'éloigner à jamais de l'esprit de la France les croyances religieuses.* »

Il paraît même, au dire du même auteur, qu'une lettre de l'amiral, tombée entre les mains de Catherine de Médicis, avertissait le prince d'Orange, le 15 juin 1572, de se tenir prêt pour une grande exécution des catholiques, qui devait avoir lieu en septembre. Si cette lettre, qui n'a encore été publiée nulle part que nous sachions, existe réellement et si elle contient ce qu'on lui fait dire, il n'y a pas à douter que Coligny ne préparât alors une nouvelle conjuration pour assurer la suprématie aux protestants. N'était-ce pas à cette lettre que Catherine de Médicis faisait allusion après la blessure de l'amiral, ou à quelque autre semblable, quand elle parlait au roi des projets de révolte des huguenots, dont elle avait, disait-elle, *de bons et certains advis?*

Nous allons, du reste, citer tout à l'heure une lettre du roi à Schomberg, qui semble confirmer le soupçon d'un projet formé par Coligny, de faire, au mois de septembre, une *razzia* générale des catholiques.

Mais voici d'autres griefs à la charge de ce chef des factieux. Les papiers de Coligny, saisis et visités après

---

(1) J. Loiseleur : *Trois Énigmes historiques.*

sa mort, en contenaient assez pour établir juridiquement sa culpabilité et justifier son arrestation et sa mise en jugement, mais non son assassinat. Ces pièces, il est vrai, ne furent pas publiées par le gouvernement de Charles IX, dans le but, sans doute, de ne pas éterniser les haines, ou peut-être aussi pour ne pas révéler aux sectaires toutes les forces dont ils pouvaient disposer ; mais nous savons, par le témoignage des contemporains les plus dignes de foi, une partie de ce qu'elles contenaient. Voici, entre autres, ce que disait, en parlant de ces papiers, Bellièvre, ambassadeur de Charles IX en Suisse :

« Je sais où ils sont, le roi les a vus, tout son con-
« seil semblablement, ainsi que sa cour de parlement.
« Que peut-on dire d'un ordre politique qui a été
« trouvé parmi ces papiers, par lequel il a apparu au
« roi que le dict amiral avait établi ès seize provinces
« de son royaume, des gouverneurs, des chefs de
« guerre, avec certain nombre de conseillers, qui
« avaient charge de tenir le peuple armé, le mettre
« ensemble et en armes, aux premiers mandements
« de sa part, auxquels étoit donné le pouvoir de lever
« annuellement, sur les sujets de Sa Majesté, notable
« somme de deniers. » (Caveirac.)

Tout cela est confirmé par l'auteur des *Mémoires* de Tavannes, qui affirme avoir *vu, chez son père, partie de papiers de l'amiral, avec le roole de leurs hommes et leurs levées des deniers.*

Il est certain que Coligny exerçait une influence absolue sur l'esprit du jeune et faible Charles IX, et qu'il fut un moment le chef véritable du gouvernement. Il portait mal cette faveur dont il jouissait, et mettait dans ses rapports avec la cour toute la rudesse orgueilleuse et brutale d'un vieux soldat qui se croit nécessaire.

« L'amiral, dit le président Bellièvre, menaçait à tout propos le roi et la reine d'une nouvelle guerre civile, pour peu que Sa Majesté se rendît difficile à lui accorder ses demandes, tout injustes et déraisonnables qu'elles fussent : lorsque le roi ne voulut point, selon son avis, rompre la paix avec le roi d'Espagne pour lui faire la guerre en Flandre, il n'eut point honte de lui dire en plein conseil, et avec une incroyable arrogance, que si Sa Majesté ne voulait pas consentir à faire la guerre en Flandre, elle se pouvait assurer de *l'avoir bientôt en France entre ses propres sujets*. Il n'y a pas deux mois que Sa Majesté, se ressouvenant d'une telle arrogance, disait à aucuns siens serviteurs entre lesquels j'étais, que, quand il se voyait ainsi menacé, les cheveux lui dressaient sur la tête (1). »

C'étaient bien là les façons d'agir d'un homme qui avait offert au roi de lever dix mille hommes en son nom pour faire la guerre en Flandre, proposition séditieuse à laquelle Tavannes avait répondu, en s'adressant au roi :

« Sire, celui de vos sujets qui vous porte de telles
« paroles, vous lui devez faire trancher la tête. Com-
« ment vous offre-t-il ce qui est à vous ? C'est signe
« qu'il les a gagnés et corrompus, et qu'il est chef
« de parti à votre préjudice. Il a rendu ces dix mille
« vos sujets à lui pour s'en aider à un besoin contre
« vous. »

Ainsi les projets révolutionnaires de Coligny n'étaient ignorés de personne, et le roi lui-même sentait cruel-

(1) *Harangue de Bellièvre.*

lement peser sur lui la tyrannie de celui qu'il appelait :
« Mon père l'amiral. »

« Catherine, en toutes ces choses, louvoyait curieusement. L'ardeur de l'amiral à séduire le Roi l'inquiéta : l'ardeur de son fils à rechercher la compagnie de l'amiral réveilla de vieilles haines, en même temps qu'elle inspira de sanglantes représailles. Elle feignit d'abord de désirer la guerre. Il paraît prouvé (l'ambassadeur l'affirme) que le Roi et elle firent même dire au prince d'Orange de commencer les hostilités, l'assurant qu'ils ne lui feraient point faute (1).

« Philippe II en fut informé : de là cet ordre donné à son armée de ne pas aller aux affaires du Levant pour rejoindre les forces vénitiennes, avec lesquelles et par lesquelles on avait vaincu à Lépante. L'amiral ne se put contenir; voulant user des dispositions sincères du roi, apparentes de la reine, il poussa à ce malheureux commencement de l'entreprise dans les Flandres. Le peu de succès qui en résulta refroidit le roi : cependant, lorsqu'il sut les procédés du duc d'Albe à l'endroit des prisonniers, tels que Genlis et autres, auxquels le duc arrachait par la torture l'aveu que le roi de France les avait poussés à cette tentative, l'irritation de Charles IX atteignit toute violence, ainsi que nous l'avons dit plus haut.

« L'amiral, dit le Vénitien, se servit habilement de l'occasion de cette conduite du duc, et jeta le roi dans une telle indignation, qu'il ne connaissait plus de limites, et qu'il ne se trouvait pas avec un de ses confidents sans lui dire avec l'expression de la plus vive colère :

---

(1) Giovanni Michieli, sa *Relation* de 1572. *Raccolta Alberi*, t. XI, p. 278.

« Savez-vous que le duc d'Albe me fait mon procès ? »

« De telle sorte que cela, et les termes insolents et furieux dont usa le duc auparavant à l'égard de l'agent du roi de France, qui résidait auprès de lui, termes des plus étranges et intolérables (comme me le dit alors la reine elle-même), il ne fut pas difficile à l'amiral, en l'absence de la reine, pendant qu'elle était allée rencontrer la duchesse de Lorraine, d'amener de nouveau le roi à vouloir la guerre. Pendant quatre ou cinq jours continus, la guerre fut regardée dans Paris comme déclarée; on en parlait publiquement. A toute heure on faisait des engagements de troupes de cavalerie et d'infanterie. Tel ou tel gentilhomme s'offrait, l'un avec cinq cents chevaux, l'autre avec mille, chacun selon ses moyens, et le tout à ses risques et dépens. Ainsi l'amiral avait habilement su faire cet ouvrage. »

« Il est certain qu'alors, pour un instant, l'amiral éclipsa la reine mère : le roi était si bien capté qu'il lui consacrait des journées entières; le soir dans son cabinet au Louvre, l'amiral demeurait avec lui jusqu'à une heure fort avancée dans la nuit (1). »

« Catherine se sentait blessée dans sa passion la plus vive, passion caractérisée par cette belle expression du Vénitien, dite à son propos : *l'affetto di signoreggiare.* L'amiral lui enlevait son petit, qu'elle avait si bien dressé à lui obéir et à ne rien vouloir en dehors de sa volonté. La déclaration d'une guerre — cet acte le plus grave, ce fait de la responsabilité la plus haute — aurait été osée sans qu'elle la voulût et qu'elle la décidât! Elle, qui, par tant de sacrifices, tant de fatigues, tant de dissimulations, tant de sagacité et de

---

(1) Armand Baschet : *la Diplomatie vénitienne.*

pénétration, avait tenu le pouvoir et conduit le royaume depuis près de treize années! Une guerre de par Coligny, une guerre à l'Espagne, le roi à la tête des troupes, avec la fleur de la France autour de lui, et l'amiral, moteur de tout, agissant et voulant! Que serait-elle alors? une femme dans l'État, mais non plus la régente, non plus cette grande reine mère tant crainte, tant obéie! Elle vit le danger (1).

« Ces provocations, écrit M. Alfred Maury, ont certainement poussé Catherine, le duc d'Anjou et leurs familiers à frapper les chefs du parti huguenot, ils voulurent prévenir dans Paris un mouvement des protestants qui n'aurait pu être arrêté sans mesures répressives, et du sang versé, que par la punition exemplaire de l'attentat dirigé contre Coligny, châtiment auquel la part qu'ils avaient prise dans le crime les rendait fort opposés (2). »

Nous possédons à ce sujet une scène reproduite par l'auteur des *Mémoires* de Gaspard de Tavannes; résumons-en les traits principaux : « On avertit la reine mère de regagner la puissance que l'amiral lui avait fait perdre. La jalousie du gouvernement de son fils et de l'Estat, ambition démesurée, enflamme, brusle la royne dehors et dedans, et tient conseil de se défaire de l'admiral. Le roi chasseur va à Montpipeau, la royne y court; enfermée en un cabinet avec luy, elle fond en larmes et dit : « Je n'eusse pensé pour avoir pris tant « de peine à vous eslever, vous avoir conservé la cou- « ronne... que m'eussiez voulu donner récompense si

---

(1) Armand Baschet : *la Diplomatie vénitienne.*
(2) *Journal des Savants*, septembre 1871, p. 432.

« misérable. Vous vous cachez de moi... Je scay que
« vous tenez des conseils secrets avec l'admiral. La
« guerre d'Espagne, dont de Sauve m'a parlé, malgré
« vostre défense formelle, mettra vostre royaume en
« proie à ceux de la religion... Avant que voir cela,
« donnez-moi congé et esloignez de vous vostre frère,
« qui se peut nommer infortuné d'avoir employé sa
« vie pour conserver la vôtre. » Le roi étonné, ému,
malgré sa méfiance envers la finesse de sa mère et envers l'ambition de son frère, avoue et promet obéissance. Il court même jusqu'à Monceaux, où Catherine
de Médicis s'était retirée mécontente pour passer la
nuit, et là, devant Tavannes et de Rets, se laisse à
nouveau transformer en ennemi des huguenots, lui
leur ami quand il parlait avec Coligny (1).

C'est alors que Catherine de Médicis, lasse de l'arrogance de l'amiral et des provocations des huguenots,
se résolut à le faire tuer, le voyant trop puissant pour
le pouvoir traduire devant un tribunal régulier et requérir sa condamnation.

Les écrivains italiens, contemporains ou postérieurs,
ont pour la plupart prétendu qu'elle avait projeté depuis
longtemps de frapper Coligny, qu'elle l'avait attiré par
une longue et froide dissimulation, lui et les huguenots,
dans un piège, et que la Saint-Barthélemy avait été
pour elle le résultat de combinaisons profondes et
machiavéliques. Ennemis ou maladroits amis, car plusieurs d'entre eux en ont pris sujet d'admirer son
habileté, ils lui ont attribué ainsi une certaine grandeur
dans le mal qu'elle n'eut jamais. La relation de l'ambas-

---

(1) Colonel E. DE LA BARRE DUPARC : *Histoire de Charles IX.*

sadeur vénitien Michieli, envoyé pour dissuader Charles IX de faire la guerre à l'Espagne, celle de son successeur Cavalli, celle du nonce, et les documents les plus dignes de foi, montrent que, loin de dominer les événements, la reine se laissa toujours entraîner par eux, qu'elle ne forma aucun plan arrêté, et surtout aucun plan à longue échéance. Elle avait toujours cru calmer les orages, même lorsqu'elle contribuait à les soulever. S'il n'est pas douteux qu'elle eût songé à perdre son ennemi en le frappant, et qu'elle se fût réservé cette chance de salut, du moins son caractère, ses actes, tout prouve qu'elle ne s'arrêta que très tard à cette pensée, qu'elle eut en quelque sorte peur d'elle-même, et qu'elle hésita jusqu'à la dernière heure. Enfin le moment arriva où elle se vit forcée dans ses derniers retranchements. Elle prit alors la résolution d'ordonner la mort de l'amiral, pour se défendre et pour défendre la couronne. Fatiguée et démoralisée par treize ans d'une lutte incessante, pendant laquelle elle s'était maintenue avec de simples expédients, elle en était venue à ne plus juger les actions humaines que par leur utilité et leur à-propos. Elle était d'ailleurs convaincue, comme tous les souverains l'étaient alors, que les rois sont au-dessus des lois, et n'ont dans les circonstances exceptionnelles de comptes à rendre qu'à Dieu seul. Enfin elle avait pour les moyens secrets la prédilection ordinaire aux âmes faibles, et, comme les Italiens, elle croyait au pouvoir des conspirations, dont l'histoire de Florence, sa patrie, lui offrait plus d'un exemple heureux (1).

Lorsque le roi, poussé par sa mère qui le menaçait

---

(1) DARESTE : *Histoire de France*, t. IV, l. XXIV, p. 280.

de retourner à Florence, avait proposé à Coligny de soumettre à un conseil le projet d'intervention en Hollande, ce qui équivalait à abandonner le projet, l'amiral avait laissé échapper des paroles de menaces, dont les huguenots essayèrent d'atténuer le sens, mais qui effrayèrent tellement Catherine, qu'à partir de ce jour elle prit la résolution d'en finir avec lui. Ce qui la confirma de plus en plus dans ce sinistre dessein, ce fut la nouvelle que son fils Charles IX était retombé secrètement sous l'influence de Coligny. Bientôt, fatigué d'être tenu en laisse par sa mère et par son frère, ce prince rentra dans la politique du chef des huguenots. D'après ses conseils, il sollicita le concours actif de la reine d'Angleterre, et il ordonna à Biron, grand maître de l'artillerie, dévoué aux calvinistes, de dresser un état des canons et des munitions en dépôt dans les arsenaux. En rentrant à Paris pour assister aux noces de sa sœur Marguerite, afin de prévenir toute collision entre les Guises et les huguenots, il exigea des deux partis le serment de ne pas en venir aux mains; et, prévenu que les Guises arrivaient avec une nombreuse suite, il fit venir douze cents arquebusiers pour protéger l'ordre et en même temps la vie de Coligny. La sincérité de ses sentiments pour l'amiral et son entière bonne foi semblent jusqu'à ce moment-là hors de doute. Il n'ignorait pas la haine profonde que sa mère et son frère d'Anjou portaient à Coligny. Un jour, au moment où l'amiral venait de quitter Charles IX, ce prince, ayant aperçu son frère qui entrait, porta aussitôt la main à sa dague, et se promena à grands pas, réprimant à peine sa colère. D'Anjou, profitant d'un moment où son frère lui tournait le dos, parvint à gagner la porte et courut tout tremblant raconter à sa mère le danger qui le menaçait. Catherine n'hésita plus. Il est fort probable qu'elle fut confirmée dans sa résolution, comme le croit non sans motif M. Loiseleur, par la lecture d'une lettre datée du 5 août 1572, où le roi d'Espagne conseillait le meurtre de l'amiral et offrait son concours à Charles IX, afin de l'aider à purger son royaume de ses ennemis, non par un massacre, mais, loyalement, les armes à la main.

« Ici apparaît dans toute sa noirceur le génie machiavélique de Catherine. Elle sait qu'il existe une femme, une autre Italienne, qui ne désire pas moins ardemment qu'elle la mort de l'amiral. C'est la duchesse de Nemours, de la maison d'Este, la veuve du grand Guise, assassiné par Poltrot, mais, suivant la duchesse, à l'instigation de Coligny. Catherine, pour se mettre à couvert, pour écarter de sa tête tout soupçon et pour faire croire à une vengeance privée, va trouver secrètement la duchesse et la pousse en avant (1). »

Tout d'abord, il fut, paraît-il, « délibéré que M. de Guise tueroit M. l'amiral en une course de bague que faisoit le Roi dans le jardin du Louvre (2). » Peut-être espérait-on par ce coup soulever un tumulte au milieu duquel Henri de Guise serait tué à son tour (3); mais le roi et ses frères pouvaient succomber aussi. Catherine alors essaya de confier le soin du meurtre de Coligny à

---

(1) R. CHANTELAUZE : *Catherine de Médicis et la Saint-Barthélemy.*
(2) BOUILLON : *Mémoires*, éd. Didier, p. 9. — Je ne crois pas qu'il faille ajouter foi au récit, recueilli par des historiens très sérieux, du duc de Guise, mettant une arquebuse dans les mains de sa mère et lui conseillant de tirer d'une fenêtre sur Coligny qui traversait la cour du Louvre.
(3) DE THOU, I, LII.

un des capitaines gascons, mais elle ne put en trouver pour une telle mission. Alors le duc d'Aumale, oncle du duc de Guise, procura Louviers, seigneur de Maurevert en Brie (1).

C'était un ancien page du duc de Lorraine, qui, dans son enfance, avait assassiné le gouverneur des pages, et s'était enfui en Espagne. En 1569, il avait obtenu des lettres d'abolition pour ce premier crime, et s'était offert pour tuer Coligny pendant la guerre. La cour avait accepté ses services et lui avait facilité les moyens de se rendre dans le camp huguenot; là, il manqua d'audace, tomba dans la misère, fut recueilli par le brave de Mouhy, un des chefs huguenots, qui lui donna un cheval, et qu'il assassina lâchement.

« Maurevert, assassinateur de Mouhy, est choisi : « blasmé de ce premier coup par le sieur de Tavannes, « maintenant, par commandement de la Royne, agrée « par luy pour effect semblable » (2). Il arrive à Paris le 18 août, pendant la messe de mariage du roi de Navarre ; il se loge dans une maison du cloître Saint-Germain l'Auxerrois, qui appartient au chanoine Pierre de Villemur, ancien précepteur du duc de Guise, et qui est habitée par Chally, maître d'hôtel du duc d'Aumale ; le duc de Guise lui prête un cheval pour favoriser sa fuite ; Henri de Guise lui procure une arquebuse de ses gardes-suisses ; chacun semble tenir à honneur d'avoir sa part de complicité avec cet homme. Maurevert se place à une fenêtre grillée du rez-de-chaussée ; « il s'affuste, il se couvre de « drapeaux aux barreaux des fenestres, dispose sa fuite « par une porte de derrière (3); » il attend trois jours.

(1) TAVANNES.
(2) *Ibid.*
(3) *Ibid.*

Pendant ces trois journées, à la cour « masques, « bagues, ballets ne s'espargnent. L'amiral se fasche, « croit l'esprit de la cour être ensevely dans tournois « et mascarades, menace de partir. Il est pourveu, reve- « nant du conseil, par une arquebusade dans les deux « bras ». Il demeure près du Louvre, à l'hôtel des comtes de Ponthieu, rue de l'Arbre-Sec, au coin de la rue de Béthisy (1). Le 22 août, il traverse, pour rentrer chez lui, en lisant une lettre, la rue des Fossés-Saint-Germain-l'Auxerrois, passe devant la fenêtre au treillage de fer, reçoit une balle dans l'aisselle; une autre balle lui casse un doigt (2).

Le chevalier Cavriana, dans une lettre adressée au secrétaire d'État, Concini, à Florence, donne des détails à peu près semblables :

« Le bonheur de l'amiral voulut qu'il eût aux pieds des mules qui l'empêchaient de marcher à son aise. Pendant qu'il battait la terre du pied droit pour les mieux enfoncer et qu'il se disposait à faire de même du pied gauche, il s'en vint à reculer un peu, et comme il retira tout son corps en arrière, il arriva que les bras reçurent et relevèrent le coup qui, sans la pose nouvelle qu'il avait prise, arrivait droit au milieu du corps (3). »

Remarquons cependant que, dans cette aventure de l'arquebusade, il y a bien des points obscurs. Ainsi tous les historiens, jusqu'ici, ont été d'accord pour affirmer que le coup fut tiré par Maurevel, appelé aussi Maurevert et Maurevers.

---

(1) Cette maison est devenue plus tard une auberge sous le nom d'hôtel Saint-Pierre. Voir VOLTAIRE, notes de la *Henriade*.
(2) H. FORNERON : *Les ducs de Guise et leur époque*.
(3) *Négociations diplomatiques de la France avec la Toscane*, publiées par M. Desjardins, t. III, p. 812.

Or M. Armand Baschet, dans son beau livre *la Diplomatie vénitienne*, affirme, d'après la relation de l'ambassadeur de Venise en France à cette époque, et d'après les dépêches du nonce, « que le coup fut tiré par un capitaine florentin nommé Pier Paolo Tosinghi, favori intime du duc d'Anjou, et que Tosinghi s'en vanta lui-même à un ami ». L'ambassadeur de Venise, dans cette même relation, assure, que, pour la Saint-Barthélemy comme pour le coup d'arquebuse qui eût empêché le massacre, si Coligny eût succombé, tout fut concerté par la reine, « avec la seule participation du duc d'Anjou », et que celui-ci se servit du *bravo* florentin, parce qu'il ne trouva pas un seul Français à qui se fier. Le duc d'Anjou et la reine furent donc encore une fois tout ou presque tout dans le complot, avec la complicité tacite des Guises, mais sans l'avis du roi, qui jusqu'à la dernière heure ne sut rien. Philippe II, qu'on accusa d'avoir tout dirigé de loin, était moins instruit encore. Une lettre de lui au duc d'Albe, du 28 septembre 1572, retrouvée il y a quelques années à Simancas, par M. Gachard, témoigne de sa surprise après l'événement, et aussi, il est vrai, de sa satisfaction.

« A la nouvelle de l'attentat contre Coligny, Charles IX avait été saisi d'un de ses accès de fureur. Quand il fut un peu rentré dans la possession de ses facultés, le lendemain, il voulut se rendre, avec sa mère et son frère Henri de Valois, chez l'amiral. Il croyait que le duc de Guise était seul auteur du meurtre; il ignorait que les huguenots avaient saisi et reconnu l'arquebuse des gardes de Henri de Valois; il était décidé à en finir par un châtiment éclatant avec la maison de Guise, et cherchait plutôt à exciter qu'à apaiser la colère des réformés.

« Catherine apprit, en entrant dans la chambre du blessé, qu'Ambroise Paré venait d'extraire la balle ; elle eut assez de sang-froid pour dire à l'amiral ce mot cruellement spirituel : — « Devant Orléans, on n'avait « pas pu arracher la balle de l'épaule de M. de Guyse », comme pour mieux le torturer en lui rappelant le meurtre dont il avait avoué alors s'être réjoui. Coligny demanda à parler en secret au roi : Charles IX s'avança près de son lit ; l'entretien se prolongea (1). Catherine, embarrassée et inquiète, se voyait seule avec Henri de Valois, qui tremblait de peur, au milieu des huguenots menaçants et armés. Elle avait lu des histoires de jeunes princes massacrés avec leur mère, pendant les querelles des petits seigneurs d'Italie, quand ils avaient eu la maladresse de s'aventurer au milieu de

(1) Rappelons, à ce propos, la spirituelle dissertation de M. Edouard Fournier, dans son livre *l'Esprit dans l'histoire*, sur la parole que l'on attribue à Charles IX, au chevet de Coligny. Cette simple page fera comprendre comment se bâtit ce que nous appellerons la fiction historique ou, mieux encore, l'histoire de convention.

« Ainsi, Charles dit à Coligny, — je prends dans le nombre la plus simple version du *mot* qui m'occupe ici, celle de l'historien de Thou : « La blessure est pour vous, la douleur est pour moy. » Quelqu'un qui n'a entendu qu'à moitié, mais qui veut paraître avoir entendu tout à fait, répète la phrase comme il l'a recomposée, et l'on a cette variante : « La douleur des blessures est à vous, l'injure et l'outrage sont faicts à moy. » La parole du roi se trouve ainsi reproduite dans le *Réveil-Matin des Massacreurs*. Un autre se fait aussi l'écho de la royale parole, quoiqu'il n'en soit arrivé qu'un lambeau à son oreille, et nous avons cette troisième version, c'est celle qui a été adoptée par le Laboureur : « Vous avez reçu le coup au bras, et moy je le ressens au cœur. »

Vous voyez la transformation : plus le *mot* marche, plus il prend ses aises ; il grandit, il se prélasse dans sa formule amplifiée : *crescit eundo*.

leurs ennemis; peut-être en ce moment même, Coligny la dénonçait au roi et racontait la saisie de l'arquebuse; à tout prix, il fallait rompre cet entretien et sortir de cette foule malveillante; elle s'approcha du lit, et attirant à elle le Roi :

— « Il n'y a point d'apparence, lui dit-elle, de faire
« ainsi parler si longtemps M. l'Admiral, je vois bien
« que ses médecins et chirurgiens le trouvent mau-
« vais (1). »

« Le Roi est sombre; il se tait. « Nous le trais-
« nasmes hors du logis », raconte son frère. En rentrant au Louvre, Catherine lui demande hardiment ce que disait l'amiral. Charles répond « en jurant par la
« mort-Dieu », et dit : — « Il m'a fait comprendre
« comment toute l'autorité s'est finement écoulée entre
« vos mains, que je vous dois tenir pour suspecte, et
« prendre garde. Eh bien! mort-Dieu! puisque vous
« l'avez voulu savoir, c'est là ce que me disait l'admi-
« ral (2). » Puis il s'enferme. « Nous demeurasmes, dit
« Henri de Valois, si dépourvus de conseil et d'enten-
« dement que, ne pouvant rien résoudre à propos pour
« ceste heure-là nous nous retirasmes (3). »

Nous pourrions, à la rigueur, nous contenter de ce récit de M. Forneron, mais nous trouvons, dans l'*Histoire de la liberté religieuse*, de Dargaud, quelques pages d'un style si pittoresque et d'une exactitude de détails si curieuse, qu'elles doivent nécessairement trouver place, malgré leur inspiration protestante, dans cette étude où les détails ont une importance. Nous les

(1) *Discours du roy Henry troisième*, etc.
(2) *Ibid.*
(3) *Ibid.*, etc. Voir aussi LA POPELINIÈRE, *Histoire*, etc.; et MATHIEU, *Histoire de France*.

reproduisons : « L'amiral avait autour de lui l'élite du parti protestant. Il était servi par le capitaine Moncins, par Téligny, par le jeune Cornaton, sorte de page, de secrétaire, d'aide de camp dévoué à Coligny dont il avait le privilège, par une franche gaieté, de dérider le front soucieux. M. Merlin, le chapelain de l'amiral, était au chevet du malade qu'Ambroise Paré examinait du regard scrutateur de la science.

« Ce grand inventeur de la médecine et de la chirurgie modernes chérissait et vénérait Coligny de longue date. Il était accouru sans même avoir été appelé. Dans sa précipitation, il s'était saisi d'instruments émoussés. Son action fut prompte, car la chaleur était extrême et la gangrène allait envahir la plaie de la main droite. Paré en coupa l'index avec de mauvais ciseaux. Il s'y reprit à trois fois différentes. Il pansa aussi le bras gauche et y pratiqua deux incisions très profondes.

« Coligny étouffa toute plainte. C'est lui qui encourageait ses amis. Pendant l'opération, Moncins, Téligny et Cornaton l'assistèrent. Touché de leurs larmes et de celles des capitaines huguenots, il leur dit :

« Ne pleurez pas, mes compagnons. Songez donc
« que j'ai reçu ces blessures pour notre Dieu. »

« Au plus fort de ses angoisses, il se pencha vers Cornaton agenouillé et lui enjoignit tout bas de remettre à M. Merlin cent écus d'or pour les pauvres de Paris. Il remerciait Ambroise Paré et puis il s'adressait à Merlin, lui disant :

« Monsieur, c'est une grâce du Sauveur. Je suis en
« sa puissance. Qu'il fasse de moi selon sa volonté. Je
« ne redoute rien de lui. S'il m'arrache à ce monde,
« ce sera pour m'introduire dans son royaume éternel;

« s'il me condamne à lutter sur cette terre, ce sera
« pour me consacrer de nouveau à l'avancement de sa
« gloire et au triomphe de la vraie foi. Dans l'un et
« l'autre cas, je suis trop heureux. »

« Et comme des sanglots succédaient aux larmes,
Coligny, le plus tranquille de tous en cette désolation,
ajouta :

« Béni soit Dieu de m'avoir fait cet honneur de ne
« pas me trouver indigne du saint combat. Implorons
« à mon usage, dit-il à Merlin, le don le plus précieux,
« le don de la persévérance. »

« Merlin, suffoqué par tant de magnanimité et par
les sursauts de son affection, se taisait. Les paroles ne
pouvaient sortir de sa poitrine oppressée.

« Eh quoi! dit Coligny, ne voulez-vous pas me con-
« soler? »

« Alors Merlin exhorta pathétiquement l'amiral, le
loua de sa patience, de sa résignation, entremêlant son
discours de passages entiers des Écritures. Tout le
monde s'unit aux élans de Merlin, et Coligny plus que
tout le monde. Malgré ses tortures, au lieu de crier,
il priait. Il disait :

« Mon Dieu, ne m'abandonnez pas. Montrez-moi
« votre miséricorde accoutumée. »

« Rasséréné, comme il l'était toujours, par la piété
intérieure, l'amiral accueillit presque avec enjouement
le maréchal Damville et le maréchal de Cossé.

« Il dit au maréchal de Cossé :

« Vous souvenez-vous de notre dernière conversa-
« tion? Je vous prêchais la prudence, j'aurais dû me la
« prêcher à moi-même. »

« Le maréchal de Cossé ne répondant pas, Damville
dit à l'amiral :

« Monsieur, je n'essayerai pas de vous enseigner la constance ; c'est vous qui l'enseignez aux autres. Je désirerais uniquement être à votre disposition et m'employer pour vous en chose quelconque. D'où pensez-vous que vous soit venu ceci ?

— « Je ne tiens pour suspect, reprit l'amiral, que M. de Guise ; et encore ne voudrais-je pas l'affirmer. C'est Dieu qui décidera de tout, de ma vie ou de ma mort, qui me mènerait à une vie meilleure. »

« L'amiral fit une pause et dit à Damville :

« Puisque vous vous offrez à moi, je vous serai fort obligé d'être auprès du roi mon interprète. Je souhaiterais qu'il m'entendît un peu avant que je meure. J'ai à lui dire des choses qui importent grandement, soit à lui, soit à la France, et ces choses, personne, si ce n'est moi, n'osera les lui dire jamais. »

« Le maréchal Damville répliqua aussitôt :

« Monsieur, vous serez bien obéi ; » et quittant la chambre de l'amiral, il s'achemina vers le Louvre avec Téligny.

« Le roi y était plein d'hésitation et de fureur. Il ne parlait pas, il jurait. La reine mère vint, avec le duc d'Anjou et quelques-uns de leurs familiers, s'établir dans le cabinet de Charles IX. Se conformant à la passion de son fils, elle s'écria qu'il fallait venger Coligny.

« En ce moment, le roi de Navarre et le prince de Condé se présentèrent dans tout le désordre de leur affliction. Ils déclarèrent à Charles qu'ils allaient s'éloigner de Paris, puisque ni eux ni leurs amis n'y étaient en sûreté.

« — Vous ne partirez pas, mes cousins, dit le roi. Vous resterez pour être les témoins de l'effroyable justice que je rendrai à tous. Pas un de ceux qui ont trempé dans ce crime n'échappera, et, par la mort-Dieu, je verserai du sang en expiation du sang de l'amiral ! »

La reine-mère continua les imprécations du roi. Elle était fort émue. Elle regrettait amèrement que Maurevel eût manqué leur ennemi.

La visite du roi à l'amiral est aussi décrite par Dargaud, avec le même luxe de détails.

« Coligny témoigna toute sa gratitude au roi et lui dit :

« Sire, Dieu, devant le trône duquel je serai bientôt, me sera juge et témoin que toujours je vous ai été fidèle de cœur. J'ai eu de grandes dignités de votre père Henri II et vous me les avez confirmées toutes. C'est à vous que je suis le plus obligé, après Notre-Seigneur. Écoutez donc en bonne part ce que j'ai à vous soumettre. Tenez ferme, Sire, à la guerre de Flandre et n'y renoncez pas. Ayez l'œil dans vos propres conseils aux espions du duc d'Albe qui l'instruisent de vos moindres desseins. Réprimez aussi les violements de votre édit de paix. Car ces trois conduites sont essentielles à votre prospérité et à celle de vos États. Autrement, il n'y aurait que ruine pour vous et pour vos sujets. »

Charles IX ayant fait un signe d'assentiment, et Catherine se rapprochant :

« Je maintiendrai mon édit de paix, dit le roi. Interrogez ma mère. J'ai nommé des commissaires pour être les garants et les appuis de cet édit. »

Catherine repartit :

« Cela est certain, monsieur l'amiral.

— Ah ! madame, reprit Coligny, avec un dédain tranquille, je n'ignore pas la liste de ces commissaires. Il y en a parmi eux qui m'ont condamné à la potence et qui ont proposé cent mille écus à celui qui vous apporterait ma tête.

— Eh bien, dit le roi, nous nommerons d'autres commissaires de l'édit de paix. Mais ceux qui doivent informer sur votre outrage, de Thou, Prévot et Viole, tous de mon parlement, les aurez-vous pour agréables, monsieur l'amiral?

— Oui, Sire, puisque vous les avez élus. Je vous conjure seulement d'y joindre Cavagne, un de vos maîtres des requêtes et M. de Masparault.

Il désigna encore un protestant, dont Cornaton, de qui, après le duc d'Anjou, viennent les plus secrets renseignements, ne se souvient plus.

« Il paraît avéré qu'entre toutes les recommandations que l'amiral versa dans l'oreille du roi, il lui adressa celle-ci :

« N'oubliez pas, Sire, ce que je vous ai tant répété autrefois sur ceux qui complotent près de vous, contre vous. Si vous estimez pour quelque chose votre couronne et même votre vie, soyez vigilant. »

« Afin de ménager l'amiral, le roi causa aussi avec Cornaton. Il lui demanda comment Coligny avait supporté le fer d'Ambroise Paré :

« Sans un murmure, dit le jeune gentilhomme.

— Ah! reprit le roi, je ne sache jamais personne d'un courage égal à celui de M. de Coligny. »

« Pourquoi, dit encore le roi, Paré a-t-il fait deux incisions aux bras gauche?

— Pour en extraire une balle de cuivre, répondit Cornaton. »

Charles voulut voir cette balle, et remarqua, lorsque Cornaton la lui tendit, que la manche du jeune homme était rouge de sang.

« Quel est ce sang, dit-il? — C'est le sang de M. l'amiral, dit Cornaton. Le sang a coulé sur moi, qui assistais M. de Coligny pendant l'opération. » Le roi examina le sang, puis la balle, qu'il rendit à Cornaton. La reine-mère dit à demi-voix :

« Je suis bien aise qu'elle ne soit plus dans le bras, surtout si elle a été empoisonnée. »

Cornaton répondit que le poison même, s'il y avait poison, serait impuissant contre un breuvage composé par Ambroise Paré et bu d'un trait par l'amiral.

Ce fut après cette visite à l'amiral que la reine-mère et le duc d'Anjou, attérés des conséquences possibles du crime commandé à Maurevel ou à Tosinghi, prirent les plus sombres résolutions. Ces premières heures de remords et d'inquiétudes sont dépeintes avec une étrange éloquence dans les *Mémoires* du roi Henri III, dictés en Pologne, comme on sait, à son médecin Miron.

« Nous le tirasmes enfin (le roi) hors du logis de M. de Châtillon. Et incontinent la royne ma mère, qui désiroit surtout sçavoir le discours que l'admiral luy avoit communiqué, duquel il n'avoit voulu que nous fussions participans, prya le roy de nous le dire; ce qu'il refusa plusieurs fois. Mais se sentant importuné et par trop pressé de nous, et plus par manière d'acquit qu'autrement, nous dict brusquement et avec déplaisir, jurant par la mort-Dieu, « Ce que me disoit l'admiral
« estoit vray : que les roys ne se recoignoissoient en
« France qu'autant qu'ils avoient de puissance de bien
« ou mal faire à leurs subjects ou serviteurs, et que
« ceste puissance et maniement d'affaires de tout
« l'Estat s'étoit finement escoulée entre vos mains;
« mais que ceste superintendance et authorité me pou-
« voit estre quelque jour grandement préjudiciable et
« à tout mon royaulme, et que je la devois tenir pour

« suspecte et y prendre garde; dont il m'avoit bien
« voulu advertir, comme l'un de mes meilleurs sub-
« jects et serviteurs, avant que mourir. Eh bien! mort-
« Dieu, puisque vous l'avez voulu sçavoir, c'est ce que
« me disait l'amiral. » Cela dit de passion et de fureur
nous toucha si grandement au cœur, que nous excusant toutefois l'un et l'autre, amenant beaucoup de justifications à ce propos, y ajoutant tout ce que nous pouvions de nos raisons pour le dissuader de ceste opinion, depuis le logis de l'admiral jusques au Louvre, où, ayant laissé le roy dans sa chambre, nous nous retirasmes en celle de la royne ma mère, offensée au possible de ce langage de l'admiral au roy et encores plus de la créance qu'il en avoit, craignant que cela n'apportast quelqu'altération et changement en nos affaires et au maniement de l'Estat. Et pour n'en rien desguiser, nous demeurasmes si dépourveus et de conseil et d'entendement, que, ne pouvans rien résoudre à propos pour ceste heure là, nous nous retirasmes remettans la partie au lendemain. »

Les deux chefs du parti protestant, Henri de Navarre et son cousin Condé, se rendirent auprès du roi, se plaignirent d'une action si détestable, et déclarèrent qu'ils venaient prendre congé de Sa Majesté, ayant dessein de quitter la ville, puisque ni eux ni leurs amis ne s'y trouvaient en sûreté.

Catherine dit à son fils :

« — Il faut promettre justice et garder que personne ne sorte; puis on avisera au reste. »

Alors le roi se répandit en menaces contre les fauteurs du meurtre et leurs complices, et surtout contre le duc de Guise.

« Et si M. de Guyse ne se fust tenu caché tout ce

« jour-là, le roi l'eust fait prendre, dit la reine Margue-
« rite dans ses *Mémoires*. Et la reyne ma mère ne se vit
« jamais plus empeschée qu'à faire entendre audit roy
« Charles que cela avoit esté fait pour le bien de son
« estat... Et bien qu'ils eussent esté très pernicieux à
« son estat (*La Noue, Téligny et les politiques protes-*
« *tants*), les renards avoient sceu si bien feindre qu'ils
« avoient gagné le cœur de ce brave prince pour l'es-
« pérance de se rendre utiles à l'accroissement de
« son estat... seul attrait en cette âme grande et
« loyale.

« De sorte que, combien que la reyne ma mère lui
« représentoit en cet accident que l'assassinat que l'ad-
« miral avoit fait faire à M. de Guyse rendoit excu-
« sable son fils, si n'ayant peu avoir justice, il en avoit
« voulu prendre luy mesme vengeance; qu'aussi l'as-
« sassinat qu'avoit fait ledit admiral de Charry, maistre
« de camp de la garde du roy, personne si valeureuse,
« et qui l'avoit si fidellement assisté pendant sa régence
« et la puérilité dudit roy Charles, le rendoit digne de
« tel traistement.

« Bien que telles paroles peussent faire juger au roy
« Charles que la vengeance de la mort dudit Charry
« n'estoit pas sortie du cœur de la reyne ma mère, son
« âme, passionnée de douleur de la perte des personnes
« qu'il pensoit, comme j'ay dit, luy estre un jour utiles,
« offusqua tellement son jugement, qu'il ne put modé-
« rer ny changer ce passionné désir d'en faire justice;
« commandant toujours qu'on cherchast M. de Guyse,
« qu'on le prist, et qu'il ne vouloyt point qu'un tel acte
« demeurast impuny. »

Charles pria donc Navarre et Condé de ne point
quitter la cour, et d'y rester afin d'être témoins de sa

diligence à poursuivre les coupables, et de leur punition éclatante.

La reine-mère, présente à cette scène, insistait dans le même sens, et disait que si un si grand outrage fait au roi n'avait pas son châtiment, on s'en permettrait bientôt de pareils, en plein Louvre, sur la personne du roi et sur la sienne.

Avant d'aller plus loin, n'est-il pas nécessaire de bien déterminer la responsabilité, au sujet du complot contre la vie de l'amiral ?

Le duc de Guise fut-il seul coupable, ou Catherine de Médicis imagina-t-elle cette combinaison machiavélique de perdre les deux plus terribles ennemis de sa maison, l'un par l'autre, et de se débarrasser du même coup des deux partis, celui des Guise et celui des Châtillon ?

Telle est la question qui se présente.

Selon Brantôme, la reine résolut la mort de l'amiral, avec les deux conseillers et Monsieur, duc d'Anjou. Le nonce Salviati est plus explicite et assure que la duchesse de Nemours, Anne d'Este, veuve de François le Balafré, consulta le duc de Guise, qui fut d'avis qu'on tirât sur Coligny, au moment où il serait chez la reine mère.

Marguerite de Valois, dans ses *Mémoires*, — comme nous l'avons vu, — admet également la complicité du duc de Guise, tandis que l'ambassadeur de Venise, Michieli, la nie. D'un autre côté, le duc d'Anjou, dont le témoignage a pour le moins autant de poids que celui de Brantôme, ne cite pas son nom. Il dit seulement qu'on mit dans la confidence la duchesse de Nemours, ennemie déclarée de Coligny, qu'elle soupçonnait d'avoir trempé dans l'assassinat de son premier mari.

Mais d'après cela, il est difficile de croire que, si Henri de Guise n'eut pas de part à la résolution, il l'ait ignorée complètement et qu'il n'ait pas été instruit du projet par sa mère. On peut croire même que si réellement il le connut, loin de chercher à l'arrêter, il l'approuva.

En effet, la réconciliation entre les Guise et les Châtillon, opérée à grand'peine par Charles IX, n'était absolument qu'apparente; et dans un temps où la passion du meurtre et de la vengeance avait pénétré si profondément dans les mœurs publiques, la mort d'un ennemi était toujours regardée comme une bonne fortune.

D'après les circonstances du fait, d'après les témoignages, d'après les inductions que suggère une bonne logique, on peut donc affirmer que le duc de Guise fut le principal instigateur de la tentative du 22 août, que Maurevert en fut probablement l'exécuteur, que le duc d'Anjou et la duchesse de Nemours furent complices, que Catherine de Médicis donna son consentement à cette mauvaise action, mais que Charles IX l'ignora complètement, et qu'on le calomnie en l'accusant d'y avoir pris part.

On peut supposer aussi que Catherine, voulant perdre du même coup Coligny et les Guises, comptait bien que les protestants ne manqueraient pas d'attribuer le meurtre de l'amiral au duc Henri, qu'ils se révolteraient et forceraient le roi à sévir contre le chef reconnu du parti catholique. Ce plan ne paraît pas indigne de la prodigieuse habileté et de la dissimulation de la Florentine.

L'insuccès de la tentative dut singulièrement inquiéter les auteurs du complot; le duc d'Anjou nous apprend *que ce coup manqué les fit rêver et penser à leurs affaires jusqu'à l'après-dîner.* En effet, la blessure de Coligny devait avoir des conséquences désastreuses : l'inutilité d'un premier crime allait en appeler d'autres.

Maurevel avait pu s'enfuir, mais serré de près par deux cavaliers huguenots, il se réfugia près de Corbeil, dans le château de Chally, son hôte de Paris; le pont-levis étant levé, « et les flancs garnis d'arquebuzes », il fallut renoncer à s'emparer de lui.

Quelques mois après, il se présenta pour prendre du service dans l'armée catholique qui assiégeait la Rochelle; mais, disent les *Mémoires* de Bouillon, « ny le « colonel de l'infanterie, ny aucun mestre de camp ne « voulut le recevoir dans le corps de l'armée, ny souffrir « qu'il entrast en garde avec eux, le tenant pour un « homme diffamé, d'avoir commis ces actes, quoyque « pour le service du roi, indigne et traistre. »

L'année suivante, il voulut accompagner le maréchal de Retz en Angleterre, fut reconnu par un page en débarquant à Greenwich, hué par la populace et délivré avec peine de sa fureur.

En 1574, assure d'Aubigné (narrateur d'ailleurs fort suspect), Catherine de Médicis l'envoya en Poitou avec ordre de la débarrasser de la Noue; mais il était trop connu pour être utile désormais.

Il fut rencontré à Paris en 1583, et aussitôt attaqué par Arthur de Mouhy, le fils du gentilhomme huguenot qu'il avait tué d'un coup de pistolet. A ce conflit, ils se trouvèrent huit ou dix de chaque part : Maurevert recula depuis la croix des Petits-Champs jusqu'au ruisseau de la grande rue Saint-Honoré. Mouhy l'atteignit, lui passa son épée à travers le corps, et fut tué en même temps d'un coup de feu par un des gardes que Catherine payait pour protéger son ancien agent (1).

Sans délai, dès qu'il fut rentré au Louvre, Charles IX adressa un édit à tous les gouverneurs des provinces et des grandes villes pour leur recommander d'apaiser les huguenots. Sa volonté immuable, disait-il, était de maintenir en vigueur l'édit de pacification par lequel leur sûreté était garantie, et de sévir durement contre ceux qui oseraient l'enfreindre.

Puis il institua une commission d'enquête, dans laquelle plusieurs membres du parti protestant furent appelés. Il voulait que l'amiral fût transporté au Louvre; il invitait le roi de Navarre et le prince de Condé à y héberger leurs amis; par son ordre, des quartiers furent marqués pour les huguenots dans la rue de Bethisy; d'heure en heure, il faisait prendre des nouvelles de Coligny, auquel il envoya, pour plus de sûreté, un détachement de sa propre garde, commandé par Cosseins.

Mais pour la reine-mère, l'instant devenait critique.

Un homme se fit voir aux environs du Louvre, qui se vantait d'avoir procuré la monture sur laquelle Maurevel s'était enfui. Le nom de Guise courut aussitôt de bouche en bouche.

Alors, poussant des clameurs et des imprécations, ils se portèrent en masse devant l'hôtel de Guise, arrêtant, rudoyant, couvrant d'outrages tous les gens qu'ils rencontraient, vêtus aux couleurs de la maison, ou décorés de la double croix de Lorraine.

L'attitude des huguenots devint si menaçante, que

---

(1) FORNERON : *Les Ducs de Guise*, etc.

le duc de Guise perdit patience et se rendit au Louvre avec le duc d'Aumale, pour faire au roi des représentations sur la sûreté de sa personne. Le roi accueillit si froidement les deux princes lorrains, et leur fit si mauvais visage qu'ils lui demandèrent leur congé, assurant qu'ils s'apercevaient bien que leurs services avaient cessé de plaire.

Les chefs huguenots tenaient à l'heure même une assemblée, où retentissaient des propos séditieux.

— Ce bras, disait-on en parlant de la blessure de l'amiral, ce bras en va coûter quarante mille !

Jean de Ferrières, vidame de Chartres, dit alors que l'arquebusade était le premier acte d'une tragédie qui finirait par un massacre ; il répéta des rumeurs sinistres et proposa aux assistants de sortir sur-le-champ de la ville, motion qui fut repoussée par le jeune Téligny.

D'autres membres du parti se réunissaient chez Coligny, chez le roi de Navarre, dans le faubourg Saint-Germain.

Des bandes d'hommes armés, défilant devant l'hôtel de Guise, devenaient d'heure en heure plus nombreuses, leur attitude était plus inquiétante. Ces gens, affolés d'effroi, ivres de fureur, couraient la ville en criant :

— Si justice ne nous est pas rendue, nous la ferons nous-mêmes, et si sanglante pour nos ennemis qu'ils perdront pour toujours l'envie de nous outrager.

Ces menaces retentissaient partout. L'agitation ne faisait que s'accroître, l'émeute fermentait, les imaginations émues grossissaient le danger réel. On parlait d'une conspiration tramée par les huguenots et qui allait éclater, mettre la ville à feu et à sang.

Moments affreux d'angoisse et de terreur !

La reine-mère ayant assisté à une scène scandaleuse,

où le roi fut insulté par le seigneur de Piles, vit l'heure venue de prendre une décision.

« A vouloir différer, dit Holzwarth, elle laisserait les huguenots entraîner le roi, et tomberait elle-même enveloppée dans son crime. La lutte désormais est inévitable; le lieu et l'heure ne sont plus même en question. Sans doute maintes fois sur les champs de bataille la victoire s'était rangée du côté de la reine, mais souvent aussi la retraite devant les huguenots s'était imposée, et d'ailleurs le succès n'est jamais certain. Mais aujourd'hui les chefs sont réunis dans la capitale; qu'ils soient frappés et la victoire est obtenue. L'utilité veut donc qu'ils le soient dans Paris, sans retard. D'abord elle avait dévoué à la mort un seul homme, comptant qu'il ne faudrait pas d'autre violence pour maîtriser ses adhérents, laissés, d'une part, sans direction par la perte de l'amiral, et, de l'autre, adoucis par l'union du jeune roi de Navarre avec la fille des Valois. Mais la balle a manqué le but; dès lors la logique inexorable des faits réclame un champ plus vaste pour le crime : la Saint-Barthélemy était résolue. Résolution sortie des angoisses et du désespoir de la reine, peut-être aussi du besoin qui s'imposait de défendre non seulement sa personne, mais la couronne placée sur la tête de son fils, de prévenir un attentat contre la paix publique et les fondements de la monarchie. »

XI

Le coup d'État de la Saint-Barthélemy. — Catherine de Médicis et ses actes jugés par l'*Univers*. — Le massacre à Paris. — Les responsabilités du coup d'Etat. — Bulletin de la Saint-Barthélemy rédigé par le duc d'Albe. — Meurtre de l'amiral. — Jugement d'Etienne Pasquier. — Le cadavre de Coligny ne fut pas insulté par le roi. — Le tombeau de Coligny. — Abjuration du roi de Navarre et du prince de Condé. — Bernard Palissy, Ambroise Paré et Jean Goujon. — Charles IX a-t-il tiré sur les huguenots ? — Témoignages contemporains. — Solution de la question. — La Saint-Barthélemy en province.

« Depuis que le premier venu a le droit d'écrire ce que bon lui semble, on a dit tout ce qu'on a voulu sur la Saint-Barthélemy. Il s'est même établi dans l'imagination et dans l'ignorance française cette opinion ridicule, que l'acte du 24 août 1572 fut longuement prémédité, et que les généreux sectaires de l'infaillible Calvin ne combattirent à Dreux, à Saint-Denis, à Jarnac et à Moncontour, ne dévastèrent la France et ne firent la guerre à leur roi que pour échapper précisément à cette menace de mort, que leurs historiens voient très clairement écrite dans tous les conseils de la reine-mère et dans les moindres actions des serviteurs fidèles de la monarchie. Chose remarquable ! Des historiens catholiques concluent de la même manière, du moins en ce qui regarde Catherine de Médicis et le jeune roi. On veut absolument isoler des faits qui n'ont une signification profonde et une portée historique qu'à la condition rigoureuse d'être considérés dans leur ensemble. Certes ! nous n'avons point à défendre l'odieuse politique de contrepoids et de mensonges de cette reine sans principes, qui n'aima jamais personne et qui ne voyait dans les huguenots que des ennemis politiques qu'il pouvait être également utile de caresser ou de combattre, selon les circonstances. Un seul fait d'ailleurs suffirait à couvrir d'opprobre cette méchante femme assise, par le malheur des temps, sur le trône salique du roi saint Louis : elle ne fit jamais rien pour l'Eglise, et parut toute sa vie se soucier fort peu des intérêts religieux qu'elle avait le devoir de défendre.

« On est saisi du plus amer dégoût quand on lit les mémoires contemporains, sources odieusement négligées par les prétendus historiens modernes; on est pénétré de mépris pour cette femme qui tenant tout en sa main, pouvait tout faire et n'a jamais rien fait, qui n'eut pas plus de faveur pour l'héroïque François de Lorraine et le grand connétable de Montmorency que pour le renégat prince de Condé ou le renégat Coligny; qui mentait à Amboise, à Longjumeau, à Saint-Germain, qui mentait à Rome et qui essaya peut-être de mentir à Dieu lui-même au moment de sa mort. Cependant, Catherine nous semble devoir être déchargée du soupçon d'avoir prémédité la Saint-Barthélemy, parce qu'alors il faudrait, contre toute justice et contre toute raison, admettre les plus stupides et les plus aveugles complicités.

« Catherine de Médicis passa sa vie entière à temporiser, à combattre l'un par l'autre, et souvent d'une manière bien indigne, tous ceux qu'elle pensait avoir à redouter ; elle paraît avoir été sans cesse guidée par les circonstances, sans aucune ligne de conduite arrêtée à l'avance, et sans aucun autre dessein général que de conserver la domination souveraine à quelque prix que ce fût. Il est probable que la résolution d'assassiner les huguenots en une nuit ne fut irrévocablement arrêtée qu'au dernier moment et sous le coup de ce qui paraissait être la plus pressante nécessité. D'ailleurs, on n'a pas assez remarqué que cet acte eut deux causes bien distinctes et bien indépendantes l'une de l'autre : l'intérêt politique de la reine mère, et le plus furieux intérêt de vengeance de tout un peuple catholique, offensé dans ses mœurs, outragé dans sa foi et journellement exaspéré par les insolentes bravades des huguenots que la reine paraissait favoriser.

« Au point où en étaient les choses, au 22 août, la tentative d'assassinat opérée sur l'amiral devait produire l'effet d'un tison dans une tonne de poudre. Catherine se fût probablement contentée du seul cadavre de Coligny, si ce premier guet-apens avait réussi. Mais le coup ayant été mal asséné sur la tête, on frappa à la fois sur tous les membres, et le peuple ayant commencé de voir couler un sang détesté, alla plus loin que Catherine elle-même ne l'eût voulu (1). »

Nous avons tenu à citer en entier l'opinion du journal catholique le plus répandu, sur Catherine de Médicis, encore que M. Léon Bloy soutienne une thèse diamètralement opposée à la nôtre, et ne voie en Catherine de Médicis qu'une femme de peu de valeur

---

(1) Article de M. Léon Bloy dans l'*Univers* du mardi 21 avril 1874.

intellectuelle, rongée d'une ambition mauvaise, et du caractère le plus pervers.

Mais il fallait montrer qu'il n'est pas vrai de dire que les catholiques se font *quand même* les apologistes de cette princesse, et que *l'Univers*, souvent cité pour son intransigeance et son intolérance, n'a pas craint d'exprimer une opinion absolument défavorable à la cause de Catherine.

Il ne faut pas oublier que celle-ci n'a jamais eu qu'un seul but : le pouvoir pour elle sa vie durant, le pouvoir maintenu dans sa famille, après sa mort.

Où nous serons d'accord avec M. Léon Bloy, c'est lorsqu'il pense que Catherine de Médicis n'eut jamais absolument en vue le triomphe du catholicisme, et qu'il lui dénie toute passion religieuse. Il est assurément très vrai de dire que, pour Catherine, la religion ne fut jamais qu'un moyen.

« L'instant approchait où la colère du peuple allait éclater, dit Capefigue. Il est puéril de croire que le mariage de Henri de Béarn avec Marguerite de Valois avait été arrêté dans le dessein de réunir toute la noblesse calviniste à Paris, afin de s'en débarrasser par un grand carnage. Ceci put être conçu par quelques têtes du parti catholique ; on put envisager la possibilité d'un massacre général des huguenots, coup d'État sanguinaire qui était comme une nécessité de parti pour ressaisir le pouvoir. Mais cet événement ne fut ni préparé ni concerté avec tant de soins ; il arriva comme arrivent toutes ces fatales exécutions populaires : par un mot, par un acte, par un accident ; quand les choses en sont venues à un certain point, un signal suffit pour l'explosion, et elles éclatent plus épouvantables encore qu'on avait voulu les faire. Se débarrasser des huguenots était une idée familière à la multitude : on avait essayé la guerre, les édits, les persécutions; on tenta la tuerie, et il ne faut en accuser personne : le mouvement des partis, un fanatisme d'opinion, furent les mobiles de la Saint-Barthélemy. En révolution, souvent il faut effacer les noms propres pour distribuer le blâme ou l'éloge : les masses seules font le bien et le mal. Il est constant que l'amiral Coligny avait pris un grand ascendant sur l'esprit du jeune roi Charles IX; je ne crois pas à une dissimulation de deux années, à tous ces témoignages de confiance pour arriver après un si long temps à un coup d'État. Le conseil fut entraîné par les passions de son parti; il ne pouvait se placer au milieu des calvinistes qui n'étaient pas assez forts et avaient contre eux le peuple; il alla donc avec le mouvement qui emportait aux excès catholiques. On a fait de Charles IX un monstre, de Catherine de Médicis, une figure sanglante de femme; l'un et l'autre luttèrent de longues années contre une réaction qu'ils furent obligés de seconder. Quand on lit les histoires des écrivains modernes sur cette époque, on dirait qu'il s'agit de petites intrigues de marquis et de cour, en face pourtant de la puissante histoire de ces masses qui broient les hommes et les choses. Après les noces de Henri de Navarre, les catholiques n'en pouvaient plus; Catherine, qui s'était réunie aux Guises, était placée au centre de ce mouvement dont elle calculait la prochaine et inévitable influence. Charles IX seul restait uni aux calvinistes et concertait avec Coligny l'expédition de Flandre contre le roi d'Espagne. Alors eut lieu peut-être cette conférence secrète entre Catherine et son fils, dans laquelle, déployant toutes les forces du catholicisme, elle lui montra les hérétiques prêts à rompre la paix, appelant encore une fois les reîtres, les Anglais, pour soutenir la petite minorité de leur parti. Elle fit quelque impression sur l'esprit de Charles IX; mais l'amiral, maître de toutes les idées du jeune prince, favorisait son émancipation de la chaîne pesante dont Catherine de Médicis l'accablait depuis l'enfance. Les partis étaient prêts; il fallait que la guerre recommençât d'une manière quelconque. L'impudence des huguenots n'avait pas de bornes. La Noue déclare « qu'il « y en avait de bien hardis et de bien décontenancés « parmi les sciens », et les siens formaient une opinion odieuse aux métiers, aux halles, aux confréries (1) ».

Ce tableau, d'une couleur si ferme, montre bien la véritable situation de Paris et de la cour au mois d'août 1572.

Au surplus, on sait que si le traité de Saint-Germain avait rétabli la paix entre les huguenots et les catholiques, observe le Génevois Sismondi, les deux partis qui s'étaient combattus, *désiraient* la guerre civile avec trop d'acharnement pour que la cessation des hostilités pût dès lors amener une réconciliation durable. Les huguenots, en effet, avaient plus d'une fois déjà versé le sang des catholiques; détestés du peuple parisien, redoutés de la cour, ils mettaient le comble à la haine populaire par leur arrogance, et aux alarmes du gouvernement par leurs complots.

« Qu'on se figure », dit M. Louis Veuillot, « les socialistes maîtres d'une partie de la France, y ayant saccagé quelques centaines de manufactures et décimé

---

(1) CAPEFIGUE : *la Réforme et la Ligue.*

quelques légions de garde nationale, venant ensuite, au milieu d'une trêve, étaler, dans une cité conservatrice, l'insolence de leurs victoires passées et l'orgueil de leur prochaine domination. Telle était la situation des protestants dans Paris, après avoir remporté en France d'assez notables victoires, toujours suivies d'exécutions, de meurtres et de profanations. »

Depuis que la Réforme avait jeté le brandon de discorde en ce beau royaume de France, reconquis au prix de tant d'efforts par ses rois, depuis que la guerre civile, avec toutes ses horreurs, ses forfaitures, ses trahisons, mettait les provinces à feu et à sang, suscitait dans les villes de perpétuelles émeutes, armait les concitoyens contre leurs concitoyens, divisait les familles, Paris voyait souvent des journées comme celle du vendredi 22 août.

Alors les boutiques se fermaient, les ateliers restaient déserts, nul ne travaillait plus.

Aux lugubres appels du tocsin, apprentis et commis, ouvriers, artisans, gens de métier, serviteurs quittaient leur besogne, et brandissant, les uns des bâtons ferrés, les autres des haches, des piques, de vieilles épées, ayant à la ceinture la dague et le couteau, ils se répandaient dans les rues, les places, les carrefours, où bientôt le sang arrosait de flaques rouges le pavé. Des vengeances particulières s'assouvissaient à la faveur du tumulte, des crimes se commettaient qui demeuraient impunis; le meurtre, le vol, l'incendie, le rapt, terrorisaient la cité : on rappelait avec terreur les noms de Caboche et de ses bouchers, de Capeluche et de ses valets de bourreaux, les factions des Maillotins, les massacres des Armagnacs et des Bourguignons.

L'hérésie avait assurément fait mourir plus de victimes que la guerre étrangère, et depuis l'édit de pacification surtout, l'arrogance des huguenots ne connaissait plus de bornes.

Il est nécessaire, avant de continuer cette étude, d'affirmer :

Que le meurtre tenté sur Coligny fut commandé par la maison de Guise, de l'aveu de Catherine de Médicis et du duc d'Anjou, mais à l'insu du roi, les princes lorrains ayant vainement réclamé justice de l'assassinat de François le Balafré, accompli par l'ordre de Coligny, avec la complicité de Calvin et de Bèze;

Que les protestants, dirigés par Coligny, étaient dans l'État une faction armée, cherchant des alliances à l'étranger, ouvrant la France aux Allemands et aux Anglais;

Qu'il existait un complot formé par les huguenots pour détrôner Charles IX, renverser la dynastie de Valois, lui substituer la branche de Bourbon, ou même proclamer une République avec des institutions analogues à celles des Pays-Bas;

Que si l'attentat de Maurevers eût réussi, la mort de Coligny réduisait son parti à l'impuissance, et que la pensée de Catherine avait été d'obtenir ce résultat, par un moyen que la religion et la morale réprouvent également, mais que la raison d'État, si on se place au point de vue des idées de cette époque, admettait et excusait entièrement;

Que le massacre de la Saint-Barthélemy fut la conséquence logiquement fatale de la tentative avortée de Maurevers et non point une œuvre longuement préméditée et froidement délibérée;

Que la reine mère ne prévit que le meurtre des chefs du parti protestant, et non point un massacre général, de même que le roi, en cédant aux obsessions de Catherine de Médicis, vit dans la mesure proposée l'unique moyen de sauvegarder sa couronne et de défendre son autorité;

Que le peuple obéit à une irrésistible impulsion, née de la haine contre le parti protestant qui menaçait la sécurité des personnes, suscitait les guerres civiles, ruinait la fortune publique, mettait en danger, d'une façon permanente, l'ordre social;

Que le clergé n'eut aucune part, ni directe, ni indirecte, au coup d'État du 24 août 1572, n'y participa en aucune manière, n'en retira aucun bénéfice.

Ce n'est donc pas aux catholiques qu'il faut reprocher la Saint-Barthélemy; ce n'est pas davantage à la monarchie.

Cet acte fut l'œuvre personnelle de Catherine.

Élevée dans les idées et les errements de la politique de Machiavel, elle appliqua strictement l'axiome qui sert de base, aujourd'hui encore, à la politique de tous les gouvernements, sans distinction d'origine : *La fin justifie les moyens.*

Il est impossible de justifier cet acte, si l'on croit à l'honnêteté politique, si l'on juge d'après les théories actuelles, d'après nos mœurs, nos usages, nos sentimentalités de convention.

Rien n'est plus facile, au contraire, si l'on se reporte aux habitudes, aux mœurs, au caractère du siècle qui vit cet effroyable châtiment de la plus certaine des conspirations.

Enfin le massacre de la Saint-Barthélemy, dont les catholiques ne doivent jamais accepter la responsabilité, — s'ils respectent la vérité historique, — serait, en tout cas, un crime plus logique, plus nécessaire, plus explicable, plus UTILE, — que les crimes inutiles du 21 janvier et du 16 octobre 1793, dont Napoléon Ier a pu dire, avec plus de féroce sincérité que de justice, qu'étant *collectifs, ils n'engagent personne!*

Le peuple de Paris avait les huguenots en horreur, affirme Cobett dans ses *Lettres sur la Réforme;* il se souvenait encore que Dieppe et le Havre avaient été livrés aux Anglais par l'infâme trahison de Coligny et de ses adhérents, qui, en même temps qu'ils introduisaient les anciens ennemis de la France sur le sol sacré de la patrie, faisaient assassiner le vaillant duc de Guise, le vainqueur de Calais, au moment même où il allait les en chasser. D'ailleurs, on eût eu de la peine à trouver dans cette grande ville un seul habitant qui n'eût été plus ou moins victime des violences et des déprédations de toute espèce commises par des bandes protestantes. Soulevées par la prétendue tentative d'assassinat commise sur la personne de Coligny, et dont les partisans de celui-ci rejetaient l'odieux sur le jeune duc de Guise, seul homme qui pût avoir intérêt à venger sur le chef des factieux les malheurs de la France, les passions dès lors ne connurent plus de frein. Le cri sinistre de trahison retentit de tous côtés et vole de bouche en bouche; aussitôt on court aux partisans de Coligny, et tous ceux que l'on rencontre tombent victimes de la fureur et de l'indignation populaires. Quelque terribles qu'aient été les conséquences de cette échauffourée, ce serait un abus révoltant du raisonnement, que de l'attribuer à la religion catholique. Le jeune duc de Guise est, aux yeux de l'histoire, seul responsable des funestes résultats d'une violence à laquelle il se crut autorisé par le lâche assassinat ourdi par Coligny, et par lequel son père avait péri quelques années auparavant ; et il serait absurde de regarder l'Eglise romaine comme solidaire de tous les crimes que commettent ses membres.

« Les ordres de la cour furent considérablement outrepassés à Paris ; aussi le gouvernement se hâta-t-il aussitôt d'envoyer dans toutes les grandes villes de province les instructions nécessaires pour prévenir de semblables scènes de désordre ; et, à l'exception d'un très petit nombre d'endroits, il fut partout obéi. Quoique les écrivains protestants aient fait monter à cent mille le nombre des individus qui périrent dans cette occasion, un document publié en 1582, d'après les états recueillis dans les différentes villes du royaume et envoyés au gouvernement, ne l'évalue, en tout, qu'à sept cent quatre-vingt-six personnes. Le docte et judicieux Lingard dit à ce sujet (note T, vol. V), avec sa sincérité ordinaire : « En doublant ce nombre, nous « pouvons penser que nous sommes aussi près que « possible de la réalité. » On avait d'abord compté cent mille personnes assassinées ; plus tard, il n'y en eut plus que soixante-dix mille, ensuite trente mille, puis vingt mille, quinze mille et enfin dix mille, mais toujours en nombres ronds. »

La Saint-Barthélemy a été si souvent racontée, qu'il n'est point nécessaire d'en donner ici un nouveau récit. M. l'abbé Lefortier, dans son très savant ouvrage ; M. Georges Gandy, dans la *Revue des Questions historiques ;* M. Forneron, dans son histoire des ducs de Guise, ont parfaitement élucidé la question des faits et des responsabilités. Il nous suffira de rapporter les témoignages de quelques historiens.

Au sujet du conseil qui décida le massacre, M. Jules Loiseleur expose quelques-unes des contradictions du *Discours d'Henri III*, et détermine la part de responsabilité qu'il faut attribuer à Charles IX et à ses conseillers.

Dans le récit de Cracovie, le maréchal de Retz, ce malfaisant précepteur qui avait perverti la jeunesse du roi, Retz trompe l'attente générale. Il montre, en nobles paroles, tous les dangers du plan projeté, « la confiance qu'on doit avoir en la foi publique et à celle de son Roy a jamais perdue, la guerre civile imminente, l'intervention étrangère à la suite, et des calamités, dit-il, dont nos enfants ne verront jamais la fin (1). »

Chez Tavannes, au contraire, c'est Retz qui ouvre l'avis le plus violent. (Brantôme, qui trace de cet Italien un assez vilain portrait, affirme, en effet, que ce fut lui qui fit décider l'œuvre de sang.) C'est Tavannes qui range le conseil à des vues plus modérées, et qui obtient la vie du roi de Navarre et du prince de Condé (2).

Dans la relation du duc d'Anjou, le roi se décide brusquement; il s'opère en lui « une soudaine mutation, une merveilleuse et étrange métamorphose ». Il est pris d'une sorte de vertige furieux. « Par la mort-
« Dieu! puisque vous trouvez bon qu'on tue l'amiral, je
« le veux, mais aussi tous les huguenots de France, afin
« qu'il n'en demeure pas un seul pour me le reprocher

---

(1) *Discours du roi Henri III*, p. 507.
(2) *Mémoires de Tavannes*, p. 296.

« après. Donnez-y ordre promptement! » Là-dessus, il sort de son cabinet, où, dit le narrateur, nous avisâmes le reste du jour, le soir et une bonne partie de la nuit, ce qui sembla à propos pour l'exécution d'une telle expérience.

Comment tant d'historiens qui s'attachent obstinément à cette version, ne voient-ils pas qu'elle est combinée de façon à décharger le plus possible le narrateur et à faire retomber sur le roi seul, qu'il détestait, tout le poids de la terrible détermination? Sans croire avec M. Ranke, que le discours du roi Henri III publié, pour la première fois, sous Louis XIII, soit une pièce apocryphe et dérivée d'une autre source, il faut admettre au moins qu'elle est controuvée dans plusieurs de ses parties.

« De ce subit accès de fureur dont Charles IX aurait été saisi, on ne trouve trace ni dans le récit de Tavannes, ni dans celui de Marguerite, ni dans la relation récemment publiée de l'ambassadeur Cavalli.

« Ce dernier qui place lui aussi la conférence dans la soirée, nous apprend que le roi résista pendant une heure et demie. Il fallut, pour emporter son assentiment, que sa mère lui déclarât que, s'il ne l'accordait, elle allait sortir de France (1). »

C'était la menace qui avait déjà si bien réussi à Montpipeau. La reine mère partie, les catholiques éliraient un capitaine général. Le nommer était inutile : Charles comprit bien que ce serait son frère. Terrible alternative que Mathieu résume en un mot énergique : « Soyez du jeu, ou il se fera sans vous! »

« Le duc de Guise, dit Cantù, prépara le mouvement

---

(1) *Relation de Cavalli*, p. 85.

populaire, tandis que Catherine faisait servir à ses projets les troupes du roi. La cloche de l'Hôtel de ville, sur la place de Grève, donna le signal, auquel répondit celle de Saint-Germain l'Auxerrois; et les bourgeois prirent l'initiative. La conduite de Charles IX fut *horriblement passive*, et le peuple accomplit sa part de la tâche avec cette fureur implacable que les masses déploient toutes les fois qu'elles sont enflammées par le spectacle du carnage.

« Dernièrement, continue Cantù, M. Gachard a mis sous les yeux de l'Académie des sciences de Bruxelles (4 juin 1842), un bulletin du massacre de la Saint-Barthélemy, rédigé par le duc d'Albe, et trouvé à Mons, dans les archives d'Etat. Ce lieutenant de Philippe II assiégeait Mons, quand il reçut cette nouvelle; aussitôt il en rédigea une relation qu'il communiqua à tous ceux qui pouvaient y avoir intérêt. Il écrivait en ces termes au comte de Bossu, gouverneur de Hollande :
« Monsieur le comte, je vous envoie avec ceste la re-
« lation des choses succédées à Paris et en France,
« qui sont admirables, et vrayment significatives que
« Dieu est servy de changer et reduyre les choses
« comme il cognait convenir pour la conservation de
« la saincte foy et augmentation de son sainct service
« et sa gloire; et après tout cela, ces choses veingnent
« si merveilleusement à propos en ceste conjuncture
« pour les affaires du roy nostre maître, que plus ne
« pourrions : dont ne pouvons assez remercier sa
« divine bonté; et ay bien voulu que vous sceussiez
« le tout, pour le communiquer à touts bons subjects
« de sa majesté, afin que de tout Dieu soit loué... »

Voici le bulletin qui accompagnait cette lettre :

Le 22 août 1572, sortant l'admiral du Louvre, à Paris, vers la maison, pour disner, lisoit une lettre ; et, en passant par devant la maison d'un chanoine qui autrefois avait esté receveur du seigneur de Guise, fust tiré d'une arquebousade chargée de quatre balles, avec laquelle on lui emporta le doigt près du poulx de la main droicte, et la main gauche à la palme de la main passant par le bras, luy rompant tous les os, vint sortir deux doigts plus hault pour le coulde. De cette maison la porte de devant estoit serrée, et celle de derrière ouverte, où il y avoit un cheval d'Espagne, sur lequel se sauva. celui qui l'avoit blessé. Quand l'admiral se sentit blessé, avec ses huguenots délibéra de tuer le roy et messieurs ses frères et la royne, disant que ce mal venoit par eulx, détermina incontinent joindre iiij^m hommes aux faulbourgs Saint-Germain, laquelle chose estoit facile de faire toutes les fois qu'il eust voulu; mais il ne le peult s'y secrètement exécuter que le roy et la royne le sceurent; car ayant l'admiral mandé le roi de Navarre à son logis, luy tint telz ou pareils propos : *Monseigneur, je croy que vous sçavez combien jay esté serviteur à monseigneur votre père et à feu monseigneur votre oncle le prince de Condé; et comme je désire persévérer en la mesme bonne volonté en votre endroict, comme estant maintenant blessé à la mort (car les balles estoient empoisonnées), je suis délibéré faire mon testament avant mourir, et vous laisser le royaume de France pour héritage*, et lui descouvra les moyens par lui apprestés.

Aiant le roi de Navarre entendu le tout, retourna à son logis, où estant fort triste et mélancolique, prevoiant le grand désastre de son frère le roy et aultres, fut tellement sollicité de par sa femme, qu'il luy déclara incontinent ce qu'avoit délibéré le dit admiral; ce que par elle entendu, après plusieurs remontrances de s'abstenir de souiller ses mains au sang du roy son beau-frère, elle en feist incontinent le rapport au roy et à la royne sa mère.

Ainsy, le jour Saint-Bartholomy, xxiiij⁰ du dit mois, à une heure de nuict, entrèrent en la maison du dit admiral les ducs de Guise, d'Aumale, le chevalier d'Angoulesme, et aulcuns de leur suite entrèrent en la chambre du dit admiral, où ceulx de l'admiral avec leurs espées s'y mirent en déffense, mais furent incontinent d'effaicts. Voiant cecy, l'admiral se revint à son lit, faindant estre mort; mais il fust tiré hors par le bras blessé. Comme M. Cousin le pensoit jecter de haut de la fenestre en bas, il mist son pied contre la muraille, qui fust cause que le dist Cousin luy dist : *Eh quoy, fin renard, faindrez-vous ainsy le mort?* Ce disant, le précipita en la court de la maison, où estoit attendant le duc de Guise, auquel il dist : *Tenès, monseigneur, voilà le traistre qui a faict mourir vostre père.* Ce qu'entendu par le dit de Guise, il approcha l'admiral, et luy tint telles paroles : *Vous voilà doncq, méchant? Jà à Dieu ne plaise que je souille mes mains en ton sang* ; et luy donnant un coup de pied, se retira de luy. Incontinent survint quelcun qui lui donna un coup de pistollet à la teste. Ce faict, commençoit à le traisner sur une claie par la ville. Un gentilhomme lui coupa la teste d'un couteau, et la mettant au bout de son épée, la portoit par la ville, criant : *Voilà la teste d'un méchant qui a fait tant de maulx au royaume de France!* Et comme ceux du parlement taschoient de ravoir le corps du dit admiral pour exécuter la première sentence donnée contre luy durant les troubles, il fut tellement desmembré que jamais on en sceut recouvrer pièces. S'ilz eussent attendu iiij heures à exécuter, l'admiral eust faict d'eulx ce que lesdits princes feirent de luy, et eust tué le roy et messieurs ses frères. En ceste instance furent en la maison de la Rochefoucault, où ils feirent le mesme, et de tous les autres qui vinrent en leurs mains, et tuèrent Bricquemault, marquis de Retz, Lespondillans, Telligny, et jusques au nombre de LXIJ gentilzhommes tous principaulx desquelz ont esté tirés aux rues. Du mesme, les catholicques saccageoient tous les huguenots de ladite ville, et les disvestoient en la rivière. Aussy la garde du roy alloit par la ville et ès maisons des huguenots les tuant, et achevant si bien que devant peu de temps ilz en mirent en pièces plus de iij^m v^c. Les gentilzhommes principaux furent jectez au Puis au Clercqs, où on jecte les bestes mortes.

A Rouen ont été tuez dix ou xij^m huguenots; à Meaux et Orléans, tout a esté despesché. Et comme le seigneur de Gomicourt est dit pour retourner, il demanda à la royne mère responce de sa commission; elle luy dict qu'elle ne sçauroit responde autre chose, sinon ce que Jésus-Christ respondist aux disciples de saint Jean; et luy dict en latin : *Ite, et nuntiate quæ vidistis et audivistis; cœci vident, claudi ambulant, leprosi mundantur, etc;* et luy dict qu'il n'oubliast point de dire au duc d'Albe : *Beatus qui non fuerit in me scandalizatus,* et qu'elle tiendroit toujours bonne et mutuelle correspondance avec le roy catholique.

Le 23 août dans la matinée, Catherine et le duc d'Anjou, s'il faut s'en rapporter à celui-ci, n'avaient qu'une seule pensée, se défaire de l'amiral à tout prix, et arracher au roi son consentement. Mais comment s'y prendre? Catherine essaya de justifier devant lui la tentative d'assassinat par le duc de Guise, en faisant valoir que c'était en justes représailles de la mort de son père. Mais Charles IX, loin d'être satisfait de cette explication, jura, s'emporta, envoya de nouveau des gentilshommes au blessé pour prendre de ses nouvelles, et lui promettre justice exemplaire. L'amiral et son gendre Téligny étaient si confiants dans cette promesse, qu'ils écrivirent sur-le-champ à leurs amis des provinces, pour les engager à rester calmes. Les protestants se conformèrent-ils à ces pacifiques conseils?

Catherine, qui avait tout à craindre des révélations du duc de Guise, s'il était arrêté, avait un immense intérêt à étouffer l'affaire, même dans des flots de sang et sans perdre une minute. A tort ou à raison, elle accusa les huguenots de préparer un vaste soulèvement pour venger la tentative d'assassinat sur leur chef ; et dans une conférence tenue, l'après-midi du 23, en présence de Charles IX, du duc d'Anjou, du maréchal de Tavannes, et de trois Italiens, le garde des sceaux Birague, Ludovic de Gonzague, duc de Nevers, et Albert de Gondi, maréchal de Retz, elle exposa le plan de cette conjuration, afin d'ouvrir un prétexte plausible au massacre des protestants. Elle prétendit que les chefs huguenots levaient dix mille reîtres et dix mille Suisses, qu'ils étaient sur le point de prendre les armes et que, de leur côté, les catholiques, ne pouvant compter sur le roi, étaient résolus à faire entre eux une ligue offensive et défensive (1).

Enfin le roi, excédé, consentit.

C'est maintenant, d'après M. Dargaud, que nous ferons l'émouvant récit du meurtre de Coligny : on ne nous reprochera donc pas de chercher des apologies parmi les historiens catholiques.

Lorsque M. de Guise et son escadron arrivèrent à la demeure de l'amiral, le capitaine Cosseins s'approcha des arçons du duc qui lui parla à l'oreille. Cosseins alors frappa rudement à la porte avec la poignée de sa dague. L'amiral était avec Ambroise Paré, son chirurgien, Merlin, son ministre, et Muss, son interprète. Un gentilhomme nommé Labonne, qui avait les

---

(1) R. CHANTELAUZE, article cité.

clefs de l'hôtel sous son traversin, était assoupi. Aux secousses du capitaine Cosseins, Yolet, l'écuyer de l'amiral, réveilla Labonne, qui se leva précipitamment, se munit de ses clefs et demanda du dedans ce que c'était. Cosseins répondit :

« C'est de la part du roi. »

A la voix de Cosseins, Labonne ouvrit.

Cosseins se précipite sur lui et le poignarde. Les arquebusiers de la garde et les Suisses du duc d'Anjou se pressent confusément. Les Suisses du roi de Navarre reculent; l'un d'eux est tué. Ils tirent sur eux une seconde porte, la porte de l'escalier. Cornaton, dont la chambre était au rez-de-chaussée, les encourage et les aide à barricader la porte, puis il monte chez l'amiral. Celui-ci était hors de son lit. Il avait distingué une sorte de tumulte. Il avait cru d'abord que c'était une émeute populaire. Il se revêtit d'une robe de chambre et dit gravement :

« Monsieur Merlin, faites-moi la prière. »

A l'apparition de Cornaton indigné et désespéré, Ambroise Paré s'écria :

« Qu'y a-t-il, Monsieur ?

— Il y a, dit Cornaton en s'adressant à l'amiral, que le Seigneur nous appelle à lui. »

L'amiral, qui depuis trente ans vivait dans le péril extrême, dit sans le moindre trouble et d'un accent viril :

« Cette fois, c'est ma mort. Je ne la redoute pas, puisque je la reçois par Dieu et pour Dieu. Mes amis, je n'ai plus besoin de secours humain, sauvez-vous tous. »

Ils obéirent, escaladèrent le sommet de l'hôtel, et s'élancèrent par une fenêtre sur le toit. Merlin, qui était presque aveugle, trébucha dans un fenil où il enfonça au milieu du foin. Ambroise Paré, Cornaton et deux serviteurs de Coligny parvinrent à se frayer une issue. Coligny reprit sa prière. Il ne s'aperçut du dévouement obstiné de Muss qu'en le voyant refermer la porte sur tous les autres.

Les meurtriers se poussaient comme à un assaut. Le premier qui entra fut Besme, un ancien page du duc de Guise. Il avait soulevé et renversé la porte avec un épieu qu'il avait trouvé dans la barricade improvisée par Cornaton. Cosseins suivait Besme. Il y avait avec eux Petrucci de Sienne, un des aventuriers du duc de Nevers, Sarlabous, Attin, l'Italien Tosinghi et quelques autres.

Coligny était en robe de chambre, assis dans un fauteuil. Lorsque les meurtriers firent irruption, il interrompit sa prière et se leva lentement de son siège. Il leur parut, — l'un d'eux l'a dit depuis, — plus grand qu'un homme. Son attitude était d'une noblesse imposante et sa physionomie d'un calme sublime.

« Les assassins eurent une impression de respect, ou du moins d'étonnement, sous le regard assuré de ce héros des guerres civiles. »

Besme, qui s'était chargé de le tuer, s'avança l'épieu au poing :

« N'es-tu pas l'amiral, dit-il?

— Je le suis, répondit Coligny. Jeune homme, je suis aussi un vieillard, un blessé; si c'est ma vie que tu veux, tu ne l'abrégeras guère. »

Besme, « jurant pour se donner du cœur », et agitant son épieu, en poussa la pointe dans le ventre de l'amiral qui, tout chancelant, et se sentant atteint :

« Encore, murmura-t-il, si c'était l'épée d'un cavalier, mais c'est l'épieu d'un goujat. »

Puis, réprimant ce mouvement, il s'abandonna aux coups de l'épieu de Besme et de la dague de Petrucci.

Il expira entre les deux *condottieri*. Le duc de Guise, cependant, avait pénétré à cheval dans la cour de l'hôtel, sous les fenêtres de Coligny, avec son oncle le duc d'Aumale et le chevalier d'Angoulême. Tout bouillant d'impatience :

« Besme, as-tu fini ? criait-il d'en bas.

— C'est fait, Monseigneur.

— Eh bien, prouve-le donc, M. d'Angoulême et le duc d'Aumale ne croiront que lorsqu'ils verront. Jette le corps par la fenêtre. »

Besme et Petrucci, aidés par Sarlabous, lancèrent le cadavre par-dessus le balcon. Alors M. de Guise et M. d'Angoulême sautèrent de cheval et se baissèrent vers l'amiral, que l'épieu et la dague avaient inondé de sang à la face.

« On ne peut discerner ses traits, dit M. de Guise, tant ils sont souillés et rougis. »

Il saisit un mouchoir, les essuya et dit :

« Je le cognoy, c'est luy-même. » Et labourant rudement ce visage du talon de sa botte éperonnée, il sortit de la cour à cheval, avec son escorte. Quelques-uns attribuent au chevalier d'Angoulême cet outrage qui souille d'une tache indélébile la mémoire de celui qui l'a commis (1).

Telle fut, dit M. René de Bouillé, telle fut, à l'âge de cinquante-six ans, la mort préméditée et tragique de

(1) Ce fait en n'est rien moins que prouvé. Nous le rapportons sous toutes réserves, à titre de simple renseignement.

cet homme si considérable, guerrier vaillant et habile, quoique souvent malheureux, politique, froid, réfléchi, mais absolu, systématique, sectaire opiniâtre et grave plus que zélateur complètement austère de sa religion (1). Capable de balancer par sa prudence le succès des armes de l'heureux duc d'Anjou, apte à rivaliser d'ambition, d'intrigues et de crédit avec les Guises, dans l'ivresse d'une aveugle confiance en sa propre force, en son propre ascendant sur l'esprit d'un monarque jeune, et non dans l'entraînement d'une bonhomie simple et crédule, il s'était pourtant laissé prendre aux pièges dressés de longue main par la persévérante hypocrisie de Charles IX, dont en ce dernier moment la jalousie inquiète et fondée de Catherine de Médicis et de son second fils venait de précipiter l'effet. »

Il est facile de concevoir qu'au milieu de la fureur des partis, la fin d'un tel personnage, cause d'affreuse joie chez les catholiques, était un sujet d'amers regrets, de profond chagrin, d'exaltation poétique pour les protestants. Aussi d'innombrables *Epitaphes*, *Eloges*, *Tombeaux*, en vers français et latins, *La passion selon saint Barthélemy*, ne firent-ils pas défaut à la mémoire de Coligny, tandis que, dans le sens opposé, des plumes

(1) « ... Nostre France, pendant nos troubles, porta deux grands
« chefs de party : feu M. de Guise pour le catholic, et l'admiral
« dont nous parlons pour le huguenot : tous deux ennemis jurez
« l'un de l'autre, soit ou que leur naturel ou que la diversité de
« leurs religions les y conviast; tous deux toutes fois diversement
« accomplis de grandes parties : M. de Guise, capitaine généreux
« et sans crainte, et néantmoins si retenu, que jamais la témérité
« ne luy servit de guide en ses actions ; l'admiral non si preux et
« hardy, mais si advisé, qu'il faisoit paroistre en ses déporte-
« ments n'avoir nulle peur... Je croy, veu la diversité de leurs
« fortunes, que M. de Guise n'eust sceu faire ce que fit l'admiral,
« ny l'admiral ce que fit M. de Guise. » (ETIENNE PASQUIER, l. V, lettre XI.)

fanatiques s'évertuaient en *Ode triomphale sur l'équitable justice du Roy*, en épigrammes, satires, *Discours*, pour prouver « comme de droict divin estoit licite à Sa Majesté punir ses subjects pour la religion violée ». On célébrait le « *Triomphe glorieux* de l'Église chres-
« tienne contre ses ennemis de juste jugement de Dieu
« contre ung nommé Gaspard de Colligny qui fust sei-
« gneur de Chastillon et admiral de France, le tout
« sur le pseaume 128. » On rapportait des « *Dits magnifiques et gaillards* » (la passion pouvait-elle donc fournir un pareil titre?) « touchant les causes de la mort de l'admiral de Colligny et ses complices, pris et tiréz de la saincte escriture. »

Le prince de Caraman-Chimay défend la cour des imputations odieuses lancées contre les catholiques par des libelles protestants.

« Quelques historiens ajoutent, dit-il, que le roi et toute la cour allèrent voir la dépouille sanglante de l'amiral à cette infâme potence (à Montfaucon). C'est encore là une de ces abominations gratuites que l'on a ajoutées à plaisir, comme si la liste de celles qui sont authentiques n'était pas assez longue déjà.

« Pendant la nuit, un domestique fidèle de l'amiral enleva furtivement les débris de son cadavre mutilé. Ces ossements, car ce n'étaient plus que quelques ossements, furent recueillis dans un petit cercueil de plomb. Mais par un étrange et fatal caprice de la destinée, pendant des siècles encore les restes de l'amiral, ne devaient pas trouver le repos sur cette terre! Le cercueil fut porté à Chantilly, de Chantilly à Châtillon. Là on le déposa dans une salle, puis dans une cachette où il fut oublié. La branche de l'amiral s'étant éteinte en 1657, les titres et les biens de sa famille passèrent à la maison de Montmorency-Luxembourg. Un jour du siècle dernier, le duc de Luxembourg était à table dans le château de Châtillon, en compagnie du marquis de Montesquiou, lorsque l'on vint annoncer que des ouvriers, en exécutant un travail dans le château, venaient de découvrir une cachette qui, sans aucun doute, renfermait un trésor. Il paraît qu'en voyant apparaître, au lieu du trésor, le cercueil de l'amiral Coligny, le duc de Luxembourg fut très désappointé et laissa paraître son mécontentement. « Eh bien ! » lui dit le marquis de Montesquiou, « puisque cette trouvaille ne vous paraît pas précieuse, donnez-moi les restes de Coligny. » Le duc s'empressa de satisfaire le désir de son hôte, et le marquis de Montesquiou emporta le cercueil dans son château de Maupertuis. Il fut placé dans un tombeau, sur le bord d'un lac, au milieu des plus fastueuses merveilles du parc. A l'intérieur du tombeau, on voyait d'un côté le cercueil avec cette épitaphe :

MAGNI. ILLIUS. FRANCIÆ
ADMIRALIS. GASPARDIS
A COLINIACO
HUJUSCE. LOCI. DOMINI
OSSA. IN. SPEM. RESURECTIONIS.
HIC. SUNT. DEPOSITA
ANIMA. AUTEM
APUD. EUM. PRO. QUO
CONSTANTISSIME
PUGNAVIT. RECEPTA.
EST.

De l'autre côté, se trouvait une plaque sur laquelle

était gravée l'histoire de la Saint-Barthélemy, par Voltaire (1).

On sait que le roi de Navarre fut épargné. Voici en quels termes Mgr le duc d'Aumale raconte comment le jeune prince de Condé fut sauvé. Henri de Bourbon avait promis d'abjurer, mais Condé résistait. « Dans la nuit même de la Saint-Barthélemy, conduit devant le roi et violemment interpellé, il répondit avec tant de hauteur que Charles IX, outré, le congédia par ces terribles paroles : « Enragé séditieux, rebelle, fils de rebelle, si dans trois jours vous ne changez de langage, je vous ferai étrangler ». Le délai fut un peu plus long : un ministre converti au bruit des arquebusades, des Roziers, fut chargé d'instruire dans sa nouvelle croyance le roi de Navarre et Catherine de Bourbon, le prince et la princesse de Condé, « afin de leur donner une plus honorable couverture de changement. »

Déjà toutes les abjurations avaient eu lieu ; on était au mois de septembre ; seul de sa famille, Condé persistait dans son refus. Le roi le manda de nouveau ; dès qu'il le vit, il s'élança vers lui : « Messe, mort ou bastille, s'écria-t-il en blasphémant, choisissez ! — Dieu ne permette point, mon roi et mon seigneur, répondit froidement le prince, que je choisisse le premier ! Des deux autres, soit à votre discrétion, que Dieu veuille modérer par sa providence ! » Dans sa fureur, le roi, a-t-on dit, demandait ses armes pour le

(1) « Survint la Révolution. Le cercueil fut encore une fois enlevé, puis conservé à Paris chez la famille de Montesquiou. Enfin, un jour, le duc de Luxembourg demanda au général comte de Montesquiou-Fezensac, qui a bien voulu me donner lui-même ces détails, de lui restituer cette malheureuse dépouille ; elle est replacée aujourd'hui dans les ruines du château de Châtillon. »

tuer, mais la reine se jeta aux pieds de son époux et l'arrêta. On emmena Condé. Rentré chez lui, il eut avec des Roziers un long entretien, à la suite duquel il céda enfin, et, « lui mettant sa condamnation sur la tête, s'exempta de la bastille préparée » (1). Le 29 septembre, il assistait avec le roi de Navarre à la messe solennelle de la Saint-Michel, et le 3 octobre, les nouveaux convertis écrivaient au pape pour déplorer leurs erreurs et offrir une complète soumission. Condé et Marie de Clèves témoignèrent leur douleur d'avoir contracté mariage sans la consécration de l'Église. Le pontife accorda l'absolution et la dispense, et le 4 décembre, le cardinal de Bourbon leur donna la bénédiction nuptiale dans l'église Saint-Germain des Prés (2).

Un grand nombre de huguenots durent leur salut au roi, et parmi ceux qui furent ainsi épargnés on cite Bernard Palissy et le fameux chirurgien Ambroise Paré, qui avait sauvé la vie au duc de Guise, François, et au roi lui-même.

« Palissy, dit M. Louis Audiat, échappa au massacre ; et pourtant « maistre Bernard des Thuilleries, » celui qui ornait les jardins royaux, était un personnage assez en vue. Il n'avait jamais dissimulé sa religion. Ses écrits, son arrestation antérieure, étaient des preuves suffisantes. Il évita pourtant le poignard. Comment? on l'ignore. Si l'on en croyait Sully et Brantôme, qui a raconté deux fois la même erreur dans ses *Hommes illustres* au *Discours sur l'amiral Coligny*, et à

---

(1) D'Aubigné.
(2) S. A. R. MGR LE DUC D'AUMALE : *Histoire des princes de Condé.*

celui sur Charles IX, Ambroise Paré seul aurait été sauvé par le roi... « Et n'en voulut jamais sauver aucun, sinon maistre Ambroise Paré, son premier chirurgien et le premier de la chrétienté; et l'envoya quérir et venir le soir dans sa chambre et garde-robe, lui commandant de n'en bouger et disait qu'il n'étoit raisonnable qu'un, qui pouvait servir à tout un petit monde, fut ainsi massacré, et si ne le pressa point de changer de religion, non plus que sa nourrice. »

Brantôme est inexact. D'abord Charles IX fit partir de Paris, deux jours auparavant, Henri Robert de la Marck; et d'après Marguerite de Valois, sa sœur, il voulut qu'on épargnât Louis de Téligny, gendre de Coligny, la Nouë, la Rochefoucauld et *même l'amiral*. Ensuite le roi n'eut pas grand mérite à sauver Ambroise Paré, ni de grands efforts pour le convertir, puisqu'il était catholique, comme cela demeure prouvé par plusieurs passages de ses *Œuvres* et par sa sépulture dans l'église de Saint-André des Arts, au moment où le plus fougueux des ligueurs, Aubry, en était curé. Je sais bien que le catholicisme de Paré n'est pas une raison suffisante pour qu'il ait échappé au massacre. Le deuxième fils du connétable, Henri de Montmorency, très zélé catholique, n'évita pourtant alors le trépas qu'en se réfugiant dans son gouvernement de Languedoc; tant il est vrai que les haines particulières cherchèrent à se satisfaire sous prétexte de religion.

Peut-être la protection de Catherine de Médicis s'étendit-elle encore une fois sur le potier saintongeois. C'est elle qui envoya avertir Jean Goujon de ne pas sortir de chez lui, bien que les romanciers de notre temps aient fait périr l'illustre sculpteur, sur son échafaudage du Louvre, d'une balle lancée par Charles IX lui-même (1). Il est possible que Bernard Palissy ait reçu de la reine le même avis.

Relativement au massacre dans Paris, une dernière question se présente : Charles IX a-t-il tiré sur les protestants? Le colonel de la Barre Duparc, qui pose cette question, tant de fois controversée, y répond en ces termes.

« Quoiqu'on se grise à la vue du sang, surtout avec le caractère de Charles IX, nous croyons pouvoir répondre : *Non*. D'Aubigné mentionne ce fait sans insister, et pourtant, s'il avait eu lieu, ce serait un point important de ces tristes *Vêpres.* L'historien De Thou n'en parle pas. Brantôme, le seul qui en fasse mention, énonce le trait par ouï-dire, car, de son aveu, il était absent, assistant alors à l'embarquement qui s'effectuait à Brouage. Le duc d'Anjou n'en souffle mot dans son entretien avec le médecin Miron, durant une de ses

---

(1) Dans un de ces romans modernes qui ont tant ajouté aux mensonges que nous ont laissés les derniers siècles, l'on a été jusqu'à dire que c'est Charles IX qui, de son arquebuse, avait lui-même tué le sculpteur du Louvre : « Dans ce cas, dit M. de Longpérier, l'histoire ne laisse même pas, par son silence, le champ libre aux conjectures : nous trouvons dans un ancien historien que la reine Catherine de Médicis avait fait avertir Jean Goujon de ne pas sortir de chez lui. » (*Le Plutarque français*, seizième siècle, notice sur Jean Goujon.)

V. *Revue des Deux-Mondes*, 15 juillet 1850. — « Il serait même possible de supposer, dit encore M. de Longpérier dans son excellente notice, que Jean Goujon, contrairement à l'opinion reçue, n'est pas mort dans la triste journée de la Saint-Barthélemy. Les martyrologes protestants, plusieurs fois réimprimés, et qui contiennent la liste fort exacte et fort détaillée des réformés qui périrent dans les troubles du seizième siècle, ne font aucune mention de Jean Goujon. »

nuits d'insomnie en Pologne. Ces preuves négatives (1) semblent probantes (2).

« Enfin Charles IX a-t-il, d'une fenêtre du Louvre, froidement envisagé certains actes du massacre, comme la mise à mort de Pardaillan, Pilles et Saint-Martin (3)? Le *Tocsain contre les massacreurs* l'affirme, et à ce sujet le compare à Néron, considérant avec joie, dans Rome, le progrès de l'incendie qu'il avait allumé. Il est probable, en effet, que le roi voulut s'assurer de l'exécution de ses ordres dans une circonstance aussi grave; que, se regardant comme le capitaine d'une armée, il fut curieux de voir la façon d'agir de ses soldats. »

Mais puisque nous tenons *lupum auribus*, traitons à fond, à l'aide de M. Edouard Fournier, le plus ingénieux des érudits, cette fable de Charles IX tirant aux huguenots, accréditée par Voltaire.

Voltaire, dans ses notes de la *Henriade*, comme dans son *Essai sur les guerres civiles*, est impitoyable pour Charles IX, jusque-là qu'il ne craint pas de lui prêter, devant le cadavre de Coligny, à Montfaucon, le *mot* de de Vitellius à Brédiac : « Le corps d'un ennemi mort sent toujours bon. » Walter Scott l'a bien mis dans la bouche de Louis XI, au chapitre III de *Quentin Durward!* O licences du roman historique! Pour le prêt

---

(1) Relevées par M. Roisselet de Sauclières, en son *coup d'œil sur l'histoire du calvinisme*, 1844, p. 249.

(2) M. Ath. Coquerel fils, adopte la version que Charles IX a *giboyé aux passants*, mais il considère le trait comme *peu important* au point de vue historique. (*La Saint-Barthélemy*, p. 55.) Ce travail de M. Coquerel acquiert une importance particulière des communications que l'auteur avait reçues de M. Mignet, l'écrivain le plus versé en ces sortes de matières. (Note de M. de la Barre Duparc.)

(3) Saint-Martin, *dit* de Brychanteau.

fait ici à Charles IX, Brantôme est le premier coupable. C'est lui qui lui fait dire, devant le gibet de Coligny, à ses courtisans qui se bouchaient le nez « à cause de la senteur : *Je ne le bouche, comme vous autres, car l'odeur de son ennemi est très bonne.* » (Œuvres, édition du *Panthéon littéraire*, t. I, p. 561.) Avouons que Voltaire se rétracta plus tard : « C'est, dit-il au chapitre CLXXI de l'*Essai sur les Mœurs*, un ancien mot de Vitellius, qu'on s'est avisé d'attribuer à Charles IX. »

Laissons la parole à M. Edouard Fournier :

« Ce n'est pas la petite diatribe de Prudhomme dans ses *Révolutions de Paris*, où il est dit, par exemple, que Charles IX quittait une partie de billard quand il prit sa carabine pour tirer sur les huguenots, qui me fera changer d'opinion. Le fameux décret de la Commune statuant, en date du 29 vendémiaire an II (20 octobre 1793), « qu'il sera mis un poteau infamant à la place « même où Charles IX tirait sur son peuple (1) », ne me convaincra pas davantage, et je ne me rendrai point parce que je saurai que ce poteau, portant une inscription en lettres gigantesques, se vit très longtemps sur le quai au-dessous de la fenêtre du cabinet de la reine, aujourd'hui la galerie des Antiques. Je sais bien que toute cette partie du Louvre n'ayant été construite que vers la fin du règne d'Henri IV, il eût été assez difficile que Charles IX pût s'être embusqué là, pour arquebuser « aucuns dans les fauxbourgs de Saint-Germain, qui se « remuoient et se sauvoient, » comme dit Brantôme.

« Un livre récemment publié déplace la scène, mais sans la rendre plus vraisemblable. Ce n'est pas du

---

(1) V. Musset-Pathay, *Correspond. histor.*, in-8°, p. 103. *Réimpression du Moniteur*, t. XVIII, p. 170.

Louvre, c'est du Petit-Bourbon, qui était proche et dont la principale fenêtre donnait sur le quai de l'Ecole, presque en regard du bâtiment actuel de la Monnaie, que le roi aurait tiré. On acheva de détruire le Petit-Bourbon en septembre 1758, et c'est à propos de cette démolition que le livre dont je viens de parler, et qui n'est autre que le *Journal* de l'avocat Barbier (1), assigne au forfait royal ce nouveau théâtre :

« Le 20 de ce mois, y est-il dit, on a commencé à
« abattre l'ancien garde-meuble, rue des Poulies, sur
« le quai (2), dans lequel bâtiment était un balcon
« d'une ancienne forme, couvert et élevé, d'où Char-
« les IX tiroit avec une arquebuse sur le peuple, le jour
« de la Saint-Barthélemy : on ne verra plus, ajoute
« Barbier, le monument de ce trait historique. »

« Il se trompait. La calomnie tient aux mensonges qu'elle a caressés pendant des siècles. Quand on fait disparaître les lieux où elle avait étalé la mise en scène, elle cherche ailleurs où les loger, où les faire mouvoir. C'est ainsi que pour celui qui nous occupe, le balcon du garde-meuble étant détruit, elle fit choix de la fenêtre du cabinet de la reine, place nouvelle qui, de 1758 à 1793, avait été déjà consacrée par trente-cinq ans de commérages, lorsque la Commune vint à son tour la décréter authentique.

« Vous savez maintenant, et de reste, si elle pouvait l'être. Celle dont on lui cédait le rôle, la fenêtre du Petit-Bourbon ne l'était pas davantage. Pour s'en assurer, il n'y a qu'à prendre au pied de la lettre le

---

(1) T. IV, p. 290.
(2) La rue des Poulies allait alors jusqu'au quai de l'Ecole, en longeant toute la colonnade du Louvre. (V. *Paris démoli*, 2ᵉ édit., introduction, p. xxxviii, notes.)

passage de Brantôme, sur lequel se base toute l'accusation : « Quand il fut jour, » y est-il dit, « le roy mist la teste à la fenestre de *sa chambre...* » Où se trouvait la *chambre* de Charles IX? au Louvre, et non pas au Petit-Bourbon. Croyez-m'en, un fait qui laisse ainsi dans le doute sur le lieu où il s'est passé, est loin d'être bien avéré (1).

« Comme je relisais, il y a quelques mois, une des pièces de ce temps, dont le titre suffit pour indiquer l'esprit tout huguenot, *le Tocsin contre les massacreurs et auteurs d'une confusion en France* (2), voici ce qui me tomba sous les yeux. Notez que la pièce est presque contemporaine du fait, puisque la première édition date de 1579, tandis que le récit de Brantôme ne fut pas écrit avant 1594, et que celui de d'Aubigné vint encore bien plus tard (3).

« Or, dit l'auteur du *Tocsin*, encores qu'on eust pu
« penser que ce carnage estant si grand, eust pu rassa-
« sier la cruauté d'un jeune roy, d'une femme et de
« plusieurs jeunes gens d'authorité de leur suite,
« néantmoins ils sembloient d'autant plus s'acharner
« que le mal croissoit devant leurs yeux ; car le roy
« de son costé, ne s'y espargnoit point ; NON PAS QU'IL

---

(1) Dans la première édition de son *Abrégé chronologique* (p. 238), le président Hénault avait donné créance à ce fait. Parlant de Charles IX et de la Saint-Barthélemy, il avait écrit : « Ce roi qui ce jour-là, *dit-on*, tira lui-même une carabine sur les huguenots qui étoient ses sujets. » Ce *dit-on*, jeté prudemment au milieu de la phrase, prouvait que le président ne croyait guère à ce qu'il écrivait là. Aux autres éditions, il doutait encore davantage, il supprima tout le passage.
(2) Cimber et Danjou, *Archives curieuses*, 1re série, t. VII, p. 61-62.
(3) Son *Histoire universelle* ne fut publiée pour la première fois que de 1616 à 1620, au fur et à mesure qu'il l'achevait.

« Y MIST LES MAINS, mais parce qu'estant au Louvre, à
« mesure qu'on massacroit par la ville, il commandoit
« qu'on lui apportast les noms des occis ou des prison-
« niers, afin qu'on délibérast sur ceux qui estoient à
« garder ou à défaire. »

« Il me semble qu'après ce témoignage, où Charles IX est certes assez mal traité, mais seulement au moins dans les limites de la vérité; il me semble évident qu'après ces mots : Non pas qu'il y mist les mains... que l'on croirait avoir été écrits dans un élan de sincérité pour réfuter les calomnies déjà répandues, l'on ne peut plus sérieusement répéter que Charles IX prit part aux massacres, en *arquebusant* les huguenots de la fenêtre de sa chambre.

Il avait bien d'autres soucis comme on vient de l'apprendre par le témoignage du pamphlet huguenot, mais comme on le sait encore mieux par une de ses lettres, retrouvée en 1842, qu'il avait écrite le lendemain du massacre au duc de Longueville, gouverneur de Picardie. Il dit qu'il n'a pu s'opposer au mal, ni même y apporter remède :

« Ayant eu assez à faire, ajoute-t-il, à employer mes
« gardes et autres forces, pour me tenir le plus fort,
« donner par toute la ville de l'apaisement de la sédi-
« tion, et pour prévenir d'autres massacres, dont j'au-
« rais un merveilleux regret. »

Il ne put malheureusement les prévenir partout. Les ordres donnés en son nom, par sa mère et par son frère le duc d'Anjou, qui avaient tout conduit à Paris, et voulaient continuer dans les provinces, devancèrent les siens.

Cependant il ne faudrait pas croire, dit M. G. Bagnenault de Puchesse, que, dans ses instructions publiques ou secrètes, dans ses lettres aux administrateurs provinciaux, le gouvernement d'alors eût saisi une ligne de conduite uniforme. *Jamais il ne fut question d'anéantir à la même heure et de la même manière tous les protestants de France;* et d'ailleurs, à cette époque, le royaume n'était pas assez centralisé, ni l'organisation administrative assez complète, pour rendre possible une semblable conception. Parmi les lettres royales qui nous sont parvenues, la plupart ordonnaient aux villes de prendre toutes les précautions nécessaires pour maintenir l'ordre et empêcher les séditions. La cour, effrayée de sa propre audace, hésitait, changeait d'avis selon les circonstances et les nouvelles reçues, envoyait des agents pour révoquer les instructions précédemment données, laissant l'initiative aux uns et désavouant les autres; et c'est ainsi qu'on s'explique que des événements, provenant évidemment d'une même cause, se soient passés différemment selon les villes, selon les gouverneurs, et, — chose plus singulière! — que des dates, en tenant compte des distances, ne concordent aucunement. Les massacres en province sont échelonnés dans une période de plus d'un mois. Ceux qui les suscitent sont en général des personnages sortis de la lie des populations, exploitant à leur profit le fanatisme religieux. Nous avons vu trop souvent dans nos troubles civils recommencer les mêmes excès; et, quand les passions populaires sont déchaînées, l'ardeur néfaste de la lutte ne distingue pas la cause pour laquelle elle agit.

Ce qui a rendu la Saint-Barthélemy plus odieuse, c'est, — nous n'avons point de peine à le reconnaître, — que cette fois le signal a été donné de haut, et que l'attentat a été décidé en conseil de gouvernement, du consentement de Catherine de Médicis et de ses fils, qui en gardent dans l'histoire la responsabilité tout entière. La seule considération qu'on puisse ajouter à leur décharge, c'est que, pour qu'un tel forfait ait été facile à accomplir, il a fallu que les mœurs de l'époque l'eussent en quelque sorte préparé, en y familiarisant par avance les esprits.

CHAPITRE XII

Conséquences du coup d'État du 24 août. — Lettre de Charles IX à Schomberg. — Lit de justice du 26 août. — Déclaration du roi. — Arrêt du Parlement contre Coligny et ses complices. — Rôle du duc d'Anjou. — Lettre du roi de Navarre au Pape. — La Saint-Barthélemy fut-elle préméditée? — Lettre du cardinal de Pellevé à la reine-mère. — La religion et le clergé n'ont eu aucune part à la Saint-Barthélemy. — Impression causée en Europe par cet événement. — Elisabeth d'Angleterre et l'ambassadeur de France. — Dépêches de la Mothe-Fénelon. — Entrevue de Catherine de Médicis et de l'ambassadeur anglais Walsingham. — Conclusion.

Le coup d'État accompli, restait à savoir comment il serait jugé en Europe, et quel effet il produirait en France. C'est ce qu'examine, avec une judicieuse clarté, M. Armand Baschet (1).

« Quelles furent, dit-il, les conséquences politiques de la Saint-Barthélemy? Ce qu'elles devaient être. Momentanément elles affaiblirent l'ensemble du parti, mais ne le tuèrent pas. Montauban, la Rochelle, Sancerre, furent encore des places sûres pour les débris du parti : il dut en coûter à Catherine de penser qu'un si grand meurtre n'avait pas tué l'esprit ennemi. Cependant le parti manquait de son chef : chef si

(1) ARMAND BASCHET : *la Diplomatie vénitienne.*

redoutable pour elle. L'année 1573 vit une nouvelle guerre civile, qui fut terminée par une quatrième paix. Quel chemin avait-on fait, malgré le massacre? Mais il y avait un résultat pour Catherine, toujours si personnelle : elle tenait encore la puissance, elle était encore la reine mère, A ce point de vue, c'était un triomphe. Sur son esprit, sur son talent, sur sa facile humeur, le jour de la Saint-Barthélemy, le lendemain et les jours qui suivirent, ne laissèrent nulle trace de désordres ni de regrets. Elle fit frapper ou plutôt un fanatisme servile fit frapper des médailles à la mémoire de cette action, que l'histoire ne pourra cependant jamais juger trop sévèrement : sur l'une d'elles on lit ces mots bien étranges en une telle occasion : *Pietas excitavit justitiam;* ils sont surmontés des fleurs de lis, de la couronne de France et autres attributs solennels (1).

» Catherine n'eut point de regrets sur un aussi immense attentat : elle était d'une trempe éprouvée, elle était convaincue d'avoir eu des motifs politiques plausibles. Les papiers saisis chez l'amiral auraient pu justifier le cas d'arrestation mais non l'assassinat. On a parlé, en effet, d'une lettre adressée, le 15 juin 1572, au prince d'Orange par Coligny, et saisie par Catherine : cette lettre prouverait que le parti de l'amiral et même l'amiral voulait, de son côté, une Saint-Barthélemy, avisant le prince d'Orange de se tenir prêt pour le mois de septembre. Si le fait est vrai, si la lettre est

(1) Voyez le cabinet des médailles, Bibliothèque Nationale. Quatre médailles rappellent le massacre : l'une a été frappée à Rome (*Ugonottorum strages*), en légende; 1572. *Gregor. XII Pont. Max.*); les trois autres ont sans doute été frappées à Paris. Au revers de la première : *Pietas excitavit justitiam*. La légende de la seconde : *Virtus in rebelles*. Au revers de la troisième : *Ne ferrum temnat simul ignibus obsto*. Voyez aux PIÈCES JUSTIFICATIVES.

explicite, indubitable, c'est une pièce à conviction des plus importantes ; si c'est une imagination du parti opposé, si la lettre est apocryphe, c'est une excuse banale et vulgaire (1). Ce qui n'est pas douteux, c'est que Coligny avait un État dans l'État, et que son but était d'éloigner à jamais de l'esprit de la France les croyances religieuses, qui, ce me semble, sont plutôt adhérentes à son génie gaulois que les croyances protestantes (2). »

Il est évidemment certain, dit à ce propos Cantù, que l'amiral était le chef d'une rébellion non interrompue depuis plusieurs années, dans le but de bouleverser la France, de mettre le roi en tutelle et de changer la religion. En effet, n'avait-il pas organisé dans tout le royaume une vaste filiation protestante qui, obéissant à un signe de sa main, faisait de lui un second roi de France? N'avait-il pas dans les provinces des gouverneurs sous ses ordres, des percepteurs d'impôts, des lieutenants, des sous-lieutenants, des

---

(1) On ne saurait trop désirer et souhaiter la publication de cette pièce. Je ne l'ai pas vue : elle m'a été indiquée. M. Crétineau-Joly, qui la possède, en sait tout le prix, et c'est justice que, l'ayant, il se réserve le soin de la révéler. Mais les paroles de l'amiral au prince d'Orange sont-elles précises et ne donnent-elles pas lieu à une double entente? La lettre est du 15 juin 1572? Mais, à cette date, l'amiral était fort bien en cour : c'était le temps où le jeune roi, inspiré par lui, voulait la guerre à l'Espagne. Coligny pouvait donc, dans cette lettre au prince d'Orange, dire : « Nous serons prêts pour septembre », sans que cette parole signifiât qu'il existait un projet de massacre du parti catholique par le parti protestant. (*Note de M. Armand Baschet.*)

(2) La *Relazione* de Michieli (1572) entre dans des détails sur le mode de gouvernement et d'administration conçu par Coligny. Le parti comprenait vingt-quatre églises réparties entre toutes les provinces. Les chefs étaient la reine de Navarre (Jeanne d'Albret) et l'amiral.

conseillers? A quel sujet est-il permis de s'ériger en second maître? Quel monarque aurait toléré cette dangereuse et illicite rivalité?

Voilà ce que pensait à cet égard Charles IX, et comment il s'exprime dans sa lettre à M. de Schomberg :

« L'amiral étoit plus puissant et mieux obéi que moi,
« pouvant, par la grande autorité qu'il avoit usurpée,
« soulever mes sujets et les armer contre moi quand il
« lui convenoit, comme il me l'avoit montré plusieurs
« fois. Après s'être arrogé une telle puissance sur mes
« sujets, je ne pouvois plus m'appeler *roi absolu*, mais
« seulement le maître d'une partie de mes États. S'il a
« donc plu à Dieu de m'en délivrer, j'ai à le louer et à
« le bénir du juste châtiment qu'il a infligé à l'amiral
« et à ses complices. Comme il m'étoit impossible de
« le supporter plus longtemps, je résolus de laisser
« un libre cours à la justice, qui n'a pas été, il est vrai,
« telle que je l'aurois voulue, mais qui étoit inévitable
« en des circonstances pareilles. »

Le mardi 26 août, le roi tint un lit de justice au Parlement, dans lequel il déclara que les événements accomplis avaient été exécutés par son ordre, et qu'il n'avait trouvé d'autre moyen de prévenir « une maudite conspiration » tramée par l'amiral et les principaux huguenots contre son pouvoir et sa vie. Le président Christophe de Thou, dans « un discours accommodé au temps », comme dit habilement l'historien, son fils, approuva très haut la conduite prudente du roi, et enjoignit à la cour de commencer aussitôt les informations sur la conjuration de Coligny et de ses complices.

La déclaration du roi au Parlement est ainsi conçue :

« Sa Majesté, désirant faire savoir et cognoistre
« à tous seigneurs, gentilshommes et autres, ses su-
« jets, la cause et l'occasion de la mort de l'amiral, et
« autres ses adhérans et complices, dernièrement ad-
« venue en cette ville de Paris, le 24, iour du présent
« mois d'aoust, d'autant que ledit fait leur pourroit
« avoir esté déguisé par son exprès commandement
« et *non pour cause aucune de religion* ne contrevenir à
« ses édits de pacification, qu'il a toujours entendu,
« comme entend encore, veut et entend observer et
« entretenir, ains *pour obvier et prévenir l'exécution*
« *d'une malheureuse et detestable conspiration faicte par*
« *ledict amiral*, chef et autheur d'icelle, et les dits
« adherans et complices, *en la personne dudit seigneur*
« *Roy, et contre son Estat, la royne sa mère, messieurs*
« *ses frères, le roy de Navarre, princes et autres seigneurs*
« *restant près d'eux*. Parquoy sadite Majesté fait savoir
« par cette présente déclaration et ordonnance à tous
« gentils-hommes et autres quelconques de la religion
« prétendue réformée, qu'elle veut et entend qu'en
« toute seureté et liberté ils puissent vivre et demeurer
« avec leurs femmes, enfans et familles, en leurs mai-
« sons sous la protection dudit seigneur roy, tout ainsi
« qu'ils ont par ordinaire fait, et pouvoient faire sui-
« vant le bénéfice desdits édicts de pacification. Com-
« mandant et ordonnant très expressement à tous
« gouverneurs et lieutenants généraux en chacun de
« ses pays et provinces, et autres, les justiciers et
« officiers qu'il appartiendra, de n'attenter, permettre
« ne souffrir estre attenté ne entrepris en quelque
« sorte et manière que ce soit, ès personnes et biens
« desdits de la religion, leurs dites femmes, enfans et
« familles, sous peine de la vie, contre les delinquans

« et coupables, scandale, soupçon et desfiance qui
« pourroyent en avenir à cause des presches et assem-
« blées qui se pourroyent faire, tant ès maisons des-
« dits gentils-hommes qu'ailleurs, selon et ainsi qu'il
« est permis par les susdits édicts de pacification (1). »

Le président de Thou, père de l'historien, loua la prudence du roi dans cette grave circonstance, dit Rohrbacher, reconnaissant d'après l'exposé que Sa Majesté venait d'en faire, qu'elle avait pris le seul moyen possible d'arrêter les effets d'une conjuration qui avait menacé à la fois et sa personne sacrée, et la famille royale, et le salut de l'Etat. C'est de Thou lui-même qui narre tout les incidents de cette mémorable séance avec une mesure et une équité dignes de remarque, et il ajoute :

« On croit que celui qui conseilla au roi de faire informer de la conjuration fut Jean de Morvilliers, qui s'étoit démis de son évêché d'Orléans pour s'attacher à la cour, homme habile, modéré, aimant la justice et incapable de donner un conseil sanguinaire. Mais comme ce prélat ne pouvoit pas empêcher que le massacre ne fût fait, il crut important, pour l'honneur du roi et la tranquillité de l'État, d'aviser aux moyens de décharger le prince d'une partie de la haine que cette barbarie faisoit retomber sur lui, puisqu'il n'étoit pas possible de l'en décharger entièrement. Ainsi, quoique l'affaire fût consommée, et qu'on ne pût entamer qu'une procédure contraire à l'ordre naturel, néanmoins il porta le roi et la reine à avoir recours aux règles ordinaires de la justice, et à faire ramasser les preuves de la conjuration, dans la vue de rendre un jugement

---

(1) AUDIN : *la Saint-Barthélemy*. Liège, 1851, p. 250.

contre ces coupables. Ce fut aussi l'avis du premier président, que Morvilliers consulta là-dessus par ordre du roi. »

Gui de Pibrac, avocat général, ayant alors requis que l'on informât contre l'amiral et ses complices, le Parlement fit instruire leur procès et il sanctionna les paroles royales, en condamnant la mémoire de Coligny par un arrêt dont nous extrayons les passages suivants :

« Veu par la Chambre, ordonnée par le roy au temps
« des vacations, les informations faites à la requeste
« du procureur du roy suivant l'arrest donné par ledit
« seigneur roy séant en son parlement le 29 iour
« d'aoust dernier, *à l'encontre du feu Gaspard de Coli-*
« *gny, en son vivant amiral de France, pour raison de*
« *la conspiration n'agueres par luy faite contre le roy,*
« *tranquillité et repos de ses sujets :* ... dit a esté que
« *ladite chambre a déclaré et déclare ledit feu de Coligny*
« *avoir esté crimineux de lèze Maiesté, perturbateur et*
« *violateur de paix, ennemy du repos et tranquillité et*
« *seureté publique, chef principal, autheur et conducteur*
« *de ladite conspiration faicte contre le roy et son Estat,*
« a damné et damne sa mémoire, supprimé et sup-
« prime son nom à perpétuité... »

Il fut ordonné que son corps ou son effigie serait traîné sur la claie par le bourreau, attaché à une potence en place de Grève, et de là porté à Montfaucon ; que sa mémoire serait condamnée, sa maison de Châtillon-sur-Loing rasée ; et que, tous les ans, on ferait une procession générale dans Paris, pour remercier Dieu de la découverte de cette conspiration (1).

(1) SAINT-VICTOR : *Tableau historique de Paris*, t. XIII, p. 210, 2ᵉ édit., Paris.

Un mot, en passant, sur le duc d'Anjou, dont le rôle à la Saint-Barthélemy est connu et constaté par tous les historiens. Un document inédit, nouvellement mis au jour par le vicomte de Meaux, dans son ouvrage sur *les Luttes religieuses en France au seizième siècle*, achèverait au besoin de faire la lumière. Ce sont les instructions données par Philippe II au marquis d'Ayamonte, qu'il envoyait comme ambassadeur extraordinaire en France, pour féliciter tous ceux qui, dans l'entourage de Charles IX, avaient pris part à l'affaire du 24 août. On y lit relativement à Henri de Valois :

« Ensuite vous rendrez visite au Sérénissime duc
« d'Anjou, vous lui remettrez ma lettre et vous vous
« réjouirez avec lui d'un si heureux événement, ce
« qu'avec justice, il mérite, ayant pris une si grande
« part au conseil, aux délibérations et à l'exécution de
« cet acte... »

Et pour marquer la différence qu'il fait de la conduite du duc d'Anjou avec celle de son frère, le dernier fils de Catherine, le roi d'Espagne ajoute :

« On n'a pas entendu dire que le duc d'Alençon se
« soit en rien mêlé de tout cela. »

Nous avons déjà dit que le roi de Navarre s'était hâté d'abjurer pour racheter sa vie. En homme adroit comme dans toute sa vie, il s'était plié à la nécessité du moment. Baptisé catholique, devenu protestant en 1563, par la conversion de sa mère, il reprenait le catholicisme pour sauver sa vie, comme il retournera vers la religion réformée afin de devenir le chef du parti protestant, comme il se fera définitivement catholique afin d'obtenir la couronne de France. Ses sentiments du moment, sentiments forcés puisqu'on

lui imposait une abjuration officielle *six jours* après
son mariage, se retrouvent fixés sans doute possible
dans sa lettre au Pape, tirée des archives secrètes du
Vatican, et qui porte la date du 3 octobre 1572 (1).
Voici cette lettre, ou plutôt cette longue phrase :

Tres sainct Pere, l'esperance que j'ay de la paternelle
affection que portéres tousjours, comme vicaire de Dieu en
terre, à ce que ses enfants, desvoyés pour quelque temps
de nostre saincte Église Catholique, Apostolique et Romaine, et se repentans, y soient benignement recueillis et
receus, a tellement vaincu le doubte qu'aultrement je peuvois avoir de la juste severité de Vostre Saincteté, qu'après
avoir esté conforté tant par le Roy trez chrestien, que par
la sage et prudente admonition de la Royne, madame ma
belle mère, Messieurs frères du Roy, Monsieur le cardinal
de Bourbon, mon oncle et de mon cousin, Monsieur le duc
de Montpensier, en cette persuasion je me suis finalement
résolu que Vostre dicte Saincteté me recognoissant pour
l'ung des siens par les premières marques que j'ay receues
en ladicte Église en la foi de laquelle j'ay esté baptisé, et
ne m'imputant l'institution qui depuis m'a esté donnée,
dont il n'estoit point en moy, veu mon bas aage, de faire
jugement ou ellection, elle ne desdaignera de m'ouvrir les
bras de son indulgence, et en recevant la confession de
ceste mienne penitence, reduction et obeissance, comme je
l'ay icy tesmoignée et protestée en la présence du nonce
de Vostre Saincteté, me recevoir au giron d'icelle Église
dont je vous recongnois chef, et me tenir et reputer desormais pour trez humble, tres obéissant et tres devot fils,
comme j'en supplie trez humblement Vostre dicte Saincteté, à laquelle j'espere rendre bientost solemnelle soumission pareille à celle de mes predecesseurs roys, sitost qu'il
lui plaira l'avoir agreable, ainsi qu'elle l'entendra par le

(1) Ed. de la Barbe Duparcq : *Histoire de Charles IX*, p. 364.

gentilhomme que depesche a present le sieur cardinal de
Bourbon, mon oncle, tant pour cest effect qu'aussi pour
supplier trez-humblement Vostre dicte Saincteté de ma
part, qu'en apprenant le mariage dont il a pleu au roi
m'honorer avecques Madame sa sœur, nous en donner et
octroyer, pour la consanguinité qui est entre nous la dispense qui sera nécessaire, avecques telle absolution que
nous et nostre postérité en demeurions deschargez envers
Dieu et Vostre Saincteté.

Lettre tardive assurément, car elle aurait pu partir
avec la notification de la Saint-Barthélemy envoyée au
Pape, mais on ne voulut sans doute compliquer en rien
l'annonce d'une telle nouvelle; lettre travaillée par un
secrétaire, car chaque prince y obtient une louange et
par conséquent une bonne note auprès du Pape; lettre
qui contient en *post-scriptum* le plus essentiel, car
sans cette autorisation le mariage restait nul. Peut-
être le retard de cette lettre provient-il de ce que
Henri n'avait rien répondu sur le moment à Charles IX,
ce qui était un acquiescement tacite, mais sans une
promesse bien empressée, en sorte qu'il fallut venir en
aide à cette réserve et rompre cette froideur calculée
assurément et fort habile, vu la gravité exceptionnelle
des circonstances. On peut se rallier à cette idée, quand
on sait que le roi de Navarre fit en définitive son abjuration solennelle à la date du 26 septembre seulement,
alors que le prince de Condé, d'abord plus récalcitrant,
l'avait déjà prononcée depuis neuf jours.

Le massacre de la Saint-Barthélemy, demande Cantù,
fut-il prémédité ou accidentel? Les catholiques le pro-
clamèrent juste et saint, et l'attribuèrent à une résolution mûrement arrêtée, tandis que les protestants

entachaient d'infamie les catholiques. Néanmoins, le raisonnement ne permet pas de le croire. La cour devaient redouter les Guises non moins que les huguenots, parmi lesquels elle avait toujours cherché à maintenir l'équilibre. Si un massacre général était projeté, pourquoi donner l'éveil, deux jours auparavant, par une tentative d'assassinat sur la personne de Coligny? pourquoi ne pas prendre ses précautions pour s'emparer par un coup de main de la Rochelle et des autres places calvinistes? pourquoi ne pas envoyer simultanément des ordres sur tous les points du royaume, tandis que les premiers ne furent donnés que le 28 août?

Pendant trois siècles, faute des documents officiels et certains qui dormaient encore dans les divers dépôts d'archives de l'Europe, on croyait fermement à la préméditation de Catherine de Médicis. Sismondi, Haag, Dargaud, Bouillé, sir James Makintosh, sans parler de beaucoup d'autres, étaient de cet avis. Mais, depuis trente ans, parmi les protestants comme chez les catholiques, cette thèse a perdu un énorme terrain. Pour ne parler que des protestants et des libres penseurs qui la combattent et en démontrent la fausseté et l'invraisemblance, notons en première ligne Léopold Ranke, M. Soldan, un savant professeur de l'université de Giessen (1); M. Henri Withe (2). M. Henri Martin ne voit dans le système de la préméditation qu'un roman fabriqué par les panégyristes italiens de Catherine, pour faire croire à son génie machiavélique.

---

(1) Il nie la préméditation d'une manière absolue dans son livre intitulé : *la France et la Saint-Barthélemy*, traduit de l'allemand par Charles Schmidt.

(2) *Histoire des guerres religieuses de France sous Charles IX*, publiée à Londres depuis plusieurs années.

Enfin M. Alfred Maury, que l'on ne suspectera pas de cléricalisme ou de fanatisme catholique, a consacré, dans le *Journal des Savants*, au livre de M. Henri White, une série d'articles, dans lesquels il adopte hautement les mêmes conclusions que lui (1).

Ce profond changement d'opinion sur un point capital, et qui a servi d'aliment aux passions religieuses de trois siècles, ne provient pas seulement de l'apaisement de ces passions, il tient surtout à la découverte de nombreux documents qui ont paru seulement de nos jours et qui sont venus jeter sur cette question, intéressante s'il en fût, les plus vives lueurs. Citons, en première ligne, les pièces officielles découvertes à Rome, par Ranke et Makintosh; les dépêches trouvées dans les archives du Vatican par leur ancien conservateur, le P. Theiner, et publiées par lui dans sa continuation des Annales de Baronius; les précieuses révélations que renferment les relations de Giovanni Michieli et de Sigismondi Cavalli (2), le premier ambassadeur, le second envoyé extraordinaire de Venise en France, au moment du massacre des protestants; puis les pièces trouvées aux archives de Florence par MM. Canestrini et Abel Desjardins, celles publiées à Leipsig par le docteur Ebeling; enfin, le premier volume des *Lettres de Catherine de Médicis*, publiées par M. le comte Hector de la Ferrière, membre du Comité des travaux historiques et des sociétés savantes (3). Bien que ces

---

(1) Sept articles, en 1871.
(2) Dans les *Relations des ambassadeurs vénitiens au seizième siècle*, publiées par M. Eugenio Alberi, d'après les monuments des archives de Simancas et de Venise.
(3) Paris, Imprimerie nationale, 1880; un vol. in-4°, faisant partie de la collection des *Documents inédits sur l'histoire de France*, publiés par le ministère de l'instruction publique.

lettres ne s'étendent que de 1533 à 1563, elles permettent, ainsi que la savante introduction de M. de la Ferrière, de pénétrer plus avant dans le caractère et la politique primordiale de Catherine, et de mieux comprendre d'avance le rôle qu'elle doit jouer plus tard dans la Saint-Barthélemy. Elles nous montrent sous un jour tout nouveau et nous font saisir sur le vif cette étrange physionomie, si mobile, si compliquée, avec son double aspect italien et français.

« Italienne par les Médicis, mais Française par Madeleine de la Tour-d'Auvergne sa mère, nature hybride, formée des qualités et des défauts de deux races si opposées, elle savait gagner habilement les sympathies et savait les retenir. » Mais il était une qualité qui semblait lui être propre, « c'était une grâce naturelle, une séduction irrésistible », dont elle n'usait, il faut bien le dire, qu'au point de vue de ses intérêts politiques et privés, et non, comme tant de femmes de son siècle, au profit de la galanterie, car elle tenait de sa parente Marie Salviati, une grande dignité de vie et une grande pureté de mœurs. Laurent de Médicis, chef des armées de la république florentine, et disposant de l'autorité souveraine sans en avoir le titre, Laurent, doué des plus rares qualités de l'homme de guerre et de l'homme de l'État, Laurent, l'espoir et l'orgueil de Léon X, mort à peine âgé de vingt-huit ans, avait laissé à sa fille Catherine, sa seule héritière légitime, le génie politique de sa race. Orpheline dès son berceau, et gardée prisonnière, pendant les premières années de sa jeunesse dans le couvent des Murates, par les factions qui déchiraient Florence, sa vie fut plusieurs fois menacée par les séditions populaires. Pendant les derniers jours du siège de Florence, elle courut les plus grands dangers : un exalté du parti des *arrabiati*, proposa de la faire entrer dans une maison de débauche (afin de mettre ainsi le pape Clément VII, son oncle, hors d'état de la marier à des princes étrangers), ou de l'exposer sur les remparts au feu des assiégeants. Une autre fois, elle est enlevée du couvent des Murates et transférée, pour plus de sûreté, au couvent de Sainte-Lucie, par des gentilshommes de la Seigneurie; elle croit qu'on la conduit à la mort, elle pleure, elle se lamente et demande comme une grâce de prendre l'habit des religieuses. Jamais le souvenir de ces terreurs ne s'effaça de cette âme naturellement craintive, de famille et de race, à l'égal, c'est tout dire, de son oncle Clément VII, « dont la nature était de reculer » sans cesse. C'est sous l'empire irrésistible de la peur, que Catherine donnera plus tard le signal de la Saint-Barthélemy, car, on le sait, rien ne rend plus impitoyable que la peur (1).

Les premiers historiens du massacre ont admis la préméditation. Selon Papire Masson et Camille Capilupi, elle fut longue, constante, profondément cachée. Quand la nouvelle du massacre fut apportée à Philippe II, il montra une grande joie. Plusieurs de ses courtisans s'écriaient que l'événement ne venait pas du roi de France, mais du peuple, puisque les calvinistes étaient tombés sous les coups inattendus de la fureur populaire; « mais à ses paroles, dit l'ambassa-
« deur français, qui rend compte de cette conversation,
« le roi d'Espagne secoua dédaigneusement la tête en
« se moquant du courtisan qui avoit émis cette opi-
« nion, et il déclara qu'il attribuoit nettement la puni-

---

(1) Chantelauze : *Catherine de Médicis et la Saint-Barthélemy.*

« tion des hérétiques à un stratagème conçu par l'habi-
« leté et soutenu par la puissance de Votre Majesté. »

L'impression que Rome avait reçue n'était pas différente de celle de Philippe II; Camille Capilupi, gentilhomme romain, publia sous ce titre : *Stratagème de Charles IX, roi de France, contre les huguenots rebelles*, un récit bien écrit de la conjuration, de son exécution et de ses conséquences, en la jugeant une tragédie déplorable, mais nécessaire et commandée par le devoir. Son livre est rempli de cette politique perverse qui dominait alors en Italie et au dehors; elle s'y montre si nue et si noire que des historiens graves soupçonnèrent les calvinistes d'avoir fait composer cet ouvrage en italien pour nuire au parti contraire.

Papire Masson, le prédicateur Sorbin et la plupart des historiens espagnols se plaignent de ce qu'il n'a pas été possible d'étouffer d'un seul coup toute la flamme de l'hérésie. Loin de croire qu'ils nuisent à la mémoire de Charles IX, ils prétendent rendre hommage à sa piété en recueillant tous les faits qui tendraient à prouver que le massacre était voulu et mûri depuis longtemps. Les historiens catholiques modernes rejettent avec raison, comme nous l'avons dit, la préméditation du coup d'Etat. Caveirac, dialecticien érudit, écrivain exact et correct, fournit les principaux arguments dont se servirent depuis les autres historiens et surtout le docteur Lingard. Son petit *Traité*, chef-d'œuvre d'argumentation, présente avec esprit et vigueur, et développe avec adresse les circonstances historiques.

« Selon ces historiens, dit Cantù, la prétendue conjuration de toutes les puissances catholiques contre le calvinisme est une chimère. Au moment où Coligny fut blessé par Maurevert, Charles IX était à la veille de déclarer la guerre à l'Espagne, les deux cours étant brouillées depuis quelque temps. Philippe II, très compromis en Belgique, ne redoutait rien tant que de voir le roi. On ne trouve point d'ailleurs, ajoute Caveirac, dans l'exécution de cette tragédie sanguinaire, l'ensemble de dispositions uniformes, la simplicité de plan indispensablement nécessaire pour admettre une préméditation. La cour n'aurait pas manqué de faire tuer le même jour tous les protestants dans les différentes villes de France ; au contraire, le massacre eut lieu à Meaux le 25 août, à la Charité le 26, à Orléans le 27, à Saumur et à Angers le 29, à Lyon le 30, à Troyes le 2 septembre, à Bruges le 11, à Rouen le 17, à Romans le 20, à Toulouse le 25, à Bordeaux le 23 octobre. A voir ces dates différentes, on ne peut s'empêcher de penser que l'exemple du fanatisme produisit ces différentes boucheries, et que le carnage se répandit à travers la France comme une traînée de poudre, qui s'enflamme sur la ligne qu'elle parcourt.

Voici d'autres questions non moins controversées, et qui renient la responsabilité du meurtre? Au roi, à ses gardes, comme le prétendent Voltaire et tous les écrivains de l'école philosophique? ou bien au peuple, comme l'affirme Auguste de Thou, écrivain impartial?

D'un côté, ceux qui ajoutent foi à la conspiration des seigneurs, et rejettent la supposition d'une grande émeute concertée dans le peuple, citent Capilupi, Brantôme, d'Aubigné, les *Mémoires* de Condé et en général tous les protestants. Ne voulant pas admettre que le gros de la nation fût irrité contre les hérétiques, ils donnent le plan de la conjuration comme émané d'un comité secret formé de Catherine, Tavannes,

Birague, et dirigé par l'inspiration espagnole. Ils affirment que non seulement le même peuple, mais encore la majorité des grands seigneurs, ignorait le projet du massacre.

Ils citent à l'appui de cette assertion la conversation de Charles IX avec un courtisan ; ce dernier lui ayant fait entendre qu'il était informé des résolutions de la cour par le duc d'Anjou, le roi le renvoya avec colère, fit appeler son frère à l'instant et lui reprocha son indiscrétion. Quelques-uns, comme Tavannes dans les souvenirs de la vie de son père, soutiennent que l'on voulait seulement se défaire des chefs des rebelles, et que la fureur de la populace rendit le carnage général : D'autres, à l'exemple de de Thou, affirment que le projet était de comprendre le parti tout entier dans une même proscription (1).

« M. Martin nie avec raison la préméditation de la Saint-Barthélemy ; il dit justement que « cette préméditation est un roman inventé par le fanatisme dépravé ou le machiavélisme cynique des panégyristes italiens de Catherine, et accepté par le ressentiment des huguenots. » Peu lui importe du reste, car, dit-il, « ces discussions sur la préméditation, intéressantes au point de vue historique, sont bien vaines au point de vue moral. La Saint-Barthélemy, c'est-à-dire l'extermination des hérétiques par la force ouverte ou par la ruse, avait toujours été dans le cœur des chefs du parti persécuteur ; ils massacrèrent quand ils purent, comme ils avaient brûlé (2). »

Autrement, rien ne s'explique. Pourquoi, comme l'a

---

(1) CANTU : *Histoire universelle.*
(2) H. DE L'EPINOIS : *M. Henri Martin et son histoire de France.*

très bien fait entendre M. Loiseleur, aurait-on commis l'imprudence de frapper l'amiral seul, trois jours avant le moment fixé pour l'exécution générale? N'était-ce pas prévenir maladroitement les huguenots et leur offrir toutes les occasions d'échapper? Pourquoi les conspirateurs, si leur dessein était arrêté de longue date, ont-ils attendu entre les deux attentats pour s'assurer du consentement royal, sans lequel l'exécution de leur projet était impossible! Comment, s'ils voulaient vraiment la mort de tous les protestants de France, n'avoir pas averti d'avance les gouverneurs de province, ne fût-ce que par des instructions vagues? Nous voyons les massacres s'organiser petit à petit dans le royaume, à mesure que la distance et les moyens de communication, alors si lents, permettent aux courriers d'apporter la nouvelle de ce qui se passe à Paris.

Une fois le crime accompli, dit M. Chantelauze, Catherine se vanta de l'avoir prémédité; c'est ce qu'atteste une lettre de l'ambassadeur vénitien au doge Mocenigo. Mais cette atroce prétention de Catherine est démentie par une dépêche du nonce Salviati, en date du 27 août, trois jours après le massacre, et dans laquelle il assure que Catherine, dans ses entretiens avec lui, lui a parlé du dessein qu'elle avait de rétablir la religion catholique par l'abolition du traité de paix de 1570, et de mettre à mort l'amiral et quelques autres personnages protestants d'importance. Mais loin de parler d'un massacre général, et d'en avoir été prévenu par Catherine, il disait dans une autre lettre, écrite le jour même de la Saint-Barthélemy : « Je ne croyais pas à la dixième partie de ce que je vois présentement de mes propres yeux. » Cette phrase prouve jusqu'à l'évidence, non seulement qu'il ignorait qu'il dût y avoir un massacre général, mais encore, implicitement, que le massacre ne fût pas prémédité, car si quelqu'un devait le savoir d'avance plutôt que tout autre, c'était à coup sûr lui, Salviati, le nonce du Pape. Jamais, dans sa correspondance antérieure à la Saint-Barthélemy, Salviati ne fait la moindre allusion à un tel projet, et comme il était de son devoir d'ambassadeur de le révéler sur-le-champ à la cour de Rome, son silence prouve que ce projet n'existait pas. Tout prouve donc aussi que la cour de Rome fut tout à fait étrangère à la Saint-Barthélemy, et qu'il n'y eut aucune entente préalable à ce sujet entre elle et la cour de France. M. Gachard, le savant directeur général des archives de Belgique, a fourni sur ce point des documents qui ne laissent aucun doute.

« Un document inédit, tiré d'un recueil de la Bibliothèque nationale, achèvera de montrer quelles étaient les véritables dispositions d'esprit de l'entourage pontifical et de Grégoire XIII lui-même, au moment de l'événement. C'est une lettre autographe du cardinal de Pellevé, qui fut plus tard l'un des fougueux organisateurs de la Ligue, écrite de Rome à la reine mère, le 12 septembre, dès qu'on y connut le massacre :

« Madame, la joie de tous les gens de bien est
« entière en ceste ville et, comme je croys, par toute la
« chrestienté, et ne s'est iamais ouy nouvelle de plus
« grande alegresse de veoir vos Maiestez hors de tant de
« dangers et mesmes de ceste dernière conspiration ; de
« sorte, Madame, qu'estes estimée la plus heureuse et
« sage Royne quy ait esté de la mémoire des hommes,
« en ce que, au milieu de tant de troubles et tempestes,
« avez sceu conduire le royaulme à si bon port. Et ne

« doubte, Madame, qu'en une si grande entreprise il n'y
« ait encores beaucoup d'espines et de doubtes de ce
« quy peult advenir : mais Dieu vous y aidera. J'avois
« tousiours asseuré nostre Saint-Père et tous Messieurs
« les Cardinaulx quy m'en ont parlé que j'estois certain
« que la fin des actions du roy et de vous et de Mon-
« sieur, couronneroient bien tout l'œuvre (1). »

M. Baguenault de Puchesse, qui cite cette lettre dans un article de la *Revue des Questions historiques*, déjà mentionné au cours de ce travail, ajoute :

« Ainsi, on ne savait rien d'avance à Rome, et Charles IX, pas plus que sa mère, n'avait fait parvenir au Pape aucune promesse. Quant à la présence de Coligny à la cour et à la faveur extraordinaire dont il était gratifié de la part du roi, l'explication en est toute naturelle, étant donnée la marche nouvelle qu'on s'efforçait alors d'imprimer à la politique étrangère de la France. La guerre contre l'Espagne était à l'ordre du jour, et l'intervention dans les Pays-Bas tout à fait imminente. Dans cette pensée, un traité avait été conclu avec Élisabeth d'Angleterre, le 29 avril 1572; des alliances étaient activement négociées par Schomberg avec les princes protestants d'Allemagne. Philippe II le savait et se plaignait des préparatifs hostiles d'un gouvernement voisin et allié, qu'il croyait tenir sous son influence et qui lui échappait de la façon la plus évidente. Cette situation, dont les documents diplomatiques donnent les preuves les plus nombreuses, — et cela jusqu'à la veille du 24 août, — exclut bien formellement, ce semble, la préméditation simultanée d'un massacre général des

---

(1) Bibl. nat. Ms. fr. 16040, fol. 196. *Le cardinal de Pellevé à la Reine*. Rome, 12 septembre 1572.

huguenots, qui devait avoir pour moindre conséquence de rompre immédiatement toutes les alliances protestantes. »

Mais, du moins, la religion et le clergé ont-ils eu quelque part à cette funeste tragédie? Le poète J. Chénier, qui vota la mort de Louis XVI, nous représente dans une tragédie de sa façon, le cardinal de Lorraine bénissant les poignards destinés au massacre de la Saint-Barthélemy. Or, dans ce temps-là même, le cardinal de Lorraine se trouvait à Rome, où il était allé au conclave. L'histoire ne parle que d'un seul ecclésiastique mêlé au massacre : il se nommait Jean Rouillard, chanoine de Notre-Dame, et fut tué dans son lit, comme huguenot (1).

Voilà toute la part qu'y eurent le clergé et la religion, déclare le savant Rohrbacher.

Selon tous les historiens, à commencer par Caveirac, de Thou, le protestant Lingard, la religion n'eut aucune part au coup d'État du 24 août. En effet, on ne voit siéger dans le conseil qui ordonna le massacre, ni cardinaux, ni évêques, ni prêtres; mais seulement des hommes politiques, élevés dans les principes du machiavélisme et peu intéressés à la pureté de la religion, attendu que leurs mœurs et leurs âmes étaient fort corrompues. Si nous sommes habitués, ajoutent ces écrivains, à regarder cette vaste effusion de sang comme l'œuvre du catholicisme, c'est sur la foi de Voltaire, à qui tous les moyens sont bons pour déverser l'outrage sur une religion qu'il déteste. Lingard et Caveirac ne voient donc dans cet événement qu'une

---

(1) Saint-Victor : *Tableau de Paris*, t. III, p. 190, note.

proscription et dans ces ministres de la vengeance royale, que des sicaires politiques ; ils n'y aperçoivent ni fureur religieuse ni mains armées de poignards et de crucifix. Criminels d'État, sujets rebelles, insurgés contre leur monarque afin de l'effrayer par la menace et de lui imposer leur volonté, les calvinistes périrent dans une proscription commune, frappés d'un coup semblable à celui qui fit tomber dans un jour les têtes de six mille Romains, sous l'épée de Sylla.

« Qu'on ne vienne donc pas accuser la papauté, s'écrie M. Baguenault de Puchesse, d'avoir été complice de la Saint-Barthélemy et qu'on n'écrive plus dans un style aussi faux que déclamatoire : « Si la pointe du poignard frappa à Paris, la poignée était à Rome on sait dans quelles mains (1). » Pour qu'une semblable accusation eût seulement l'apparence de la vraisemblance, il conviendrait de démontrer tout d'abord que le 24 août a été prémédité et préparé non seulement en France, mais surtout à la cour romaine. Or, le Pape était si loin de s'attendre à la nouvelle de la Saint-Barthélemy, il ignorait si complètement les intentions du roi, qu'il était à cette époque très ouvertement hostile à sa politique, qu'il blâmait ses rapprochements avec les chefs protestants, qu'il allait jusqu'à refuser obstinément la dispense nécessaire au mariage de Marguerite de Valois avec Henri de Navarre, mariage qui, d'après tous les historiens hostiles au catholicisme, était justement le stratagème imaginé pour attirer les huguenots à Paris et les anéantir par un coup de force inspiré, disent-ils, par la papauté. » La

---

(1) *Bulletin de la Société de l'histoire du protestantisme français*, t. III, p. 142.

lettre du cardinal de Pellevé, citée plus haut, confirme cette assertion.

Ainsi donc, comme on l'a cru pendant longtemps, ce ne fut pas le fanatisme religieux qui fut la cause de ce grand forfait, ajoute M. Chantelauze. Catherine, nous l'avons dit déjà, avait rapporté d'Italie et inspiré à ses enfants ce sentiment profond d'indifférence pour la religion catholique, qui est le caractère distinctif de la plupart des princes italiens du quinzième et du seizième siècle, et qui était un des résultats les plus évidents de l'esprit païen de la Renaissance. D'un autre côté, Catherine n'appartenait pas impunément à cette race des Médicis, à l'un desquels était dédié, comme un hommage tout naturel, le livre du *Prince*. Elle était tout imbue de la lecture des maximes de Machiavel. Elle savait mieux que personne comment César Borgia s'était défait de ses ennemis à Sinigaglia ; et les trois principaux conseillers de la Saint-Barthélemy, trois Italiens comme elle, les Birague, les Gonzague et les Gondi, n'ignoraient pas non plus comment, dans leur pays d'origine, on se délivrait de ses ennemis par le fer et le poison. La Saint-Barthélemy, par le caractère qu'elle emprunte à ses auteurs. est donc un crime à l'italienne plutôt qu'à la française : les massacres de la nuit du 24 août sont de nouvelles Vêpres siciliennes. Ce fut l'ambition de Catherine qui dirigea l'arquebuse de Maurevel, ce fut la peur qui lui fit donner le signal de la Saint-Barthélemy.

Donc il demeure acquis irréfutablement que la Saint-Barthélemy ne fut point préméditée, et que l'Eglise n'y prit aucune part.

Il nous reste à examiner l'impression que le coup

d'Etat du 24 août produisit en Europe. Elle est bien différente de ce qu'on la supposerait. Il ne vint, en effet, à l'esprit d'aucun souverain de cette époque de blâmer l'acte défensif accompli par la cour de France, et les princes protestants eux-mêmes n'en témoignèrent pas une aussi vive indignation qu'on pourrait le penser.

Ainsi, la cour romaine ne vit là que le juste châtiment d'une vaste conspiration qui menaçait d'anéantir le catholicisme en France et de livrer ce royaume à l'étranger. C'est pourquoi l'on frappa à Rome une médaille commémorative; Vasari en fit le sujet d'une de ses fresques. Le fameux Milanais François Panigerola, prêchant à Saint-Thomas du Louvre, en félicitait Charles IX devant toute la cour. Après avoir exposé l'honneur du royaume et sa dignité personnelle à des périls manifestes, le roi avait, disait-il, rendu le manteau d'azur et les lys d'or à la belle France, naguère vêtue de deuil; il avait rétabli la vraie religion chrétienne dans le royaume très chrétien, et enfin purgé de la peste de l'hérésie les contrées sises entre la Garonne et les Pyrénées, entre le Rhin et la mer. Le Tasse et tous les écrivains du temps célébrèrent par un concert de louanges cet événement.

Requesens, gouverneur de Milan, écrivait au grand-duc :

« J'ai presque les mêmes nouvelles à vous donner
« de la France. Je regrette beaucoup qu'on ne procède
« pas vis-à-vis des hérétiques avec la rigueur qu'on
« avait déployée au commencement, et qui était juste.
« Dieu veuille que le roi très chrétien atteigne le but
« qu'il avoue publiquement et qu'il sache à propos
« profiter de l'occasion ! »

Puis, ayant eu connaissance du massacre, il se

réjouissait, dans sa lettre du 3 septembre, « du succès
« obtenu par la cour de France, le 24 du mois passé,
« de la mort de l'amiral et de ces mauvaises têtes de
« protestants, qui furent massacrés en cette journée
« par les catholiques. Cette mort est une telle perte
« pour les huguenots, et ouvre au roi très chrétien
« une porte si large, que, avec le zèle qu'il a pour la
« bonne cause, il pourra pacifier son royaume, et y
« organiser les affaires religieuses comme il convient,
« sans parler des mesures qu'il devra prendre pour
« asseoir l'état des affaires en Flandre, etc. »

« S'ils eussent attendu iiij heures à ce exécuter, » dit
le duc d'Albe en écrivant de devant Mons au gouverneur de Hollande, à la nouvelle du massacre, « l'ad-
« miral eust faict d'eulx ce que les dits princes feirent
« de luy et eust esté tuer le roy et messieurs ses
« frères (1). »

Un courrier envoyé par l'ambassadeur d'Espagne en France, don Diégo de Zuniga, apporta, le 7 septembre, à Philippe II la nouvelle de la Saint-Barthélemy. Sa joie fit explosion ; il appela tous ses familiers pour leur dire que cette fois le roi Charles IX était son bon frère, et méritait le titre de roi très chrétien : s'excusant auprès de notre ambassadeur, Vivonne-Saint-Gouard, de ne l'avoir pas bien compris lorsqu'il lui faisait pressentir cet événement ; il manifesta son mécontentement contre tous ceux qui prétendaient que le massacre avait été exécuté à l'improviste (2).

(1) *Mémoire* de M. GACHARD, à l'Académie des Sciences de Bruxelles (1842) sur le *Bulletin* du duc d'Albe, trouvé dans les archives d'Etat, à Mons, et cité plus haut.
(2) Bibl. nat. fonds français, n° 1607, dépêche de Saint-Gouard, p. 58. — Philippe concevait la préméditation et feignait d'y croire.

Seul de toute la cour, le duc d'Albe ne se méprit pas sur Catherine et répéta à qui voulait l'entendre que la Saint-Barthélemy *était une chose furieuse, légère et mal pensée*. Il fit comprendre à Philippe II, qui rêvait déjà une ligue catholique et l'extermination des protestants, que Catherine reprendrait immédiatement la négociation du mariage de son fils avec Elisabeth (1).

La nouvelle de la Saint-Barthélemy fut apportée en Angleterre par un courrier qui débarqua à la Rye. Des pêcheurs prirent ses dépêches et les portèrent à la reine. Des protestants échappés de Dieppe vinrent confirmer la fatale nouvelle; comme une traînée de poudre, elle se répandit dans toute l'Angleterre et donna lieu aux plus sinistres interprétations. La vie de Marie Stuart fut un moment en danger; l'évêque de Londres, Edwin Sandys, demanda sa tête (2).

La Mothe-Fénelon, ambassadeur de France à Londres, par une première lettre datée du 24 août, apprit que Coligny avait été tué à la suite d'un conflit entre les Guise et les Châtillon. Le lendemain, il reçut une seconde lettre datée du 25, elle ne parlait plus d'une lutte entre les deux maisons rivales, mais d'une conspiration ourdie par l'amiral et les protestants contre le roi, sa mère et ses frères; elle invitait La Mothe à ne rien dire jusqu'à plus ample explication. Une troisième lettre, datée du 26 août, renfermait un mémoire justificatif du massacre. Le 3 septembre seulement, La Mothe-Fénelon demanda audience à Elisabeth, qui était alors à Woodstock. Après trois jours d'attente, elle l'y reçut entourée de toute sa cour. A l'entrée de notre

---

(1) Comte H. DE LA FERRIÈRE : *le Seizième siècle et les Valois*.
(2) Record office, *State papers*.

ambassadeur, il se fit un profond silence. Elisabeth, en grand deuil, s'avança de quelques pas vers lui ; son visage était sévère : d'une voix brève, elle lui demanda si les étranges nouvelles venues de France étaient vraies. — La Mothe répondit que la soudaineté du danger n'avait pas laissé au roi une heure de réflexion ; une nécessité extrême l'avait contraint de sacrifier la vie de Coligny pour sauver la sienne. — La reine répliqua qu'elle souhaitait que l'amiral et les siens fussent plus coupables encore, afin de justifier un pareil massacre. La Mothe plaida les circonstances atténuantes : il nia la préméditation, il affirma que la religion n'y était point mêlée, et finit par demander que l'amitié entre les deux couronnes n'en fût pas diminuée. « Je crains bien, dit la reine, que ceux qui ont fait abandonner au roi les protestants ne lui fassent abandonner aussi mon amitié. » En sortant de l'audience, La Mothe vit les ministres d'Elisabeth. Les reproches les plus violents lui furent adressés « pour un acte trop plein de sang (1) ».

En rendant compte à Charles IX de l'impression produite sur Elisabeth par son récit, La Mothe-Fénelon lui faisait part des précautions qu'il avait prises :

« Ajoutant, dit-il dans sa dépêche, que par l'appréhen-
« sion de deux extresmes dangers, qui estoient si soub-
« deins qu'il ne vous avoit resté une heure de bon loysir
« pour les remédier, et dont l'ung estoit de vostre
« propre vye et celle de la royne votre mère et de
« messeigneurs vos frères, et l'autre d'un inestimable
« recommencement des troubles, pires que les passés ;
« vous aviez esté contrainct, à votre plus que mortel

(1) Comte DE LA FERRIÈRE ; *les Projets de mariage de la reine Elisabeth.*

« déplaysir, non seulement de n'empescher, mais de
« laysser exécuter, en la vie de M. l'amiral et des siens,
« ce qu'ils préparoient en la vostre, de courre sur eulx
« la sédition qui leur estoit déjà dressée. »

Le courroux d'Elisabeth ne fut pas de longue durée. Dès le 1ᵉʳ septembre, Catherine recevait son envoyé Walsingham. Sans revenir sur ce terrible événement, sans chercher à le justifier, elle dit que le roi son fils, débarrassé du chef, maintiendrait l'édit et laisserait à chacun sa liberté de conscience. Elle ne fit aucune allusion au projet de mariage d'Elisabeth avec le duc d'Alençon. Puis dans une seconde entrevue avec Walsingham, à qui Castelnau avait fait de nouvelles ouvertures et qui s'en était étonné, « Catherine exprima son regret de le voir ainsi suspecter sa sincérité; elle la pria de formuler les doutes qu'il avait. Le massacre ne les justifiait que trop; sans trop appuyer, il rappela à Catherine que la principale garantie d'une alliance avec l'Angleterre était la tolérance promise et jurée aux protestants, tolérance aujourd'hui foulée aux pieds. Il parla de l'entrevue de Bayonne, des desseins sinistres qu'on y avait arrêtés avec le duc d'Albe. Catherine s'emporta, prétendant que c'était une des inventions de Coligny pour lui faire des ennemis. Coligny n'était pas d'ailleurs si sincèrement l'ami des Anglais; dans son testament daté de La Rochelle, il lui avait recommandé d'abaisser l'Angleterre et l'Espagne. « C'est son éloge, répliqua Walsingham, que Votre Majesté vient de faire. » Ce dernier mot mit fin à l'entretien (1) ».

(1) Comte DE LA FERRIÈRE : *les Projets de mariage de la reine Elisabeth*.

L'acte de la Saint-Barthélemy fut le point culminant de la carrière politique de Catherine de Médicis, et nous pouvons maintenant porter sur elle un jugement définitif. Nous estimons celui de M. Armand Baschet conforme à toutes nos idées, et c'est pourquoi nous le donnons ici.

« Catherine de Médicis, dit-il, mérite-t-elle les grands opprobres que, dans un camp de l'histoire dont le général est le savant M. Michelet, on jette sur sa mémoire personnelle et sur son œuvre politique? Ne fut-elle, selon l'expression de ceux de ce parti, qu'*une femelle qui avait l'amour de ses petits?* C'est avec les ambassadeurs vénitiens, intelligences très intègres, que nous ne voulons pas voir Catherine de Médicis sous ce seul aspect. A entendre ses détracteurs, Catherine de Médicis n'a même pas su le premier mot de la politique : elle n'a su ni négocier ni réussir. La concession qu'on lui fait, c'est d'avoir aimé les arts, et encore, ajoute-t-on, « *dans le petit*. Elle était restée juste à la mesure des principautés italiennes. » On oublie que cette mesure est celle de Raphaël d'*Urbin*, de Donatello, de Michel-Ange et de Cellini de *Florence*, du Titien et de Paul Véronèse de l'*État de Venise!* Catherine a dominé toutes les affaires; elle fut une grande ouvrière politique; elle a commis assurément les fautes les plus graves, mais n'a-t-elle commis que des fautes pendant les trente années qu'elle a lutté? Fut-elle nulle complètement? Alors pourquoi tant de bruit autour d'elle? Pourquoi a-t-elle tant exercé, pendant trois siècles, et en des langues diverses, le génie de l'histoire et la pensée des philosophes? Pourquoi tous ces pamphlets, tous ces écrits? Allons aux résultats. Par le fait, sincère ou fausse, croyante ou incrédule, intéressée ou désintéressée, elle a soutenu la politique française, elle a soutenu la religion qui convient au sang de la France! Otez-lui sa constante volonté, privez-la du pénétrant instinct qu'elle a de sauver le royaume et des ambitions extérieures et des troubles intérieurs : éloignez-la du trône pour un instant, pendant la seconde guerre; supposez, selon sa pensée d'un moment, qu'elle se rende en Flandre avec le roi mineur, c'est alors plus que jamais qu'il aurait fallu dire, comme le Vénitien Michele Suriano, en 1562 : *Væ tibi terra cujus Rex puer est!* « Malheur à toi, terre dont le Roi est un enfant! » car alors nous aurions vu le royaume dans les mains étrangères. Philippe II avait l'œil sur la France : la défaite ou le renoncement de Catherine lui eût ouvert nos portes. Coligny, aveuglé par la magnifique austérité de ses princes, tout glorieux de ce renom de droiture qu'il avait acquis, ne nous eût pas moins mis, soit aux mains du prince d'Orange, soit sous le régime d'une république fédérative, c'est-à-dire antinationale, antifrançaise, absolument contraire à nos instincts, à nos penchants, à nos mœurs, au génie gaulois de la France.

« Catherine, la reine mère, a reconnu et combattu l'ennemi de tous côtés, l'ennemi de l'unité du royaume : en combattant l'influence étrangère et les complots intérieurs, elle a maintenu la France *française* : ce fut là son mérite, elle a livré bataille autant à l'ultra-catholique Philippe II, qu'à l'ultra-huguenot Coligny. »

Nous voici arrivé au bout de notre tâche. Nous n'avons pas, dans cette longue plaidoirie, pris la parole bien souvent; nous avons laissé aux témoins, cités à la barre de l'histoire, le soin d'exposer tous les faits de la cause, en respectant toujours l'austère vérité.

Coligny nous apparaît tel qu'il fut, avec ses crimes, avec ses trahisons, avec son hypocrisie. Peut-être cependant faut-il admettre, en jugeant cet homme singulier et complexe, qu'il ne fut pas absolument tout d'une pièce, et qu'il y eut dans son âme des replis où nous n'avons point pénétré. Peut-être, en retenant toutes les actions mauvaises que nous avons invoquées contre lui, faut-il tenir compte de l'opinion que le prince de Caraman-Chimay exprimé en ces termes :

« Pour moi, je dirai que Coligny valait mieux que son temps. Dans toutes les grandes tourmentes qui ont assailli l'humanité, il s'est trouvé des esprits qui ont cru sincèrement à l'avènement d'une ère nouvelle : Coligny était de ces esprits-là. Il faut lui reconnaître ce signe des âmes supérieures, l'aspiration vers le mieux. Je crois que « le protestantisme » lui a semblé avant tout être « la réforme », et, s'il a marché dans une voie fausse, du moins l'a-t-il fait avec sincérité, car il ne fut pas seulement le champion des doctrines nouvelles, il en fut encore le disciple. L'amiral de Coligny est le type du protestant et du protestantisme au seizième siècle. »

Dans un langage plus familier, mais d'autant plus clair et sincère, notre illustre et cher maître Barbey d'Aurevilly écrivait à un ami :

« Quant à Coligny, c'est un homme, mais c'est une
« vertu *à la protestante*, c'est-à-dire une vertu dont la
« colonne vertébrale est l'orgueil. Bien loin de la
« grandir, cela la diminue. L'orgueil se casse, en se
« dressant... Jugez-moi la grandeur morale de Coligny
« *du point de vue de l'humilité chrétienne*, car il n'a

« qu'une grandeur morale ; en politique, il voit faux,
« comme tous les protestants.

« Lisez, sur Coligny, ce qu'en dit Dargaud, dans son
« *Histoire de la liberté religieuse.* Seulement, gardez-
« vous à carreau! Dargaud est un libre penseur, et il
« est dupe de l'orgueil de la vertu... Il n'y a que des
« catholiques qui se connaissent en vertu, et je vous
« le répète, la pierre de touche de la vertu, c'est
« l'humilité (1). »

Et puisque le nom de l'auteur des *Œuvres et les hommes* est tombé de notre plume, pourquoi n'emprunterions-nous pas à l'éminent critique la conclusion de ce livre :

« Coligny, dit-il, le protestant d'action, au seizième siècle, et on sait à quoi l'action condamne les hommes les plus purs et les mieux intentionnés, qui en ont le génie ; — Coligny, enfoncé dans les faits tumultueux et sanglants de son siècle, est nécessairement au-dessous, aux yeux d'un philosophe comme M. Dargaud, de ce Michel de l'Hôpital qui était, lui, l'homme de l'avenir, et le philosophe religieux des temps très religieux, comme vous savez, que nous voyons!... Pour ma part, je me défie beaucoup des gens qui devancent l'avenir dans les histoires du passé. Ce sont là des idées modernes appliquées rétrospectivement et plus ou moins témérairement à l'histoire.

« Je ne sais pas si Michel de l'Hôpital eut confiance pleine et volonté entière de la liberté religieuse, telle que l'entendent et que la veulent les philosophes du dix-neuvième siècle, par la seule raison qu'il rédigea le fameux édit de tolérance qui fut, jusqu'à l'édit de

---

(1) Lettre à M. Léon Bloy, collaborateur de l'*Univers*.

Nantes, le manifeste sans cesse repris des protestants et le prétexte de leurs rébellions obstinées, mais ce que je crois savoir, c'est qu'on n'est pas au-dessus de tous les partis parce qu'on se met entre tous les partis.

« Le catholicisme, — et non l'Église catholique, — a déterminé la Saint-Barthélemy. C'est un fait indéniable ; mais il faut comprendre ce fait et les circonstances dans lesquelles il se produisit. Elles étaient telles que ni Charles IX le fantôme, ni Catherine de Médicis la magicienne, n'auraient pu les surmonter et les gouverner. Le protestantisme, c'est-à-dire l'étranger, gagnait chaque jour un terrain énorme. Le Havre n'était plus à nous ! Les catholiques menacés, qui n'avaient pas l'Inquisition pour les sauver, comme elle avait sauvé l'Espagne, regardaient l'Allemagne, les Pays-Bas, l'Angleterre, devenus protestants, et se croyaient perdus. Ils se soulevèrent, et ce ne fut pas seulement un peuple, mais ce fut la tradition même du pays, ce fut l'histoire de France tout entière qui se souleva avec eux. Cela dut être quelque chose d'implacable, car on ne touche pas pour la première fois au passé, sans que ce vieux lion, qui a ses ongles enfoncés dans le sol, ne rugisse et ne se défende. Véritable Josaphat de cercueils, onze siècles de monarchie catholique se levèrent de leurs sépulcres et dirent à la Réforme les mots de Dieu aux flots de la mer : « Tu n'iras pas plus loin ! » Hélas ! elle a été plus loin, et les siècles se sont recouchés trop tôt dans leur tombe... Mais enfin, à cette heure où la religion était la première idée des hommes, elle accomplit, l'épée dans la gorge, cet acte de désespoir que le patriotisme accomplit depuis, en 1808, en Espagne, aux applaudissements de tout l'univers.

La religion eut son suprême effort comme depuis l'a eu la patrie.

« Et ce ne serait pas tout, si on voulait tout analyser. Aujourd'hui que les questions de subsistance, les questions de vivre et de l'économie, priment la question d'honneur dans une société dont l'âme a passé dans le ventre, ce dernier refuge de l'image de Dieu dans les sociétés matérialistes, il faudrait encore du bas de ces questions comprendre la Saint-Barthélemy, comme on la comprend du haut des questions spirituelles, à présent délaissées. En effet, il est maintenant démontré que la libre industrie protestante rompait les catégories de la corporation catholique, — de cette corporation, — toute la France industrielle d'alors, — qui avait transfiguré l'esclavage antique et constitué cette immense fortune sur le pillage de laquelle le protestantisme, père du paupérisme moderne, — car tous les pillards sont réservés à mourir de faim, — trouve à peine de quoi vivre depuis trois cents ans!

« Incontestablement une société qui avait de la force au cœur et dans les bras, ne pouvait accepter des conditions si accablantes et si certaines. Nous-mêmes, qui la jugeons aujourd'hui, catholiques du dix-neuvième siècle, lui en aurions-nous donné le conseil? Ne savons-nous pas le mépris que l'histoire inflige aux sociétés qui ne savent pas se défendre? Ne savons-nous pas que, pour les chefs politiques comme pour les chefs de guerre, la gloire est la même, et que cette gloire est de résister longtemps? »

PIÈCES JUSTIFICATIVES

PIÈCES JUSTIFICATIVES

I

Étymologie du mot *Huguenot*, par un contemporain du seizième siècle.

Regeste des affayres de Frere Symeon Vinot, d'Arc en Barroys, religieux de Saint Francoys, jadiz du couvent de Chastel Vilain, diocese de Lengres, et a present curé de l'église parroilsiale du Landeron, diocese de Losanne, commencé sur le jour qu'il a obtenu grace et congé pour regir la dicte parroche, qui fut le 10 jour du moys de septembre, l'an 1563.

L'an 1561 commença à s'elever en France la secte des Hugguenotz, ou (a mieulx dire) Eygnossen, pour ce qu'il vouloient fayre les villes franches, et s'allier ensemble, comme les villes des Schwysses, qu'on dict en allemand Egnossen, c'est a dire Aliez. La quelle entreprise a beaucoup couté et porté grand dommage au Royaulme de France, et a leurs voysins, tant en la perdition des hommes comme la destruction des eglises, le pillage des pays et seditions populaires. Toutes foys les christiens heurent du meilleur en la bataille, et regaygnirent beaucoup de villes qui s'estoient revoltées contre leur roy, remirent partout la messe et les sacrements ecclesiastiques : en attendant que Dieu tout puissant y pourvoye plus oultre.

(Communiqué à l'*Indicateur d'histoire suisse*, p. 174, année 1875, par le P. Nicolas Rœdlé, cordelier.)

II

Ordonnances de Calvin, à Genève.

(*Histoire de Genève du chanoine Fleury.*)

Voici les prescriptions portées contre le blasphème et contre les joueurs :

Art. x. « Que nul n'ait à jurer le nom de Dieu à peine pour la première fois de baiser terre et payer 60 sous ; la deuxième fois, de baiser terre, payer 10 florins, et tenir prison trois jours, au pain et à l'eau, et s'il y retourne pour la troisième fois, d'être puni *arbitrairement.* »

Art. xi. « Que nul n'ait à jurer le sang, la mort, sur peine pour la première fois d'estre puni par prison trois jours, au pain et à l'eau et 60 sous d'amende ; la deuxième fois, le payer 10 florins et tenir prison 6 jours, et la troisième fois d'être mis au carcan. »

Art. xii. « Que nul n'ait à déguiser un blasphème, disant : *sang dina, mordina corbleu*, à peine de tenir prison vingt-quatre heures, à pain et à l'eau. »

Art. xiii. « Que nul n'ait à proférer blasphèmes, maugréer Dieu et sa parole, à peine pour la première fois de tenir prison trois jours, au pain et à l'eau, et faire réparation et amende honorable, la torche au poingt. S'il y retourne, sera puni au fouet la deuxième fois ; la troisième à vie (peine de mort). »

Art. xv. « Que nul n'ait à parler ni mesdire contre l'honneur des magistrats, ni des ministres du Saint Evangile, à peine d'estre puni et chastiés rigoureusement selon l'exigence du cas. »

Art. xx. « Que nul n'ait à jouer à aucun jeu, a or, argent ni monnoye, sous peine de confiscation d'icelui, de trois jours de prison et de 60 sous et du double en cas de récidive. »

Art. xxiii. « Que nul n'ait à chanter chansons profanes, ne danser ou faire masques, momon, momerie, à peine de tenir prison trois jours, au pain et à l'eau et 60 sous d'amende. »

Viennent ensuite les ordonnances les plus sévères pour les hôteliers et ceux qui tenaient des cabarets. Ils ne pouvaient donner à manger et à boire qu'aux étrangers en passage, sous peine de 25 florins d'amende.

Si Calvin était ennemi des jeux et des chansons, il ne l'était pas moins du luxe et de la toilette. Ses défenses atteignent le ridicule.

Art. cxviii. « Est défendu à tout citoyen bourgeois, habitants et sujets de cette cité tout usage d'or et d'argent, en porfilures, broderies, passements, canetilles, filets ou autres enrichissements d'habits, en quelque sorte que ce soit. »

Art. cxix. « Sont défendus toutes chaînes, bracelets, carquants, bouttons, pendants d'or sur habits et en général tout usage d'or et de pierreries en ceintures, colliers, ni autrement. »

Art. cxx. « Tout habit de soie et bordé de velours est interdit aux artisans et aux gens de basse condition. »

Art. cxxi. « Tous pourpoints à points enflés ou bourrés sur le devant. »

Art. c. « Est défendu aux hommes de porter longs cheveux, frisés avec passepillons et bagues aux oreilles. »

Art. cxxiv. « Est défendu aux femmes et filles toute frisure, troussements et entortillements de cheveux. »

Art. cxxv. « Toute façon superflue et excessive de point

coupé ou autre ouvrage sur les collets. Tout accoutrement de soie, toute nuance excessive, tout enrichissement aux accoutrements aux dites femmes, robbes, ou cottes excédant deux bandes médiocres pour celles de qualité.

« Que nulle femme n'ait à porter chaperon de velours. »

N'oublions pas, toutefois, que les contrevenants devaient payer pour la première fois 5 florins, pour la deuxième fois 10 et la troisième fois 25, avec confiscation desdits accoutrements portés contre la défense.

Il était de plus sévèrement défendu « aux costumiers de faire aucune nouvelle façon d'habit, sans la permission des seigneurs, sous peine de 10 florins pour la première fois, 25 florins pour la seconde et d'être en outre châtiés selon l'exigence ».

Les ordonnances réglementaient aussi le menu de la table et interdisait dans les banquets « toute confiture, excepté la dragée, sous peine de 60 sous d'amende ».

Ces simples citations mettent à elles seules en évidence la rigidité outrée des principes de celui qui dictait les lois à Genève.

Il est un mot dans ces Ordonnances qu'il est bon d'élucider, c'est celui-ci : *Arbitrairement*. En ce cas, la peine était laissée au choix des magistrats et des juges. Ce qui laissait un vaste champ au caprice de ceux qui étaient appelés à prononcer des sentences. Aussi des condamnations de toute espèce émanèrent-elles de ce tribunal discrétionnaire. Aux uns le fouet, aux autres le carcan et l'amende, à tous la question ou torture ; à beaucoup la peine de mort. Le supplice le plus en vogue, à cette époque, était la décapitation par le glaive, mais les juges inventèrent de nouvelles peines, pour châtier les coupables.

Les uns sont roués vifs ; on en brûle un grand

nombre, dont les cendres sont jetées en Arve. On noie dans le port de Longemalle les femmes adultères. C'est surtout à l'égard des sorciers et sorcières, ou plutôt de ceux qui sont accusés de l'être que l'on épuise toutes les ressources de la cruauté.

On a beaucoup fait de bruit de l'Inquisition d'Espagne, mais assurément ses rigueurs n'approchèrent jamais des indicibles tourments qu'endurèrent, à Genève, sous le régime de Calvin, les malheureux inculpés de « commerce avec le diable ».

III

**Lettre d'Eléonore de Roye, princesse de Condé,
à la reine Elisabeth d'Angleterre.**

(*Record Office. State Papers France.* V. xxix, *autographe.*)

Madame,

Oultre ce que vous verrez par la lettre que mon oncle, monsieur Dandelot vous escript le besoing que nous avons de vostre prompte faveur et bon secours, affin d'empescher le cours des desseings des ennemis de Dieu et de son evangille et inquiétations du repos publicq de la France. si je ne me puis contenir d'accompagner sa dépesche de cette myenne lettre et par icelle très-humblement supplier vostre majesté, Madame, considérer l'affliction en laquelle si tristement ie me trouve, voiant aujourd'huy la chose de ce monde que plus j'estime et honore, si indegnement traictée, comme est Monsieur mon mary détenu captif entre les mains de ceulx qui, au lieu de le recognoistre pour tel qu'il est en ce royaulme, usurpent violantement ce que le droict et la nature justement devoyoit et s'efforcent triumpher de luy, chose qui ne m'est moins dure à penser que grandement insupportable. Sans la grâce que Dieu me faict de représenter devant mes yeulx que telles visitations viennent de sa main et que c'est le signe dont il remarque les siens, je ne sçay que je ferois. Or combien qu'il l'ayt voulu par ce moyen esprover mesme en la défense de sa saincte querelle, si ne nous a-t-il pas deffendu, que nous n'ayons quelques recours aux moyens humains, pourvu qu'ilz soient fondez sur sa grâce. Et pour cette cause, Madame, prenant pitié d'une princesse tant éploree pour l'ennuy que justement elle reçoit de la prison d'un p.ince son mary, lequel il vous a plu de tant favoriser, que de le juger digne de votre bonne grâce par les vertueux témoignages que vous luy avez si ouvertement faict déclairer en la poursuitte de cette cause, qu'il vous plaise en cette urgente nécessité de monstrer combien la variété des conditions de prospérité ou d'adversité ne vous peuvent échanger vos sainctes affections, et promptement secourir celluy qui, pour la gloire de nostre Dieu et pour fidellement conserver l'estat de son roy, est à présent captif de ceulx qui, pour parvenir à leurs desseings, seroient bien aises d'abattre ung tel rampart de cette couronne, pour puis après, faisant plus facilement la bresche, entrer dedans la place; vous suppliant très-humblement, Madame, m'excuser si j'en parle de tel véhémence et de tant obliger Monsieur mon mary qu'il puisse quelque jour avoir le moyen de vous faire paroistre par ses services que l'ingratitude et mescongnoissance n'eurent onques part en son cœur; et de moy, Madame, ne pouvant pour cette heure autre chose, je supplierai le Créateur vous continuer en parfaicte santé très longue et contente vie salvant vos bonnes grâces de mes très-humbles recommandations.

Escript à Orléans, ce sixième jour de janvier 1562.

IV

Correspondance de l'amiral de Coligny avec la Reine d'Angleterre.

(*Record office, State Papers.* — Vol. XXIX.)

I

Madame,

Sinon qu'il nous fault recevoir patiemment tout ce qu'il playt à Dieu nous envoyer et nous conformer en toutes choses à sa saincte volunté, désirerois bien d'avoir ung meilleur subgect pour escrire à votre maiesté que celuy qui se présente, qui est que le XIX de ce moys, M. le prince de Condé, désirant mestre une fin aux troubles et désolations qui sont en ce royaulme, approcha de si prez noz ennemis que, sans regarder à l'advantage du lieu et au nombre de gens de pied et d'artillerie qu'ilz avoient, il leur donna la bataille, en laquelle Dieu a permis qu'il ayt esté pris; mais ce a esté avec si grande perte et ruyne de leur cavallerie, que la plus grande part de leurs chefs et principaux capitaines ont esté prins, tuez et blessez, et la nostre, qui est demeurée entière et qui a faict l'exécution sans avoir perdu plus de quatre-vingts ou cent chevaux, est en ceste résolution de poursuyvre l'entreprise présente de tout son pouvoir et de toutes ses forces. Et par ce, Madame, que M. le prince vous a faict cy devant entendre son intention, et que nous avons sous telle assurance en la vertu et la bonté de vostre maiesté, au zèle que vous avez tansiours demonstré avoir à l'advancement de la gloire de Dieu, et aux grâces que Dieu a mises en vous, dont nous avons assez de cognoissance et expérience, je n'ai voullu faillir de vous supplier très humblement, Madame, de vouloir, maintenant que la nécessité et l'occasion s'y présentent, nous vouloir donner le secours qui nous est nécessaire, selon que vous entendrez de M. de Briquemault; lequel il plaira à vostre maiesté ouyr et le croire de ce qu'il vous dira, tant de ma part que de toute ceste compagnie, qui espérons que, par vostre bon moyen et avec l'ayde de Dieu, qui marchera devant nous pour combatre pour sa querelle, l'yssue en sera si heureuse, que il sera servy par tout ce royaulme, et le roy obéy de tous ses subgectz, avec ung repos et tranquillité publique. Or d'autant, Madame, que vous entendez assez la justice de nostre cause, et avez faict paroistre tousiours de quelle affection vous avez favorisé ce qui touche l'honneur et le service de Dieu, je ne m'estendray en plus long propos, craignant d'annuyer vostre maiesté par cette lettre, mais bien suplieray l'infinie bonté de Dieu vous vouloir conserver, Madame en très parfaicte santé et prospérité et beneir toutes vos actions.

Du camp à Auncau, ce XXIIᵉ de décembre 1562 (1).

II

Madame,

J'ai ci-devant adverty vostre majesté de l'état auquel se retrouvent les affaires de deçà, et quelle a été l'issue de

(1) Record office, *State papers, France*, vol. XXIX. (Autographe.)

la bataille que le prince de Condé a donnée, en laquelle nostre infanterie a esté défaite sans combattre. Nostre cavalerie, qui seule a fait l'exécution que vostre majesté a pu entendre, est entière et résolue de revoir bientost les ennemis de Dieu et de ce pauvre royaulme, lesquelz ont plus d'occasion de nous redoubter désormais que de nous assaillir ou de nous attendre, de sorte que nous n'arrestons plus icy que pour rafraischir nos reistres de quelque peu de temps; et parce que, Madame, nous avons nostre principale espérance en vostre ayde et secours après Dieu, lequel vous sçavez trop bien vous avoir constitué en ce haut degré et vous avoir donné sa cognoissance et mis le glaive en la main pour subvenir à ceux qui sont injustement opprimés, pour défendre la religion et vous opposer à ceulx qui veullent abolir son vray et pur service, comme est le devoir de tous les princes et potentatz de la terre entre lesquelz vous tenez un si grand lieu, toute ceste compaignie requiert l'ayde de votre majesté et vous supplie très humblement, Madame, suivant le zèle que vous avez démonstré avoir à l'advancement de la gloire de Dieu et en outre à la conservation et liberté du roy et de ce pauvre royaulme, de vouloir employer vostre puissance pour la défense de la cause de Dieu et d'une si juste querelle et avec si bonne occasion d'empescher que son église soit ruinée en ce royaulme, dont nous vous demeurerons à jamais redevables et obligés, vous advisant quant à nos nécessitez que nous avons à présent peu de gens de pied, de sorte que nous aurions besoin qu'il pleust à vostre majesté en faire passer le meilleur nombre et en la plus grande diligence que vous pourrez, et ensemble nous secourir d'argent. L'offre qu'il vous a pleu faire à M. le prince de Condé et à nous pour employer au payement de de nos reistres auxquelz nous avons rispondu d'ung mois oultre ce qui leur est deu du passé, attendant qu'ilz aient nouvelles du dit prince qui est détenu captif dont nous aurons moyen cy et là de leur en faire sçavoir, pour leur donner meilleur courage ; à ceste cause nous supplions tous en oultre très humblement vostre majesté qu'il vous plaise sur ce faire entendre votre intention incontinent et ce secours qu'il vous plaira nous faire, et le temps auquel nous pourrons nous en assurer, à ce que par là nous pouissions prendre résolution de ce que nous avons à faire, nous aller joindre avec nos gens, soit pour prendre autre dessein ; sur ce, suppliant l'infinie bonté de Dieu conserver vostre majesté en très parfaicte santé et prospérité et bénir et conduire tous ses actions à sa gloire.

Du camp de Meun, ce XIIe jour de janvier 1563 (1).

III

Madame,

Depuis la prinse de M. le prince de Condé, j'ay envoyé trois despesches à vostre majesté, pour la tenir advertie de l'estat des affaires de deçà, suivant le grand désir que j'ay toujours eu avec ceste compagnie de vous faire entendre entièrement toutes nos principales actions, comme il est très raisonnable, si la difficulté des chemins et passages ne nous empeschoit trop souvent ; or, maintenant, avec la commodité de ce porteur, je n'ay voulu faillir d'escrire la presente à vostre majesté pour l'advertir comme le dit prince, encores qu'il soit estroitement observé et gardé, a eu moyen de nous faire sçavoir si ouvertement de ses bonnes nouvelles que, au lieu de recevoir consolation de nous en sa captivité ; au contraire il nous renforce le courage et nous faict assez cognoistre le zele et ferme affection qu'il a à la vraie religion, nous ayant asseurement mandé

---

(1) Record office, *State papers*, France, vol. XXIX. (Minute originale.)

que, quoiqu'il puisse advenir, il ne consentira jamais à chose qui soit contre le service de Dieu et la liberté des consciences, ni qui offense la justice de nostre cause, usant par mesme moyen d'une instante et affectionnée priere et requeste à tous ceux qui lui ont assisté en une si saincte et louable entreprise de ne le vouloir abandonner, ni la cause de Dieu avec luy; ce qu'il m'a semblé ne devoir faillir de faire entendre à vostre majesté et la suppliant très humblement avec toute cette compaignie de vouloir pourchasser la délivrance du dit prince et embrasser cette dite chose durant mesme la minorité de nostre jeune roy; laquelle touche non seulement sa liberté et celle de son royaulme et des consciences, mais aussi et principalement le service de Dieu; employant pour ung si bon effect et une si saincte entreprise les grands moyens que Dieu vous a mis en mains, suivant le vray devoir des roys et princes de la terre, entre lesquelz vous tenez un si grand lieu, qui est de maintenir la religion et subvenir aux opprimés, selon aussi la parfaite fiance que toute cette compaignie a en vostre constance et piété, dont nous attendons, après Dieu, notre principale ayde et secours; cognoissant en vous une vertu et assistance divine et que Dieu vous a choisie et reservée en ce temps et vous presente ceste occasion pour, par vostre moyen, redresser et restablir son pur service et abolir l'idolâtrie par toute la chrestienté et mesme en ce royaulme, comme font assez de foi vos precedentes actions et tant d'effectz de vostre vertu et religion aussy grands et louables, que on ait vus en princes et princesses, dont il soit memoire; voyant vostre majesté partout demonstrer si evidemment n'avoir autre but proposé que l'advancement de la gloire de Dieu, de sorte que nous avons pris sous ceste ferme asseurance que, ni la captivité du dit prince de Condé, ni les faultes que l'on nous pourroit objecter, ni la débilité ou domination de nos forces, ni tous les efforts de Satan, ni les ruses et artifices de nos ennemis n'auront ceste puissance sur nous que de ne rien diminuer ni refroidir de ce bon zele et affection que nous avons assez demonstrée avoir, plustost y adjouteroient ; et pour nous rendre bon et ample compte de l'estat en quoy se trouvent nos affaires, ensemble de nos nécessitez, je vous diray, Madame, que suivant le traité de l'association, vostre majesté a pu voir m'ayant toujours le prince de Condé nommé et donné la charge de commander à ceste armée et compagnie depuis sa prise, tous ceux de ceste dite armée, tant estrangers que de ce royaulme, m'ont accepté et reconnu pour chef, et parce que les estrangers me demanderent après la bataille de se rafraischir, je les ay mis en trois villes sur la rivière du Cher que j'ay pris assez prés de noz ennemis, lesquelz, parce qu'ilz faisoient contenance de venir assieger Orleans, ayant sassé le pont de Beaugency, partie de leur armée, pour se mettre dans un des faubourgs nommé le Portereau, je me rapprochay d'eux, ce qui leur fit changer de dessein et repasser le pont ; de sorte que pour achever, peu après, de refreschir nos ditz reystres, je les ay mis depuis en autres garnisons au-dessus d'Orleans de çà et de là la rivière pour la tenir libre : et j'ay esté contrainct de prendre au nez de nos ennemis quelques villes par force où sont logés maintenant nos diz reistres et nostre cavalerie qui sont au nombre de quatre mille chevaux et plus, déliberés de bien combattre quand on les voudra employer. Tout ce que nous craignons est que nos reistres prennent ung mescontentement du retardement de leur payement de leur mois qui leur sera deu, à la fin de celui-ci, se monstant à chascun mois, tant pour eux que pour leurs gens de pied allemans, six vingt mille livres que nous nous estions asseurés tant sur le premier offre qu'il a pleu à vostre majesté faire si libéralement à M. le prince de Condé et à ceste compagnie, que sur les soixante mille escus d'outre plus dont le dit prince de Condé vous a requis par M. de Bricquemault, ce qui nous fait tous supplier très-humblement sa majesté de nous faire ceste grace de vouloir mettre à exécution ce que nous avons toujouts attendu et espéré de vostre bonté, afin de pouvoir mener à une si heureuse fin cette saincte entreprise, et que, suivant vostre intention, l'évangile puisse avoir cours en ce royaulme, et qu'il soit délivré de la violence et tyrannie dont il est oppressé; et pour cet effect il vous plaise vouloir faire tenir les dites sommes prestes au Havre où nous les irons prendre et nous joindre à vos gens, pour de là aller parachever sous la confiance de ce bon Dieu et par vostre bon advis ce qui se trouvera estre convenable; vous suppliant très-humblement vouloir aussi escrire une lettre au mareschal de Hessen pour continuer de bien s'employer en ceste cause et pour la liberté du prince de Condé. Au reste, Madame, je ne veux omettre de vous dire qu'on est en termes de quelque abouchement entre le prince de Condé et le connestable mis en avant pour pourchasser le moyen d'accord et pacification, lequel advenant, je ne fauldray d'en advertir incontinent et particulièrement vostre majesté, *vous asseurant que, de mon consentement, jamais ne sera rien en ce fait sans vous y comprendre et que premièrement n'en soyez advertie pour sur ce avoir vostre avis;* et encore que les choses ayent esté bien avant devant Paris, je vous puis dire en vérité, Madame, que nostre intention estoit d'arrester premièrement le point de la religion pour lequel nous avons pris les armes legitimement et pour faire cognoistre de quel esprit nous sommes menés, pour, puis après, vous advertir de tout, en sçavoir vostre advis et mettre en avant ce qui vous touche, chose qui par là est assez aisée à cognoistre que mesmes le prince de Condé ne fist aucune mention du degré qui lui appartient en ce royaulme, ni d'autres choses que par mesme moyen il estoit necessaire de vuider premier que de arrester une bonne et seure paix : et quant à ce que j'ay entendu, Madame, que vostre ambassadeur M. Trockmorton, auquel j'ay toujours cogneau ung grand zele au service de Dieu et au vostre, a escript lui avoir esté *dict par le prince de Condé qu'il n'avoit point de traité avec vostre majesté,* je n'ay entendu tenir ung tel propos à M. le prince de Condé, bien que le dit ambassadeur a dit quelquefois que vous n'aviez point de traité avec nous, mais bien avec le subjectz de Normandie, ainsi que luy mesme pourra dire et s'en ressouvenir estant à present de retour auprès de vostre majesté, et adjousta davantage qu'il n'avoit point charge et instruction pour negocier avec nous; sur quoy je lui fis entendre que je m'asseurois que l'intention de votre majesté estoit que, pour que l'évangile fust presché en ce royaulme et qu'il y eust liberté de conscience, ensemble que vostre droit vous fust bien gardé et demeurast en son entier, que vous seriez bien ayse de veoir ces troubles pacifiés ung bon accord, comme il appert assez par vostre protestation; vous suppliant très humblement croire, Madame, que nous estimons vostre vertu et grandeur et toutes vos actions si louables et memorables que nous ne ferions une si grande faulte que d'oublier la bonté dont vous nous avez usé en la defense de ceste cause de Dieu et pour la liberté du roy et de ce royaulme; comme j'ay prié M. le vidame et le sieur de Briquemault et de la Haye vous faire entendre ensemble ce qu'il semble necessaire que vostre majesté fasse, s'il lui plaist, pour le recouvrement de la liberté du prince de Condé; lesquelz je vous prie très-humblement croire ce qu'ilz vous diront de ma part comme moy mesme qui, sur ce, supplieray le bon Dieu conserver vostre majesté en très parfaicte santé et prosperité et benir vos actions.

D'Orleans, ce vingt-quatriesme janvier.

Vostre très humble et très obeissant serviteur.

CHASTILLON (1).

(1) Record office, *State papers, France*, vol. XXIX. (Original signé.)

V

Articles du traité conclu entre la reine Elisabeth et le prince de Condé.

(D'après le CALENDAR de M. Stevenson.)

1. Afin de secourir le prince contre ceux qui haïssent la parole de Dieu, elle lui prête 100,000 écus qui seront payés par son agent à Strasbourg ou à Francfort. Le premier à-compte de 70,000 écus sera versé aussitôt que la reine occupera la ville du Havre en Normandie. Un détachement de 3,000 hommes sera envoyé, de plus, pour la défense du Havre, et un autre corps de 3,000 pour protéger spécialement Dieppe et Rouen. La reine d'Angleterre allouera une somme de 40,000 écus au soleil comme subsides pour cette dernière garnison.

2. Si les 3,000 hommes n'étaient pas nécessaires à Rouen, Sa Majesté n'en payerait pas moins au prince 20,000 écus sur les 40,000 susmentionnés, et de même en ce qui regarde Dieppe.

3. De son côté, le prince s'engage à remettre entre les mains de la reine d'Angleterre la ville du Havre après en avoir éloigné les soldats, soit français, soit de toute autre nation. La reine prendra sous sa protection, tant au Havre qu'à Dieppe, tous ceux qui seront persécutés pour cause de religion.

4. Aussitôt que le roi sera en liberté, et que la paix aura été rétablie en France, le prince remboursera à la reine la somme de 140,000 écus, et lui remettra la ville de Calais et le territoire qui en dépend.

5. Sur le remboursement de 140,000 écus et la remise de Calais, la reine s'engage à rendre le Havre à la France, ainsi que toutes autres places occupées par les troupes anglaises.

Elisabeth ne tarda pas à faire suivre cet important traité d'un manifeste qui en était le commentaire et la justification. Le lendemain même de la signature des articles, elle publia la déclaration dont je vais présenter maintenant l'analyse.

1. En appelant ses sujets aux armes, Sa Majesté n'a absolument en vue que la paix de la chrétienté. Lorsque les troubles éclatèrent, elle envoya aux Guises des offres d'amitié, mais ceux-ci persistèrent à demander la ruine du prince de Condé, qui cependant se borne à revendiquer l'honneur de Dieu, la tranquillité du royaume et la liberté du roi. Sa Majesté éprouve une sympathie profonde pour le roi qui est attaqué par ses propres sujets, et en danger de mort violente. Elle voit clairement que si l'incendie allumé en France n'est pas promptement éteint, il gagnera jusqu'en Angleterre; elle juge donc à propos de s'expliquer ouvertement pour que l'on puisse voir la sincérité qui l'a toujours guidée, et dont elle ne veut pas se départir.

2. Au commencement de son règne, Sa Majesté n'insista pas pour la restitution d'une partie de ses Etats (Calais); bientôt, cependant, des préparatifs eurent lieu qui l'obligèrent non-seulement à se défendre elle-même, mais à protéger ses voisins contre la tyrannie. La déclaration publiée par elle à cette époque afin de la justifier explique suffisamment les mesures qu'elle se vit obligée de prendre. Elle contracta ensuite un traité d'alliance avec la reine d'Ecosse à qui elle a toujours montré une vive amitié. Ici encore elle s'est vue désappointée, et elle a été forcée d'in-

tervenir dans les troubles de France qu'a suscités l'ambition de la maison de Guise.

3. Sa Majesté essaya d'abord d'agir comme médiatrice entre les deux partis, mais sans résultats. Voyant alors que les actes de cruauté devenaient de plus en plus fréquents, — massacre des sujets du roi, pillage des villages, mesures toutes dirigées contre ceux qui professaient l'Evangile, elle se détermina à envoyer en France une ambassade composée de personnes notables de son conseil, mais cette mesure ne peut avoir lieu sans l'intervention des Guise.

4. Les sujets de sa Majesté, négociants de Londres et d'Exeter, ont été pillés en Bretagne; ceux d'entre eux qui se défendaient ont été tués, et leurs navires sont devenus la proie des catholiques, sous le prétexte que les possesseurs légitimes étaient des huguenots.

5. Il est intolérable que les Guises massacrent les sujets du roi et entravent par force dans la chrétienté l'exercice de la religion, afin de diminuer le pouvoir de l'Angleterre à leur propre profit. Sa Majesté a donc mis sous les armes un certain nombre de ses sujets dans le but de protéger contre la tyrannie et la destruction une partie des Français, et de conserver au roi la possession de plusieurs de ses villes.

6. Sa Majesté agit en toute sincérité, et loin de vouloir user de violence contre les sujets du roi, elle n'a pris les armes que pour leur défense.

Telle est, dans ses points capitaux, la déclaration de la reine Elisabeth; on la trouvera reproduite avec quelques modifications dans une note adressée au roi d'Espagne. (*Calendar*, n° 682. Voyez aussi Forbes, *View of public transactions in the reign of Elisabeth*, 1740, 2 vol. in-folio.)

VI

Requête présentée au roi et à la reine par le Triumvirat.

Nous, duc de Guise, pair, grand maître et grand chambellan de France; duc de Montmorency, pair et connétable de France; de Saint-André, maréchal de France : à ce qu'il soit notoire à Vos Majestéz et à tout le monde que nos cœurs et intentions assez cogneus et déclarez par toutes nos actions passées et tout le cours de nos aages et vies employées et despendues non ailleurs qu'au loyal et fidèle service des Majestez de nos bons deffuncts roys (que Dieu absolve à la conservation et augmentation de leur honneur, grandeur, estat et couronne, ne furent jamais, ne sont aujourd'hui et ne seront (Dieu aydant) de nos vies, autres que tendant à la même bonne et loyale fin que dessus, et par moyens justes, raisonnables, légitimes et louables : à quoy nous avons voué (après le service de Dieu) le demeurant de nos dictes vies, biens et fortunes.

Supplions très humblement les Majestez de vous, sire, et de vous, Madame, entendre le fond de nos intentions et pensées, que nous vous découvrons et manifestons en toute syncérité par cet écrit; ensemble les causes de nostre venue et séjour près de Vos Majestez, et pour lesquelles nous estimons en nos loyautez et consciences (veu les estats et charges que nous avons), ne nous en pouvoir ne devoir aucunement départir, sans encourir note et reproche perpétuels, pour nous et nostre postérité, d'estre infidèles serviteurs et officiers déserteurs de l'honneur de Dieu et du bien de son église, de l'honneur, bien, salut et incolumité du roy et de nostre patrie, et de la paix de repos de l'estat d'icelle, que nous voyons sur le poinct d'évidente et inévitable ruine, s'il n'y est promptement et sans aucun délay pourveu, par le seul remède des ordonnances que nous estimons devoir par Vos Majestez estre faites, scellées, émologuées et approuvées tant en vostre grand conseil qu'en la cour de parlement de Paris et autres cours de vostre royaume, telles qu'elles sont contenues aux articles suysans qu'en toute révérence et humilité nous proposons :

Premièrement. Nous estimons nécessaire non seulement pour l'acquit de nos consciences, mais pour l'acquit de la conscience du roy, et du serment par lui faict à son sacre, pour le repos, union de ses subjects, et pour ne confondre tout ordre divin, humain et politique ; de laquelle confusion dépend et s'ensuit nécessairement l'éversion de tous les empires, monarchies et républiques, que le roy, par édict perpétuel, déclare qu'il ne veut et entend authoriser, approuver ne souffrir en son royaume aucune diversité de religion ny d'Église, prédications, administration de sacrements, assemblées, ministères ne ministres ecclésiastiques ; ains veut et entend la seule Église catholique, apostolique et romaine, receue, tenue et approuvée de Sa Majesté et de tous ses prédécesseurs, les prélats et ministres d'icelle, prédications, administrations de sacrements d'eux et de leurs commis, avoir lieu en tout son royaume et pays de de son obéissance. toute autre assemblée pour tel effect rejetées et réprouvées.

Que tous officiers de France, domestiques de Sa Majesté et de messigneurs ses frères et sœurs, tous officiers, tant de judicature que de la milice, comptes et finances de ce royaume, et autres ayans charges, administration ou commission de Sa Majesté, tiendront et observeront la mesme religion et en feront expresse déclaration ; et les refusans, délayans ou contrevenans, seront privez de leurs estats et offices, gages, charges et administrations ou commissions : sans pour ce toucher à leurs biens ny à leurs personnes, sinon qu'ils fissent tumulte, sédition, monopole ou assemblées illicites.

Que tous les prélats, bénéficiers et personnes ecclésiastiques de ce royaume, feront semblable confession ; et les refusans et contrevenans seront privez du temporel de leurs bénéfices, qui sera régy sous la main du roy ; et gens de bien et de bonne religion, commis à l'administration d'iceux par les supérieurs et ceux à qui il appartient y pourvoir; lesquels, selon qu'ils verront estre à faire, les priveront du titre, et pourvoiront d'autres en leur lieu, par les voyes deues et légitimes.

Que toutes les églises violées, desmolies et spoliées en ce royaume, au grand mépris de Dieu et de son Église, du roy, ses ordonnances et édicts, tant anciens que modernes (qui tous ont prohibé tels sacrilèges sous peine de la vie), soyent réintégrez, réparez et restituez entièrement en leur premier estat et deu, et les intérêts satisfaits de tous les dommages soufferts; et les délinquans infracteurs des édicts violez, et spoliateurs, punis comme il appartient.

Que les armes prinses en ce royaulme par quelque personne que ce soit, pour quelque couleur, raison ou occasion que ce puisse être, soyent laissées et ostées, par ceux qui les ont prises sans exprès commandement du roy de Navarre, lieutenant général de Sa Majesté, et représentant de sa personne en tous ses royaumes et pays de son obéissance, et ceux qui se sont ainsi armez et persévèrent encores à présent, déclarez rebelles et ennemis du roy et du royaume.

Qu'audict roy de Navarre seul (comme lieutenant général de Sa Majesté et représentant de sa personne), et a qui de par luy sera ordonné et commis, soit loisible avoir et assembler forces en ce dit royaume pour l'exécution et l'observation des choses dessus dictes, et autres qui pourront estre ádvisées pour le bien du roy et de son royaume.

Que les forces commencées à assembler par ce dict seigneur roy de Navarre pour le service de Sa dicte Majesté, pour les effets que dessus, soient maintenues et entretenues soubs son authorité pour quelques mois; dedans lequel temps on espère, si c'est le bon plaisir de Vos Majestéz, voir le fruict des remèdes que dessus, et le repos de ce royaume.

Les autres provisions nécessaires et requises tendant au bien et repos de ce royaume qui pourroient estre ici par nous obtenues soyent prinses et supplées du conseil et advis qui fut donné par la cour du parlement de Paris, lorsque dernièrement vous envoyâtes vers elle le sieur d'Aramon, pour avoir son advis sur les remèdes qui luy sembloient convenables, pour pourvoir aux troubles de ce royaume, et sur ce que ladicte cour y pourra présentement ajouter.

Ces choses faites et accomplies entièrement comme dessus (sans lesquelles nous tenons ce royaume ruiné), nous sommes prests de nous en aller, chacun non seulement en nos maisons s'il nous est commandé et ordonné, mais au bout du monde (si besoin est) en exil perpétuel; après avoir eu contentement, en notre âme, d'avoir rendu à Dieu, à notre roy, à notre patrie et à nos consciences, l'honneur et service, l'amour et charité, et tout autre fidèle office que nous leur devons en si grand et évident, si important et notable péril et nécessité; pour auxquels obvier nous sommes prêts de sacrifier et vouer nos vies et tout ce que nous avons de cher et de précieux en ce monde : ce que nous signifions à Vos dictes Majestez et au roy de Navarre, tant pour nous en être témoins et juges, que pour mettre aux inconvénients que vous voyez les remèdes dessus dicts, que nous estimons estre très nécessaires et seuls convenables, afin qu'il vous plaise en déclarer votre volonté et résolution.

Protestant, devant Dieu et Vos Majestéz, que la note telle que dessus ne tend qu'au bien et salut du roi et de son royaume, et que nous estimons que ceux qui l'auront en recommandation, ne se pourront esloigner des choses cy-dessus recordées et remoutrées en cest escrit, que nous avons signé de nos mains pour l'acquit de nos consciences et notre descharge envers Dieu, Vos Majestez et tout le monde à l'advenir.

Fait à Paris, ce 4ᵉ jour de may, l'an 1572.

Signé :

FRANÇOIS DE LORRAINE, DE MONTMORENCY,
SAINT-ANDRÉ.

VII

Lettre du pape saint Pie V au cardinal Charles de Bourbon.

(Après la paix de 1570.)

« Votre prudence vous fera comprendre plus facilement que nous ne pouvons l'exprimer par des paroles, l'amertume dont nous avons été abreuvé à la nouvelle de cette pacification. Nous ne pouvons, en effet, sans verser des larmes, songer combien elle est déplorable pour nous et tous les gens de bien, combien elle est dangereuse et de combien de regrets elle sera la source. Plût à Dieu que le roi eût pu comprendre ce qui est très vrai et très manifeste, c'est-à-dire qu'il est exposé à de plus grands dangers depuis la conclusion de cette paix, par les menées sourdes de la fourberie de ses ennemis, qu'il ne l'était durant la guerre ! Aussi faut-il craindre que Dieu n'ait abandonné le roi lui-même et ceux qui l'ont conseillé à leur sens reprouvé, de manière que, voyant, ils ne vissent pas, qu'entendant, ils n'entendissent pas ce qu'ils auraient dû voir et entendre. Le cœur toutefois ne nous faiblit point ; mais nous gardons notre courage pour le service de Dieu, nous souvenant que nous tenons sur la terre, quoique indigne, la place de celui qui garde la vérité éternellement à travers les siècles, et qui ne confond pas ceux qui espèrent en lui. Mais aussi, plus les affaires de ce royaume sont dans un état pire que celui où elles ont jamais été vues, plus nous pensons que nous devons vous avertir de votre devoir, vous et les autres princes dévoués à la religion catholique. Etant assuré que vous ne le cédez en piété à personne parmi eux, nous avons cru convenable, en des circonstances si critiques, de vous exhorter à défendre la foi, à résister aux hérétiques et à combattre contre eux le bon combat. Or rappelez-vous que vous êtes un de ces vénérables frères sortis du sein de l'Eglise romaine, et engagé par serment à répandre votre sang pour elle. C'est pour cela que vous avez été revêtu de la pourpre, signe extérieur du dévouement dont il faut donner des preuves dans la défense de l'orthodoxie.

« Demeurez ferme dans votre vocation, cherchez un nouveau courage, protégez la foi catholique contre les périls qui peuvent se présenter, quels qu'ils soient, soutenez la cause de Dieu par tous les secours en votre pouvoir, et appliquez-vous à la relever de l'état d'abaissement où elle se trouve réduite. Si vous le faites, non seulement vous recevrez, pour fruit de votre travail, des mains du divin Rédempteur, le prix de l'éternelle récompense, mais vous obtiendrez aussi gloire et honneur parmi les hommes. Si, au contraire (ce qu'à Dieu ne plaise), vous manquez à votre devoir en des conjonctures si critiques, Dieu ne manquera pas de moyens pour défendre son nom, surtout en considération des prières d'un grand nombre d'hommes vraiment catholiques qui restent encore dans le royaume; mais pour vous, si vous ne payez pas en ce moment à Dieu, à la religion, au caractère dont vous êtes revêtu, à ce Saint-Siège apostolique, le tribut que vous leur devez, vous chercheriez vainement plus tard un autre temps pour le faire. »

VIII

Lettres du roi Charles IX.

Les archives de Turin renferment une lettre de Charles IX au duc de Savoie, où il parle indirectement de la Saint-Barthélemy; il prie le duc d'engager le cardinal Ursin, parti de Rome, avec mission de l'inviter à entrer dans la ligue contre le Turc, à ne pas venir en France; sa venue serait mal à propos; les protestants en prendraient jalousie et soupçon, estimant que cela les touche. Ses affaires ne lui permettent pas d'y entendre à cette heure; il est d'ailleurs inutile que le cardinal vienne pour cimenter l'amitié entre le roi catholique et lui, ses déportements font assez connaître qu'il n'en est besoin (1). Voici ce qu'écrivait Charles IX au Pape le jour même de la Saint-Barthélemy :

« Très Sainct Père, nous envoyons présentement devers vostre Sainteté le sieur de Beauville, l'un de nos gentilzhommes ordinaires servant, pour dire et faire cognoistre à votre Sainteté aucunes choses de nostre part, sur lesquelles nous prions et requerons vostre Sainteté tant et si affectueusement, que faire pouvons, lui accorder bénigne

(1) *Archives de Turin.*

et favorable audience et adjouster la mesme foy à ce qu'il vous dira, comme vous vouldriez faire nostre propre personne, et à tant, très Sainct Père, nous prions Dieu qu'il veuille vostre Sainteté longuement maintenir et garder un bon régime et gouvernement de sa sainte Eglise.

« Escrit de Paris, ce xxiiij⁰ jour d'aoust, 1572.

« Vostre très dévot fils,

« CHARLES (1). »

Cette lettre ne dit rien de la sanglante exécution; mais M. de Beauville emportait une lettre du duc de Montpensier que voici :

« Très Sainct Père, ayant la bonté de nostre Roy usé de la clémence et douceur que chascun à bien sçeu à l'endroict de ses subjets rebelles et mesme de l'admiral Chastillon, auteur principal de tous les maulx et injures que les pauvres catholicques de ce royaume ont soufferts et endurés en ces guerres passées, espérant par là amollir la dureté de leurs cueurs et les ramener à l'obéissance qui lui est due, le dict amiral s'est montré si meschant que d'avoir conspiré de faire tuer le dict seigneur Roy, la Royne sa mère, messieurs ses frères, et tous les princes et seigneurs catholicques estans à leur suite, et pour, cela faict, se bastir ung roy à sa dévotion et abolir toute aultre religion que la sienne en ce royaume; mais Dieu qui a toujours eu soing des siens, et fait paroistre au besoing de toutes les occasions qui se sont présentées combien est sainte et juste la querelle que nous avons soustenue pour son honneur, a voulu et permis que cette conspiration a esté descouverte et, ce faisant, si bien *illuminer* l'esprit de Sa Majesté que, au mesme jour que ce malheureux faict compte de faire commencer sa damnable entreprise, elle

(1) *Archives du Vatican*, France, 34,7425. (Original.)

en a fait tomber l'exécution sur luy et ses complices, tellement qu'ils ont esté tués avec tous les principaulx chefs de sa secte, le nombre desquels et des autres de leur party qui ont couru pareille fortune est si grand en ceste ville que je ne sçaurois vous le déclarer, et ce que j'en loue le plus, c'est la résolution que sa dicte Majesté a prise d'anéantir du tout ceste vermine et de remectre du tout l'Eglise catholicque entre ses bons subjects, au repos et splendeur qu'ils la désirent, ce qu'il m'a semblé ne devoir faillir de faire entendre à vostre Sainteté pour le plaisir que, je m'asseure, elle en recepvra de ses nouvelles, et qu'il lui plaise faire présente requeste de prières à nostre Seigneur, aux fins d'assister et favoriser de sa puissance et toute la poursuite et parachèvement d'une si sainte entreprise ; de quoy de ma part je le supplie de tout mon cœur et qu'il veuille, très Sainct Père, vous maintenir et conserver aussy longuement au gouvernement de son Eglise comme le désire.

« Vostre très humble et obéissant filz.

« Loys de Bourbon (1). »

(Article de M. Ph. Tamizey de Laroque : *Revue des Questions historiques*, 1er octobre 1867.)

Dans une lettre, adressée au président de Thou, le roi ordonne, le 6 novembre 1572, que l'on mette en liberté deux gentilshommes qui avaient été faits prisionniers, comme huguenots, pendant la Saint-Barthélemy (1), et qui avaient acheté leur délivrance au prix de leur abjuration.

(1) *Archives du Vatican*, France. (Original.)

« Monsieur de Thoul (1), sur les requestes qui m'ont été présentées par Jehan du Fay, seigneur de Verrien, et Jehan du Fay, seigneur de Pairault, son neveu, qui sont detenuz prisonniers en la conciergerie du palais sans aucunes charges, informations, décret ne autre autre, sinon que durant l'esmotion dernière advenue en ceste ville, pour avoir esté de la nouvelle opinion, ilz furent pris par le cappitaine du quartier et menez prisonniers, et sur l'asseurance que aucuns de mes principaux serviteurs m'ont donnée que les dicts du Fay se sont de bonne volunté reduictz en la foy et religion catholicque, apostolicque et romaine pour y persévérer, et en mon obéissance et service comme mes bons et loyaux subjectz, j'ay accordé qu'ilz seront miz en pleine en entière liberté, et d'autant que pour l'absence des présidens de ma court de parlement, ceste mienne intention n'a encores pu estre exécutée, j'ai advisé de vous escrire la présente, vous priant, monsieur de Thoul, incontinuant icelle reçeue, fere mestre en liberté lesdictz sieurs du Fay, ordonnant à ceste fin au concierge de la dicte conciergerie ne fere aucune difficulté de les laisser sortir et mectre horz de la dicte prison, et je vous asseure que ce sera chose que j'auray très agréable, priant Dieu, monsieur de Thoul, vous avoir en sa saincte garde.

« Escrit à Paris, le VIe jour de novembre 1572.

« CHARLES. »

(1) Nouvelle preuve de ce fait que tous les protestants arrêtés le 24 août ne furent point massacrés, et que par conséquent on n'obéit pas avec un unanime empressement à cet atroce et impossible ordre du jour, que la *Nouvelle biographie générale* (t. IX, 1855) attribue carrément à Charles IX : « Qu'on tue donc l'amiral, et avec lui tous les huguenots, afin qu'il n'en reste un seul qui me le puisse reprocher! » L'auteur anonyme de cet article a été plus judicieux en ajoutant, au sujet des coups d'arquebuse qui, d'une fenêtre du Louvre, auraient été tirés par le roi sur les proscrits : Rien, il faut le dire, n'est plus douteux que ce fait aux yeux de la saine critique historique.

IX

Documents relatifs aux médailles frappées à l'occasion de la Saint-Barthélemy (1).

Si l'événement n'a pas été prémédité, si la date du 24 août n'a pas été choisie comme dernière limite, si Catherine de Médicis et son ténébreux conseil n'ont pas voulu un massacre général des huguenots français, il n'en est pas moins certain que la Saint-Barthélemy n'est pas l'œuvre spontanée d'un parti, mais qu'elle est une conséquence naturelle amenée par une multitude de causes connexes.

De 1561 à 1572, une série de combats s'engagent sans résultats décisifs. On se menace, on se poursuit par des vengeances réciproques; on s'excite afin de mieux s'abhorrer. Les protestants que souvent l'on considère comme les martyrs de leur foi, exaspèrent leurs adversaires par des actes d'un étonnant vandalisme : non contents de tuer, ils détruisent les statues, pillent les églises, et même violent les sépultures.

Pendant cette époque tumultueuse, différents armistices laissent des intervalles silencieux qui pourraient tout

---

(1) Cette notice très importante est extraite du *Bulletin mensuel de numismatique et d'archéologie*, publié sous la direction de M. Raymond Serrure. — L'auteur en est M. Paul Orgels. (3ᵉ année, nᵒˢ 1 et 2, juillet-août 1883.)

d'abord faire croire, que s'il y eût eu plus de loyauté chez les catholiques, on eût pu éviter la catastrophe. Mais on s'aperçoit bien vite que l'on se trompe ; car la haine mutuelle du catholique et du protestant au lieu de s'atténuer, grandit toujours, monte, va, vient, se répand et enfin, furieuse, rompt sa digue, emportant tout, hommes et choses.

La Saint-Barthélemy éclate et remue tout Paris, à la grande stupéfaction de ceux qui s'en croyaient les seuls promoteurs. Catherine voulait se débarrasser de ses ennemis, les chefs du protestantisme ; le peuple voulut en détruire les soldats.

Voilà ce qui explique la glorification de cet événement atroce : le huguenot n'était pas seulement l'ennemi qui troublait les consciences en touchant aux dogmes de l'Église, c'était encore celui qui, dans l'esprit de ses adversaires, anéantissait le pays.

Il existe dans la section des imprimés de la Bibliothèque nationale de Belgique, à Bruxelles, un recueil rarissime de pamphlets et de plaquettes, relatifs à la Saint-Barthélemy. Ce recueil, qui est intitulé : *Miscellanea rerum Francicarum* (1548-1595), porte le n° 9744 de l'inventaire général. Nous en devons la connaissance à une obligeante communication de M. C. Picqué, conservateur du cabinet des médailles de Bruxelles.

Les extraits suivants du « *Cantique général des catholiques sur la mort de Gaspard de Colligny, jadis admiral de France, advenue à Paris le xxiiij jour d'aoust* 1572 (1) », donneront une idée des esprits au lendemain de cette journée fatale.

Après une sorte de prologue où l'ombre de Gaspard de Coligny apparaît au lecteur et se plaint des malheurs qu'ont attirés sur sa tête sa félonie et sa trahison, le cantique qui « se peult chanter sur le chant : *Dames d'hon-*

---

(1) *A Paris par Prigent Godec, demourant rue Montorgueil à l'image de saint Pierre*, in-16. Sur le titre une vignette aux armes de France, entourée des mots : *un Dieu, une Foy, un Roy, une Loy.*

neur je vous prie à mains joinctes commence par cette strophe :

> Chantons, devots chretiens, vrays catholiques,
> De ce bon Dieu les œuvres magnifiques,
> Lequel nous a préservé des liens
> Dont nous voulaient lier ces maudits chiens.

La suite du cantique ne le cède guère en violence à ce premier couplet. Nous avons dans les soixante-cinq strophes dont le morceau se compose, choisi les plus intéressantes, celles dont l'esprit est le plus caractéristique :

> Chantons, chantons, la ruine et la deffaicte
> De cette troupe orgueilleuse et infecte
> D'erreur comblée et de sédition
> Qui ne cherchait que notre éversion.
> . . . .
>
> O faulx Gaspard Colligny plein de rage,
> Où avais-tu le cœur et le courage
> De te montrer si fort audacieux
> Que conjurer mêmes contre les cieulx.
> . . . .
>
> Tu as formé par doctrines infâmes
> L'impiété, la ruine des âmes
> Et mis à sac par les cruels discords
> Des bons Français les biens avec le corps.
> . . . .
>
> Mieux eut vallu qu'au ventre de ta mère
> T'eust estranglé la Gorgone ou chimère
> Nous n'eussions pas par tes desseins couverts
> Tant de tourments et troubles si divers.
> . . . .
>
> En tes fillets et liens tu enlasses
> Des ignorants, simples populasses,
> Les abusant de ta religion
> Mais ce n'était que par ambition.
> . . . .

Avecques toy en maints lieux s'extermine
Grans et petits de pareille vermine,
Lesquels avaient en cecy adhéré
Contre le roy et sa mort conspiré.

. . . .

La Saint-Barthélemy n'inspira point seulement les chansonniers populaires : elle eut son iconographie numismatique. Tout le monde connait la médaille frappée, à Rome, par le pape Grégoire XIII. Elle a souvent été publiée (1). Au droit, elle dessine le buste du Souverain Pontife, entouré de la légende : GREGORIVS. XIII. PONT. MAX. AN. I; sous le col les initiales du graveur : P. P. Le revers représente l'ange exterminateur tuant les soldats de Sennachérib : VGONOTTORVM STRAGES. 1572. Il n'y a point à douter de cette allusion biblique; « c'est ici, dit le jésuite Bonnani, le massacre des rebelles calvinistes, surnommés huguenots, blâmé par un grand nombre d'hérétiques, accueilli par les applaudissements de Rome et de l'Espagne. »

En France, des médailles furent également frappées (2). Sur l'une d'elles, le roi Charles IX est assis sur le trône tenant l'épée; il foule aux pieds les cadavres de protestants : VIRTVS IN REBELLES. Le revers est armorié à l'écusson de France avec deux colonnes surmontées de couronnes d'olivier : PIETAS EXCITAVIT IVSTICIAM.

Une autre pièce à l'effigie du roi se lit : CHARLES IX. R. D. F. DOMPTEVR DES REBELLES. LE VINGTQVATRIESME D'AOVST.

(1) J.-J. LUCKIUS : *Sylloge Numismatum*. Strasbourg, 1620, in-4º. — Ph. BONNANI : *Numismata pontificum*. Rome, 1699. — M. GOGNON en donne le dessin en tête de la reproduction du *Discours du massacre de ceux de la religion réformée à Lyon l'an* 1572. — Voyez la vignette du titre de J. CHARVET : *les Origines du pouvoir temporel des Papes, précisées par la numismatique*. Paris, in-8º, 1865. — Elle est également dessinée dans l'*Intermédiaire des chercheurs et des curieux*, t. VI, p. 341. 1870.

(2) Voyez ces deux médailles dans l'ouvrage de J.-J. LUCKIUS, cité plus haut.

1572. Sur la face opposée, Hercule couvert de la peau du lion de Némée, armé de la massue et d'un flambeau, défait l'Hydre de Lerne.

Audin, dans son *Histoire de la Saint-Barthélemy* (1), qui est en partie la reproduction du livre IX de l'*Histoire de Charles IX*, par Varillas (Paris, 1695, in-4°, 2 volumes), assure que des héros d'armes jetèrent à la population des exemplaires en argent et en cuivre de ces médailles, pour éterniser la mémoire du massacre du 24 août. Nous savons en outre qu'il en fut distribué « aux prévôts des marchands, échevins, procureurs, receveurs et greffiers », de la ville de Paris (2).

Malgré les affirmations de ces différents auteurs, certains écrivains catholiques ont déclaré que ces médailles relatives à la Saint-Barthélemy n'avaient jamais été frappées dans le but de glorifier cet abominable assassinat, mais constituaient de simples inventions voltairiennes.

Une plaquette originale que nous allons réimprimer ici in extenso, et qui fait partie du recueil intitulé *Miscellanea rerum francicarum* déjà cité, lève tous les doutes qui pourraient rester à cet égard dans notre esprit.

Voici le titre de cet intéressant bilboquet in-16, rarissime et peut-être unique :

---

(1) Paris, in-8°, 1826. — Cité par l'*Intermédiaire des chercheurs et des curieux*, t. V, 1870, p. 261.

(2) H. SAUVAL : *Recherches sur les antiquités de la ville de Paris*, t. III, p. 639. — L'auteur publie l'extrait suivant d'un ancien compte :

« A Aubin Olivier, demeurant à Paris, quatre-vingts livres, sça-
« voir : pour quinze médailles d'argent, quarante livres ; pour avoir
« refait le sceau et cachet de ladite ville, cinq livres ; pour avoir
« fait les piles pour les jetons d'argent et de laiton, trente livres ;
« lesquelles médailles qui ont été faites pour mémoire du jour de
« Saint-Barthélemy en a été distribué à mesdits sieurs les prévots
« des marchands, échevins, procureur, receveur et greffier de cette
« ville en la manière accoutumée en tel cas. » — Voyez une note du bibliophile Jacob, dans l'*Intermédiaire des chercheurs et des curieux*, t. VI, 1870, p. 411.

« Figure et exposition des pourtraicz et dictons contenus es médailles de la conspiration des Rebelles de France opprimée et estaincte par le roy très-chrestien Charles IX, le 24 jour d'Aoust, 1572, par Nic. Favier, conseiller dudit sieur et général de ses monnaies. A Paris, par Jean Dallier, libraire, demeurant sur le pont S. Michel, à l'enseigne de la Rose blanche, 1572. Avec privilège. »

Nous abordons, sans plus de commentaires, la réimpression du texte :

Exposition de deux sortes de médailles forgées par commandement du roy.

« Apres, Sire, que vostre majesté a eu agreable l'invention, que je luy ay présentée de deux sortes de médailles à forger, tant en or qu'en argent, pour perpétuelle mémoire de la conspiration de vos subjects rebelles à la majesté divine et à la vostre Royale, laquelle Dieu protecteur de ceste couronne vous a descouverte par sa grace et donné moyen d'estaindre en votre ville de Paris, le vingt quatriesme jour d'aoust dernier, en vingt quatre heures, comme de sa main, ce qui n'avait esté possible aux forces humaines en dix ans et mesme par quatre batailles rengées. L'occasion très juste a esté sur ce que Gaspar de Colligni, n'agueres admiral de France, deux jours précédans ayant esté blessé d'une harquebusade es mains et en un bras, par un soldat qu'il avait autrefois offensé, il ne se contenta de votre humaine visitation, ny de la satisfaction de justice que luy promistes, ains usa de menaces de s'en faire lui mesme la vengence : disant que si le bras estait blessé, la teste ne l'estait pas. Tellement que le lendemain il en teint un conseil secret contre vous, la Roysne vostre mère, messieurs vos frères et autres Princes contraires à sa ligue; lequel estant découvert, fut prévenu le dimenche à l'aube du jour par prompte exécution d'icelluy chef et de ces principaux complices. J'ai considéré, Sire, que d'autant que ce nombre de pièces ne peult estre départi qu'en peu de mains de Princes et Potentats tant estrangers que de vostre royaulme, qu'il estoit convenable, soit pour en faire entendre à eux la signifiance, que pour aussi estandre à tous les peuples et siècles ensuyvant la cognoissance d'un acte si mémorable, de le rediger par esprict et s'il vous plaist de mettre en lumière publique. »

Description des deux sortes de médailles.

« Pour doncques remarquer à l'exemple de certains monarques, en médailles, l'oppression dudit de Colligni n'agueres admiral de France et de ses complices, et en laisser tesmoignage à la postérité, la médaille populaire contient la figure du Roy Charles neufiesme, séant en son trosne royal, tenant son septre en une main et l'espée nue en l'autre, à l'entour de laquelle est la branche de palme dénotant la victoire, avec couronne clause en son chef, ayant soubs les piés les corps morts de ses rebelles. Le dicton en la légende ou circonférence porte, VIRTVS IN REBELLES, seu perduelles, conjuratos hostes, aut nefatiæ seditionis authores.

« Au revers d'icelle sont les armoiries de France, avec les deux coulonnes de la devise ja longtemps prinse par le Roy, accommodée au faict PIETAS EXCITAVIT IVSTICIAM, c'est-à-dire que la piété envers Dieu et la vraye religion a esmeu le glaive de la justice Royalle contre les rebelles. Sur lesquelles coulonnes, il y a deux chappeaux d'olivier, signifiant la paix obtenue par la subjugation des rebelles et auprès, deux branches de laurier, pour triumphe de victoire. Outre s'est rencontrée par juste compassement la lettre T, droitement sur la couronne, signe salutaire, représentant la croix de Notre-Seigneur Jésus-Christ, et aux Hébrieux consommation, comme leur lettre finale, telle que nous espérons à ce coup de la secte nouvelle. Aussi fut comme vraye enseigne des militans de l'Eglise chrestienne, portée tousjours depuis ce vingt quatriesme jour, pour signal es chappeaux des bons catholiques et vrais subjects du Roy, comme Ezechiel la veid marquer par l'ange es frons des fidelles.

Médaille populaire.

Endroict (Ici vient se placer dans l'original une vignette reproduisant la médaille.) *Revers*

« L'autre médaille à l'antique contient l'effigie du Roy, exprimée près du naturel avec dicton françois : CHARLES IX. R. D. F. DOMPTEVR DES REBELLES, LE VINGT QUATRIESME D'AOUST, 1572.

« Au revers de laquelle est figuré Hercules couvert de la despouille de lion, sa massue ferrée en une main et le flambeau ardent en l'autre, par le moyen desquels il deffaict l'hidre à plusieurs testes : de laquelle pour autant de testes abattues il en renaissait d'autres, représentant la faction d'iceux rebelles, laquelle pour plusieurs de leurs chefs occis n'a laissé de soy refaire et trois fois renouveler la guerre ouverte et attenter ceste clandestine pour la quatriesme. Mais à l'exterminer outre le fer et le feu, l'eau aussi et le cordeau y ont servi d'instruments, qui sont adjoustez au bord de ladite pièce. Par ceste voye a esté satisfaict à Dieu, au Roy, à son peuple, voir à tous les principaux monarques et potentats de la Chrestienté comme il en ont faict démonstrances par processions publiques, feux de joie et autres signes d'allégresse.

Médaille à l'entique.

Endroict (Ici vient se placer dans l'original une vignette reproduisant la médaille.) *Revers*

« Le mercredi troisiesme jour de septembre présenté à a majesté du roy par le dict Favyer; inventeur d'icelles, mil cinq cens septante deux. »

Extrait du privilège.

« Il est permis à Jehan Dallier, marchant libraire en ceste ville de Paris d'imprimer et faire imprimer l'exposition des médailles forgées sur l'oppression des conspirateurs et rebelles. Deffendant à tous libraires et imprimeurs d'imprimer ou faire imprimer les dictes médailles sans le consentement dudit Dallier, sur peine de confiscation desdicts livres et d'amende arbitraire.

« Faict à Paris, le quatorzième jour d'octobre, mil cinq cent soixante douze.

« (Signé) Seguier   B. II. »

BIBLIOGRAPHIE

DES

OUVRAGES CONSULTÉS

BIBLIOGRAPHIE

DES

OUVRAGES CONSULTÉS

~~~~~~~

Sachant par expérience combien il est fastidieux d'entreprendre un travail historique quelconque sans posséder quelques renseignements sur les sources diverses où l'on pourrait puiser; connaissant le temps précieux que l'on perd à s'en enquérir; les retours fréquents en arrière qu'il faut effectuer, les nombreux mécomptes qu'on a à subir, nous avons groupé en quelques pages la bibliographie de ceux des ouvrages par nous consultés qui ne se trouvent pas catalogués dans les grands fonds publics. On remarquera, en effet, que la plupart de ces ouvrages sont de date très récente; ce sont, en général, des monographies. Il était bien inutile de donner la liste des livres plus connus, des collections de *Mémoires*, qu'il est facile de rechercher, et qui sont l'indispensable base de tout travail d'érudition.

Quant aux livres sur le seizième siècle, ils sont si nombreux que le colonel de la Barre Duparc en énumère plusieurs centaines dans la bibliographie dont il accompagne son excellente *Histoire de Charles IX;* tous les volumes qu'il y indique font partie de sa bibliothèque.

Parmi les manuscrits de l'histoire du seizième siècle, il faut indiquer, comme d'inépuisables trésors de renseignements, les *Délibérations consulaires*, les lettres des pasteurs, les *Actes des synodes provinciaux*, les *Arrêts rendus par les baillifs, les sénéchaux et les parlements*, les archives épiscopales, les archives communales, les archives des *Conseils de Justice protestants*.

L'histoire entière de la Réforme est dans ces collections considérables, aujourd'hui presque partout accessibles aux travailleurs, grâce aux progrès accomplis par l'Ecole des chartes, cette illustre pépinière de savants.

J. M. AUDIN : *Histoire de la vie, des ouvrages et des doctrines de Calvin.* — 6e édition, 2 vol. in-12. Paris, Maison, 1856.

L'un des meilleurs ouvrages connus, sur la vie, les œuvres et le but du célèbre réformateur. Très complet, rempli de renseignements. Très exact et fidèle.

LOUIS AUDIAT : *Bernard Palissy, étude sur sa vie et ses travaux.* — 1 vol. in-12. Paris, Librairie académique Didier et Ce, 1868.

Excellente monographie, faite dans un bon esprit; très solide au point de vue critique.

S. A. R. MGR LE DUC D'AUMALE : *Histoire des princes de Condé pendant les seizième et dix-septième siècles.* — 2 vol. in-8°. Paris, Michel-Levy, 1863.

L'ouvrage de Mgr le duc d'Aumale est fort savant, mais il est imbu d'un esprit libéral un peu affecté.

Gustave Baguenault de Puchesse : *Jean de Morvillier, étude sur la politique française au seizième siècle.* — 1 vol. in-12. Paris, Librairie académique Didier et Ce, 1870.

Livre pénétré d'idées parlementaires, libérales et un peu gallicanes.

J. Barbey d'Aurevilly : *Les Œuvres et les hommes.* — 4 vol. in-12. Paris, Amyot, 1861.

Excellent ouvrage de haute critique, d'une vigueur peut-être excessive, d'une ampleur de vues et d'une puissance d'expression qui effraient le lecteur.

Ed. de la Barre Duparc : *Histoire de Charles IX.* — 1 vol. in-8°. Aux frais de l'auteur. Paris, 1875.

Ce livre est excellent, surtout au point de vue militaire; il renferme beaucoup de renseignements sur les guerres de religion. L'esprit en est très religieux. Sera consulté avec fruit.

Armand Baschet : *La diplomatie vénitienne. Les princes de l'Europe au seizième siècle, etc., d'après les rapports des Ambassadeurs vénitiens.* — 1 vol. in-8°. Paris, H. Plon, 1862.

Ouvrage indispensable à quiconque veut étudier le seizième siècle. C'est une mine inépuisable de renseignements. Il est conçu dans le meilleur esprit de critique et d'impartialité.

Armand Baschet : *Les Archives de Venise. Histoire de la Chancellerie secrète.* — 1 vol. in-8°. Paris, H. Plon, 1870.

L'ouvrage le plus complet sur la constitution politique de la république vénitienne.

René de Bouillé, ancien ministre plénipotentiaire : *Histoire des ducs de Guise.* — 3 vol. in-8°. Paris, Amyot, 1849.

Monographie des plus complètes et des plus attachantes par la vigueur du style.

César Cantu : *Histoire universelle traduite par Eugène Aroux et Piersilvestro Leopardi.* — 3ᵉ édition parisienne, revue par M. Lacombe. 20 vol. in-8º. Paris, Firmin-Didot, 1867.

Bonne traduction d'un livre dont l'utilité est reconnue. Esprit catholique libéral.

César Cantu : *Les Hérétiques d'Italie, traduction Anicet Digard et Edmond Martin.* — 5 vol. in-8º. Paris, Putois-Cretté, 1870.

Ch. Cauvin : *Vie de François de Lorraine, duc de Guise, surnommé le Grand.* — 1 vol. in-8º. Alfred Mame. Tours, 1878.

Bonne monographie, d'après les meilleurs ouvrages publiés sur le duc de Guise.

Capefigue : *La Réforme et la Ligue.* — 1 vol. in-8º, 3ᵉ édition. Paris, Belin-Leprieur, 1844.

Esprit un peu léger et superficiel, M. Capefigue est néanmoins intéressant par la recherche des causes, et sa philosophie de l'histoire est bonne.

Prince Eugène de Caraman-Chimay : *Gaspard de Coligny, amiral de France, d'après ses contemporains.* — 1 vol. in-8º. Paris, librairie Beauvais, 1873.

Ouvrage de valeur, malheureusement incomplet. C'est une simple étude des principaux faits de la vie de l'amiral. Indispensable cependant à ceux qui étudient la vie de Coligny.

Victor de Chalembert : *Histoire de la Ligue sous les règnes de Henri III et de Henri IV, ou quinze années de l'Histoire de France.* — 2 vol. in-8º. Paris, Ch. Douniol, 1854.

Excellent ouvrage. Devenu rare.

Champfleury : *Histoire de la Caricature sous la Réforme et la Ligue.* — 1 vol. in-12. Paris, E. Dentu, 1880.

Ouvrage absolument incomplet et sans aucune valeur, fait sur des documents de seconde main. Renferme, çà et là, quelques documents utiles.

P. Charpenne : *Histoire de la Réforme et des réformateurs de Genève.* — 1 vol. in-8°. Paris, Amyot, 1861.

Bon ouvrage, écrit d'après l'*Histoire de l'Etablissement de la Réforme à Genève*, de Mgr Magnin, évêque d'Annecy.

Philarète Chasles : *Études sur le seizième siècle en France.* — 1 vol. (collection Charpentier). Paris, 1876.

Ouvrage de critique on ne peut plus médiocre. L'auteur est un libre penseur, sceptique, mais favorable aux idées protestantes.

Chateaubriand : *Histoire de France.* — Collection Michel Lévy.

Le pire des pamphlets. Aucune valeur scientifique. Chateaubriand a recueilli naïvement toutes les erreurs historiques, chères à l'école romantique.

W. Cobbett, traduction nouvelle : *Lettres sur l'Histoire de la Réforme en Angleterre et en Irlande.* — 4e édition. 1 vol. in-12. Paris, Gaume, 1829.

C'est l'œuvre d'un converti; elle est, par conséquent, exagérément hostile à la Réforme. Savante, au point de vue de l'observation historique.

C. Dareste, doyen de la Faculté des lettres de Lyon : *Histoire de France depuis les origines jusqu'à nos jours.* — 9 vol. in-8°. Paris, Henri Plon, 1866.

La meilleure histoire de France qui existe. Conçue dans un très bon esprit, bien renseignée, écrite littérairement, elle se recommande par la clarté, la sûreté des jugements, une certaine impartialité dont il faut tenir compte, l'auteur appartenant à l'Université. De beaucoup supérieure à Henri Martin.

J.-M. Dargaud : *Histoire de la Liberté religieuse en France, et de ses fondateurs.* — In-18, 4 vol. (Collection Charpentier). Paris, 1859.

L'auteur, s'il n'est pas protestant, est plein de tendresse pour la Réforme. C'est une intelligence très élevée, gâtée par le voltairianisme. Ce philosophe est en même temps un romantique suranné. Son style est un parterre de fleurs de rhétorique... sans parfum.

Edmond Demolins : *Histoire de France depuis les premiers temps jusqu'à nos jours, d'après les sources et les travaux récents.* — Paris, 4 vol. in-12 (Société bibliographique), 1880.

Bonne histoire classique, à laquelle on ne peut reprocher que d'être trop savante.

Henri de l'Epinois : *M. Henri Martin et son histoire de France (critiques et réfutations).* — 1 vol. in-12. Paris, librairie de la Société bibliographique, 1872.

Bonne réfutation des bévues de M. Henri Martin.

L'abbé Feret : *Henri IV et l'Eglise.* — 1 vol. in-8º. Paris, Victor Palmé, 1875.

Le chanoine Fleury, vicaire général : *Histoire de l'Eglise de Genève depuis les temps les plus anciens jusqu'en 1802.* — 3 vol. in-8º. Paris, Victor Palmé, 1880.

H. Forneron : *Les ducs de Guise et leur époque, étude historique sur le seizième siècle.* — 2 vol. in-8º. Paris, E. Plon et Cie, 1877.

Edouard Fournier : *L'esprit dans l'histoire, recherches et curiosités sur les mots historiques.* — 3ᵉ édition. 1 vol. in-18. Paris, Dentu, 1867.

Journal du Concile de Trente, rédigé par un secrétaire vénitien présent aux sessions de 1562 à 1563, et publié par Armand Baschet. — 1 vol. in-12. Paris, Henri Plon, 1870.

Charles Mercier de Lacombe : *Henri IV et sa politique,* ouvrage couronné par l'Académie française. — 1 vol. in-12, 3ᵉ édit. Paris, librairie académique Didier et Cⁱᵉ, 1877.

Le comte H. de La Ferrière : *Le seizième siècle et les Valois, d'après les documents inédits du British muséum et du Record office.* — 1 vol. grand in-8. Paris, Imprimerie nationale, 1879.

Comte de La Ferrière : *Les projets de mariage de la reine Elisabeth.* — 1 vol. in-12. Paris, Calmann-Lévy, 1882.

Jules Loiseleur, *bibliothécaire de la ville d'Orléans :* Trois *énigmes historiques.* — 1 v. in-12. Paris, Plon et Cⁱᵉ, 1883.

Eugène Mahon de Monaghan : *L'Eglise, la Réforme, la philosophie et le socialisme, au point de vue de la civilisation moderne.* — 1 vol. in-12, Pélagaud. Paris et Lyon, 1865.

Mignet, de l'Académie française : *Mémoires historiques.* — 3ᵉ édit., 1 vol. (Collection Charpentier) 1854.

L'abbé Mury : *Histoire politique et religieuse de la France.* — 4 vol. in-12. Paris, Bray et Retaux, 1875.

J. A. Petit : *Histoire de Marie Stuart.* — 2 vol. in-8º. Paris, Bloud et Barral, 1876.

L'abbé Puyol, professeur en Sorbonne : *Louis XIII et le Béarn.* — 1 vol. in-8º. Paris, E. De Soye et fils, 1872.

Questions controversées de l'Histoire et de la Science. — 4 séries ou vol. Paris, librairie de la Société bibliographique.

Henry de Riancey : *Histoire du monde.* — 10 vol. in-8°. Paris, Victor Palmé, 1872.

Rohrbacher : *Histoire universelle de l'Eglise catholique, continuée jusqu'à nos jours par M. l'abbé Guillaume.* — Nouvelle édition avec des notes et éclaircissements d'après les derniers travaux. 12 vol. grand in-4°. Paris, Société générale de Librairie catholique, 1882.

Revue des Questions historiques. — Victor Palmé, Paris, de 1866 à 1883.

Victor de Saint-Genis : *Les Femmes d'autrefois.* — 1 vol. plaquette in-32. Paris, librairie académique Didier et Cie. 1869.

L. de la Saussaye, membre de l'Académie des inscriptions et belles-lettres : *Histoire du château de Blois.* — Ouvrage couronné par l'Institut en 1840. 7e édition. 1 vol. in-12, 1875. Paris, Aubry.

E. A. Segretain, ancien député : *Sixte-Quint et Henri IV, introduction du protestantisme en France.* — 1 vol. in-8°. Paris, Gaume frères et Duprey, 1861.

J. C. L. Simonde de Sismondi : *Précis de l'histoire des Français.* — 3 vol. in-8°. Paris, 1839.

Ph. Van der Haeghen : *Etudes historiques.* — 1 vol. in-12 (Nouvelle bibliothèque historique). Paris, Victor Palmé. Sans date. (1881.)

TABLE DES MATIÈRES

Dédicace.. I
Introduction.. VII

Chapitre premier.

Coligny, François de Guise et Catherine de Médicis : parallèle de ces trois figures historiques. — L'Eglise et la civilisation. — Luther et Calvin. — L'idée républicaine au seizième siècle. — Les sires de Coligny, en Bresse. — Généalogie, alliances et blasons. — Naissance de Gaspard de Coligny. — Sa famille. — Ses deux mariages : Charlotte de Laval et Jacqueline de Montbel. — Ses enfants. — Le cardinal de Châtillon et le sieur Dandelot. — Débuts à la cour. — Le prince de Joinville. — Fraternité d'armes de François de Lorraine et de Gaspard de Coligny. — Leur rupture après la bataille de Renty. — Apostasie de l'amiral.. 1

Chapitre II.

La Réforme. — La religion catholique et la civilisation. — L'Eglise et la société. — La monarchie française. — Clergé, noblesse, peuple. — But de la royauté. — Le protestantisme d'après ses propres adeptes. — Calvin, sa tyrannie à Genève, ses crimes. — Sa mort. — Jugement porté contre lui par ses contemporains et par la postérité. — La Réforme livre la France à l'étranger. — La révolution religieuse en Béarn. — Intolérance et fanatisme de Jeanne d'Albret. — Massacres, assassinats, actes de vandalisme et de cruauté commis par les hérétiques. — Avenir du protestantisme.. 31

Chapitre III.

Etat de la France à la mort d'Henri II. — Conjuration d'Amboise. La Renaudie et des Avenelles. — Edit de Romorantin. — Etats généraux d'Orléans. — Arrestation du prince de Condé; son procès. — Mort de François II : ce roi a-t-il été empoisonné ? — Avènement de Charles IX. — Régence de Catherine. — Politique de bascule : elle se rapproche des princes protestants. — Le triumvirat : Guise, Montmorency et Saint-André. — Nouveaux troubles. — Edit de juillet. — Menaces de Coligny. — Colloque de Poissy. — Théodore de Bèze et le roi de Navarre. Discussions stériles, dissolution. — Excès des calvinistes à Paris et dans le Midi. — Menaces de Philippe II. — La guerre étrangère provoquée par le protestantisme............ 67

Chapitre IV.

Relations des ambassadeurs vénitiens sur l'état de la France en 1562. — Edit de janvier. — Conséquences de cet édit de pacification. — Conférences au château de Saverne entre les princes de Lorraine et le duc de Wurtemberg. — Le massacre de Vassy. — La vérité sur cet événement et sur le rôle qu'y joua le duc de Guise. — Première guerre civile. — Condé à Paris. — Pourparlers et correspondances entre les protestants français et la reine d'Angleterre. — Trahison de Coligny. — Cession, par les protestants, à l'Angleterre, de la ville du Havre. — Les papiers d'Etat du *Record office* et du *British Muséum*. — Siège de Rouen. — Mort du roi de Navarre. — Bataille de Dreux. — Condé est fait prisonnier. — Lettres des ambassadeurs anglais et de Coligny à Elisabeth d'Angleterre........... 95

Chapitre V.

Déroute de l'armée protestante. — Le duc de Guise devant Orléans. — Son plan de campagne. — Mission de Castelnau. — Prise du Portereau et des Tourelles. — La nuit du 18 février. — Assassinat du duc de Guise; ses derniers moments; son testament politique. — Poltrot de Méré et ses complices; témoignages contre Coligny et les autres chefs protestants. — Lettre de Coligny à la reine d'Angleterre. — Conséquences du meurtre du duc de Guise. — Impression produite par cet événement en France et en Europe................................... 129

Chapitre VI.

Coligny est-il coupable du meurtre du duc de Guise? — Lettre de l'ambassadeur d'Espagne, Chantonnay. — Edit d'Amboise. — Complainte en l'honneur de Poltrot. — Lettre de la duchesse de Ferrare à Calvin. — Aveux de Poltrot. — Mémoire justificatif de Coligny. — Lettre de Coligny à la reine-mère. — Coligny se retire à Châtillon. — Second mémoire justificatif. — L'entrevue de Meulan. — Troisième mémoire justificatif. — Lettre de la reine-mère à la duchesse de Savoie. — Reprise des hostilités entre les deux maisons. — L'arrêt de Moulins (1566). — Réconciliation.. 161

Chapitre VII.

Voyage de la cour dans les provinces. — Edit de Roussillon. — Les édits et les parlements. — Entrevue de Bayonne. — Ordonnance de Moulins. — Projets de Coligny contre l'Espagne. — Seconde guerre civile. — Condé à Paris. — Bataille de Saint-Denys. — Mort du connétable. — Traité de Longjumeau. — La paix *boiteuse et malassise*. — Proposition du duc de Savoie. — — Négociations des chefs protestants avec les Anglais et les Allemands. — Bataille de Jarnac. — Mort de Condé. — Les calvinistes en Béarn. — Les Michelades. — Bataille de Montcontour. — Paix de Saint-Germain. — Mariage du roi. — Le chancelier de l'Hôpital... 183

Chapitre VIII.

Conséquences de la paix de Saint-Germain. — Coligny est appelé à la cour. — Projets de mariage entre le prince de Navarre et Marguerite de Valois. — Jeanne d'Albret à Blois. — Portrait de cette princesse; son caractère; son règne. — Jeanne d'Albret a-t-elle été empoisonnée? — Solution définitive de ce problème historique. — Coligny et les princes protestants à Paris. — Les noces du roi de Navarre. — La guerre des Flandres. — Examen de la question espagnole. — Mémoires de Coligny et de l'évêque d'Orléans. — Menaces de l'amiral. — Situation des partis à la veille du coup d'Etat du 24 août 1572................ 215

Chapitre IX.

L'Europe et la France au seizième siècle. — Quelques portraits. — Le pape Grégoire XIII. — Philippe II. — Emmanuel Philibert, duc de Savoie. — Historiens et chroniqueurs français du seizième siècle. — Les matériaux de l'histoire. — Mémoires et Lettres. — La caricature et les pamphlets sous la Réforme. — Les relations des ambassadeurs vénitiens. — La cour de France. — Charles IX. — Le duc d'Anjou, le duc d'Alençon. — Henri de Guise. — Coligny et la diplomatie vénitienne. — Henri de Navarre. — Le second prince de Condé. — Catherine de Médicis... 245

Chapitre X.

Attitude de Coligny à la cour. — Correspondance de l'ambassadeur de Savoie. — Le complot calviniste d'après les ambassadeurs vénitiens et florentins. — Provocation de l'amiral et des protestants. — La scène de Montpipeau. — Complot de la reine-mère avec la duchesse de Nemours et le duc de Guise. — L'arquebusade. — Louviers de Maurevel et Pier-Paolo Tosinghi. — Lettre de l'ambassadeur de Toscane. — Navarre et Condé chez Coligny. — Visite du roi, de Catherine et de Monsieur à Coligny. — Disgrâce de la reine-mère. — Agitation dans Paris. — Menaces des seigneurs huguenots.................... 275

Chapitre XI.

Le coup d'état de la Saint-Barthélemy. — Catherine de Médicis et ses actes jugés par l'*Univers*. — Le massacre à Paris. — Les responsabilités du coup d'Etat. — Bulletin de la Saint-Barthélemy rédigé par le duc d'Albe. — Meurtre de l'amiral. — Jugement d'Etienne Pasquier. — Le cadavre de Coligny ne fut pas insulté par le roi. — Le tombeau de Coligny. — Abjuration du roi de Navarre et du prince de Condé. — Bernard Palissy, Amboise Paré et Jean Goujon. — Charles IX a-t-il tiré sur les huguenots? — Témoignages contemporains. — Solution de la question. — La Saint-Barthélemy en province............ 309

Chapitre XII.

Conséquences du coup d'Etat du 24 août. — Lettre de Charles IX à Schomberg. — Lit de justice du 26 août. — Déclaration du roi. — Arrêt du parlement contre Coligny et ses complices. — Rôle du duc d'Anjou. — Lettre du roi de Navarre au Pape. — La Saint-Barthélemy fut-elle préméditée. — Lettre du cardinal de Pellevé à la reine-mère. — La religion et le clergé n'ont eu aucune part à la Saint-Barthélemy. — Impression causée en

Europe par cet événement. — Elisabeth d'Angleterre et l'ambassadeur de France. — Dépêches de la Mothe-Fénelon. — Entrevue de Catherine de Médicis et de l'ambassadeur anglais Walsingham. — Conclusion.................................... 345

Pièces Justificatives.

I. — Etymologie du mot Huguenot.................... 381
II. — Ordonnance de Calvin à Genève................ 383
III. — Lettre de la princesse de Condé à la reine Elisabeth d'Angleterre.................................. 387
IV. — Correspondance de Coligny avec la reine d'Angleterre....................................... 389
V. — Articles du traité conclu entre Elisabeth d'Angleterre et le prince de Condé............................ 397
VI. — Requête présentée au roi et à la reine par le triumvirat.. 400
VII. — Lettre du pape saint Pie V au cardinal de Bourbon... 405
VIII. — Lettres du roi Charles IX au Pape............. 407
IX. — Documents relatifs aux médailles frappées à l'occasion de la Saint-Barthélemy.......................... 411

Bibliographie des ouvrages consultés................. 423

PARIS. — E. DE SOYE ET FILS, IMPRIMEURS, 18, RUE DES FOSSÉS-SAINT-JACQUES.

www.ingramcontent.com/pod-product-compliance
Lightning Source LLC
Chambersburg PA
CBHW070607230426
43670CB00010B/1436